冲突与抉择

Confliction and Decision

◆董俊山 著

人民出版社

目　录

上卷　政治学与行政管理学

下卷　思想道德建设与伦理学

上　卷

政治学与行政管理学

政治稳定论纲[*]

摘　要

　　政治稳定是人类社会自有阶级以来国家统治过程中存在的规律性、统一性、连续性和可预见性的要求和趋势,是政治发展变化与改革应遵循的逻辑、秩序和轨迹。政治不稳定是国家统治过程中出现了矛盾性、冲突性、中断性和不确定性的现象和因素,是政治发展、变化和改革没有或拒绝遵循既定的逻辑、秩序和轨迹。

　　政治稳定是古今中外政治家和政治学家共同关注的核心问题,政治家在按照自己的理解建立或巩固某种政治稳定,政治学家在按照自己的理解设计或研究某种政治稳定。政治稳定观可以划分为两种:马克思主义的与非马克思主义的。非马克思主义政治稳定观的哲学基础是历史唯心主义和形而上学,它导致的是突出强调和解决政治过程的某一方面、某一环节,忽略或贬低政治过程的其他方面和环节,这就是它在政治稳定问题上所处的困境。非马克思主义政治稳定观提出的思维模式有:道德—自律;君主—集权;正义—政体;宗教—自抑;自由—法治;政策—调适;系统—功能;冲突—功能;秩序—发展。马克思主义政治稳定观以历史唯物主义和历史辩证法为基础,深刻揭示了一定类型的国家统治稳定地产生、稳定地发展、稳定地变化和稳定地消灭的一般特征、一般规律和一般过程。政治稳定的实质是把阶级冲突、阶级矛盾和阶级斗争控制在生产方式决定和要求的秩序范围内;适应、保护和促进生产方

---

　　* 本文原系作者的博士论文,完成于 1991 年 11 月,被答辩委员会评定为"理论联系实际的优秀论文"。

式的矛盾运动是政治稳定的原因;国家统治者与统治阶级领袖集团依据挑战的时间、地点和条件的实际态势正确地决策和选择是政治稳定的条件;政治稳定的层次结构和递进过程是:政治统治的阶级力量,政治共同体,政治理念,政治结构,政治道路,政治机制和政治行为,民主制国家统治形式趋向于政治稳定;政治发展是政治稳定应有的含义,是政治稳定的根本的、内在的途径。

为了促进国家现代化的顺利实现,我们必须要保持两个条件:"一个是政局稳定,一个是政策稳定,两个稳定。不变也就是稳定。""中国不能再折腾,不能再动荡。"一切要从这个大局出发。所以,中国政治稳定本身就意味着朝我们既定的目标方向和信仰迈进和发展,而绝不意味着停滞不前,更不意味着呆滞倒退。探寻和找到推进中国经济现代化和政治民主化的道路,并沿着经过实践证明是正确的道路前进,是中国政治保持长治久安、生机勃勃的关键。中国经济现代化的最大障碍是缺乏有效需求的市场,推动和牵引市场的关键在于发展商品经济,发展商品经济的关键在于农村、农业、农民,因此,农业发展商品化,是具有中国特色社会主义经济现代化的道路。消除中国政治腐败的根本途径是认真建立社会主义的民主和法制,即加强社会主义的民主政治建设。建设社会主义民主政治,首要的核心的问题是如何使全体人民作为主人管理自己的国家,享受广泛的民主权利,因此,必须拓展和深化社会主义国家组织的民主职能,充分发挥和实现社会主义国家组织的民主职能,是从"制度方面解决问题","从改革制度着手"的必然要求。

政治稳定意味着朝着既定的历史方向和趋势迈进和发展,就是说中国政治发展和改革,属于同质政治发展态势,是社会主义制度本身的自我完善和发展。绝不允许通过所谓"政治运动"、"政治革命"、"天下大乱"达到"天下大治",也绝不允许通过所谓"和平演变"退化到资本主义政治文明去。

引　言

我们伟大的祖国正处于极为关键的历史时期。今后一二十年,我们国家发展得怎么样,对于社会主义制度的前途和命运,对于中华民族的前途和命运是至关重要的。当今,国际形势风云变幻,一方面和平与发展的进步力量日益增强,另一方面霸权主义、强权政治的反动势力不时兴风作浪,并将颠覆、渗透和和平演变的主要矛头指向社会主义中国。国内在安定团结的政治局面下，仍然存在着不稳定的因素，资产阶级自由化思潮及其给人们造成的思想理论上的混乱仍然存在，人民深恶痛绝的腐化堕落现象仍然存在，经济发展中的各种困扰、问题、矛盾仍然存在，社会主义制度和机制不健全和不完善的问题，生产关系和上层建筑中不适应生产发展的方面和环节，仍然存在。我们面临着内部和外部的双重的严峻挑战。

在现实严峻挑战面前我们如何应战，推进和加速实现国家经济现代化和政治民主化的步伐，实现国家现代化，使落后的中国富强起来，重新跻身世界先进民族之林，这是一个半世纪以来中国人民的强烈愿望和执着追求。任何政治党派和国家政权在中国的存续和发展就是看能否在这项伟大的民族复兴运动面前经受住考验和检验。只有清除政治腐败，才能使亿万中华儿女同心同德，艰苦奋斗，团结协作，继往开来，振兴中华。清除腐败的最根本的途径是政治民主化，是人民当家做主，自己掌握自己的命运，这是几千年尤其是近代一百多年，中国人民悟出的真理，任何政治党派和国家政权在中国的存续和发展，就是看能否坚持和实践这一伟大的真理。中国共产党在过去的几十年里凭借这两面旗帜，赢得了人民、赢得了政权、赢得了领导地位。今天，只要中国共产党人继续高举这两面旗帜，就一定能够应付和战胜新的历史条件下提出的双重的严峻挑战。

笔者之所以选择《政治稳定论纲》作为自己的博士学位论文，还出于下面三点理由：

第一，"因为全部问题就在于（从马克思主义的观点看来），也只能在于：一个阶级如果不从政治上正确地处理问题，就不能维持它的统治，因而也就不能解决它的生产任务。"①当前和今后相当长时期内，中国需要"从政治上正确处理"的最大问题，就是稳定。"稳定是中国的最高利益。""稳定压倒一切。"中国没有稳定，就没有发展与繁荣，就没有前途与希望。然而，关于什么是稳定，为什么需要稳定和怎样实现稳定，人们并没有统一认识和思想。这不仅是学术观点的分歧，而且关系着对中国现实政治的分析与评价，关系着中国能否长治久安，能否实现自己的宏伟战略目标。

———————

① 《列宁选集》第4卷，人民出版社1995年版，第442页。

第二,政治的本质就是统治阶级的政治统治。恩格斯指出:"在全部纷繁和复杂的政治斗争中,问题的中心始终是社会阶级的社会和政治的统治,即旧的阶级要保持统治,新兴的阶级要争取统治。"①可见政治稳定是统治阶级的核心问题。

第三,政治学是研究统治阶级政治统治的科学,抽象地说,也就是治国平天下的科学。列宁指出:"未必找到第二个问题,会像国家问题那样,被资产阶级哲学家、法学家、政治经济学家和政治家有意无意地弄得这样混乱不堪"②,"这个问题所以被人弄得这样混乱、这样复杂,是因为它比其他一切问题更加牵涉到统治阶级的利益。人们总是利用国家学说来为社会特权辩护,为剥削的存在辩护,为资本主义的存在辩护"。③ 从古至今,政治稳定始终是政治思想和政治理论研究的出发点和归宿。政治思想和政治理论的不同及政治学发展阶段的划分,都是同提出和解决政治稳定问题的视角、方法和答案相关的。至今之所以没有形成以"政治稳定"命名的政治学理论和流派,是因为它属于一切政治思想,包含于所有政治学流派之中,而不是由于任何其他理由。

---

① 《马克思恩格斯选集》第3卷,第40页。
② 《列宁选集》第4卷,第424页。
③ 《列宁选集》第4卷,第43页。

上篇 政治稳定研究概览

一、古代政治稳定研究

（一）道德—自律的思维模式

道德—自律的思维模式,就是通过人的内在修炼、良心发现、思想升华来提高自我约束能力,来恰当处理个人与社会、个人与自然、个人与家庭、个人与他人的关系,实现社会秩序和政治秩序,达到政治稳定的政治思想和政治理论。这种思维模式不仅在古代和近代思想家中存在过,而且在现代政治思想中也可找到痕迹。但是,它以中国古代政治思想中的儒家思想最为典型。《礼记·大学》曾作如下的精彩论述:

"大学之道,在明明德,在亲民,在止于至善。知止而后定,定而后能静,静而后能安,安而后能虑,虑而后能得。物有本末,事有始终,知所先后,则近道矣。

古之欲明明德于天下者,先治其国;欲治其国者,先齐其家;欲齐其家者,先修其身;欲修其身者,先正其心;欲正其心者,先诚其意;欲诚其意者,先致其知;致知在格物。

物格而后知至,知至而后意诚,意诚而后心正,心正而后身修,身修而后家齐,家齐而后国治,国治而后天下平。

白天子以至于庶人,壹是皆以修身为本。其本乱,而末治者否矣。其所厚者薄,而其所薄者厚,未之有也。此谓知本,此谓知之至也。

所谓诚其意者,毋自欺也。如恶恶臭,如好好色,此之谓自谦。"

这种思维模式的哲学基础是"人之初、性本善",其现实基础是人在家庭中表现出来的情感本能和伦理规范。它将政治不稳定和无序归因于人的道德堕落,道德堕落是因为没有修身养性,没有修身养性是因为没有超凡脱俗,没有超凡脱俗是因为没有清除非分的情欲,非分情欲未除是因为自欺欺人,自欺欺人是因为不知道社会等级序列。因此,为了平天下,自己就要成为道德典范,同时加强道德教化,以让人人有自知之明,达到自谦意诚,免除非分情欲,成就修身养性。这就是"君仁莫不仁,君义莫不义,君正莫不正,一正君而国定矣。"①"道之以政,齐之以刑,民免而无耻;道之以德,齐之以礼,有耻且格。"②

(二)君主—集权的思维模式

君主—集权的思维模式,就是确立君主的至高无上的地位和国家主权者权力,君主运用官僚机构和法、术、势相结合的政治手段,治理国家,维持统治,达到政治稳定的政治思想和政治理论。这种思维模式在西欧的近代方才出现,在现代君主国中仍有残余。它的典型形态是中国古代政治思想学派中的法家创立的。商鞅对此作过这样的概括:

"国之所治者三:一曰法,二曰信,三曰权。法者,君臣之所共操也;信者,君臣之所共立也;权者,君之所独制也。人主失守则危,君臣释法任私必乱,故立法明分,而不以私害法,则治。权制断于君,则威,民信其赏则事功成"。③

韩非是先秦法家的集大成者,他对此作过更为明确、系统的阐述。他的政治纲领是"尊主安国",认为民众的根本利益在于有一个富强的国家,而一个富强的国家必须有一个有权威的君主。他是一个国家至上论者,又是君主至上论者。他提倡尊君,目的在于安国。他主张君主集权,目的在于加强中央集权。他说:"事在四方,要在中央,圣人执要,四方来效。"④据此,韩非提出了利用官吏治民,利用法、术、势治臣、治国的政治理论。

韩非强调君主应该有臣下辅佐,"凡五霸所以能成功名于天下者,必君臣俱有力焉"。官吏是君主统治民众的工具,君主治理好臣下,也就能治理好万民。"人主者,守法责成以立功者也。闻有吏虽乱而有独善之民,不闻有乱民

① 《孟子·离娄》。
② 《论语·为政》。
③ 《商君书·修权》。
④ 转引自徐大同主编:《中国古代政治思想史》,第171页。

而有独治之吏。故明主治吏不治民,说在摇木之本,与引网之纲。"

韩非认为战国前期法家没能兼用法、术、势。他评论申不害为"虽用术于上,法不勤饰于官"。商鞅用法治秦,"然而无术以知奸,则以其官强也资人臣而已矣"。同时,他认为"申子未尽于术,商君未尽于法也"。他指出法、术、势三者之间是相辅相成的。"人主之大物,非法则术也"。"势者,胜众之资也。"这就是说,法和术是君主统治臣民的工具,势则是运用法术的前提,即君主必须有权威有生杀予夺的权力。在这种认识基础上,韩非论述了法、术、势各自的性质、特点、功能和如何运用来维护君主统治。①

韩非的君主专制主义思想是建立在历史进化论和人性好利说基础上的。他认为,从上古到如今,每一个时代的政治统治都有自己的特点,"上古竞于道德,中古逐于智谋,当今争于气力"。"是以圣人不期修古,不法常可,论世之事,因为之备"。他认为,人的好利本性主要是根源于人们的生存需要。他说:"以肠胃为根本,不食则不能活,是以不免于欲利之心。"所有人的任何行为都受好利的本性支配,国家不仅不应该矫正,而且应该予以尊重。问题在于要使人的好利本性为君主专制制度服务。②

(三)正义—政体的思维模式

正义—政体的思维模式,就是把"正义"看成是城邦的最高的美德、最高的善,是政治追求的目标,政治(城邦)的不同与优劣均以"正义"为标准进行衡量,为了实现城邦正义,城邦必须建立优良的政体的政治思想和政治理论。这种思维模式创立于古希腊,影响古今欧洲(西方)的政治思想。柏拉图的《理想国》和亚里士多德的《政治学》这两部西方古代政治思想的名著,都是要寻找一个能实现城邦"正义"的理想政体。

柏拉图的《理想国》,是从个人的正义出发转入城邦的正义,进而提出正义城邦的理想模式,实现正义城邦的途径,批评非正义城邦和非完善的政体。他说:"正义就是当初建立国家时所定下的原则","每个人必须在国家里面执行一种最适合于他的天性的职务","注意自己的事而不要干涉别人的事"。

---

① 参见朱日耀主编:《中国古代政治思想史》第 3 章第 5 节。
② 参见朱日耀主编:《中国古代政治思想史》第 3 章第 5 节。

他把政治建立在道德基础上,认为一个城邦政治的好坏,有赖于人的品性,正因为人的品性堕落,才引起了社会秩序混乱。要使人人保持完美的品质,只能依赖于哲学家。他说:"国家与个人,不经哲学家治理,决无希望可言"。只有理想的君主政体,把知识、美德和权力结合起来,集于一身,才能治理好国家。"除非是哲学家们当上了王或者那些现今号称君主的人像真正的哲学家一样研究哲学,集权力与智慧于一身……否则国家是永无宁日的,人类是永无宁日的。"

亚里士多德的《政治学》集古希腊政治思想之大成。他的首要命题是人在本性上是一个政治动物。城邦是社会团体中最高而包含最广的一种,它所求的善业也一定是最高而最广的。当在同一城邦中,对于所赋予的政治权利不符合平民主义者或寡头主义者的愿望时,就各个起而煽动变革。这是引起变革的一般原因。保护各种政体的一般方法概括为:防微杜渐、取信于民、官民和谐、警惕外乱、消除内讧、慎重名位、赏罚有节、监视不逞之徒、预防社会失调、严禁官吏营私、力求各阶层互利。城邦长治久安的条件是:执政人员效忠而有才德,现行政体得到大多数公民的拥护,并能按政体精神实施公民教育。

(四)宗教—自抑的思维模式

宗教—自抑的思维模式,就是通过对统治人们的那些自然力量和社会力量在人们头脑中的虚幻、颠倒的反映,由对超自然实体的神灵的信仰和崇拜来支配人的思想和行动,造成人人压抑、克制和泯灭自我意识和本能情欲的心理机制、行为定式和宗教规范,从而恰当处理人与社会、人与自然、人与人的现实关系和现实行为,谋求心理平衡和解脱,建立和巩固社会秩序和政治秩序,达到政治稳定的政治思想和政治理论。这种思维模式存在于古代、近代和现代宗教组织和宗教国家的政治思想中。但它以欧洲中世纪的神学政治论最为典型。奥古斯汀的"天国秩序论"就是一例。

奥古斯汀在《上帝之国》一书中阐述了"双国"理论,开创了基督教神学政治思想的基本框架。他认为,世界上存在着两种国家:上帝之国和地上之国。上帝之国是在上帝意志的安排下,具有最优秀的权威,并在其他一切方面的善行也是完备无缺的。地上之国是世俗之国家,依靠的是人的虚假的公正。人类是上帝创造的。上帝本来为人类安排的是在天堂享受永生的幸福,但是人类始祖亚当和夏娃违背上帝指令而犯了原罪。人们应服从上帝的安排,应该以"信"(信心)、"望"(盼望)、"爱"(热爱)来敬拜上帝,将希望寄托在来世,对现世的苦难应该忍受、顺从。他提出,一个人只要真诚地笃信上帝,并在"虔诚、敬畏、忏悔、勤劳和禁欲等一切善行方面都服从上帝,就能成为上帝的选民"。他认为,两种国家的权力性质是不同的。但"一切社会,地上的和天上的一样,目的都是和平"。不过,地上之国的和平,只是"人们在彼此有秩序的联系中的和谐一致",而天上之国的和平是"上帝的和平",即"上帝创造了人与人之间的,最有秩序,最和谐一致的兄弟关系的实现"。因此,上帝之国高于地上之国,上帝统治一切,一切人都必须服从上帝。在地上之国只有相对正义,在天上之国才有永恒的、普遍的正义。正义就是"秩序的维持",人人遵守秩序就是正义。但是,地上之国不是一个最广阔的社会,它的秩序是统治者的意志。天上之国才是最广阔的社会,它的秩序是适用于一切人的"上帝的意志"。地上之国服从统治者的意志是一种正义的行为。因为"地上的和平"有助于"天上的安宁"。但是,地上之国的统治者可能运用他的力量侵害上帝的秩序。因此,地上之国没有绝对的正义,只有天上之国才能有绝对的正义。在地上之国,服从一个人是善;在天上之国,服从上帝是善。

二、近代西方政治稳定研究

(一)自由—法治的思维模式

自由、平等、博爱、人权、分权、法治,是近代西方资产阶级启蒙思想家提出的政治概念、政治范畴和政治思想。它们让人眼花缭乱、浮想联翩,也让人难以把握、难以概括、难以评说。然而,拨开理论迷雾,见其真谛,对于我们准确理解资产阶级启蒙思想家和现代西方政治学的思想逻辑和发展脉络,有着理论价值;对于我们坚持四项基本原则,推进社会主义现代化经济建设,澄清人们思想与认识上的混乱、困惑、迷惘,有着实践意义。

自由—法治的思维模式是按着下面的逻辑构造的政治思想和政治理论。这就是:一切人,或至少一个国家的所有公民,生而独立、自主、自由,都应当有平等的政治和社会的地位与权利;这种平等的政治与社会的地位和权利是"法律上的平等"和"在法律面前人人平等";国家是建立和维护社会自由平等的法律秩序的体现和合法的强制力量。为了保证这种合法的强制力量始终如一、全面彻底地履行自己固有的使命,必须在法律上和组织上对国家权力的分配和使用作出明确的划分和规定;国家权力和公民权利均由法律规定,并依法行使,这就是法治国家。一个国家只要依法治理就是理性的、统一的、秩序的、自由的、平等的,也就是稳固的。这种思维模式在中国古代政治思想中的法家学说有过萌芽,在古希腊政治思想中有过雏形,对现代许多国家的政治思想和政治意识仍有较大的魅力。但是,它的真正创立是17、18世纪资产阶级启蒙思想家在反对封建君主专制和等级制斗争中所取得的历史性功绩,其真正完成是德国伟大的哲学家黑格尔的贡献。"黑格尔政治思想的重要意义,如以它同德国的关系来衡量,那还是很不充分的。他的思想异常广阔,他所设想的哲学不仅是伴随着所有近代思想的潮流前进,而是意在成为近代思想的总结和完善之作"。[①] 下面我们简要地概括这种思维模式的思想逻辑的展开过程,然后提出我们的问题。

　　第一,以经验哲学为基础,树立理性权威,贯彻人文主义精神。自由—法治的思维模式是建立在近代欧洲哲学革命的基础上的,这种哲学革命就是以经验哲学代替经院哲学,以理性权威代替任何外部权威,以科学代替神学。经验哲学就是把经验世界作为哲学研究对象,把解释人能够感觉到的经验世界作为哲学研究任务。理性权威就是确认人类理性作为哲学和科学的最高权威,具有战无不胜的力量。恩格斯指出:"在法国为行将到来的革命启发过人们头脑的那些伟大人物,本身都是非常革命的。他们不承认任何外界的权威,不管这种权威是什么样的。宗教、自然观、社会、国家制度,一切都受到了最无情的批判,一切都必须在理性的法庭面前为自己的存在作辩护或者放弃存在的权利。"[②]由于经验哲学摆脱了虚无缥缈的上帝,理性权威摆脱了基督概念对世俗社会的干扰,就为政治研究从现实社会出发提供了前提。如何认识现实社会的政治现象? 如何解释现实社会中的国家与法律? 启蒙思想家承袭了文艺复兴时期提倡的人文主义精神。文艺复兴是近代启蒙运动的先驱,是人类思想的一次解放运动。它的核心是提倡个性解放,反对宗教束缚;提倡个人

---

① 〔美〕萨拜因:《政治学说史》下册,第736页。
② 《马克思恩格斯全集》第20卷,第19页。

自由,反对封建等级桎梏;提倡个人的现世的幸福,反对禁欲主义。它把人类理性、个人自由和追求幸福,看作人类普遍的永恒的本性。这场思想解放运动直接导致了西方近代政治思想家研究人、认识人,"用人的眼光"探寻政治、国家和法律等政治现象。

第二,从国家的起源、本质、目的出发,确立"公共自由"的政治价值观。斯宾诺莎认为人性是"永远和到处同一的。这种共同的人性就是所谓自我保存原则"。"政治的真正目的是自由"。他声称《神学政治论》的主要结论就是表明在共和国人人能够自由思想的可贵。弥尔顿明确宣布政府的目的"不论在和平和战争时,都首要保障人民的自由"。霍布斯认为,国家是根据契约产生的。契约是"权利的相互转让",人们转让或放弃自己权利的目的是为了自身的安全,这是人们定约的宗旨。人们实际交出的是人们运用一切手段伤害他人的权利和权力,其目的还是为了实现个人的自我生存。国家是主权者认为适当的时候,可以使用他们大家的力量和手段来谋求他们的和平和公共防卫;所以,主权者有义务保卫人民的安全。安全"不仅意味着生命的安全,而且包括生活的一切其他满足,凡人民合法的劳动所得,只要无害于国家,都应归自己所有"。主权者侵害了上述个人的自由权利,个人就有拒绝服从主权者命令的自由,以至抵抗的权利。洛克认为,生命、自由、财产是自然法为人类规定的基本权利,是不可让与、不可剥夺的自然权利。人们是为了更好地保护人身和财产安全,而相互订立契约、成立国家的。国家即政府权力的性质,"不是,并且也不能是专断的",而是保护人民的。人们交给国家的权力只是"自然法所给予他的那种保护自己和其余人类的权力"。孟德斯鸠通过论述《法的精神》反复阐明了人权原则,即政治自由原则。他认为政治上的自由是公共自由,"每个公民的自由,是公共自由的一部分"。政治法是以国家的利益与保全为目的的。政治法使人类获得公民自由。他所要论证的核心是保证公民自由的政治体制、刑法等一系列政治与法律问题。卢梭的《社会契约论》的宗旨是:"要寻找出一种结合的形式,使它能以全部共同的力量来卫护和保障每个结合者的人身和财富,并且由于这一结合而使每一个与全体相联合的个人又只不过是在服从自己本人,并且仍然像以往一样地自由。"[1]他说:"政

---

① 卢梭:《社会契约论》,第 23 页。

治体的本质就在于服从与自由二者的一致"。为了把自由与服从这一矛盾统一于国家整体,卢梭提出了公意理论。他认为,公意构成主权,也是法律和政府的根据。公意是人民整体的意志,自然包括每个人的意志。人民整体有最大的权威和力量,个人应有服从国家的精神。国家权力是"一种普遍的强制性力量"。如果有人不服从公意,全体可以迫使他服从,这等于"迫使他自由"。康德则认为,凡人都有意志自由。国家就是建立在人的意志的自由、平等、独立的原则之上的,即每个社会成员作为人都是自由的,作为臣民都是平等的,作为公民都是独立的。这种自由、平等、独立是每个公民在国家中承担政治义务的根本依据。

　　黑格尔以卓越的思辨能力总结了以前诸家的政治自由观,成功地阐述了公共自由思想。他认为,自由意志乃是人的本质。人都有意志,人人也就都有自由,都有随自由意志而来的平等权利。伦理阶段是自由意志的真实体现。它采取三种形式:家庭、市民社会和国家。家庭是直接的或自然的伦理精神的体现。它的扩大与分裂便发展成为市民社会。在市民社会里,一切人都追求着各自的利益和目的,结合对人来说只不过是达到私人目的的手段。这里充满着各种矛盾:自我与他人、个人与社会、特殊利益与普遍利益、贫困与富足等等。"市民社会是私利的战场,是一切人反对一切人的战场"。①　为了使矛盾得到解决,使社会生活能够维持下去,就必须有一种力量,而且只能到市民社会之外而又高于市民社会之上的领域去寻找这种力量,这就是国家。意志的本质是自由。作为意志的国家乃是自由的真正实现。国家是人类社会生活关系的最高的、最完满的、最自由的形式或样式。国家的自由意志是属于普遍性领域,是"普遍性和特殊性的统一",国家的目的乃是"普遍的利益本身"。它们构成国家的稳定性。因此,他认为,一群人要形成一个国家,必不可少的是他们能形成共同防御和国家权力。构成一个国家本质的东西是"国家政权力量"。这个统一的国家权力具有至上性和极大的权威,对内能号令统一,对外进行战争。国家作为一群人形成的权威力量能够把一个民族聚集成一个有机的统一整体。国家之所以如此,是因为国家有一种"民族精神"(或叫作"民族意识"、"国家意志"、"公共自由精神")主宰着全民族的意向和行动。

---

①　黑格尔:《法哲学原理》,第 309 页。

第三，从国家权力内部机制出发，建立公共自由的保障机制。针对封建君主专制的暴政，启蒙思想家进而思考国家和国家权力的区别，以及国家权力内部的划分、分配和运用的机制，将此作为实现公共自由的保障。黑格尔认识到，国家是一种有生命的机体，这种机体就是政治制度。它"永远导源于国家，而国家也通过它而保存着自己"。因此，国家制度不是由谁创制的，不是任意选择的结果。探讨国家制度，衡量它的合理性，必须同国家的本质相连，看它是否是普遍意志的实现，或者是公共自由的实现。黑格尔在吸收英法启蒙思想家关于政体理论的基础上，设计了理想的国家权力内部划分、分配的模式。这就是君主立宪制。他不仅认为君主立宪制是现代的成就，而且把它同民族的统一和振兴一样看作是国家存在和发展的必要条件。他认为，君主立宪制是扬弃了君主制、贵族制和民主制三种政体而又高于它们的合乎理性的国家制度。他把这三种国家形式"降为各个环节"，君主、贵族、人民成为君主立宪制的三个要素，因而普遍意志在这种国家制度中得到实现。各种不同的权力只是作为君主立宪制国家这一整体的各种环节而被区分着，它们各自的职能和活动旨在实现普遍意志。黑格尔认为，国家权力必然是划分的，权力划分是从国家概念本身产生出来的（即国家是机体）。这种国家权力划分是一个非常重要的规定，它是公共自由的保障。黑格尔反对那种机械分权论，即把国家各种权力看作是彼此独立的，它们之间的关系是相互限制和抗衡的，以此造成一种普遍均势。他认为，政治制度是国家的机体，而机体的本质是趋向于统一，如果其中一部分闹独立，整个机体必致崩溃。因此，国家权力的划分是有生命的和合乎理性的。它是要促成"一个有生命的统一"。"把政治国家看作机体，因而把权力的划分不是看作机械的划分，而是看作有生命的和合乎理性的划分，——这标志着前进了一大步。"①他的分权思想的核心是认为君主权是整体的代表，是把区分出来的各种权力统一起来的权力。同时他指出，"王权以其他环节为前提，而其他每一个环节也以王权为前提"②。他规定：立法权是"规定和确立普遍物的权力"；君权是"自在自为的普遍物"；行政权是"使各个特殊领域和个别事件从属于普遍物的权力"。这样三权的划分和关

---

① 《马克思恩格斯全集》第1卷，第255页。
② 黑格尔：《法哲学原理》，第307页。

系,在黑格尔看来才是合乎理性的。洛克和孟德斯鸠的三权分立说和卢梭的人民主权说已广为传播和评说,这里不再赘述。

第四,从法律功能出发,确立公共自由的界限和尺度。公共自由包括公民个人自由和国家整体的自由。如何协调、统一二者的关系? 如何使公共自由外化为两种自由主体都必须遵循的行为准则? 什么性质和样式的行为准则能够调整和规制公共自由? 启蒙思想家提出:法律是公共自由的界限,是公共自由的尺度,是公共自由的理性化和秩序化的外化表达形式,具有调整和规制公共自由的功能。马基雅维利认为,君主应该用法律治理国家,人民只有在法律的约束下,才会变得坚定、精明、文雅。斯宾诺莎则相信自由就是服从法律,就像在自然当中服从必然、服从理性一样。自由和守法是一回事,"受理性指导,遵守国家法令生活的人比自然状态中的人更加自由"。哈尔顿宣布:只有受理性支配,即受法律支配的政府,才是最好的政府。霍布斯认为:人在国家中的自由,并不是免除法律的自由;除了法律限制以外,个人享有一切行为的自由。自由必须遵守法律。洛克指出,根据政府权力的性质目的,政府只能以正式公布和经常有效的法律进行统治。只有这样,生命、自由和财产才能得到有效的保障。因为"法律的目的不是废除或限制自由,而是保护和扩大自由"。孟德斯鸠认为,政治自由"是做法律所许可的一切事情的权利,如果一个公民能够做法律所禁止的事情,他就不再有自由了,因为其他人也同样会有这个权利"①。他认为,自由和守法是相辅相成的两个原则。解决了法律问题就解决了人的自由问题。一般地说,在法律支配着地球上所有人民的场合,就是人类的理性;每个国家的政治法规和民事法规应该只是把这种人类理性适用于个别情况。② 人们常引用卢梭的话:"人是生而自由的,但却无往不在枷锁之中"。因为在卢梭看来,没有平等,"自由便不能存在"。什么是卢梭的平等? 就是"社会公约在公民之间确立了这样一种平等,以致他们大家都遵守同样条件,并且全都应该享有同样的权利。"同样条件和权利是指什么? 这就是公意。而法律是公意的行为,法律体现人民的公共意志。法律是国家的唯一动力。它的对象永远是普遍性的,即法律必须是意志的普遍性和对象的普

① 孟德斯鸠:《论法的精神》(上),第154页。
② 孟德斯鸠:《论法的精神》(上),第154页。

遍性的结合。法律的职能是维持人民全体最大的幸福,即自由和平等。任何个人都必须受到法律的约束,在法律面前人人平等,否则,法律本身就不具备本身的真正本质。康德认为,法律作为社会中的"普遍必然"使个人行为与普遍道德法则协调一致。它依靠国家强制力量使个人自由与他人自由协调一致,法律是个人自由与他人自由共存的条件和制度。康德把法国大革命的胜利看作是法的观念的胜利。他希望建立一个在法律之下的个人与他人具有同样自由的统一制度。人们通过缔结契约,放弃自己外在的自由,从而获得法律主宰下的自由。各个人的意志联合成一个"公共意志",就产生了国家。下面看黑格尔得出的结论。①

国家的权力是绝对的,但不是专横的。国家必须永远在法律的形式下行使其管理权力。国家是理性的体现,法律则是"合乎理性的"。这意味着公共当局的行为应当是可预知的;这些行为应以已知的规章为出发点;这些规章限制了官员任意行事的权力;官员的行为是表达该机构的权能,而不是该机构执掌人的私人意志或判断。法律对它所运用的一切人应当平等对待,因为它是具有普遍性的。专制主义的本质在于无法可依,而一个自由的立宪政府的本质就在于排除无法状态和提供法治保障。他指出:"专制主义意味着任何一种法律已经消失的状态,在那种场合下,特定的意志,无论属于一个君主还是一伙暴民的意志,被当成了法律者毋宁说取代了法律"。"情况恰恰是,在国家之内一切事物都是确定了的和有保障的,国家是反对变幻无常和独断主张的干城"。因此,黑格尔的国家学说被后来的德国法理学称为法治国家。

自由、平等、博爱、人权、国家、法律、分权、法治,是一个多么理想的共和国!又是一个多么协和的政治哲学理念!然而,事实与现实果真如此吗? 人类政治思想到此终止了吗? 它已经或能够解决人类政治的一切问题吗? 不、不、不。资产阶级启蒙思想家远远没有解决下面一系列问题:(1)国家与法律是社会矛盾与冲突的产物,还是绝对理性的命令与顿悟的产物? 如果是后者,为什么资产阶级要通过革命取得政治统治? 为什么会出现后来的法西斯专政? 为什么会发生后来的第一次和第二次世界大战? 如果是前者,国家和法

---

① 萨拜因:《政治学说史》(下),第731—732页。

律能否消灭和解除社会矛盾和冲突？随着社会矛盾和冲突的发展变化,国家与法律是否必然要发展变化？资本主义社会的矛盾与冲突能否在自己内部解决？如果不能,人类社会又以什么方式予以解决？或者说,社会矛盾和冲突的发展变化将导致的是什么社会、什么国家、什么法律？(2)在理论上和法律上宣布人人自由与平等是否就等于现实和事实？如果不是,那么决定人人自由与平等最基本的因素是什么？如果说自由平等只是就普遍的、抽象的、一般的国家与法律而言的,那么,获得法律规定的权力的人与只获得法律上平等自由权利的人是什么因素决定二者之间的关系？如果事实上存在不自由、不平等,那么,这种高高擎举的只有形式上价值的旗帜又有什么意义？人们的实际价值取向和行为取向在哪里？(3)人是抽象的,还是具体的？如果是具体的人,那么人人自由平等就需要共同的物质基础和智力基础,资本主义社会的人人自由平等是建立在这样的基础上吗？在现实条件下,人类能够建立起这样的基础吗？为什么在生产资料私有制资本主义社会缺乏这样的基础？人类社会又将向何处去？伴随人类社会的发展,启蒙思想家的"理想"并没有实现,资产阶级的政治统治实际与革命时期的口号自相矛盾,出现了上述一系列问题。为了回答这些问题,人类政治思想继续自己的旅程。但在这个历史时代,人类政治思想发生了大分裂,即出现了马克思主义和"传统政治思想延续"的两种性质不同的思想体系。马克思主义是人类思想又一次新的具有划时代意义的革命,它以解放全人类为己任,揭示了人类社会发展的基本规律,为人类社会发展的新的质的飞跃指明了方向和道路。对此,我们在中下篇结合中国政治稳定研究进行阐述。下面我们仍将沿着资产阶级思想家和理论家为解决和回答上述问题进行的思考与研究来阐述。

马克思主义诞生以来,资本主义作为近代文明继续存在着、发展着,直至当代。把握和研究近代和当代资产阶级思想家为解决资本主义日益增长的社会矛盾和社会发展所作的辩护与思考,对于坚持和完善马克思主义的具有中国特色的、社会主义国家的政治稳定思维模式,是不无益处的。

(二)政策—调适的思维模式

政策—调适的思维模式,是统治阶级思想家和理论家为了维护和巩固本阶级的政治统治提出的,以政治统治政策研究为核心,以调整和理顺个人、社会、统治阶级及其内部成员之间的价值分配关系和利益关系为宗旨,以达到统治阶级政治统治秩序化、适应化和稳定化为目的的政治思想和政治理论。这种思维模式在古代政治思想中有过体现,同时受到现代世界各国政治家、政治思想家和理论家的高度重视。它以西方近代资产阶级政治思想最为突出。近代西方政治思想中的政策—调适的思维模式是:资本主义制度是最符合人类本性的;资本主义社会中的矛盾、冲突和斗争能够通过经济、政治、社会和文化的改革与改良获得解决;国家政权和法律是为巩固资本主义制度的政治统治秩序服务的有效工具,只要根据资本主义社会矛盾和社会发展的实际,通过国家政权制定和实施适宜的政策,就能够避免社会危机和社会革命,就能够使资本主义制度成为永恒存在的社会制度。这样的思维模式既针对启蒙思想家的理想主义和理性主义,也针对马克思主义。它产生于资本主义之初,形成于资本主义制度确立之时,成熟于资本主义进入垄断之后,延续至西方资本主义世界的今天。

1. 自由主义的政策—调适。自由主义的政策—调适,是 19 世纪资产阶级政治思想家提出的适应于资本主义上升时期要求的政治思想和政治理论。它包括以下政治主张:(1)在经济领域,要求保护个人自由,实行自由贸易、自由竞争,国家实行放任主义政策,充当守夜人和警察国家的角色,信奉"最少管理的是最好的政府"的政治格言。(2)在政治领域,要求改革政治和法律制度,建立有利于产业资本家利益的代议制,对工人阶级的政治要求运用"趋向于扩大政治权利,实行改良、让步等等的方法"①,同时,采取与旧势力妥协的立场,反对社会革命。(3)在社会领域,要求限制资产阶级国家对个人权力的适用范围,维持社会稳定、社会安全和社会秩序,这就是国家的职能。这种政治的自由主义是个大规模的运动,影响到西欧所有国家和美洲,但最典型的发展却发生在英国。英国在整个 19 世纪都是世界最高度工业化的国家,自由主义取得了民族哲学和国家政策的地位。自由主义的政策—调适的基本政治主张是建立在对启蒙思想的批判、确立功利主义和个人自由主义政治观、奉行庸俗政治经济学和提倡实证主义哲学基础上的。

第一,对启蒙思想的批判。马克思所说的被冷静务实的资产阶级社会当

---

① 《列宁全集》第 16 卷,第 349—350 页。

作自己真正的解释者和代言人①之一的孔斯坦,把最激进的启蒙思想家卢梭提出的"社会契约论"说成是"暴政的工具"。他认为卢梭的错误就在于把自由同政权混淆在一起,以为自由的关键就在于人民掌握政权,结果导致了雅各宾的恐怖统治。功利主义创始人边沁则宣称:社会契约论、自然法等学说,只不过是一种"虚构",而"现在,虚构的时代已经过去了"。实证主义哲学大师孔德认为,启蒙阶段是抽象阶段或叫"形而上学"阶段。契约论、自由、平等、人民主权等等信条用抽象的概念和知识代替了神学概念和知识,在反对神学政治上是进步的和必要的。它摧毁了阻碍人类知识和人类社会发展的神学观念,这对于长远的改革是必要的。但是,它的进步性主要表现在消极方面,即只破坏了旧的,却没有提供新的。就建设能力或改造社会来说,形而上学政治是完全失败的,它所宣扬的基本信条,造成了知识领域和信念方面的不确定和混乱,不能给人们提供一个确定的原则。因此,它一旦达到摧毁旧的社会制度的目的,就变成了进步道路上的障碍。②

第二,功利主义和个人自由主义政治观。孔斯坦曾把自由分为政治自由和个人自由,前者是指公民参与政权的行使,后者指个人的思想、言论、财产、经营和贸易等自由。他说,现在人们对自由的理解和追求是个人对国家保持一定的独立性,是个人的权利和自由。在孔斯坦看来,随着国家疆域的扩大和人口的增加,政治自由既不可能也毫无意义,社会发展的根本力量是个人的主动创造精神,自由就是个人独立性的胜利。既然自由是个人的独立性,自由问题的关键就不是政权掌握在谁的手里,而是政权的范围。他认为,主权不是无限制的,否则,个人自由就毫无保障了。他反对任何个人、代表或全体拥有至高无上的权力的国家制度。边沁作为功利主义代表人物之一,试图在现实的人的本性中探寻个人行为和政府立法的原则。按照边沁的解释,所谓"功利"是指外在事物给当事者(个人或社会)带来利益或快乐,使当事者避免祸害和痛苦。他认为,"求乐避苦"是人的本性,它决定人的一切行为的动机和目的,同时也是人们衡量和评价一切行为是非、善恶的唯一标准和尺度。人们的行动或对它的赞成与否,就是看它是否给个人和社会带来利益或快乐。能够产

---

① 《马克思恩格斯全集》第8卷,第122页。
② 徐大同主编:《西方政治思想史》,第398页。

生或增加人的福利就是有益的,应该做的;反之,就是无益的,不应该做的。边沁把这一功利原则作为解释和说明人类社会一切问题的万能钥匙。在政治领域,他把功利主义原则归纳为"最大多数人的最大利益"。但是,在他看来,社会只是由个人组成的,所谓社会利益,就是每个人利益的总和。每个人在追求个人利益时,自然而然地就在增加着整个社会的利益,只要每个人真正在追求自己的最大利益,最终也就达到了社会全体的最大利益。据此,他认为,政府的目的在于满足个人利益。政府的主要活动是立法,而立法者没有主宰人们一切行为的全权,其职责只是正确认识人的本性、考察人们最大幸福之所在,从而制定出适应人的本性和需要的法律和制度。密尔作为个人自由主义大师详尽地、透彻地论证了自由主义的政策—调适的政治思想。他在《论自由》一书中开宗明义地说道:自由是指"社会所能合法施用于个人的权力的性质和限度"①。他从个人与社会的关系的角度更为一般地、广泛地探讨自由问题。他认为,人总是要在社会中生活,生活在社会中的人总要服从某种权力以维持社会的存在和福利。但是,每个人的个人自由却是社会发展的条件和动力。因此,如何解决人与社会关系,以及社会对个人享有什么样的权限是至关重要的。也就是说,要在"个人独立"与"社会控制"之间作出恰当的"调整",确定政府在什么样的范围和限度内对个人行动可以干涉而不失为正当。密尔宣布:(1)任何个人的行为,只要是仅仅有关本人而不涉及他人的利害,个人就有完全的自由;只有当他的行为危害到他人利益时,他才须对社会负责,才应该承受社会的或法律的制裁。(2)对社会中的任何一个成员的行动自由进行干涉,或者说这种干涉是有理有权而不失为得当,唯一目的只是出于"自我防卫",即防止对他人的危害。这就是个人自由与社会控制的界限。它是维持一个自由社会或建立一个良好政府必须遵循的基本原则。为此,他提出了一系列功利根据论证这种政府不干涉原则:(1)所要做的事情由个人来做总比政府来做更好一些。对于一个人的福利,本人总是关切最深的。一件事情办得最好的总是那与此事有密切利害关系的人。(2)虽然有的事情个人不如政府经办得好,但仍然宜于让个人来办,这样可以培养、锻炼和发展个人创造精神。政府的工作总是趋于单一化,个人经办某事却更富于个性和多样化,而个性的自由发展是社会进步的

---

① 密尔:《论自由》,第 1 页。

首要因素之一。(3)不必要地增加政府的权力会造成很大的祸患,尤其会压抑个性的自由发展。总之,在密尔看来,个人自由、个性自由发展的意义在于它既是人的目的和幸福的根本,又是社会进步和人类幸福的首要因素。个性的自由发展及其运用的程度是衡量社会或政府好坏的尺度。为了最充分地实现个人自由,密尔发挥了当时流行的"保护少数"的政策原则。他认为,为了防止"民主的滥用",必须采取"保护少数"和"限制选举权"的权力分配政策。"民主滥用"就是:议员的"低等才智"和多数派的阶级立法即"多数的暴政"。"保护少数"和"限制选举权"政策就是:享有选举权的人必须能读、能写、能算;不纳税者,靠领取救济金生活的人不能享有选举权(他认为,那种主张有教养的人的意见同才智较低的人的意见有着同等价值的看法不是实事求是的);实行"复票制",允许受过较高教育的人或执行高级职务的人有两票以上的投票权,这样能保证少数优秀分子在政府中得到一定地位,发挥积极的作用。

第三,庸俗政治经济学。这是 19 世纪资产阶级经济学家如让·巴蒂斯特·萨伊(1766—1832 年)、托马斯·罗伯·马尔萨(1776—1834 年)、詹姆斯·密尔(1777—1836 年)、纳骚·威廉·西尼耳(1790—1864 年)、弗雷德里克·巴师夏(1801—1850 年)及约翰·密尔为了粉饰资本主义制度、调和资本主义矛盾提出的经济理论,他们断言,在自由竞争条件下,各种产品的价格和生产要素的价格都可以随着市场供求关系变化而自由地涨落,价格体系的自动调节作用,必然会使一切可利用的生产资源(包括劳动力和生产资料)被用于生产,实现所谓"充分就业"。19 世纪的庸俗政治经济学的"理论"体系,主要以充分就业为前提,研究当供求关系达到均衡状态时,资本主义社会将怎样在社会各个部门之间分配和使用各种生产资源。换言之,传统庸俗政治经济学家们认为政府不应当干预这些生产资源的利用。它们究竟被用来生产什么产品、每种产品的产量应有多少,应采用什么办法生产,以及各种产品和生产要素应有什么价格,政府都不要过问,政府应采取"自由放任"的政策。如果让市场力量自由活动,资本主义经济均衡总是会自行确定的,而且将达到"充分就业的"、"最优的"均衡状态。这就是直至 20 世纪 30 年代以前,西方各资本主义国家曾经信守的自由竞争、自动调节、自由放任的经济原则。①

---

① 胡代光、厉以宁:《当代资产阶级经济学主要流派》,第 27 页。

第四,实证主义哲学。它在 19 世纪 30 年代最早出现于法国,19 世纪 40 年代出现于英国,后来广泛流传到其他西方国家,其主要代表人物是法国的孔德和英国的约翰·密尔和斯宾塞。实证主义哲学的共同特征是将哲学研究对象和内容限定在"实证"的范围内。所谓实证就是具有"实在"、"有用"、"确定"、"精确"、"有机"、"相对"等意义。它排斥一切虚妄、无用、不确定、不精确、绝对的东西,摒弃一切形而上学和神学的东西。这种哲学不仅是 19 世纪英、法两国最重要的资产阶级哲学流派,对以后整个西方资产阶级哲学也发生了很大影响;当代西方马赫主义、逻辑实证主义等哲学流派更是实证主义在新的历史条件下的变种;它也不只是一个哲学学派,也代表着近代与现代资产阶级哲学中的一种重要的思想倾向,即所谓科学主义倾向。①

孔德(1778—1857 年)是实证主义哲学的创始人。他宣称,真正的实证的精神用对现象的不变的规律的研究来代替所谓原因(不管是近因还是第一因),一句话,用研究怎样来代替为何。他所谓"规律"不是指自然和社会事物的客观规律和必然性,而只是指现象间的外部联系。他说:"在我们那些实证的说明中,甚至那些最完备的说明中,我们都是完全无意于陈述那些造成各种现象的动因的……我们的企图只是精确地分析产生现象的环境,用一些合乎常规的先后关系和相似关系把它们互相联系起来"。他认为,科学以及一切合乎实证精神的认识都只是叙述事实,而不说明事实;只问是什么,不问为什么;只知其然,不知其所以然。例如孔德承认牛顿万有引力定律。但他认为人们按这一规律所知道的只是自然界存在引力并服从引力,至于引力究竟是什么,则根本无法解决,不属实证哲学和实证科学的范围。如果人们要去穷根究底,就会陷入神学和形而上学。孔德自称他"发现了一条伟大的根本规律","这条规律就是:我们的每一种主要观点,每一个知识部门,都先后经过三个不同的理论阶段:神学阶段,又名虚构阶段;形而上学阶段,又名抽象阶段;科学阶段,又名实证阶段"。这三个阶段也就是三种性质上根本不同,甚至相反的哲学方法。由此产生了彼此互相排斥的三类哲学或者说三类说明一切现象的思想体系。在神学阶段,人们自由幻想,要求探索万物的内在本性,现象的根源、最后原因,即要求获得绝对的知识,但这是办不到的。于是,他们便求助

---

① 金增嘏主编:《西方哲学史》,第 428—451 页。

于超自然的力量——神来解释一切。这时宗教在各种思想体系中占统治地位。形而上学阶段是神学阶段的变相。这时人们以形而上学（超经验）的抽象概念代替了超自然的神力来解释一切，要求获得相关事物的本质的绝对知识，并独断地把这些抽象概念当作绝对知识。例如各种独断论的哲学体系，各种认为自己是客观真理的革命理论，就是这类形而上学的概念构成的。在实证阶段，一切知识科学、哲学都以"实证"的"事实"为基础。人们"于是不再探索宇宙的起源和目的，不再求知各种现象的内在原因"。人们把一切知识都看作是关于现象的知识，相对的知识。这个阶段是人类知识发展的最"高级"的、最"科学"的阶段。孔德根据实证主义哲学观提出要建立一门有关社会的科学——社会学。这种社会学分为"社会静力学"和"社会动力学"。前者研究社会事实和存在，论述一般的社会关系、社会结构及其性质，从而保持住这个社会的有机体的平衡状态。后者研究社会的演化和进步，也就是研究怎样利用道德力量来影响社会的发展。他用"秩序和进步"这一公式或原则把二者概括统一在一起。他认为，社会是作为一个有机整体存在的。它同其他生命机体一样，各个部分之间必然是协调一致的，从而构成一个和谐团结的整体。这就是他的社会团结思想。他认为，政府的目的就是积极维护团结，而"秩序"是社会团结的表现，因此，政府的任务就是维持和巩固"秩序"，以保持社会有机体的平衡与稳定。

赫伯特·斯宾塞（1820—1903年）是19世纪下半期英国实证主义哲学的最大代表。他的哲学的主要特点是把他所解释的进化论观点同实证主义的不可知论和现象主义融合起来，给实证主义穿上进化论的科学服装。斯宾塞从"第一原理"出发引申出普遍进化理论，进而提出社会有机体论的政治思想。他认为，一切现象的基础是不可知的"力"。现象世界都不是永恒的、固定不变的、绝对的东西，它们必然处于不断的运动和变化之中，这种运动变化均受进化规律的支配。"进化是物质的集结，以及同时发生的运动的消散，在这个过程中，物质由相对不确定的、分散的同质状态进到相对确定的、凝聚的异质状态，而被保留的运动也发生了相应的转化"。据此，他把生物学中的自然选择、生存竞争的原则引入社会，认为社会划分为阶级及存在阶级差别是自然的和必然的，是社会生活日益异质化、复杂化的结果。各阶级要各司其职以维持社会有机体的存在和进化。因此，他们之间的利益是一致的。这就是他按照生物学观点提出的"社会协作",社会就是建立在这种"协作"基础上的。政府的首要职能是抵抗外来的侵略,防御外来势力对社会成员的(生存和进化)权利和自由的侵犯。他随之提出了"同等自由规律",主张政府不得干涉个人自由,其内部职能是制止对个人权利的侵犯,保障个人自由充分实现。他认为,维护个人自由,最大限度地满足个人的利益,不只是维持社会的稳定和均衡所必需,而且是社会有机体进化的最终目的。因为社会是为构成它的成员而存在的,国家是没有自身生命和人格的,而公民却是有自由意志的独立体。

总之,自由主义的政策—调适的哲学逐渐变为功利主义的而不再是革命的了。自由主义的理想是革命时代的后果,但它的大部分"成就"是高水平的务实的才智应用于具体问题的产物。它的理论仍然是理性主义,但这一理性主义却受到理想必须对大量具体事件起作用这种认识的限制。自由主义的这种态度部分是哲学的原因。天赋权利哲学所依据的伦理理论必然是直观性的。除了像洛克和杰弗逊那样,肯定个人权利是不言自明之理之外,没有别的办法能为不可侵犯个人权利的理论进行辩护。但是科学总的发展趋势,特别是研究社会的思想发展的趋势,一直相当稳定地向经验论发展,因而日益脱离那种认为只要某一命题是显而易见的,就可以视为公理的信念。简言之,理性主义的权威一直在下降,而天赋权利的理论却一向是哲学理性主义的要素。可是,较之理论因素影响更大的无疑是随着商业和工业资产阶级的地位和影响变得更加巩固,他们的观点也自然而然地发生了变化。以上是西方政治学者对自由主义政策—调适的分析。① 马克思指出,对于庸俗政治经济学家来说:"现在问题不再是这个或那个原理是否正确,而是它对资本有利还是有害,方便还是不方便,违背警章还是不违背警章"。② 马克思认为,在19世纪中叶英国的条件下,保护关税制是保守的,而自由贸易制促进了资本主义发展,它"引起过去民族的互解,使无产阶级和资产阶级之间的对立达到了顶点。总而言之,自由贸易制度加速了社会革命"③。

2. 改良主义的政策—调适。改良主义的政策—调适是资产阶级思想家和理论家为了救治资本主义社会由自由竞争阶段向垄断阶段过渡产生的激

① 萨拜因:《政治学说史》(下),第742—743页。
② 《马克思恩格斯全集》第23卷,第17页。
③ 北京大学出版社:《西方政治思想简史》,第205页。

烈、尖锐的社会矛盾和社会冲突而提出的政治理论和政策主张,其典型代表一是狄骥的协作主义,一是费边主义。

莱翁·狄骥(1859—1928年)是20世纪初法国协作主义的代表人物。他的协作主义政治思想在当时西方的资产阶级思想领域有很大影响。他比较早地敏感地觉察到了帝国主义给资产阶级统治带来的新的矛盾,并试图用协作主义的理论来解决这些矛盾。狄骥的协作主义是以"社会连带说"为理论基础的。在狄骥看来,无论过去的或将来的哪一种社会形式,总是存在着连带的关系。这种社会连带关系是由"同求连带"和"分工连带"构成的。"同求连带",就是人们有共同的需要,所以人们只能同心协力,共同生活,只有这样,人们的共同需求才能得到满足。"分工连带",就是人们有各自不同的需求,每个人的技能也互不一样,所以只有尽量运用发展每个人的不同技能并使之相互交换,人们的不同需求才能得到满足。他声称这种社会连带是社会的基础。人类社会所以要产生这种连带是由于人类的天性。这就是一方面人是一种对自由的行为具有自觉意识的实体,另一方面,人是一种不能孤独生活,必须和同类共同在社会中生活的实体。这样的人类天性决定了社会连带,社会连带使人们结成一个整体。个人生活在这个整体中,就像有机体的细胞一样,绝不能要求什么"个人自由"或"个人权利",否则社会就会分崩离析。狄骥根据社会连带说不仅对上自柏拉图、亚里士多德下至阿奎那、霍布斯和卢梭,直到同时代的自由主义学派无例外地进行了批判,而且把"个人自由"、"平等权利"、"主权"等传统政治概念统统斥之为形而上学。他攻击马克思主义的阶级斗争和阶级专政学说,认为"宣扬阶级斗争就是犯罪"。"我认为,我们决不能让一个阶级去消灭另一个阶级,与此相反,而是要建立协调的制度和阶级等级制度"。狄骥根据"社会连带"说提出了与以前资产阶级思想家政治观不同的政治理论。在他看来,国家是同一社会集团中"自然分化"的产物,这种"政治分化"产生出"公共权力",而"公共权力"不是"强制的权力"。国家的合法性不是来自它的起源,而是它按照法律向社会提供了服务。他用公务观念代替主权观念,并从三个方面否认国家主权。首先,认为国家的强制力——主权是一种主观权力,是人们臆想出来的权力。追溯历史,公共权力只不过是一种服务性的权力,把它说成强制性的"国家主权"是一种谬误,必须抛弃这一国家主权的概念。国家只有一种事实上的权力,这一权力的对象和范围受到客观法的制约。其次,他认为主权的起源是无法说明的,虽然有些人把自己的意志强加于他人,但任何事物都不能证明一种人类意志可以高于另一种人类意志,甚至不能说集体的意志高于人类的意志。他指出,人们曾借助于神来解释它,或像黑格尔那样把国家神化,但这种观念离开了"科学"。民主学说也不好,因为集体的权力应以集体的意志为基础,而集体的意志又是无法证明的,况且集体也无权强迫个人服从。民主学说是用"人民的神权代替了国王的神权"。最后,他认为,主权的执掌者是无法确定的。个人掌主权"势必导致无限的君主专制统治",以卢梭"公我"为依据的集体也不是主权的执掌者。事实上,统治者应和其他人一样都服从法律。因此,狄骥断定,国家主权的说法是错误的,国家只有满足公众需要、组织公务的权力。可见,狄骥政治思想仍以实证主义为哲学基础,但根据资本主义社会进入垄断阶段后的新情况和新问题,用所谓"集体主义"代替"个人主义",用"国家公务"代替"国家主权",为资产阶级政治统治在政策上的变化提供了理论依据。

　　费边主义是英国改良主义者于1884年成立的社会学术团体——费边社提出的一系列政治改良主张的总称。参加这一团体有早期的皮斯·德莫尔,后来的英国著名文学家乔治·肖伯纳(1856—1950年)和悉尼·韦伯(1857—1947年)。该组织后来加入了英国工党,并在政治上和组织上对工党有着长期的影响,它提出的渐进主义的道德改良始终是英国工党的政策方针。渐进主义就是通过议会道路达到社会改良的目的。它认为社会自然会进化。随着社会进化,政治权力和政治组织逐渐被使用于工业。资产阶级国家的政府拥有了两种职能,即政治职能和经济职能。经济职能就是国家对工业和服务的管理。它不为统治阶级的利益效劳,也不应受政治职能的干预。它可以独立地发挥作用,不受限制地为整个社会服务。随着这种经济管理职能的不断扩大,国家为社会工作的特点会越来越占突出的位置,从而国家也就越来越成为全民的代表。他们认为,当中央政府组织了邮政、电报、银行、保险业、铁路和运输、公共工程、医疗和教育等这样一些服务业时,当它组织了一些附带的生产和交换时,它就在实际作为一个消费者协会参与了工业,而其活动的目的则是为了尽可能地在商品和服务方面对使用者和消费者有所帮助。这样,国家的性质也就发生了变化,即变成了全民的管家,它的目的则是为公民服务。由于这一渐渐变化,私人剥削的范围已经缩小,社会主义已经在资本主义内部自然而然地发展起来,因此无须进行推翻现存制度的社会革命,只要通过这种不会中断的自然的进化过程,社会主义就能实现。于是,他们提出了自己的政治纲领,这就是通过社会改革达到社会进步,通过"民主"手段来实现改良计划,即"通过民主而把人民包括在政府内",并把国家的地租、土地、资本、国家工业组织,所有生产资料都交给这个政府,而不去触动资本主义的生产方式。他们的口号是:社会民主等于政治民主加工业民主。实现社会民主的道路应遵循四项原则:(1)民主主义的变革;(2)渐进的变革;(3)被人民大众认为是合乎道德的变革;(4)合乎宪法的变革。费边主义也是现代资产阶级"福利国家"政策的理论先驱。恩格斯曾严厉地批判:"费边派是一伙野心家,不过他们有相当清醒的头脑,懂得社会变革必不可免,但是他们又不肯把这个艰巨的事业交给粗鲁的无产阶级单独去做,所以他们惯于自己出来领导无产阶级,害怕革命,这就是他们的基本原则"①。

三、现代西方政治稳定研究

(一)现代西方政治稳定研究的哲学背景②

1. 人本主义哲学的含义。哲学是时代精神,是一个学者提出问题、思考问题、解决问题的世界观与方法论。有什么样式的哲学,就有什么样式的政治学,无论是古代社会,还是近代社会、现代社会,无论中国还是外国概莫如此。为了研究现代西方政治稳定的思维模式,把握当代西方哲学的总趋向、总框架是必要的。

当代西方哲学的总趋向,就是反思哲学本身,反思人类的现实和现实的人类,反思与哲学相关的人类世界的一切:人类的科学、思维、行为、艺术、语言、历史、文化、存在、精神等。人类的世界成为各种哲学问题的出发点,各种哲学问题集结于人类的世界。人本主义是当代西方哲学的基础。20世纪70年代末,保罗·科科尔主编了一部概括当代西方哲学主要趋向和基本内容的著作——《哲学主要趋向》。该书共分六个部分,标题分别是:人及其知识形式;

---

① 《马克思恩格斯选集》第4卷,第498页。
② 本节主要参考孙正聿博士论文:《理论思维的前提批判——论辩证法的批判本性》。

思维、人和自然现实、人和社会现实、人和语言、人和行为、人和人本主义的基础。当代西方哲学与传统西方哲学相区别的人本主义主要反映在科学哲学的反思、语言分析哲学、哲学解释学和存在主义哲学之中。

　　2. 科学哲学的自我反思。自孔德创立实证主义哲学起,经过逻辑实证主义哲学的发展,在西方哲学中形成了一股强大的科学主义思潮,即科学哲学。他们的出发点是:传统哲学的本质在于,它用想象和朴素类比法的"假解释"来满足人类要求普遍性解释的冲动,用逻辑与诗、理性的解释和形象的比喻、普遍性与类似性搅混在一起的模糊语言来充当对世界的科学解释。[①] 他们认为,科学解释必须符合一致性、客观性、可证伪性和预见性。在人文科学中不存在什么使一致和发展成为可能的共同准则;用意义和价值范畴内的术语对人类所作的描述没有客观性;人文科学的失败是由于它没有按特定方式观察自己而不是由于证伪;人文科学的方法论是回顾性的而不具有预见性。[②] 他们认为:"在我们现代世界中,再没有第二种力量可以与科学思想的力量相匹敌。它被看成是我们全部人类活动的顶点和极致,被看成是人类历史的最后篇章和人的哲学的最重要主题"。"在变动不居的宇宙中,科学思想确立了支撑点,确立了不可动摇的支柱"[③]。只有科学解释才具有一种"首尾一贯的"、"新的强有力的符号系统","向我们展示了清晰而明确的结构法则","把我们的观察资料归属到一个秩序井然的符号系统中去,以便使它们相互间系统连贯起来并能用科学的概念来解释"。[④] 于是,他们试图用自然科学的理论和方法论来改造哲学社会科学,把自然科学与人文科学、科学活动与人类其他活动、科学哲学与传统哲学对立起来,把传统哲学与人文科学驱逐出科学领域,并排斥于科学哲学的视野之外,而且还因此排斥对科学的人文主义理解。这种科学观和哲学观是与现代科学以及现代哲学的发展趋势相背离的。尤其是量子物理学和爱因斯坦相对论的出现,使科学家和哲学家认识到"科学诚实性标准"和"首尾一贯"只能是一种乌托邦式的幻想,他们开始反思以往的科学哲学:科学解释的本质和特征是什么? 构成科学解释的根源和基础是什么?

---

① 转引自孙正聿博士论文:《理论思维的前提批判——论辩证法的批判本性》。
② 转引自孙正聿博士论文:《理论思维的前提批判——论辩证法的批判本性》。
③ 转引自孙正聿博士论文:《理论思维的前提批判——论辩证法的批判本性》。
④ 转引自孙正聿博士论文:《理论思维的前提批判——论辩证法的批判本性》。

科学解释和其他解释方式的关系如何？怎样沟通不同学科,特别是自然科学解释与人文科学解释之间的相互理解？这些问题均涉及把科学解释作为哲学研究对象的人文主义理解。美国当代科学哲学家 M. W. 瓦托夫斯基可作为这一反思的典型人物。他试图从人文主义立场出发辩证地看待科学活动和人类其他活动的连续性与间断性的对立统一。他指出,人类的科学活动既"植根于我们全都共同具有的普通人类能力之中","有着不言而喻的常识性知识的来源",又是"代表着人性的一项最高成就,……是一种与众不同的、独一无二的、在各种决定性的方式上与其他人类活动不同的人类活动"①。他认为:"在科学本身的基础上,铭刻着其带有共同经验、带有共同的理解方式以及带有共同的交谈和思想方式的历史连续性的印记,因为科学并不是一跃而成熟的"。② 科学不仅是"一个有组织的和系统的知识体",而且是一种自觉的持续不断的探索过程。德国物理学家普郎克反映了同样的认识。他说:"科学是内在的统一体,它被分解为单独的部门不是由于事物的本质,而是由于人类认识能力的局限性。实际上存在着从物理到化学,通过生物学、人类学到社会科学的连续链条。"③瓦托夫斯基认为,以往的科学哲学观割裂或打断了"科学与常识、科学活动与人类的基本活动、科学理解与平常的理解的连续性"④。而这种打断的深刻性和严重性在于:科学家从人类共同体中分离出来,科学思想与常识观念和哲学反思相脱离,科学解释变成一种与共同经验、日常语言和普通解释完全对立的理解方式。这是当代文化的"严重的社会危机"。解决这种危机的重要途径,是对科学的人文主义理解。在当代西方科学哲学的理解、在当代西方科学哲学的理论思考中,"观察渗透理论"就是引人注目和发人深省的对科学的人文主义理解。"观察不是中性的","观察是受理论污染的","科学不是始于观察,而是始于问题"。这些命题都促使哲学反思认识主体的思维方式、概念框架、价值观念和审美意识等在观察中的复杂作用。

　　3. 语言分析哲学的贡献。语言分析哲学被称为哲学的自我"治疗"。语言分析哲学同实证主义哲学一样,认为传统哲学的"狂妄"和"虚妄"是因为对

---

① 转引自孙正聿博士论文:《理论思维的前提批判——论辩证法的批判本性》。
② 转引自孙正聿博士论文:《理论思维的前提批判——论辩证法的批判本性》。
③ 转引自孙正聿博士论文:《理论思维的前提批判——论辩证法的批判本性》。
④ 转引自孙正聿博士论文:《理论思维的前提批判——论辩证法的批判本性》。

语言的各种形式的歪曲和误用,认为哲学的使命不是扩大关于事实的知识领域,而是要增加对事实以及关于事实知识的理解。它与实证主义哲学的区别在于,"实证主义认为,科学是人类合理认识和论述的准则,它承认还有其他论述形式,但是科学是衡量其他论述是否有意义的标准。在实证主义看来,哲学是科学的哲学,而语言分析、语言学哲学,则自我意识地认识到人类论述还有许多不同的形式,许多除了科学含义以外的别的含义,哲学的任务是发现各式各样的这类形式,也包括科学的形式是怎样起作用的,而不是用科学准则衡度每件事,然后宣布其他形式无意义"①。在语言分析哲学看来,传统哲学的根本弊病,是企图"穿过语言"而达到对自在之物或绝对者的认识。因此,语言分析哲学的任务是,"分析人的思想、分析人们理解和接受这个世界或互相交流的概念的最好办法,就是研究它们的实际应用"②。也就是说,哲学的任务是阐明人类通过其把握世界的各种方式(科学、艺术宗教、伦理等等)而形成的概念系统和命题系统;而哲学的这种"阐明"活动是根据概念知识借以表达的语言去阐明这些系统;因此语言的阐明就成为哲学首要的,甚至是唯一的任务。语言分析哲学的最大贡献是将语言作为中介性的存在消解了思想与现实抽象的、直接的对立。因为语言是最典型的人文符号,具有人的人本性和自在性。

4. 哲学解释学的贡献。哲学解释学的宗旨是把哲学变为人类自我"理解"的哲学。人类运用语言来理解世界和表达对世界的理解。反过来看,语言又是对人的理解方式和理解程度的表达。因此,对于语言的分析,就不仅仅是分析人所理解的世界,而且首先是分析人对世界的理解。这后一种分析,就是对理解的理解,就是当代西方的哲学解释学。它的提问方式是:理解是怎样的存在? 这种提问法表达了一种康德式的要求。康德认为在考察人对世界的认识之前,必须首先考察人自己的认识能力;没有对人的认识能力的明确认识,关于人类认识世界的理论就只能是不同形式的"独断论"。哲学解释学提出,在谈论人如何理解世界和人如何理解自己之前,必须首先考察理解本身和理解的可能性条件。理解的可能性条件首先是人的理解能力。人的理解能力

---

① 转引自孙正聿博士论文:《理论思维的前提批判——论辩证法的批判本性》。
② 转引自孙正聿博士论文:《理论思维的前提批判——论辩证法的批判本性》。

就是历史给予人的延续历史的能力,这种能力首先表现为主体处在由历史而来的"前理解"的存在中,也就是处在历史的文化积淀之中。这种"前理解"或历史的文化积淀构成理解的"不自觉的和无条件的前提"。因此,理解的可能性是在于人的历史性。哲学解释学要求自己回答的是理解的可能性条件,即客观地理解历史的文化前提,而不是康德要求回答的认识的可能性条件。解释学不满足于康德提供的"先验统觉能力"和"先制范畴",而诉诸储存历史文化的"水库"即语言。语言保存着历史的文化积淀,历史的文化积淀由语言去占有个人。使用语言,就是理解历史文化,理解历史和理解人自身的过程的发生。语言的历史变化,规定着人的"前理解",因而也就体现着人的历史性变化和规范着人的历史性发展。人从属于历史,也就从属于语言;人只有从属于语言,才能实现自我理解和相互理解。哲学解释学提出的命题是:人创造了语言,但人却从属于语言,人创造的不是一种工具,而是人的存在方式。从这种角度看,不是人在使用语言,而是语言构成人的存在。"语言是存在的寓所","能理解的存在就是语言"。语言,通过语言而实现的人的自我理解和相互理解,构成人类存在的"意义世界"。它表明人类不是以自己的自然存在,而是以人本身创造的社会—文化存在为中介而构成与世界的对立统一关系。卡西尔曾说:"在这个人类世界中,言语的能力占据了中心的地位。因此,要理解宇宙的'意义',我们就必须理解言语的意义"。① 哲学解释学进一步阐述了由语言构成的历史与现实之间、历史视野与个人视野之间,时时存在着的一种"张力"。人在历史中接受,又在历史中更新理解的方式。历史文化对个人的占有与个人主体意识活动的统一,既构成理解方式的更新即历史的发展,也构成历史发展中的"合法的偏见"。"语言"和"理解"是历史的、辩证的,而不是凝固的、僵化的存在。

5. 存在主义哲学的贡献。存在主义哲学是试图把哲学变成反省人类存在的哲学。人究竟是怎样的一种"存在"? 或者说,人是怎样"存在"的? 这就是存在主义哲学家们最为关切的问题。他们认为,以往当我们称自己为"人"时,这句话的意思是:我们具有"人"的本质。从古希腊哲学开始,哲学家们一直在追究:人的"本质"是什么? 这种追问方式表明,以往哲学都是"本质主义

---

① 转引自孙正聿博士论文:《理论思维的前提批判——论辩证法的批判本性》。

哲学"。这样,关于人的问题就变成:人的"本质"和人的"存在"是何种关系?"本质主义哲学"强调人的本质重于人的存在。而"存在主义哲学"则宣布"人的存在先于本质"。它认为"本质主义哲学"可以追溯到柏拉图的"理念论"。柏拉图认为哲学不是研究善或美的存在,而是追究善或美的"理念"。这种思维方式在中世纪表现为"上帝本体论",在整个近代哲学史表现为"理性本体论",在现代哲学中表现为"科学至上论"以及"现象学的还原论"。因此,除存在主义之外的一切哲学都是本质主义"哲学"。存在主义认为,人的存在具有独特性。它与自然界有机物的本质不一样。自然界有机物如种子的"本质"是先于它的"存在"的。人则不然。人的存在即是人的行动;而人的行动即是超越自己的先前之所是;而超越自己先前之所是就在重新塑造自我;重新塑造自我也就是不断地赋予自己以新的本质。因此,人的"存在"先于他的"本质"。存在作为行动是某种选择,而选择即是采取某一种确定的态度而拒绝另一种(或数种)态度。采取一种态度,拒绝其他态度就是自己。因此,人的"本质"就是"自由"。自由对人来说是无法逃避的。人要承担自己选择的责任。由此出发,存在主义哲学突出强调了人的"存在"所蕴含的行动与选择、选择与自由、自由与责任、责任与自律等人所具有的独特矛盾。人所具有的独特矛盾投射到人与世界的关系中,就表现为自为的存在(人)与自在的存在(物)之间、自为的存在(自我)与自为的存在(他人)之间、自我的所是与自我的超越之间等矛盾。人自身及其与世界的独特矛盾,表明思维与存在在其现实性上并不是先验的、预定的、确定的统一,而是否定性、选择性、过程性的统一。存在主义所蕴含的启发意义,就是它突出强调了人的"存在"的特殊性,要求哲学反省这种特殊性的"存在"的内在矛盾。

综上所述,现代人文主义哲学就是由探索两极融合、过渡和转化的中介哲学取代以对立的两极为出发点、以抽象的两极对立关系为基础形成的传统哲学。它提供的思维方式提醒人们:在致知取向上,不是追求绝对的终极之真,而是探索时代的相对之真,把真理理解为过程;在价值取向上,不是追求绝对的至上之善,而是探索时代的相对之善,把价值尺度理解为过程;在审美取向上,不是追求绝对的最高之美,而是探索时代的相对之美,把审美活动理解为过程。

（二）实证主义政治学——现代西方政治稳定研究的主旋律

现代西方对政治稳定的研究,是学派众多、角度各异,构成了五光十色、交相辉映的众多变奏曲。要想概括和把握其中的所有奥妙,是十分困难的。不过实证主义政治学理论和方法论,作为现代西方政治稳定研究的众多变奏曲的主旋律,是确定无疑的。实证主义政治学是孔德等人创立的实证主义哲学及其社会学理论与方法论的延续和发展。因为以是否从现实的政治行为出发来研究政治学作为标准,现代西方政治学的主旋律就是实证主义的,它同资产阶级启蒙思想家的抽象的"无人身的理性"形成鲜明对照。如果以研究政治行为时是否带有价值判断为标准,那么,现代西方实证主义政治学就经历了前行为主义政治学、行为主义政治学和后行为主义政治学三个阶段。

1. 前行为主义政治学的理论与方法论。前行为主义政治学是指 20 世纪初到 20 世纪中叶的西方政治学。这个时期正值西方资本主义社会由自由竞争进入垄断阶段的转换时代;资本主义的各种矛盾充分暴露和激化,尤其是爆发了帝国主义之间的战争和第一次、第二次世界大战;传统的理性主义和理想主义政治学以及早期实证主义社会学和功利主义政治思想遭到一次次打击;社会主义革命连绵不断,构成资本主义世界的强大竞争和推动改革力量。为了应付转换时期的复杂局面和适应社会多样化需要,伴随这个时期的教育、文化和科学技术发展的新情况、新问题,社会科学和边缘科学蓬勃兴起、壮大,各学科之间相互渗透、相互促进又相互分离、相互独立,社会学、心理学、教育学、法学、经济学、哲学都发生了批判与改革的倾向。前行为主义政治学就是在这样的背景下沿着实证主义方向继续迈进。其典型代表人物有英国的格雷厄姆·沃拉斯,德国的马克斯·韦伯,法国的迪尔凯姆,美国的阿诸尔·F. 本特利、查理·E. 梅里安和哈罗德·D. 拉斯韦尔,此外还有米切尔斯、齐美尔·帕雷托、莫斯卡等。他们有的是社会改良主义者,有的是社会冲突论者,有的是社会行为过程论者,有的是科层制社会组织论者,有的是社会权力论者,有的是社会整合论者。他们从不同角度尤其是政治社会学和政治心理学角度拓宽和深化政治学领域的研究。这里只提沃拉斯及其《政治中的人性》一书对前行为主义政治学的影响,其他人有机会在后面提到。

格雷厄姆·沃拉斯(1858—1932 年)是英国的政治学家和社会学家,费边社的主要政治理论家。他的《政治中的人性》是现代政治学中有着广泛影响的理论著作。美国历史学家、政治学家爱·麦·伯恩斯称沃拉斯的"《政治中的人性》和《伟大的社会》两书实际上已成为政治理论的经典著作"①。民主政治理论家 G. H. 科尔认为,该书是沃拉斯一生的贡献,是"真正伟大的著作"。美籍奥地利经济学家、政治学家熊彼特指出,这是一本"坦率而有魅力的书","不管在他以后人们关于这个题目所写的一切,……这本书还是可以推荐为政治心理学最好的入门书"。② 沃拉斯本人因使用独有的方法论开创了政治学研究的新领域,而备受当时西方尤其美国政治学界的欢迎。美国政治学家迈克尔·马戈利斯曾说:"奇怪的是,沃拉斯这位英国人,对美国政治学家们比对其英国同仁产生了更直接的影响。"③1910 年,A. 劳伦斯·洛厄尔邀请沃拉斯到哈佛大学讲学,给研究生开设心理学和政治学等课程。在这里,他影响了美国一大批学者,其中有的后来成为美国政治学会主席,他们是洛厄尔、阿瑟·霍尔库珀,著名专栏作家和哲学家沃尔特·李普曼。同时沃拉斯同当时美国著名政治学家曾任美国第二十届政治学会主席的查尔斯·E. 梅里安等人也建立了较为密切的联系。马戈利斯这样评价:"在《政治中的人性》出现以前,大学里的政治学基本上是建立在道德哲学之上的。政治学理论仅只是对霍布斯、洛克和卢梭这样的伟大思想家的政治观的价值作些评论。在《政治中的人性》出现之后,政治学变得较具行为性,既研究那些伟大思想家的观点的经验适切性,也研究其道德价值。"④沃拉斯在方法论上究竟有什么贡献呢? 第一,说明了"唯理智论"的假设——"人的每一个行动都是理智活动过程的结果,通过这个过程,人们首先考虑他期待达到的目的,然后考虑能够借此达到这些目的的手段"——对所有人类活动的危害性,尤其是对民主政治运动的危害性。第二,说明了有必要用有意识的、系统的思想成就取代这一"唯理智论"的假设。他指出:"思想方法的发明使得人类文明有可能突破其最初的阶段,获致总体进步。因为思想方法使得我们能够成功地解释和预测大自然的变动,而如果我们在使用心智时仅仅采用最简单容易的思想方法,

---

① 伯恩斯:《当代世界政治理论》,第 31 页。
② 熊彼特:《资本主义、社会主义和民主主义》,第 320 页。
③ 《政治中的人性·译者的话》,第 5 页。
④ 《政治中的人性·译者的话》,第 5 页。

这样做是不可能的。"①

　　沃拉斯指出:"政治研究现在处于一种令人不满意的状态。在欧美,代议民主制被普遍地接受为最好的政府形式;但是那些对代议制民主的实际运行有深刻认识的人对它感到失望、忧心。……这种不满引起人们重视对政治制度的研究,但是最近的政治著作很少注意人性的各个因素。"②他认为,在政治中,对人性的考察首先必须克服"唯理智论"。人性是由理性和非理性的因素两部分组成的。政治驱动力不仅是对手段与目的计算的理智推断,而且也是先于人类个体的思想和经验的倾向,尽管这些倾向受人类个体思想和经验的修正。如果我们观察一下政治中这些驱动力的行动,诸如个人情感、恐惧、嘲笑、财产欲等,就会看到这种情况。他认为,政治行动和驱动力是人性和其环境接触的产物。人们的政治认识倾向是与自身和象征符号相联系的。这些象征符号从而取代了较复杂的感觉和记忆。而政治的象征符号其重要意义曾为联想所确定,而又可能经历了其自身的心理发展,而与其最初所象征的事实的历史无关。个体政治家的意见的变化极其迅速,但政治的象征符号变化极其缓慢,这两者之间的关系经常产生道德上的问题。例如,每一代人都使用"正义"一词,但在悄悄地改变它的用法,同时从"正义"的概念抽象出来的人类行为和制度也在悄悄地发生变化。他指出:"唯理智论的政治思想家不仅经常假设政治行动必然是有关手段和目的的推理的产物,而且还假设所有的推理都是同样的'理性'类型。"③他认为,政治的经验艺术基本上是通过审慎地探索下意识的非理性的推理来创造意见。他认为,最初人们就试图把逻辑的、有效推理的规则应用于政治,但事实上,政治中的推理业已被证明为比在自然科学中的更为困难,更少成功。但当政治家像医生一样规避过分简单化地使用资料,在推理时使用尽可能多的有关人的类型、其个人特征及其环境的事实,他们最可能获致进行有效推理的能力。他指出:"显而易见,可以用定量方法来谈论某些政治问题。而另一些问题用该方法来谈论的可能性则不太明显。但即使是最复杂的政治问题,富有经验和责任心的政治家事实上也是从定量

---

①　《政治中的人性·第三版序》(1920年)。
②　《政治中的人性·内容概要》,第1页。
③　《政治中的人性·内容概要》,第1页。

方法来加以思考的"①。他提出,在政治家的训练过程中,需要的是要他们有充分意识地系统阐述那些必须学习的方法并接受之。

沃拉斯认为,工业文明已提供给不断壮大的、劳作的一代一定的闲暇时间及教育。他们接受的教育足以使他们用闲暇时间构想选择,但是工业文明并没有提供给他们指导,以作出选择。人类受非理性支配是不能为改进政治与社会提供坚实基础的。政治文明发展的唯一希望在于取得人类理性的胜利。于是,他提出了克服政治中由于非理性因素占支配地位而引起的问题的两个方向。首先,他建议用更可取的政治口号图像代替那些俗气的而现在流行的口号图像,并使它们充满感情的力量,这样会带来一些好处。但他更深切关怀的是政治和社会结构的改革。他主张推广教育以提高选民的智力水平、政治责任和政治热情;使政党有可能由具有高度公民觉悟的人来管理;政府应依据认真的思考而不是舆论来达到目的,因为搞政治的人没有一个会相信无论是更大程度的平等还是选举权的扩大,将会解决政治组织中道德上、思想上的所有问题;还要造成国家的同一性,因为没有一个公民会幻想出一个国家并使它成为自己政治的热爱对象;同时,要加强政治团结和政治共识,因为今天的生物学家告诉我们,任何一个民族的最有效的进步来自个人间有意识的合作而非盲目的冲突。

由上可见,沃拉斯所开创的方法论主要是:(1)扬弃"唯理智论"的假设;(2)政治中的人性包括理性和非理性,非理性在当时占据支配政治行为的地位;(3)普通形式的代议民主无法战胜非理性的力量,必须进行社会和政治结构的改革;(4)政治与政治研究必须从人性的现实和行为的现实出发,并能够适用有限的定量方法;(5)政治家的责任是从现实出发依据人性进行决策,最终依靠理性发展战胜非理性;(6)人生活在社会组织(包括国家)之中已成为基本的社会现实与事实。

2. 行为主义政治学。行为主义政治学专指 20 世纪 50 年代到 60 年代的西方尤其美国政治学所发生的政治学理论和方法论的转向。之所以发生这个转向,主要基于以下的历史背景:世界格局相对稳定,形成了雅尔塔体系;资本主义国家经过改革调整,建立了适应垄断阶段的政治结构和政策体系,尤其凯

---

① 《政治中的人性·内容概要》,第 1 页。

恩斯的经济革命使国家成为克服社会动荡、消除矛盾激化的稳定机制；科学技术的发展和突出地位使知识分子产生了科学迷信即科学主义思潮，系统论、控制论、信息论成为时代特征，逻辑实证主义哲学和行为心理学及社会系统论发挥巨大影响；以往的战争、革命、改革、危机、冲突、斗争、矛盾使人们要求稳定、和谐、协调，社会科学家们试图摆脱意识形态冲突的控制和左右来研究纯粹的社会行为、社会整合、社会控制过程。于是，以美国为主的政治学界涌现出一大批有影响的行为主义学派代表人物，如瓦尔迪姆·O. 凯、戴维、杜鲁门、哈罗德·D. 拉斯韦尔、赫伯特·西蒙、罗伯特·达尔、加布里埃尔·A. 阿尔蒙德、戴维·伊斯顿、卡尔·W. 多伊奇、德怀特·沃尔多等等。[1] 他们有的认为"政治学中的行为主义与人的实际行为，以及他们赋予他们行为的意义有关。行为主义根据观察到和可观察的行为来谋求解释政治现象"（达尔）。有的认为，政治学应研究政治中的影响因素和被施加影响者（拉斯韦尔）；有的认为，政治学应研究利益集团的政治和调节利益集团之间利益冲突的过程（杜鲁门）；有的认为，政治学应研究"社会财富的权威性分配"（伊斯顿）。E. C. 班费尔德则认为，政治学应研究解决和讨论问题的一般活动，如谈判、辩论、讨论、力量的运用和说服等；有的认为政治学应研究行政行为，研究行政决策（西蒙），等等。

　　行为主义政治学的理论与方法论转向的共同特征是：就政治观而言，它认为国家、国家权力、国家结构、国家法律只是一种既存事物，其本身没有指示出政治的真实内容。政治的真实内容应当是政治体制内部的人的政治活动，要认识政治现象，必须以人们在实际政治过程中的行为为出发点和归宿，因为"历史由人类的行为构成，制定、遵守和违反法律的是人，制度只不过是行为模式的结合"[2]。就研究原则而言，它认为政治学研究应该"价值祛除"，坚持"规则性、验证性、技术性、数量精确性、价值排除性、系统性、纯科学性和一体性"等八项原则。就方法而言，它认为应该博采各学科的研究方法和研究成果，这不仅是指自然科学和现代技术中的量化的统计、分析、模型等工具性手段，而且包括采取科际合作，吸收社会学、心理学、人类学、经济学、哲学和生物

---

[1]　王沪宁：《当代西方政治学分析》，第46—47 页。
[2]　艾萨克：《政治学：范围与方法》，第47 页。

学等的研究方法和研究成果。总之,行为主义政治学的理论和方法论是观察性的、解释性的,它们努力回答和解决的问题不再是"应该怎么样?""什么是最理想的?""为什么如此?"而是"事实是怎么样的?""谁?""干了什么?""运用什么方法?""引起了什么后果?""如何改进?"等一系列政治管理、政治控制的问题。

行为主义政治学拓宽和深化了政治学研究的众多领域,识别和提出了实现政治目标和过程的中介环节,例如政治系统过程分析、结构—功能分析、中观与微观政治权力分析、政治决策分析、政治角色分析、政治心理分析、政治集团分析、行政政策分析、选举行为分析、政治沟通分析、政治社会化分析、政治舆论分析、政治研究方法分析等等。但是,行为主义政治学终因否定政治学的价值性,脱离实际政治过程,缺乏应用和指导政治行为的功能而被后行为主义政治学所取代。

3. 后行为主义政治学。后行为主义政治学是指 20 世纪 60 年代末到如今的西方政治学尤其是美国政治学。一般认为,伊斯顿于 1969 年在就任美国政治学会主席的就职演说——《政治科学的新革命》,标志着后行为主义政治学的正式崛起。当时,恰是美国社会、经济、政治和学术经过稳定发展重现了全面危机。(1)越南战争的发展越来越对美国不利,给美国经济带来了沉重负担,美国人民在国内掀起了声势浩大的反越战活动。(2)黑人民权运动震动了美国人民,使人们认识到美国社会并不像官方描绘的那样是人间乐园。(3)青年人爆发了反主流文化运动。当时,受国内动荡影响最大的是青年学生。他们认为,现实社会存在的各种问题是他们先辈造成的,现在应由青年一代来改正这些错误。他们反对现有社会中的一切正统的东西。他们中有的把头发留长,演奏各种政府不允许的音乐,跳非正统舞蹈,要求在学校等各种场合穿牛仔裤,要求能自由确定同异性的关系。上述一切使得美国国内乌烟瘴气、危机重重、犯罪增加、精神颓废,暴力冲突不断。这就使社会科学家提出了普遍疑问:为什么没能预见上述问题在这个时期爆发,突出起来? 又为什么对这些问题无所作为呢? 社会科学出现了什么问题? 于是,政治学者们开始反思以往尤其是自己的行为主义政治学,并在此基础上发动了"政治科学的革命"。

后行为主义政治学只是西方传统实证主义政治学价值取向的复归。艾萨克指出:"后行为主义者并不主张停止用科学方法研究政治。……后行为主义者主张把自己的技术用于解决至关重要的社会和政治问题,简言之,即认真地对待政策倾向。"①此次"革命"发动者——伊斯顿也指出,后行为主义革命是一种对将来取向的革命,它并不企图保守或摧毁特定的研究方法或途径。它只是设法使政治学转变一个方向。这个方向就是补救行为主义政治学的缺陷,贯彻关联原则。所谓关联原则就是:(1)实质优先于技术,即对于当前迫切的社会问题的关切,应优先于调查研究方法工具的考虑,宁可方法工具模糊不清,也不斤斤计较与现实社会不相关的准确的研究技术。(2)行为科学只局限于事实的分析与描述,因此它们往往先验地假设研究事实的环境的合法存在与维持,这就容易产生经验的保守主义。(3)行为研究的核心是抽象的、分析的,他们对于政治的残酷事实保持沉默,后行为主义者的工作是打破沉默的障碍,使政治学真正满足人们的需要。(4)进行价值的建设性发展及研究。政治研究无法完全中立,因此,必须认清我们知识所凭借的价值前提。(5)任何学科的知识分子,对于一切理智的活动负有责任。(6)认知必须付诸行动。行动是社会的再造,当前需要行动的科学,以解决理想的冲突。(7)知识分子所组成的各团体,不能置身于种种斗争之外,政治学专业的政治化是必要的。

由上可见,后行为主义政治学革命的核心,是强调政治学的应用性、现实性,强调政治学者关心和参与实际政治、为实际政治服务的责任感和紧迫感。

(三)系统—功能的思维模式

系统—功能的思维模式,就是政治是处于一定环境中的生命系统;政治系统的目标是维持自身的生存和发展;政治系统为了生存和发展,必须同环境系统不断地交换能量,即履行一定的政治功能;为履行政治功能,政治系统建立或形成自己的政治结构;政治结构是由一系列政治角色构成的;政治角色之间的相互分工与相互合作使政治系统输出政治功能,达到自己有序、和谐、持续的动态平衡和稳定。

1. 系统—功能思维模式的意义。运用系统思想阐述政治现象有着悠久的历史渊源。柏拉图和亚里士多德在自己的政治学著作中曾使用过政治系统

———————————

① 艾萨克:《政治学:范围与方法》,第47页。

的概念,意指"城邦"、"国家"、"政治制度",是由许多因素有秩序地联系起来的现象。霍布斯也曾写道:"通过系统,我理解了加入同一种利益或同一事业的任何人"。斯宾塞的社会有机体理论突出运用了社会系统的观念。但现代政治系统分析来源于现代系统论、信息论和控制论。自20世纪30年代以后,自然科学朝着微观和宏观两个方向纵深发展,一方面学科分化越来越细,另一方面科学综合越来越显著。这种综合的趋势就是科学不仅要揭示事物之间的纵向联系,而且要揭示事物之间的横向联系。于是,科学研究必须从个体水平发展到整体水平,从静态发展到动态,从实际事物水平上升到复杂的系统水平,这就要求建立新的科学方法与之相适应。系统论就是适应这些要求应运而生的。同时,系统论还体现了学科发展一体化的趋势。由于它为人们提供了一个全新的科学思维方法,很快风靡全世界,影响遍及自然科学、社会科学和人们日常生活的广泛领域。作为一种一般方法论,当人们在思考新问题、创造新体系、建立新理论时,它格外引人注目。因此,伊斯顿在试图建立一般政治理论时使用了系统论。帕森斯在试图建立一般社会理论时使用了系统论。伊斯顿在《系统分析的框架》一书中写道:"系统是本世纪内最著名的概念之一。它发源于自然科学,迅速在社会科学以至教育、文艺、美学等遥远学科中得到反响"。他又指出:"系统分析是一种政治生活分析的新方法","系统分析只是一般政治理论建设的许多种战略中的一种,但它可以使我们有可能享受邻近学科以至自然科学的概念革命的成果"。政治系统分析在现代西方政治学尤其美国政治学中有着突出的地位和影响。艾萨克曾说:"社会科学中两种更受人欢迎的组织思想的方法是系统论和功能分析。事实上,功能分析只是系统论的一个分支,因此,可以将两者纳入同一方法论范畴"。伊斯顿更为肯定地说:"'系统分析'的标签被用于许多分析方式,如博弈理论、功能研究、均衡研究。最近十年来,系统思想变得如此普及,以至那些最靠不住的方法都在它的卵翼下寻求证明。它是本世纪那些振聋发聩的概念之一。"①系统论应用大师莫顿·卡普兰声称:"只有当政治活动根据活动系统来处理时,科学的政治才能发展起来"。用著名的美国政治系统论者米切尔的话说:"政治系统分析试图阐述政治科学和政治实践两个领域,使它们一致化和条理化,确

---

① 伊斯顿:《政治分析的框架》,第24页。

定它们的性质和指导对它们的研究,以及整合相关的知识"。非系统论政治学者也认为系统的概念对于政治科学的理论建设具有奠基石的作用。

2. 系统—功能思维模式的理论基础。这种思维模式,首先从一般系统论中获得启发。根据一些著名系统论者(如系统论创始人贝塔郎菲、霍尔和福根及卡普兰等)对系统概念的释义,系统包括这样几层含义:(1)构成整体的要素或目标;(2)这些要素或目标之间的相互影响和相互依存的关系;(3)包容性;(4)清晰的与环境相区分的界限及其与环境的相互交换;(5)执行功能的结构。一般系统论是从三个概念方向进行研究的。第一,描述实质概念。这种概念使系统之间相互区别,如有机的或无机的、开放的或封闭的;使系统与参照系统相区别,如输入、输出、界限等。第二,关于系统控制与维持的概念。通过这种概念人们可以理解哪些因素控制或维持着系统,如"稳定"、"均衡"等。第三,关于系统变化的概念。变化对系统既可能是有益的,也可能是有害的。破坏性变化如系统解体、毁灭等,有益的变化如系统的发展、渐进适应等。任何一种系统分析框架皆由基本命题、核心概念和模式结构组成;命题是分析框架存在的前提,概念是框架的核心,而结构则是联系框架中核心概念的纽带。

其次,这种思维模式是社会系统理论的发挥。帕森斯被公认为社会系统理论的奠基人和代表人物。而帕森斯的社会系统理论又是通过对 20 世纪开始前后的欧洲社会理论家 A. 马歇尔、V. 帕累托、王·迪尔凯姆和 M. 韦伯的积极的批判性分析发展起来的。帕森斯认为这四位理论家尽管有不同的出发点,但他们最终都集中在有意向的社会行动理论的基本要素上。他的社会系统理论就是建筑在社会行动理论基础上的。他认为,人类社会是一个大的行动系统。人类行动系统有四个子系统:行为有机体、人格、社会和文化子系统。这四个子系统相互联系并制约人类的行动。在每一个子系统中,生理需要、心理活动、社会规范和文化价值分别引导和控制人们的行动。帕森斯的行动系统的关键理论是:这些制约人类行动的子系统是有序排列的,在人类行动系统中,位于顶端的子系统信息流量大,能量较小,它可以制约那些信息流量小但能量大的位于较底部的子系统。如仅仅包括符号要素——知识、思想、信仰等抽象概念的文化子系统就信息流量大但能量较小,它能够通过信息引导和调整在较低的子系统中丰富的,但却被无意识能量扰乱的行动,尤其是位于控制论等级系统最低层的行为有机体。社会子系统可以将文化子系统的信息转达或翻译成社会成员的人格的行动指令(即社会规范),社会成员通过人格子系统将社会规范内在化,控制自身的行为有机体的行动。他提出,社会学家最关心的是社会子系统。社会子系统是人类个人相互作用的系统。其他三个人类行动的子系统作为主要的环境因素与社会子系统相关联,社会子系统分别与其他子系统相连并在系统内部实现自组织。社会子系统在控制论序列中不是位于最高等级,却是人类行动系统的中心环节,负有将其他三个子系统整合在自己周围的任务。除了其他三个子系统作为主要环境因素外,社会子系统还有两个次级环境因素:"终极实在"和"有机物质世界"。它们分别是文化子系统和行为有机体子系统的直接环境因素,并通过文化子系统和行为有机体子系统与社会子系统相联系。它们之间的相互关系如下:

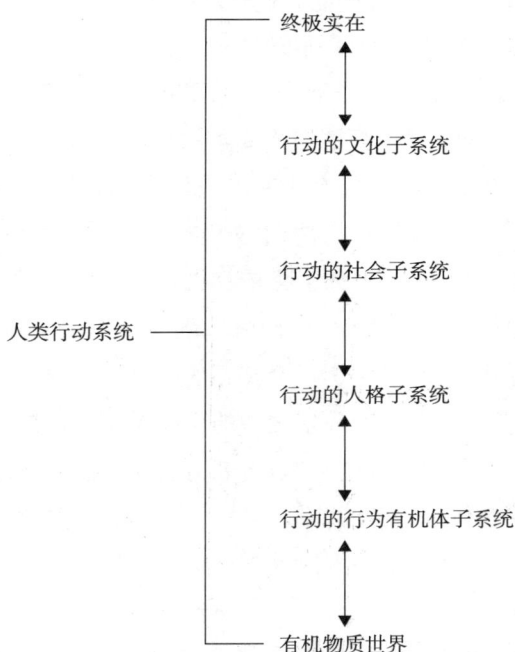

终极实在

↕

行动的文化子系统

↕

行动的社会子系统

↕

人类行动系统 —— 行动的人格子系统

↕

行动的行为有机体子系统

↕

有机物质世界

社会子系统(社会)是社会系统的一个类型。与其他人类相互影响的子系统不同的是,社会子系统具有更高程度的自我满足能力。换句话说,社会学系统作为社会系统的一个类型具有更高的管理和整合社会中文化、人格和行为有机体三个子系统的能力。这种能力是其他子系统无法达到的。这种能力表现为四个功能:第一,维持模式的功能。这个功能体现了作为社会系统之一的社会与文化子系统之间的联系。它负责维持建立在终极实在取向基础上的社会的最高指导原则。第二,整合的功能。这一功能的目的是确保社会子系统内部各个部分与整个社会必要的协调一致,尤其是社会的整体组织和整体运行。第三,完成目标的功能。这一功能主要指作为社会子系统的社会与人格子系统之间的联系,它包括确定社会的总目标和动员社会成员完成这一目标。第四,适应的功能。适应的功能是指作为社会子系统的社会与行为有机体子系统,并通过行为有机体子系统与有机物质世界相联系,即社会对各种环境条件的普遍适应。如果我们仔细分析,帕森斯的作为社会子系统的社会,实际上是政治社会,其功能是社会政治的功能。政治稳定研究的系统—功能思维模式是这种所谓社会系统理论的专业化和明确化。

3. 系统—功能思维模式的概念框架。一般认为,系统—功能的思维模式主要由伊斯顿的一般政治系统分析、阿尔蒙德的结构—功能分析和多伊奇的政治沟通分析构成。而"阿尔蒙德和鲍威尔的理论形成政治社会学中最完善的功能主义研究方法。在他们勾勒出来的总图中,包括了在各种体系里都应得到保障的功能"①。"伊斯顿同功能主义没有什么直接联系。他的政治制度观点与其说是基于有机模式,不如说是依靠自控机器模式"②。多伊奇是深化了政治系统中的沟通过程。因此,我们将以阿尔蒙德和鲍威尔合作的《比较政治学:体系、过程和政策》一书为主介绍系统—功能思维模式的概念框架。

第一,政治系统是处于一定环境之中的生命系统。伊斯顿认为,政治体系是从社会行为总体中抽象出来的、通过分析才能认识到的权威性价值分配的活动。这些活动相互作用、相互联系,形成一个体系。组成体系的是机构的活动,而不是机构。他认为政治体系所处的社会体系是政治体系的生存环境,包括社会内部和外部两种。阿尔蒙德认为,政治体系等一系列新术语的使用,不仅是语词上的变化,而且体现了一种考察政治的新方法。这套新术语既包括老事物的某些新名称,也包括使用某些新术语来表达原先未作为政治范畴的活动和过程。政治体系这一概念就是为了使人们注意到社会内部政治活动的

---

① [法]莫里斯·迪韦尔热:《政治社会学——政治学要素》,第193页。
② [法]莫里斯·迪韦尔热:《政治社会学——政治学要素》,第190页。

整个范围,它还强调政治是一个生态的概念,政治领域与环境之间是相互作用的。所谓政治体系是以合法的强制力量为特点,拥有某种公认的权力为基础,可以在特定的领土范围内采取强制手段,并要求人们服从的社会子系统。政治体系不仅包括政府机构,而且包括社会所有结构中与政治有关的方面。其中有亲属关系、社会等级集团等传统结构,还有诸如动乱之类的社会非正规现象,以及政党、利益集团和大众传播工具之类的非政府性组织等。政治体系的上述各个部分之间存在着某种相互依存、相互影响的关联性,即在某个政治体系中,当一个变数在数量上或质量上发生变化时,其他的变数也会受到压力并发生变化,于是,这个体系就改变了其行为方式,或者对不守秩序的组成部分用管制机制加以惩罚。同时,政治体系与环境之间存在着一定界限,但又是与环境相互依存和相互作用的。一切政治体系都与两种环境相互作用:国内环境和国际环境。政治体系既影响也受影响于国内的经济、自然和资源、教育和技术体系以及种族和文化体系。这样,政治体系通过各种完全不同的途径,程度不等地渗透于社会之中。政治体系的界限不是一成不变的。政治体系是社会在其国内和国际环境中有意识地制订和追求集体目标的工具。政治体系采取或试图推行的政策,目的或多或少都在于从国内环境中提取资源,把所得利益分配给国内的不同集团和国际上不同的国家,并且管制国内人民的行为或提供安全以防外来威胁。但从另一方面看,政治体系本身在很大程度上是由它活动于其中的环境所塑造的。社会上对公民和领导人提出的问题,可用于解决这些问题的资源,以及形成集体信念和行动的技能和价值观,所有这些都受到国内外环境的影响。

第二,政治系统是一个动态的、趋于维持自身稳定与均衡的过程。系统—功能思维模式的重点是放在政治系统和政治系统行为上,放在政治系统各要素之间的相互作用的过程上,而不是放在这些要素的特点上。伊斯顿曾反复强调系统分析要求我们注意各种政治体系的生命过程本身,注意它们如何对付威胁它们生存的紧张局面。对于系统分析来说,首要问题是:社会内是如何保护体系持续性所必需的基本功能的。[①] 阿尔蒙德承认伊斯顿是第一个用这个明确的术语来分析政治的政治学家。他在伊斯顿的基础上描述了政治系统

---

① 伊斯顿:《政治分析的框架》,载《政治学参考资料》1983 年增刊之一,第 13—14 页。

运行的一般过程(如下图所示)。在他看来,输入和输出是政治体系同环境体系之间的相互交换。转换过程是在政治体系内部完成的。输出会在环境系统中发生作用,这一作用反过来影响政治体系的新作为。这一过程称为"反馈"。政治体系就是输入、转换、输出和反馈的周而复始的无限循环过程,在这个过程中,政治体系谋求稳定和均衡。

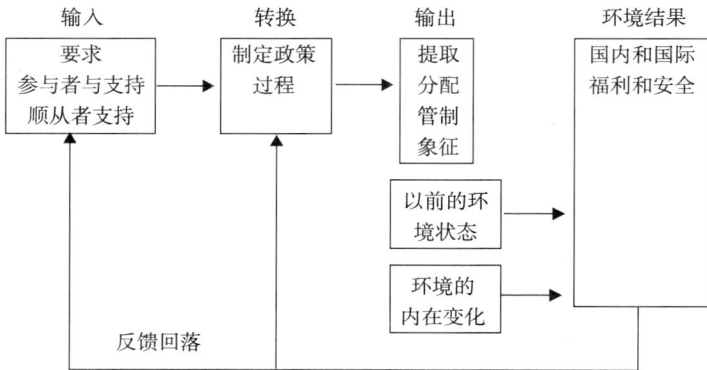

政治系统运行的一般过程

伊斯顿认为,稳定和均衡的最普通意义是,系统内的任何变项,就其与别的变项之相对地位及关系而言,保持不变的情况。在这种情况下,所有变项已达彼此调适的境界,即"稳定或平衡地进步,享有和谐、稳定或平衡的情境"。因此,稳定与均衡不是说在人所构成的系统中,人的活动中止;而仅是说"个人或集团在其与其他个人或集团的关系中,不变易其地位"。他还认为,政治系统维持生存不仅仅是自我维持,就是说,绝不能靠政治系统自我封闭、与世隔绝来维持系统生存。系统生存必须在面对紧张和环境巨大压力时具有灵活适应的能力。系统如要长久生活、长治久安,不能只一味地维持稳定和均衡,必须具有对付各种骚动的能力,它必须能改变环境,或自己作"重大改变",甚至彻底更动系统的范围、人员、结构与过程、目标或行为规则。总之,系统为了维持自己生存必须具有极广大的自我调节的能力。只有这样,系统才能在环境的冲击震撼下维系稳定和均衡,才能保持与环境间的和谐。阿尔蒙德认为,稳定和均衡应用于社会系统含有下列假设:"家庭、经济体、教会、政治体倾向于在时间之流中维持其本性,即使改变,也是缓慢的"。

综上所述,系统—功能思维模式声称,稳定、均衡并不必然导致保守主义的政治哲学。他们所说的稳定或均衡,是动态的概念,即稳定或均衡的状态不是静止的,而是系统中的变项不停调适,达到暂时的平衡状态,这种状态不断地被改变,但又在新的调适下和基础上获致新的均衡与稳定。任何系统只有内蕴此种动力,才能免于僵化。但系统的改变有自己的极限,超出这个极限,系统就有面临崩溃的危险。

第三,政治系统是信息沟通的过程,信息沟通决定着政治系统的生存、稳定与均衡。多伊奇的政治沟通理论的贡献,就是将控制论和信息论引入政治系统分析,突出了信息、信息沟通在维持系统生存、稳定与均衡中的重要地位。我们知道,控制论所探究的是一切系统维持生存与稳定的途径或道路,它认为系统维持的关键在于导航适当,而适当的导航是基于从环境中获得适量而有用的信息,尤其是关于系统自身行为的信息,因为只有凭借这些信息,系统才可能矫正自己的行为偏差,达到应付环境的目的即达到增加生存机会的目的。获得关于自身行为的信息依赖于反馈的机能。控制论特别强调反馈机能剖析。多伊奇指出:控制论,这门关于沟通和控制的科学,"反映了人们的注意力已由驱策转向了操纵"。把控制论应用于政治科学领域,人们强调的是决策、控制和沟通,而非权力。他说:"正是沟通这一传递信息,并对信息作出反应的能力,才使组织成为可能"。也就是说,沟通似凝结组织的水泥。只有沟通才能使一个集团一起思想,一起观察,一起行动。"在人对他周围环境进行控制的过程中,沟通具有至关重要的意义。"正是通过沟通,政治系统才能接受输入信息,才能对其作出反应,并导致输出。政治系统常常为各种信息所困扰。只有理解这些信息的意义,并对它们作出反应,政治系统才能达到包括自我维护在内的目标。"没有沟通,就没有政治"。现代民族国家基本上被看成是一个决策和控制系统。这个系统所依赖的就是国内事务和外交关系方面的信息交换。只有根据信息,政治系统的行为和生存才能得到最好的分析。政治系统的有效性,即处理周围环境要求的有效程度,只能根据政治系统如何准确及时地分析处理来自环境的信息的能力,以及如何有效地传送反应信息的能力来衡量。

政治沟通理论的第一个概念是"情报"。沟通就是传送情报。情报就是"事件之间模式化了的关系"。情报流通于沟通渠道。政治系统接收、分析和反应的都是情报。第二个概念是"负荷"。负荷是指政治系统接受到的关于与系统目标相关的环境正在发生何种变化的情报,换言之,它是环境对系统造成的压力。第三个概念是"间隔"。间隔是指政治系统从接受情报(认识、翻译和解释负荷)到对负荷作出反应的那段时间。"间隔越长,该系统的效率显得越低,它更难应付周围的环境"。同时,在未收到足够的情报前过早地作出决定,那么,间隔过短也可能使系统产生危险。第四个概念是"曲解"。曲解就是情报在间隔期间发生了变化。如果一个系统允许或发生了过多的曲解,就会产生麻烦,系统对之作出的反应就不是以真实的情况和环境为基础的。第五个概念是"增益"。增益就是系统应付负荷并形成其结果的变化程度。当情报得到妥善处理时,系统就会有足够的增益来应付环境的压力和要求。这里必须防止两种情况:反应不足和反应过分。第六个概念就是"反馈"。反馈就是政治系统接受到的关于它所作出的反应是否成功的情报,即增益是否足够。第七个概念就是"学习"。学习就是政治系统能够把反映成败的情报"归档",以便再出现类似情况时得到利用。同时,通过反馈,如果系统完全是自我控制或自我调节的话,系统将在以后对同样压力作出反应时,调整自己的行为。正是因为"学习"这一观念,才能谈通政治系统为什么能适应环境的变化。第八个概念是"领先"。领先是指一个组织预见环境未来变化及状态的能力。这种能力使组织根据环境变化事先作出必要的调整。能够从长远考虑,进行这种预见的系统,在实现包括生存在内的组织目标过程中,比那些随机应变的系统更为有效。政治系统通常面临着复杂的压力。如果它只对眼前的负荷作出反应,那么环境就可能至少领先一步于自己。这样,政治系统将越来越难以应付环境的变迁。

总之,多伊奇等重要的政治沟通理论家均认为,政治系统最重要的特征,是系统通过不断的创新而适应变化着的环境的能力。政治系统所处的环境不是静止不变的。静态的系统是不可能生存下去的。由此,人们在创造处理变化和创新的模式过程中提出了一些最富有建设性的假设。多伊奇指出,许多政治科学的模式强调了"权力"这一概念,而权力本身既不会变化,也不需要政治系统去学习。相反,沟通理论家强调了权力的另一方面。他们认为仅仅依靠权力的使用,任何政治系统都不能维持自身的生存,所以,更重要的是,政治系统必须具有学习甚至改变它基本行为模式和制度的能力。

　　第四,政治系统是结构—功能系统,系统的功能是结构功能的总体效应。下面主要是阿尔蒙德的贡献。阿尔蒙德认为,政治体系是由相互作用的结构构成的,结构是由各种相互关联又相互作用的角色组成的。所谓结构是指构成政治体系的各种活动,即具有某种行为意图和期望的规则性的活动。政治角色是政治体系的基本单位之一。政治体系是由国民或选民同立法者、行政官员和法官这些相互作用的角色构成的。当一个人参与和政治有关的活动时,就从非政治角色转化为政治角色。每个人都出入于政治体系。政治角色就是政治主体实施与自己政治地位相适应的政治行为的过程及其产生的功能。所有政治体系在某个特定时期里的实际作为都受它的价值取向的支配,这些价值倾向(政治体系的心理方面)就是政治文化。它包括一国居民中当时盛行的态度、信仰、价值观和技能。政治体系中的地方集团、种族集团或社会各阶级可能各有特殊的倾向或趋向;同时,政治体系的各个不同角色、结构和次体系也有着某些当时盛行的态度和传统。这就是亚文化。阿尔蒙德认为,政治文化是由本民族的历史和现实社会、经济、政治活动进程形成的。人们在过去的经历中形成的态度类型对未来的政治行为有着重要的强制作用。政治文化影响各个担任政治角色者的行为、他们的政治要求内容和对法律的反应。同时,现存的政治结构造成的机会和压力也影响着政治文化。当人们边学习边行动并通过行动来学习时,文化和结构、态度和行为之间就不断地发生相互作用。随后,他详细说明了政治文化的类型和功能。他把政治文化看成是贯穿于政治体系各个构成的整体层面,而与结构功能不同。

　　阿尔蒙德认为,政治体系是由体系结构、过程结构和政策结构组成的。政治体系发挥的功能都可以从这三个结构来考察。他强调这些结构的划分仅仅是事物的各个透视面,而不是相继发生的各个阶段。因为这三个结构是同时活动的。体系结构履行着政治体系的维持和适应功能。政治体系必须吸收各种角色的新的任职者进入这些角色。他们还要学会如何担当角色。随着环境发生变化,新的角色会产生,旧的角色会变化。同时,在社会的政治文化中,人们必定会形成的种种态度或维持下去或作出改变。这就是政治社会化过程。人们态度的形成和某种行为的延续都依赖于个人之间的信息交流。政治生活是一种社会形式的行为,所有的社会行动都依赖于交流。阿尔蒙德认识到政治沟通的意义。过程结构履行着政治体系由输入到权威性政策输出的转换功能,这一转换过程是由四方面的结构和功能组成的:利益表达、利益综合、政策制定(决策规则和决策过程)和政策实施。政策结构履行着政治体系的实际作为的功能。简言之,就是政策。这是政治体系作为整体涉及其他社会体系和环境系统的政治行为。付诸实施的政策输出主要包括资源的提取、产品和服务的分配、行为的管制、象征和信息的交流。政策结构不仅应该关注输出本身,而且还应包括对转换过程每一个阶段作政策上的分析。阿尔蒙德指出,如果不把过程和政策的双重观念运用于政策结构分析的每一部分,就势必忽略政治的大部分内容。政策结构也是同结果即政策输出的后果相关的。他说,那些旨在提高经济效益或使收入分配均匀的政策,从采用,甚至从实施到取得实际的效果,将是一个很长的过程。政策分析时就提出了反馈的作用。人们对改变环境所作的努力,无论成功还是失败,都通过反馈作用对新一轮的输入产生影响。在整个转换过程中,这样的反馈作用连续不断地发出要求和支持相互作用的波浪。随人们新的政策态度、新的对政权本身的积极或消极的看法的形成,以及新的领袖对人们新的态度施加影响和作出反应,反馈也会具有体系结构的作用。阿尔蒙德强调指出,必须把政治体系看作一种有规律的计划系统。这些不同的结构和功能都是同时并存和相互作用的。实际上,政治体系的稳定有赖于这三个结构之间的动态平衡。如果同样的结构要在一段时期内持续不断地发挥同样的功能,体系、过程和政策三者之间就必须同时紧密配合。如果这种同步配合关系遭到破坏,就会出现紧张状态,就需要遴选新的领导人。这些新领导人可能会利用现有结构来创造新的结构,也可能带头致力于改造和重建政治体系,或者现有的领袖人物也可能会改变自己的态度和角色作用。这三个结构的功能对于变革的原动力都具有意义。

阿尔蒙德对系统—功能模式的贡献除提出政治文化外,还在于把政治发展和政治产品作为政治体系分析的重要范畴。阿尔蒙德指出:“回顾历史,在最近几个世纪中文化日益世俗化,政治体系的结构日益分化,这已成为普遍的趋势。”这就是政治发展的趋势。所谓文化世俗化就是人们生活态度发生变化的过程。在这个过程中,人们越来越重视其周围世界中可见到的因果关系。在世俗文化中,个人往往自信他们拥有改变环境的能力,并选定有助于改变环境的行动方案。在非世俗化之前,政治领袖在很大程度上是按照一套既定的由风俗习惯而发展起来的奉为神圣的目标,以及实现这个目标的一套既定方式行事的。文化世俗化要求这些传统的倾向和看法让位于更具有能动性的决策过程,这包括收集情报、评估情报、制订可选择的行动方案并从中作出选择,以及检验某种既定的行动方案是否正在产生预期的效果。阿尔蒙德认识到,在传统文化中也有强烈的世俗因素,而在最现代化的文化中,也仍然存在着传统的因素。所有的政治体系的政治文化都是混合的,不过每个政治体系中各种文化所占的相对地位和混合程度各有不同。阿尔蒙德认为,政治发展在结构方面的表现就是分化。在结构分化中角色发生变化,变得更加专门化或自主化,出现了新型的专门角色,出现了或创造了新的专门化的结构和次体系。他强调,所谓角色分化和结构分化,不仅是指新一类角色的出现和一些旧角色的变化,而且包括角色之间和结构之间相互关系上可能发生的变化。这是更令人感兴趣的。一个结构上分化、文化上世俗化的政治体系,将日益增强其影响国内外环境的能力。阿尔蒙德认为,社会经济的现代化和政治发展并不是一回事。国民接触了现代技术和现代文化,通常会发生世俗化的变化。但是,推动经济和社会变革的力量并不一定造成政治发展。同时,政治发展有时并不是在经济和社会变革的条件下发生的,而是在其他条件下促成的。导致政治发展的事件可来自国际环境,来自国内社会或来自政治体系内的精英人物。他认为,政治发展的推动力包括进入政治体系的输入流程中数量和内容的某些重大变化。当政治体系现存的结构和文化非经过进一步分化和世俗化就不能对付所面临的问题或挑战时,发展就会来临。政治体系建立和发展过程中一般面临五种类型的挑战或问题,第一类是渗透和统一问题,亦所谓国家建设问题;第二类是体系结构发展的问题,如忠诚和尽义务或称之为民族建设问题;第三类是参与问题,也就是各种压力集团施加压力、要求参与政治体系的政策制定过程的问题;第四类是经济建设问题,即运用政治体系来提高国内经济的生产能力,使社会得到产品和服务;第五类挑战是分配或管制,即国内社会中产生的,要求运用政治体系的权力来重新分配收入财富、机会和荣誉的压力。他说,政治领导人应该竭尽全力来设计各种战略,以便通过可控制的发展政策来迎接这些挑战。当然在推行这样的战略时,人们总是要在不同的政治目标之间进行痛苦的权衡。

关于政治产品,阿尔蒙德指出:"政治分析家往往都试图回避对政治体系的评价问题,这常常是自欺欺人的。重视某一层次或某些问题而无视另一层

次或另一些问题,这本身就意味着隐含的价值选择。要解决隐含在选择问题
和观察角度中的价值倾向问题,最好的办法是正视所有类型的政治价值。"①
于是,他列举了政治产品的种类:体系产品包括适应和秩序;政策产品包括福
利、安全和自由;过程产品包括参与、服从和司法程序的公正。阿尔蒙德认为
上述政治产品是政治价值,也是政治目的与目标,也含有政治生产力之意。他
指出:"我们从政治过程谈到了政治作为以及政治评价。所有这些过程的全
部内容,都是着眼于目标的活动。各种输入的目的在于导致输出,各种输出的
目的在于产生结果,而各种结果则造成目的实现或遭挫败的状态。我们的政
治分析要是停留在结构和过程上,甚至停留在输出这个阶段上,那么这种分析
就毫无意义。因为还没有解决输出是否取得了其预期的结果,以及结果是否
就相当于生产政治产品。"②他认为,人们追求和生产的特定的政治产品,受到
时间和空间的限制。

(四)冲突—功能的思维模式

冲突—功能思维模式的逻辑是:冲突是政治社会的普遍现象,既存在于政
治社会的始终又贯穿于社会政治的各个领域;冲突对政治社会并非只起破坏
性、分裂性和消极性的功能,相反,社会整合即建立秩序、形成规则、达到政治
稳定都是通过冲突和冲突的控制与协调实现的。

1. 冲突—功能思维模式的意义与发展。约翰逊在《社会学理论》,一书中
这样写道:"帕森斯对于社会冲突以及冲突在社会变迁中作用的不断忽视已
经遭到了猛烈的批判,它促使人们去努力发展替代理论。"③"就我们的论题而
言,冲突理论是当代第二个主要理论,它所重视的不是个人的、人际之间或文
化的层次,而是社会的结构层次"。④ 台湾出版的《新冲突的开拓者——达伦
道夫》一书作者詹火生也指出:"1970 年代以来,欧洲不少社会学者深受达伦
道夫思想的影响,开始重新检讨以冲突观点来分析社会结构及其变迁的适宜

---

① 阿尔蒙德:《比较政治学:体系、过程和政策》,第 27 页。
② 阿尔蒙德:《比较政治学:体系、过程和政策》,第 455 页。
③ D. P. 约翰逊:《社会学理论》,第 569—570 页。
④ D. P. 约翰逊:《社会学理论》,第 569—570 页。

性。目前,达伦道夫的学说已被广泛用来解释社会及政治行为。"①

回顾西方政治思想史,我们发现,思想家们总是试图回答人类文明史以来最令人困惑的社会哲学问题:为什么人类能够结合成社会?人类社会是怎样维系和发展的?达伦道夫认为,对于这个问题的解释,有两个均具盛名的思想学派分持不同的观点。一个学派认为,"社会秩序或稳定是源自于价值的普遍同意",换言之,"价值共识"越超了意见和利益上所有可能或实际的差异(达伦道夫称之为"乌托邦学者");另一派则坚信"社会的结合与秩序系建立在力量和压抑之上"(这是达伦道夫自己所持的观点)。实际上,前者是依据一个功能整合体系的观念来构想社会结构,认为这个整合体系透过某些模式化和重复过程来维持其均衡;后者则视社会结构为一种组织的形式,是透过控制力量和压抑力量使彼此联系在一起,这种力量有一个限度,超过这个界限时,社会本身就无法产生维持社会压抑的力量,社会变迁的过程就会毫无终止地进行。我们认为,冲突—功能的思维模式源于19世纪的实证主义政治学。在这之前思想家曾探讨过冲突,但是,他们都停留在理想与现实之间的冲突。柏拉图探讨的理想国与世俗国,亚里士多德探讨的理想城邦与实际城邦,奥古斯汀探讨的天上之国与地上之国,启蒙思想家们探讨的自由与专制、平等与等级、法治与人治、分权与集权,都是概念演绎的产物,而不是从现实政治中分析冲突的功能。伯恩斯指出:"20世纪实证主义从一些意大利和德国哲学家那里得到最有力的阐明。这些哲学家可能更多地被人称为评论民主的批评家和主张少数统治的理论家。"②伯恩斯列举了维尔弗雷多·帕雷托(1848—1923年)、加埃塔诺·莫斯卡(1858—1941年)、罗伯托·米歇尔斯(1876—1936年)。实际上还有一个更伟大的冲突论者,这就是马克斯·韦伯(1864—1920年)。

美国著名社会学家L.科塞在《社会冲突的功能》一书导言中列举大量资料试图证明"早期美国社会学者的理论体系的中心范畴是'社会冲突',并进而将社会冲突看作是社会组织的基础和组成部分"。他指出:"似乎第一代美国社会学家发现他们自己是改革家,同时又是他们自己演说的听众。这种自

① 詹火生:《新冲突的开拓者——达伦道夫》,第237页。
② 伯恩斯:《当代世界政治理论》,第71页。

我形象及群众的看法唤起人们对冲突情形的注意,这可以说明社会学家为什么要关注冲突问题。……认为社会冲突有着直接的积极作用。特别是,社会冲突为社会学家提供了分析社会变迁和'进步'的主要论据。"①A. W. 齐美尔在 1905 年出版的《一般社会学》中写道:在形式上,社会进程是由在某种程度上与他人利益相冲突,同时在某种程度上又与他人利益相一致的个人利益所驱动的连续过程。在 1907 年刚刚成立的美国社会学会第一次年会上就已把"社会冲突"作为它的主要议题。社会达尔文主义者托马斯·卡弗在宣读自己的大会中心论文时说:"在许多情况下,人们的利益是完全一致的。在这种情况下人们对利益问题没有什么疑问,因此,我们也不必关心自己的利益。"他认为只有存在利益不一致和充满对抗的地方才可能有道德和科学规律的问题可言。科塞证实,当时最主要的社会学学家:吉丁斯、罗斯、沃德、海斯,都参加了这次讨论会,并且没有对卡弗从事的冲突问题研究的重要性提出异议。他说,早期社会学家大体上同意 C. H. 库利在《社会组织》一书中提出的观点:"在某种意义上,冲突是社会的生命之所在,进步产生于个人、阶级或群体为寻求实现自己美好理想而进行的斗争之中。"在 1930 年美国社会学会第二十六届年会上,社会冲突再次成为主要议题。H. W. 奥德姆引用另一位社会学家的话说:"社会冲突是一个尚未为社会学所探索的领域。……冲突社会学必将问世。"20 年后(隔一代人)即 1950 年,丁·伯纳德在写给《美国社会学杂志》的文章中曾再次提出这样的问题:"现代冲突社会学在哪里?"他说:"自早期诸如斯莫尔、帕克和罗斯等倡导者到现在,在这方面几乎没有什么进展。近些年来,美国社会学家已满足于停留在齐美尔对冲突所做的科学研究基础上。"②(齐美尔,1858 年出生于柏林,第一次世界大战爆发中断了他的学术生涯。)而第二次世界大战后的五六十年代,社会学家和政治学家均把注意力放在调适的问题上,而不是放在冲突上;注重社会和政治的静态特征,而不注重社会与政治的动态特征。对他们来说具有重要意义的是维持现存的结构及保证它们顺利行使职能的途径和手段。他们注重那些妨碍一致的失调和紧张。科塞指出:老一辈社会学家论证结构改变必要性的地方,新一辈人则讨论个人

① 科塞:《社会冲突的功能》,第 2 页。
② 约翰逊:《社会学理论》,第 314—315 页。

对待特定结构的调适。帕森斯的功能理论就是最典型的代表。但即使在比较稳定的 50 年代,功能理论占据主导地位,"也有一些人对于功能主义者所强调的共有价值是团结和稳定的基础以及极端强调的功能平衡和整合持保留态度"①。C. W. 米尔斯就是最有影响的功能主义批判家,他曾在 1956 年所著《权力精英》一书中,对美国社会权力结构进行了批判性分析:"在 60 年代后半期和 70 年代,帕森斯的影响减弱了。或许这部分地是由于 60 年代后期和 70 年代早期社会和政治动乱的结果。大量的相互竞争的观点,像激进的社会学和冲突理论的各种变种向暗含着无疑是属于功能理论的社会现实基本意向提出了挑战。"②正是在这种背景下,美国出现了冲突—功能论者——科塞,并于 1956 年出版了《社会冲突的功能》一书。欧洲出现了德国社会学家、新冲突的开拓者——达伦道夫,并于 1959 年出版了英文版《工业社会的阶级和阶级冲突》,于 1968 年出版了他的《社会理论论文集》。约翰逊这样写道:"自从德国社会学家达伦道夫的主要著作《工业社会的阶级和阶级冲突》的英文修订版于 1959 年发表以来,他的冲突理论强烈地吸引着美国社会学家。"③1975年,柯林斯出版了《冲突社会学》一书,试图建立一门科学的以冲突为核心的社会学的一般理论框架。在美国政治学中,团体权力分配理论,尤其当代达尔对《多元主义民主的困境——自治与控制》的分析、林德布洛姆的《决策过程》分析、亨廷顿等人对《民主的危机》的分析以及托马斯·戴伊等人对《谁掌管美国》的分析都是冲突—功能思维模式的运用。

　　2. 冲突—功能思维模式的理论内容。第一,冲突—功能思维模式的理论基础。冲突—功能思维模式的理论内容是建立在对现代西方社会结构分析基础上的。而马克斯·韦伯的科层制理论又是其主要依据。韦伯认为,西方社会进入了职业化的最高水平,每一职业都展现了一套特殊的权利和义务。这个问题反过来成为西方文明发展中一个极其广泛而普遍的趋势的组成部分,它导致了生活合理化问题的产生。所谓合理化是指整个社会生活都从属于一种共同的评估和测量形式,即对达到具体目标所采取的最有效的技术手段进行评估。这些形式体现在合理的官僚或科层制。韦伯认为,这是西方国家社

---

① 约翰逊:《社会学理论》,第 583 页。
② 约翰逊:《社会学理论》,第 499 页。
③ 约翰逊:《社会学理论》,第 596 页。

会结构最重要、最突出的特征,它体现了超越以前的所有文明的重大技术进步,它能更加迅速、准确和经济地履行职责。他指出:这种组织形式的优越性是明显的。"经验往往普遍地证明,纯粹科层制形式的管理组织……从纯技术观点来看,能获得最高程度的效率。从这个意义上来说,(它)也是在形式上明显地对人类进行强制控制的最合理的手段。它在精确性、稳定、纪律严密性以及可靠性方面比任何其他形式都优越。"①韦伯认为,这种管理形式也有弊端,就是它导致了人的异化。由于个人并不掌握这种管理现代生活的组织机制,因而个人甚至不能主宰自己的生存活动。韦伯在这个基础上提出了他的社会分层理论。② 他认为社会阶级的划分有两个标准体系:一是阶级,二是地位和声誉。阶级是以经济领域中的标准划分的,表现为三种不同的形式:建立在财产分配差别之上的有产阶级;建立在市场上商品和劳务的分配差别之上的商业阶级;体现上述两种形式的自然融合的社会阶级。地位范畴和阶级范畴一样,在社会中呈等级制,即人们都站在地位的阶梯上。一些阶层比其他阶层站得高,这个阶层就是显贵阶层,他们以自己的生活方式为特征,这些方式表现为一系列的物质利益,对诸如财产、流动资产或者如衣着、习惯、宗教、信仰和礼教习俗等象征性资源的垄断的趋势日益增强。显贵阶层之间进行着激烈的争夺,但通常他们更能够为维护和发展他们物质和意识形态的利益而采取共同的行动。他认为,阶级是以经济领域中占统治地位的非个性的原则为基础的,而显贵阶层却是根据既得利益划分的,无论是在个人还是在集体方面,这些利益都富有意义。他认为,由于价值观念(地位与荣誉)在客观世界的表现形式,就为不同社会集团和显贵阶层提供了评估的基础。同时,这也就成了政治领域内竞争和冲突滋生的主要依据。

第二,调节冲突是冲突—功能思维模式的核心概念。达伦道夫在思想上继承马克斯·韦伯的衣钵,并发扬光大。他的基本思路是沿着韦伯的社会分层理论来的。达伦道夫认为:"权威是社会结构的共同因素,它比财产或地位更为普遍。"社会每一团体中均有统治和隶属的地位,每一个地位均配属有权威。由于统治与隶属地位涉及是否拥有权威(他依据米尔斯的权威零与和原

① 约翰逊:《社会学理论》,第289页。
② [美]安东尼·奥罗姆:《政治社会学》,第69—72页。

理),因此统治地位与隶属地位的占有者便自然处于一种冲突状态。可是,统治地位与隶属地位必须在团体内才有意义。因此,统治地位占有者形成一个准团体,具有发号施令的权威;隶属地位的占有者则形成另一个准团体,具有服从命令的权威。这两个准团体彼此各具有其潜在利益,前者潜在利益是维护现有的社会结构,后者潜在利益则在于改变现有的权威结构,于是便产生冲突。达伦道夫专门提出以"强制协调的结合"来说明这两个准团体所组成的团体结构。在此团体中,两个准团体因潜在利益的对立,存在着冲突的关系。他认为团体冲突的类型、性质、形式和过程取决于一系列条件。一般人提到冲突马上就联想到破坏、流血、抵抗、分裂。达伦道夫则认为,承认、允许团体冲突的存在是有积极的功能的。因为"冲突是对立者之间紧张松弛的方法。它因此具有稳定社会的功能,以及成为冲突关系中整合的部分"。但是,他认为,并非所有的冲突都具正面功能,如果结构松弛的社会或是开放的社会允许团体冲突的存在而不妥善处理,则很可能危害社会共识。他提出合法的、正功能的冲突必须有社会、政治和技术等三个先决条件。所谓技术条件,就是利益集团必须具备团体规章、人员、物质工具、某些团体规范、某些固定活动和目标功能等。所谓政治条件,就是指政治环境允许利益团体的组成和活动。关于社会条件,指的是社会沟通的途径良好,以及具有相当程度的社会流动。如果缺乏任何一个条件,利益团体无法生存,团体之间必然存在的冲突则无法以合法的方式出现。为了克服消极的冲突,达伦道夫认为,有效的、合理的冲突调节,不仅能降低冲突的紧张强度,也能减少其暴力的程度。他认为任何有效的冲突调节必须预先具备三个因素:第一是唯有在冲突的两个团体都能体认到冲突情境的必要性和存在时,冲突调节才有可能。第二是冲突的利益团体必须有组织;易言之,团体之间的冲突是制度化的,冲突调节才有可能。第三是冲突的团体必须共同接受冲突的规则,那才可能进行冲突调节。同时,他提出了冲突调节的几种方式:其一是以议会机构来作为讨论争端的环境,这是最民主的调节方式;其二是冲突团体双方自动和解;其三是调停;其四是仲裁。其中第三、四种冲突调节方式涉及第三团体的介入。如果团体冲突不予有效调节,则易恶化而转变为暴力的革命或暴力的事件。达伦道夫认为,无论是否对团体冲突进行有效调节,其结果势必导致社会结构的变迁。其变迁方式也有三个层次:第一,在团体中全部更换内部统治地位占有者;第二,只是部分地替换统治地位的占有者;第三,即最为轻微的变迁,并不涉及统治地位人事的变动,但自对立团体中选出部分人员到统治地位中参与决策。由于团体冲突导致的社会结构变迁有三种不同的层次,所以,有效的冲突调节能够用来降低社会变迁的突发性。

第三,冲突的类型与功能是冲突—功能思维模式的重要构成。科塞在《社会冲突的功能》一书中试图通过对不同社会冲突类型与功能的分析,揭示冲突对于产生冲突的社会系统并不一定具有破坏性或导致功能失调,相反,它有可能对社会系统产生某些积极的或有益的结果。冲突论者认为,讨论冲突的积极功能并不意味着暗示冲突在道义上是件好事,而只是把分析集中在冲突的客观的科学意义的后果上。至于这些后果在道义上是好还是坏则属于另外一个问题。

(1)群体间的冲突与内群体的团结。科塞认为,在内群体对外群体关系的动态中,冲突的积极功能可能是最明显的。内群体的团结和整合的强度随着对敌群体的敌视和冲突程度的增加而增加。投入冲突的群体的凝聚性的提高有助于加强它与周围其他群体之间的界限。因为在群体之间的冲突过程中,群体内部,对于纠纷和分裂的容忍可能会减少,而对于遵从和一致的强调可能增加。相反,当群体没有受到与敌对群体的冲突的威胁时,就会放松对群体的凝聚性、一致性和责任的强调,允许出现并可以协商内部的分歧,甚至可能容忍越轨者,总之,人们将有更大的自由去追求他们自身的利益。在群体间冲突过程中,常有的现象是,那些表明自己希望通过和解而得到和平的人,有时就被当作自己群体的叛徒觉察出来。这样,充当替罪羊的就可能不是外群体而是他们了。但是,科塞认为,从长远过程看,压制性控制群体内的意见分歧可能产生反作用,它会导致部分群体成员对强加于他们的要求更加反对。这就容易形成一个恶性循环的运动过程:领导者企图加强控制,从而激起了内部的反抗,这个反抗又促使了压制性更强的控制等等。这样,当由一个专制的领导者领导的外部冲突结束后,接踵而来的便是一个致力于反对权力结构的内部革命。

(2)群体内部的冲突和团结。科塞认为,所有的社会关系都不可避免地具有一定程度的对抗。紧张或消极感的不可避免性是因为每个人都有要求增加自己的财富、权力、威望、社会认可或其他报酬的愿望。但人们所追求的许多报酬难以得到充分的满足,一定程度的竞争就势必难免。因此,重要的不是在内群体中是否存在着紧张或冲突,而是这种紧张和冲突所采取的形式。这将在很大程度上反映出是否能明确地认识和协商处理冲突,以及具体的冲突在群体内关系中是否与基本的原则问题或次要问题有关。冲突形式有两种:一方面,一个内群体的成员可能认为任何争端上的内部冲突都是坏事或令人不愉快的事情,并且可能拒绝承认它的存在或正当性。另一方面,成员们可能公开地承认他们相互对立的利益,特别是在一些次级问题上的对立利益,并且建立处理它的机制。冲突的整合功能主要是在有着较大的一致框架而且又出现分歧的群体或组织中表现得很明显。如果在根本问题上普遍一致的结构中发生了故障,群体中失去了团结的基础,那么内部冲突可能导致群体的瓦解或分裂。然而,如果对抗情绪和分歧被公开地解决而不是被压制,那就不太可能破坏在根本问题上潜在的一致。科塞讥讽功能理论说,可笑的是,是否存在公开的冲突被误认为是群体是否有内聚力和是否团结的一个标志。实际上,经常发生公开冲突的群体有可能比那些看起来完全没有冲突的群体有更强大的团结。对后一类型的群体来说,公开表现出来的牢固团结,可能会掩盖深刻的紧张和互相敌视。如果这些紧张和敌视被暴露出来,它们就会严重地破坏群体的整合。科塞指出:“关系愈密切,情感的投入也就愈大,压抑而不是表达敌对情绪的趋势也就越强。”其结果是敌对情绪增加或积累起来,每次压抑都增加了它的强度。压制冲突的结果(这里不仅指外部或组织压制某些人进行冲突,而且包括自我压制冲突的欲望和行动),首先是能够导致关系的终结,即由于突发的和强烈的冲突的爆发而造成相互关系的终结。在这种情况下,突然发生的事件自身可能是微不足道的,它作为激发因素的意义应理解为是以被压制的敌对情绪的积累历史为背景的(打个比方,这种特定的激发因素是压倒骆驼的稻草)。压制冲突的第二个可能的结果是,敌对的情感从其真正的根源中转移出来,以及表述这些情感的非正式渠道得到发展。这些非正式的渠道是一种社会“安全阀”,通过这些渠道,如敌对的或侵犯性的冲动通过各种戏谑的妙语或幽默的玩笑等形式表现出来,敌对的或侵犯性的冲动就可以用不威胁或不破坏团结的方式表现出来。由于允许以不公开威胁群体团结的方式松弛内部对抗和冲突中产生的紧张,因此,不论其特殊形式如何,这种社会“安全阀”的机制是有益于群体的。科塞主要是注意群体内的冲突分析。他认为现实的和非现实的冲突与群体变迁的方式有关联。现实的冲突是指一种达到特定目的的手段,达到这个目的就可能消除冲突的潜在原因。非现实的冲突则把敌对情绪本身作为目的表达出来。现实的冲突指向明确的冲突对象,非现实的冲突则转移冲突的真正对象或者说根本就没有冲突的真正对象。如果以往相互对立的利益的合理性能够得到明确的承认而不是否认,如果这种对立导致分歧的解决而不是压抑,那么,冲突就更可能是现实的而不是非现实的。非现实的冲突对群体的整合与团结有更大的威胁,因为它把冲突看成目的本身,冲突便是一切。

　　现实的冲突通常是社会变迁的主要促进因素。这样的变迁对于社会系统可能是有益的,因为它使社会系统增加了更有效地应付各种变化的能力。在科塞看来,结构僵化的群体可能试图压制冲突并且抵制变迁的压力,最后,这种压力可能上升为暴力革命,造成结构的巨大变化。相反,能够容忍分歧并对变迁积极响应的群体更有可能在社会系统结构中逐渐地开展渐进性变迁,从而避免给社会系统带来通过暴力革命实现变迁的可能性。总之,允许有现实的冲突,并提出处理办法,就会有助于维持社会系统的能动的活力或生命力,防止群体蜕化为反对变迁或对成员的个人要求不作反响的僵化系统。

　　(3)冲突作为群际整合的一种促进因素。科塞在研究群体内部的冲突及与外部群体的冲突对内群体的冲突功能同时,注意到冲突在群际整合中的积极功能。他认为,变革经常作为冲突的结果而出现,它具有内群体与其他群体之间的关系的性质。冲突通常加强内群体和外群体之间的界限,并有助于加强内群体的团结。此外,如果冲突加以延长的话,斗争着的各方之间的社会联系可能会逐步获得发展。这种联系之一,就是能够建立起调整冲突方式的准则和步骤。为劳资双方的协商而提出的集体商谈的程序便是一个重要范例。他认为,群际间的冲突路线不是平行的、直线式的,而是在无数复杂的模式中彼此混合和相互交叉。这些因素是冲突不致毁灭社会的基础。而且使冲突成为社会整合和变迁的动力。他指出:在明确承认并公开处理冲突利益的基础上,整个社会看上去被频繁持续的有关大量争端的冲突所充塞。但是,实际上这些冲突是有限的并不会在有着明确限定的和稳定的冲突群体之间导致深刻普遍的敌对情绪的形成,相反,整个社会却通过相互交叉的有限冲突结合起来。虽然冲突都表现在各种利益群体和社团的多重性中,但实际上个人在某

个特定组织中的投入通常是有限的或部分的,其结果就是冲突并没有削弱整
个社会的团结,而是有助于促进社会的团结。对于这个问题美国另外一位著
名的政治社会学家彼德·布劳在《社会生活中的交换与权力》一书第十一章
作了深入分析。他在该章引言中摘录了罗斯的《社会学原理》中的一段话:
"每一种冲突同时都与社会中的每一种其他冲突相冲突,只有当他们的分裂
线互相重合时,才能避免冲突;在这种情况下,它们彼此强化……因此,如果一
个社会被许多反抗沿着连续的直线在每个方向上被分裂,那么它可能实际上
比一条仅仅沿着一条线的裂缝更少有被暴力撕裂或摧毁的危险。因为每一条
新的裂缝都有助于使交叉的裂缝变窄,所以人们可以说,社会被它的内在冲突
缝合在一起。"①布劳进一步发挥说:"民主必然在政治竞技场上引起反抗力量
的制度化,它永远保存着表现政治冲突并开始社会变化的稳定机制。它是一
种相互矛盾的制度,由于它保存了想在政治和社会安排中促进反复改变的政
治安排的稳定形式。……民主制度的持续存在在某种更大程度上比其他制度
更多地取决于它们能否受到深深地扎根在人民意识之中的道德价值和规范的
支持。……稳定民主的另一个主要支柱是在社会中存在着许多相互交叉的冲
突和相互重合的反抗。"②他接着明确地指出:"一个社会的成员们的多群亲和
促进了许多相互交叉的冲突和反抗力量,这就防止了能很容易把该社会撕得
粉碎的两个对立阵营之间强烈敌视的发展,防止了民主制度的毁灭。"③

　　第四,冲突—功能理论与系统—功能理论的区别与联系。所有持冲突—
功能思维模式的学者都激烈地批判系统—功能思维模式的片面性。其中最为
尖刻的是米尔斯,他的批判通常采用的语言可从下面这段对《社会系统》一书
的描述中显示出来。他写道:"这本书百分之五十是空话,百分之四十是在教
科书中折腾得烂熟的社会学内容。剩下的百分之十,用帕森斯的话来说:我宁
愿暂且不谈,让你们去做经验的调查。我自己的调查表明,剩下那百分之十可
能是——虽然相当含糊——意识形态的惯用法。"④科塞则指责帕森斯的功能
主义,他说:"帕森斯的全部著作中几乎始终如一地贯穿着一个主题:注重社

---

① 布劳:《社会生活中的交换与权力》,第325、350页。
② 布劳:《社会生活中的交换与权力》,第325、350页。
③ 布劳:《社会生活中的交换与权力》,第325、350页。
④ 约翰逊:《社会学理论》,第584页。

会结构中那些确保其生存的因素。虽然帕森斯偶尔也表现出对社会变迁过程的兴趣,但是关心显然是勉强的。""由于注重维持和保证社会秩序的正常结构,帕森斯倾向于认为冲突主要具破坏性的、分裂性的和反功能的后果。帕森斯认为冲突基本上是一种'病态'。他赞成沙赫斯皮尔的这样一句话:'当层次不存在的时候……事业就陷入病态。'"①

达伦道夫的批评似乎更有道理,更客观。他把功能主义理论(又称一致理论、整合理论)与冲突性理论的对立的假设作了如下的概述。

功能理论:(1)每个社会都是一个各种成分的相对持久、相对稳定的结构。(2)每个社会都是一个各种成分的协调整合的结构。(3)社会中的每一成分都有一个功能,即它们对于维持社会作为一个完整体系做着贡献。(4)每一正在运行的社会结构都以其成员间的价值观的一致为基础。

冲突理论:(1)每个社会在每一方面都处在变迁过程之中。社会变迁是普遍的。(2)每个社会在每一方面都表现出争端和冲突。社会冲突是普遍的。(3)社会的每一成分都有助于社会结构的瓦解和变迁。(4)每个社会都是以一部分社会成员对另一部分社会成员的强制为基础的。

达伦道夫认为这两种对立的观点描绘了社会一体的"两面"。社会结构是动态和静态的统一,二者同时存在于社会结构之中;而社会功能主义整合模式只解释了社会的静态,社会动态被忽视了,因而是无法对社会结构进行客观完整的探讨的。因此,必须求助于其他模式来解释动态,这就是他提出的"社会压制理论"即"冲突模式"。他认为整合模式的社会学分析,如同乌托邦社会在现实社会不存在一样,也是一种理论乌托邦。H. 史毕洛在评伊斯顿的政治系统分析时说:伊斯顿过于专注于稳定,即主要是倾向于系统的稳定性。他自己承认政治的基本问题是"系统如何持续生存?"他关心系统的存在与骚动,而不重视政治价值,即政治的基本目的是为人的福利。O. 扬指出:伊斯顿的"角色分析的偏差在于分析的箭头是指向各种角色形式对系统维持之贡献,而不是指向系统对扮演角色者的福利的贡献"。阿尔蒙德正是为了回答这一批评在自己的分析模式中增加政治文化、政治发展和政治产品等范畴。当代西方学者普遍认为,系统—功能思维模式和冲突—功能思维模式都是

---

① 科塞:《社会冲突的功能》,第7页。

"正确的",在分析社会学与政治学的不同领域和问题时各有自己的价值。他们的结论是:"即使是简单的政治活动,也要用复合的方法去研究。"①除非探讨出:稳定与变迁、整合与冲突、功能与动力、价值与利益等相互之间的关联性,否则,人们无法充分了解社会与政治的全貌。由此可见,西方政治学存在着将不同分析模式统一起来的任务。这一任务在非马克思主义历史观和方法论的范围内能够解决吗? 我们对此将拭目以待。

(五)秩序—发展的思维模式

秩序—发展的思维模式,是西方政治学者对一个民族国家从传统社会向现代社会转变过程中的政治稳定问题的理论解释和政策分析。其基本思路是:现代化是所有国家和民族必然出现的历史进程;现代化不仅是经济现代化,而且是社会现代化、政治现代化和文化现代化,所有追求现代化的国家和民族,必须首先建立和巩固政治秩序或政治统治;现代化展开过程中,原有的政治秩序已被或正在被破坏,但新型的政治秩序尚未最终确立;为了建立和巩固新型的政治秩序,保证现代化的实现,转变时期的国家必须通过政治发展来提高政治统治系统的适应能力和控制能力;只有这样,才能达到政治稳定。

1. 现代化与政治稳定。秩序—发展的思维模式,也就是西方自称的政治发展理论。政治发展是西方政治学研究的新兴领域,它产生于 20 世纪 50 年代末 60 年代初,兴盛于 70 年代中期,至今虽已不是"热门"话题,却已成为西方政治学的一个固定领域,并且不断取得新的进展。现代化与政治稳定是什么关系? 政治稳定的标志是什么? 为什么从传统社会向现代社会过渡必须重视政治稳定? 影响和制约政治稳定的力量和因素有哪些? 一个国家的政治发展到"现代"的稳定态势有哪些道路模式? 这些就是西方政治发展理论要回答的问题,而这些问题的提出与下面的历史背景有关。

自第二次世界大战结束以后,世界形成了资本主义和社会主义两大阵营对峙的状态,两大阵营的国家进入了相对稳定发展的时期。为了壮大资本主义势力,西方国家加强了对原殖民地和新民族国家的操纵与控制,一方面增加对这些国家和地区的"经济援助"、"军事援助"、"技术援助",一方面向新兴

---

① [美]贝蒂·H. 齐斯克:《政治学研究方法举隅》,第 10 页。

民族国家输出资本主义的私有制经济模式和议会制政治模式。然而,这些发展中国家和地区却"后院着火":有的掀起了民族主义高潮;有的要求民族独立成立自己的国家;有的很快放弃议会制民主,实行军事独裁;有的干脆开战,进行国内争夺统治的战争;有的阶级冲突与种族冲突升级;有的心智欠平衡的人物揽权而把经济和社会弄得乌烟瘴气,大小官僚公开贪污舞弊,对公民权利和自由任意侵犯,行政效率和效能日益低落,政党发生分歧,甚至解体;有的议会制民主演化为公开的政治贿赂、政治对抗、政治纷争,政府连连更迭,犯罪增加,两极分化日益严重,暴力事件层出不穷。这一切使西方的如意算盘全部落空。如何认识这种现象?如何调整政策应付这种局面?西方政府和学者开始反省原来的"战略失误",从而出现了各种各样的委员会进行调查、研究。于是,发展经济学、发展社会学、政治发展理论被抛了出来。被誉为"政治安定设计师"的亨廷顿对此并不讳言。他说:"战后20年间,美国外交政策未能设法对付这一问题。经济差距是长期关注的对象,是分析和实践的目标,而政治差距却一直被忽视。各种援外计划、贷款计划、世界银行、地区银行、联合国和经济合作与发展组织、国际财团和垄断组织、规划家和政治家,都为解决经济发展问题付出了巨大的努力,然而,又有谁来关心政治差距问题呢?美国政府的官员承认,他们对在现代化中国家建立可行的政权很感兴趣,但是美国政府在影响那些国家的一切活动时,却几乎没有直接关注促进政治稳定和减少政治差距的问题。"①他接着说:"整个50年代,美国政府政策的基本假设是:经济发展(包括消灭贫穷、疾病和文盲)是政治发展与政治稳定的必要条件。美国人思维中有着这样一种因果关系:经济援助促进经济发展,经济发展促进政治稳定。"②换句话说:"政治稳定首先是经济发展,其次是社会变革的自然而然的结果。"③"这一教条在美国的立法中被奉为根本原则,而且更重要的是,它已深深扎根于美国各援外机构官员的脑海中。"④因此,"如果说在1965年,亚非拉地区国家的政治衰败和政治不稳定要比15年前更为严重的话,这至少

---

① 亨廷顿:《变革社会中的政治秩序》,第5页。
② 亨廷顿:《变革社会中的政治秩序》,第6页。
③ 亨廷顿:《变革社会中的政治秩序》,第41页。
④ 亨廷顿:《变革社会中的政治秩序》,第5页。

在一定程度上应归咎于美国的对外政策遵循了上述错误的教条"①。纠正这一错误,寻找有利于资本主义国家的新政策,为发展中国家重新确立资本主义政治模式,这就是西方政治发展理论的目的。"现代性产生稳定,但现代化却会引起不稳定"②,这就是他们的理论命题。

2. 政治制度化与政治秩序。西方政治发展理论认为,现代化并不必然地、直接地导致政治不稳定。实际上,政治稳定与现代化之间也不是具有直接因果关系的。两者只是通过某些中介因素所构成的因果链条而发生联系的。这个因果链条就是政治挑战和政治应战。只是由于应战不利,才导致政治不稳定。那么社会转变中国家的政治挑战与应战有哪些? 或者说影响和制约政治稳定的力量与因素有哪些? 对于这个政治发展与政治稳定的关键问题,西方学者从不同角度提出了分析与对策的概念框架。政治制度化与政治秩序,就是亨廷顿的核心概念。他的分析可以用下面三个公式予以说明:

(1) $\dfrac{社会动员}{经济发展} = 社会挫折感$

(2) $\dfrac{社会挫折感}{社会流动机会} = 政治参与$

(3) $\dfrac{政治参与}{政治制度化} = 政治不稳定$

首先,社会动员和经济发展,都是现代化过程造成的必然结果,但两者有不同的社会功能。社会动员往往会提高人们的期望,经济发展则会提高社会满足人们期望的能力。但是一般说来,社会动员往往比经济发展的速度更快。这样"需求的形成"与"需求的满足"之间就会形成一个差距,这种差距就会使人们产生"社会挫折感"。其次,如果社会存在着纵向和横向流动的机会和可能,这种社会挫折感也许会得到缓解。但是,由经济发展水平和两极分化导致的社会等级往往制约和压抑社会流动。这样"暴发户"就要求政治参与,进入政治系统,影响政治决策过程,这就给政治系统造成巨大的压力。最后,如果这种政治参与能够通过政治制度化予以吸收和控制,那么政治系统不会出现

---

① 亨廷顿:《变革社会中的政治秩序》,第8页。
② 亨廷顿:《变革社会中的政治秩序》,第10页。

紊乱。反之,政治不稳定就不可避免。因此,在上述几组关系中,政治参与与政治制度化的比例是导致政治稳定与否的最直接、最关键的因素。亨廷顿认为,20 世纪 50 至 60 年代,发展中国家之所以出现普遍的政治动乱,恰恰是因为在这些国家中民众政治参与的幅度和强度迅速扩张,而政治制度化水平在这些国家却处于相对较低的水平,没有得到相应的提高。结果,政治系统不具有组织和疏导日益扩大的政治参与的机制和能力。这种"比例失调"是造成发展中国家政治动乱的根本原因。如何克服这种"比例失调"就是亨廷顿撰写《变革社会中的政治秩序》的目的。他在自己的序言中指出:"我们试图在本书中探索经历迅速而彻底的社会变革和经济变革的国家在某种程度上为实现这一目标(即政治秩序)所应具备的条件。"他提出的对策方案就是实现政治制度化。

他认为,各国之间最重要的政治差别,并不在于政府统治形式的不同,而在于政策统治程度的高低。有些国家(如美国、英国、苏联〔20 世纪 60 年代〕)的政治拥有一致性、一体性、合法性、组织性、高效和稳定的特点,而另外一些国家的政治则缺乏这些特点。前者政治制度化水平高,后者则低。所谓政治制度,是指稳定的、受到尊重的和不断重现的行为模式。也就是说,政治制度不是指宪法规定的政治结构,而是实际生活中的政治结构。政治制度化是组织与程序获得价值和稳定性,达到政治制度的过程。他认为任何政治系统的政治制度化的程度可用其组织和程序的适应性、复杂性、自立性和凝聚性来限定。而发展中国家"事实上还有一个更大的缺陷,即它们缺少政治共同体和有效能、有权威及合法的统治方式。……因为在那里,政治共同体四分五裂,彼此自相残杀;政治机构软弱无力,缺少威严和弹力;政府通常是徒有虚名"。他批评美国人试图用自己的现代民主模式塑造发展中国家政治的教条主义。他深刻指出:"在许多现代化中国家,这种公式是不适用的。因为有意义的选举要以一定水准的政治组织为前提。关键不在于举行选举,而在于建立政治组织。在许多现代化中国家,选举只会有助于增加捣乱分子和反动势力的力量,并且会毁坏公共权威的结构。"所谓政治组织,是指人们相互结合的艺术。他引用托克维尔的话来说明这点。托克维尔指出:"在治理人类社会的诸法中,似乎有一条法则最为准确无误,明显易见,即倘若人类要保持文明或要变得文明,就要在社会地位平等发展的同时,使其相互结合的艺术也以同等的比例得到改进和发展"。① 亚非拉地区出现的政治不稳定,恰恰因为未能满足这个条件。政治参与的平等状况远比"相互结合的艺术"发展得迅速。

在亨廷顿看来,"相互结合的艺术"首先是建立起统治与被统治的结合,即麦迪逊在《联邦党人文集》第五十一篇中告诫人们的:"在构筑一个由统治人的人操作的政府时,最大的难题是:你必须首先使政府能控制被统治者,其次还需迫使政府自我控制"。他认为,许多现代化中国家的政府还无力体现其第一项功能,又何谈履行第二项功能。这里亨廷顿又为人们提出了一个聪慧的论断:"首要的问题不是自由,而是创建一个合法的公共秩序。很显然,人类可以无自由而有秩序,但不能无秩序而有自由。必须先有权威,然后才能对它加以限制。"②在现代化中国家,政府由于缺少权威,面对心怀离异的知识分子、粗暴专横的军人和放纵不羁的学生,深感束手无策、无力驾驭局势。因此,一种政治组织或政治程序乃是为维持秩序、排除纷争、选择权威性领导人,从而促使在两种或多种社会势力之间建立共同体所做的一种设计安排。

在亨廷顿看来,政治制度化是现代化经济与政治发展带来的政治共同体复杂化、多变化的必然要求。他认为,一个简单的政治共同体,可能有一个纯粹的种族基础、宗教基础或职业性基础,它几乎不需要高度发达的政治制度。相反,社会越复杂,异质性越强,政治共同体的建立和维持就越依赖于政治制度的功用。一个社会的政治发展水平,在很大程度上取决于这些政治活跃分子从属和认同于各种政治制度的程度。假如在一个社会中,其成员都属于同一社会势力,那么冲突就可以通过社会势力的组织结构而得到限制和解决。这样就无须另建特殊的政治制度。如果一个社会只拥有几种社会势力,其中一个群体(不论军人、祭司、某一特定种族集团或家族)可以控制其他群体,并能有效地促使他们默认其统治,那么,这样的社会可以在几乎不存在或根本没有共同体的情况下生存。而在一个复杂性和异质性都较高的社会中,如果不建立独立于使其产生的社会势力的政治制度,任何一种社会势力就都不能单独进行统治,更无法建立一个共同体。他引用卢梭的一句名言来说明这个道理。卢梭曾经指出:"一个最强有力的人,除非他把其强力转化为权利,把服

① 亨廷顿:《变革社会中的政治秩序》,第5、6、41、5、8、10页。
② 亨廷顿:《变革社会中的政治秩序》,第5、6、41、5、8、10页。

从转化为义务,否则他就绝不会有足够的力量永远成为主宰者"。在一个复杂的社会中,各种社会群体的力量相对来说是不断变化的,但如果该社会要成为一个共同体,那么每个群体就应通过政治制度来行使自己的权力。这种政治制度可以调节、限制、疏导这种权力,以便使一种社会势力的统治与许多其他社会势力在共同体中和谐共存。到这里,亨廷顿又提出了与众不同的见解:"如果完全没有社会冲突,政治制度便没有必要存在;如果完全没有社会和谐,政治制度也无从建立。"①这就是政治认同。他认为,在两个彼此互视为敌的群体之间,只有当双方都改变这种看法时,它们才能构成一个共同体的基础。对法律的共同认识和一致利益的观念,是构成一个政治共同体的两个要素。政治共同体还有第三个构成要素。思想态度必然会反映在行为上,所以,共同体并非指任意的"结合",而是指有规则的、稳定的和长期性的结合。简言之,这种结合必须是制度化的。反过来,政治制度又赋予共同目标以新的意义,并创造出一种联结个人与群体的特殊利益的新纽带。总之,政治秩序来自于政治权威,政治权威来自于政治共同体。政治共同体来自于相互对立和独立的不同社会势力之间的冲突与一致,调节和规范这种冲突与一致只能用政治制度。所以政治制度化是实现政治秩序这一目标的必备条件。政治制度化的具体内容就是:(1)政治共同体的建立,即人民对其政治制度的合法性具有普遍的一致性认识,其公民和领袖对社会公益和政治共同体赖以建立的传统和原则持有共同的认识;(2)政府的统治是行之有效的,即具有适应性强和凝聚力高的强有力的政治制度:有效能的科层制,组织良好的政党,人民对公共事务的积极参与,文职官员控制军人的有效机制,政府对经济的广泛干预,以及调节权力继承和控制政治冲突的合理有效的程序。

3. 公平政策要求与发展战略选择。阿尔蒙德认定公平政策要求和发展战略选择是发展中国家政治稳定的决定性因素。他认为,西方各国处于专制主义时代达两个多世纪,处于"民主化时代"达一个半世纪,处于"福利时代"达一个世纪。新兴国家必须设法把三个时代缩短为一个。由于有现代国家的范例,这些新兴国家在建立起有效的中央决策机构和形成促进民众参政的组织之前,就受到了要求为公民参与决策开放渠道的压力。此外,由于现代经济

---

① 亨廷顿:《变革社会中的政治秩序》,第5、6、41、5、8、10页。

的范例,新兴国家在具备生产福利——资本产品、管理才能、劳动技艺——的能力之前,也受到了要求分配物质福利的压力。他指出:"毫无疑问,当今世界中的国家建设和政治发展,处在这些同时产生而又相互冲突的要求必须采取不同的比重所造成的压力之下。集权的需要同分权的要求相冲突,提取资源同经济增长以及进行投资的需要又同增加福利的要求相冲突。在当代世界中,一个有效的国家建设战略,必须设法调解政治集权同分权、经济增长同分配之间的这些冲突"。第三世界中出现的政治体系类型,与解决上述冲突的不同的经济—政治战略有关。国家建设和经济建设按理先于政治参与和物质分配,因为分享权力和福利首先要有权力和福利可分享。

　　但是,第三世界国家还无法按照这一逻辑自如地应付由这种发展的辩证法带来的冲突。它们已进入了由政治上有能力和经济上发达的民族国家组成的国际社会。在这个国际社会中,参政和福利是突出的政治问题。因此,尽管政治的发展逻辑意味着国家建设和经济建设要先期进行,但发展的政治却迫使第三世界国家同时面临人们对于参政和分配的要求及期望。从某种意义上说,对于分配的要求和期望是最为迫切的。在不发达世界和发达世界的许多对比因素中,最明显的一点是不发达国家比较贫困。希望消除或缓解这种状况,是刺激第三世界政治发展的最强有力的动机。① 他认为,政治因素在一定程度上看是实现满足分配增长过程的要求这一目的的手段。一旦把握住一个分配性经济增长过程的政策要求的性质,我们就能把第三世界的各种政治体看作是涉及对付以上挑战的不同步骤和侧重点的发展战略。

　　首先,阿尔蒙德认为,现代世界各国都存在着公平的经济增长的政策要求。人们相信,经济增长同收入不均之间的关系并不是非常密切和必然的,并不是对政治干预和公共政策毫无反应的。人口控制、教育、土地所有制、财政和公共投资政策都是可以减少经济增长过程中收入不均现象的手段;而且还有事例表明,即使不采用完全是社会主义的解决方法,也可能实现"边分配,边增长"的。怎样的综合政策有可能产生公正的经济增长趋势?阿尔蒙德引用的世界银行的研究成果认为,所有发展中国家有几方面的政策内容是共同的。第一项,要解决分配问题,就要控制人口。否则,人口增长就会抵消再分

---

① 　阿尔蒙德:《比较政治学:体系、过程和政策》,第 423 页。

配资源和经济增长的作用。因此任何注重经济增长和分配的政策,都必须把人口控制放在高度优先考虑的地位。第二项是发展旨在提高农村和城市贫民的技术水平、生产能力和效率的教育。具有再分配性质的教育政策,必须强调初等教育和职业技术训练,并包括在农村地区普及教育。第三项是提供有效的医疗保健,包括治疗和预防两个方面。第四项是更有效地向贫民提供公共事业和基础设施。

其次,阿尔蒙德认为实现这样一种政策体系和效果是一个艰巨、复杂的政治过程。这不同于经济学的超然的语言和逻辑中,一项公平的经济增长政策——一项旨在有意识地实施公开的政策而不是依靠最终的不稳定的"点点滴滴过程的政策"——看来是合情合理和可以实现的。事实上,当我们把这些经济政策输入制定和实施这些政策所需的政治结构和过程时,发展问题的重重困难就变得非常明显了。他认为,以上所述的各项政策,涉及资产转手,涉及教育、保健、营养及其所依赖的税收,等等,总之所有这些措施、政策都涉及资源的再分配,即把资源从政治上强有力者手中转移到政治上软弱者手里。阿尔蒙德看到:"这样的再分配很少是太太平平进行的。而且当这种再分配发生得很快时,人类付出了高昂的代价。"①即便在西方国家的建立过程中,把国家变成大众福利工具的过程,同样伴随着冲突和反抗。因此认为,如果有人想为第三世界找到一项代价很低、公平合理的经济增长政策,无论是自由的资本主义模式,还是社会主义革命的模式,都不能提供多大帮助。

阿尔蒙德对那种美国式的理想主义,即"好事一块发生"的梦幻提出了尖锐批评。他说:"怀着这种不顾历史、无限乐观的心情,美国的决策者和学者精心制定了一个逐步实现现代化的政策,根据这个政策,新兴国家的领导人就可利用外国的,特别是美国的援助,着手从事工业化、现代化教育、交通和通讯设备的投资。这个经济的现代化将使全体人民的生活水准持续不断地提高,而一个民主的和稳定的建国程序也将会从此开始。人们期待着这些经济和社会发展、提高福利水平、改进政府能力和民主参政的目标都能齐头并进,期待它们能够构成一种有益的辩证法——彼此互相积极促进。用帕肯海姆的话来

---

① 阿尔蒙德:《比较政治学:体系、过程和政策》,第430—432页。

说：'好事一块发生'。"①

最后，阿尔蒙德依着四项变数的相互关系，分析了第三世界的五种类型发展战略。这四项变数为：政府能力、政治参与、经济增长程度、公平分配。这里重点介绍他提出的第一种战略，其他的简单介绍。

阿尔蒙德认为，在第二次世界大战后头十年左右的时间里，第三世界国家采用的最为普遍的发展战略就是民主的平民主义模式（战略），即都建立了议会民主制政权形式。但大多数这样的平民主义型政权的表现很快暴露出在几个方面都未能满足人们的期望。首先，在现代化水平很低的竞争性政权中，政治过程事实上往往为拥有政治参与资源和技艺的少数几个集团所控制。因此，分配的，甚至参政的目标在很大程度上未能兑现。而且，由于政府能力低劣，各种政策难以执行，就是精英人物本身也难以维持对政府的支持，其结果便是动荡不安。第二，在略为发达一些的平民主义型体系中，反精英人物的动员或逐渐增强的参政压力，最终使政府不得不满足对民众参政和分配所许的诺言。实际上这意味着大规模地重新分配政治权力和经济资源——这种行动会受到政治权力和经济资源所有者的强烈反对——因此引起了破坏稳定的激烈的政治冲突。在没有经济增长的情况下进行分配，不仅是产生激烈冲突的根源，而且事实上阻碍了为未来经济增长提供资金所必需的资本积累。从经济上看，冲突也是破坏性的。因此，20 世纪 60 年代期间，非洲的平民主义政权接踵倒台，让位于实质上的政治机器，不管它们的正式的法律特性如何。拉丁美洲的民主制度，也在激烈冲突中崩溃。在南亚和东南亚也发生了类似的情况。但是，阿尔蒙德提醒人们说：那些"多少具有民主性的政权能够生存下来的例子，可以说明这样一点，那就是第三世界中的现代化过程与独裁政权并没有必然的联系。同时，这些例子也表明，第三世界中的某些独裁政权有可能回到竞争性的民主政治上来"②。

阿尔蒙德认为，取代上述第一次民主制发展战略试验的是独裁—技术型战略、独裁—技术—平等型战略、独裁—技术—动员型战略和新传统主义战略。其中他将社会主义国家归入独裁—技术—动员型战略。这是极端狭隘的

---

① 阿尔蒙德：《比较政治学：体系、过程和政策》，第 430—432 页。

② 阿尔蒙德：《比较政治学：体系、过程和政策》，第 438 页。

主观主义,也是极其错误的。他认为这四种类型的战略有一个共同点,那就是取消了竞争性的公民竞争。独裁—技术型战略的重点,是放在提高政府维持秩序和促进经济增长的能力上,鼓励物质的增长,而对物质的分配是漠不关心的。它使社会的大多数成员相对而言没有受到现代化的影响,并且镇压他们的抗议。阿尔蒙德认为,艾伯特·赫希曼提出的一个比喻,抓住了由平民民主制到独裁政权这种转折的政治动力。赫希曼让人们设想一下,在一条隧道里有两条车道通往一个方向,突然交通阻塞了,汽车喇叭声按得震耳欲聋,人们一个个从车里探出头去,问道:"前面发生了什么事?"突然一条车道开动起来了。每个人都不胜欣慰。那些仍然被阻于车道里的人在想:"好了,总算起动了,很快就轮到我们了。"这种情况一直持续下去,到后来被阻的那条车道里的人开始等得不耐烦了,对他们车道是否能开动失去信心,于是混乱的喇叭声又闹成一片。阿尔蒙德认为,实施这种战略的政权都用镇压抗议,即切断受阻汽车喇叭线的办法,来"解除"发展中国家的政体和经济由于希望受挫而产生的压力。但是,长期的动荡不定是难以避免的。独裁—技术—平等型战略是上述战略加上平等内容而产生的变形。这种战略也把赫希曼讲的隧道里受阻车队的喇叭线切断,但它允许受阻车道里车辆略为向前移动一些,并使在快车道行使的车辆放慢速度。

4. 社会结构与文化结构同政治结构。胡格韦尔特在所著的《发展中社会的社会学》①(1976 年出版)提出了这样一种分析框架。他较为详细地介绍和发挥了弗里德·里格斯在《发展中国家的行政管理》一书中的观点和方法。他认为,今天发展中国家的问题很多,它们是由于组织和集中社会各种职能的西方办法和当地办法之间的冲突造成的。

里格斯把当地的、几乎没有差异的社会称为整合社会,而把现代有差异的社会称为衍射的社会。他举光学的比喻把发展中社会称为典型的棱镜型社会。他请人们设想一束聚合的白光穿透了一个棱镜,像一个五彩缤纷的彩虹衍射在一块幕布上。现在棱镜中有一段衍射过程已经开始,但还不完全。

里格斯用这个比喻是想说明,当代发展中社会同时具有整合型社会组织和衍射型社会组织的因素。这意味着发展中社会具有最大的异质性,这些不

---

① 白桦等编译:《发展社会学》,第 166 页。

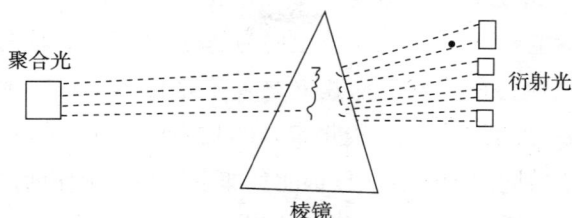

聚合光穿透棱镜衍射在幕布上
（胡格韦尔特:《发展社会学》,第137页）

同的典型因素相互重叠也最多。胡格韦尔特没有严格遵守里格斯的棱镜型社会理论,而只是使用里格斯的概念范畴。

第一,发展中社会是一种棱镜型文化。也就是说,在文化领域里的前科学与科学的世界观之间的共存与冲突,是发展中社会的典型特征之一。科学的世界观在社会意义上,就是人们坚信对客观事物的科学认识,并根据这种认识即符合规律的、有目的的行动（用原因—结果、方法—目的表示出来的行动）将产生可以预见的后果。因此,现代人的信仰体系是世俗的,也是实用理性的（而不是价值理性的）。与此相反的前科学的世界观,认为世界只能用神圣的、超自然的和个人的方法来解释。人、自然和神都被认为是不可分割的。"为生活中的任何事情和愿望都要念符咒",这就是整合行动与秩序的典型描绘。发展中社会里的人如果能从心理上和物质上同时采用这两种行动定向,即魔法和实用理性,这两种对抗的定向就可能被认为是既不冲突也不惹人担心的。然而,在大部分情况下,这两种对抗的行动定向和它们潜在的价值前提在多种规范的共生里是无法结合的。从世界观产生的价值观不仅指导人们在物质世界中的行动,也是社会秩序的基础。那么,无论是什么情况,只要在同一社会里,甚至在同一个人身上共存着科学和前科学的行动定向出现了不相容性,多种规范就导致了无规范,导致了规范和价值观上的骚乱的不安感。不安感又引起了道德和感情上的紧张,又导致了某些非正常形式的心理和社会调整,例如秘密社会、强化魔法和巫术即迷信以及崇拜,等等。这些形式的调整往往导致社会的不安定和无秩序。

接着胡格韦尔特认为,棱镜型社会的政治共同体实质上还面临着地方割据、宗派集团统治和贪污受贿的危机和挑战。这就是社会、政治及其结构一体化的问题。他们认为,现代国家是一个人们相互作用的体系。其特点是有共同的社会成员的定界,以共同的价值定向为基础,表现出有较高的整体的自给自足。而发展中社会在民族国家建立之前不是由一个社会而是由许多"社会"组成的。另一方面现代化进程将带来的是完全分化了的社会。分化了的社会意味着政治共同体的所有成员都能参加本社会占主导地位的各种文化形式,因为有文字、广播、报纸以及运输和流动的各种物质形式。换句话说,因为有大众传播,所以社会社区的每个成员都能被动员起来。而在"整合"的社会体系中,大众媒介不存在,因而居民显然没被大众传播动员起来,他们仍然分散、孤立地在各个小小的社区里生活。棱镜型社会是个符合逻辑的中间阶段,其中大众媒介和广泛的基础教育的引进部分地动员起了居民。但是群众同化于权贵的象征体系的速度比被动员起来的速度要慢。因而在社会中出现了几个大社团。一个社团的权贵占了主导地位后,"分化"了的或"异常"的社团中的对抗的权贵无法接近统治的权贵,于是就展开了各种形式和各种程度的敌对行动,从麻木不仁、不合作、贿赂、破坏直到公开的暴力行动和革命。这种社会与政治结构导致发展中国家政治共同体的模式变项与发达国家政治共同体的模式变项相比的不同特征,即功能弥散的对功能特定的,特殊主义对普遍主义,素质对成就。功能弥散就是宗教、经济、社会和政治活动之间没有显著的区别,是在相同的相互作用的结构中同时进行的。功能特定就是角色关系的范围是有界限的,有清楚规定的。里格斯认为,功能弥散带来的多功能性结构能把传统的和现代化的世界结合在一起,能方便从农业国到城市工业国的转变,但它要付出代价。因为一个过分有效的中间结构(如多种功能协会)有助于巩固一个实际是不平衡的、完全歪曲了的社会结构,因而阻碍它进一步的进化和进步。特殊主义就是整合的社会社区的规范是约定俗成的明确的、特殊的行为准则,只适用于本社区成员。普遍主义是现代社会的政治共同体的规范,是法律规定的明确的、普遍的行为准则,平等适用于整个社会的全体成员。而棱镜社会虽然有了法律规定的普遍性规范,但在执行时是有选择的。这种选择性就是把普遍的法律标准在执行过程中被特殊地适用了。素质(即品质)对成就,是指两种根本不同的分配角色资源和地位的原则。在传统社会中,权力、财富和威望的社会来源是典型地建立在素质的基础上的(比如性别、年龄、祖籍、血统),而在现代社会里,这些价值的社会来源显然是建立在成就基础上的。此外,现代社会因各结构的分化和分层制度的完成,使个人可以在任何一个领域里的社会等级上上升或下降,而不必在其他领域中同时升降。而在传统社会,有个典型的社会价值的凝聚作用,往往是权力最大的经常又是最有财富和威望最高的。棱镜社会里是素质和成就两个分配原则并存。素质原则表现为权贵地位的候选资格只限于社会中的某些部族、种族、宗教或语言团体或其他小团体,而成就原则则只适用于在权贵团体中更进一步分配各种地位。里格斯用"集团派即集团和教派相结合的社会组织描述发展中国家各种政治组织"。这种特色的政治组织把整合社团和衍射组织的结构因素都折中地联合在一起。每个集团派都从特定的社团中吸收成员,有选择性地对自己的成员执行规范,它的多功能目的既包括公社定向,也包括表现其他功能的诸如经济、宗教、政治、教育或者是社会的目标。这样,集团派既反映也加深了社会中原有的社会分裂,阻碍了社会的进步,因为它中止了社会一体化功能朝着制定社会共同体方向的变化,而社会共同体应该和民族国家的规模一样大,与现代化的要求相一致。接着,胡格韦尔特集中分析了集团派现象带来的贪污受贿等腐败现象。他认为,在发展中国家,贪污受贿是社会秩序整合得不好的结构之间的协商手段。他说:"从社会学角度看来,'贪污受贿'从最广义上讲,可以被看作是社会酬赏中的一个交易过程。因此,通过这个过程,权力可以来换财富,财富换威望,威望再换财富,财富再换权力。"①他认为,无论如何,在上层出现贪污受贿,都是"功能性不良"的,因为它似乎是个停滞的力量,维护了一些毫无用处的权贵的权力。

最后,胡格韦尔特分析了棱镜社会政体的特征是卡里斯马的领袖、军事政权和政治停滞。他同意李普塞特的这一观点:新国家面对的核心问题是"合法性的危机"。李普塞特指出:"旧秩序被废除了,证明它的权威体系的信仰基础也随之垮掉了……新秩序正在形成之中,所以问题就出现了:应该对谁忠诚呢? 为什么呢?"②里格斯认为自我指定的卡里斯马型领袖是传统型权威向现代型权威转换时期的过渡人物。这类人物一旦"通过暴力、狡猾、阴谋或甚至是偶然的机会掌握了权力后,他便要按照手续使他的权力合法化"。因此,

---

① 白桦等编译:《发展社会学》,第 182 页。
② 白桦等编译:《发展社会学》,第 189—190 页。

里格斯称呼的"监护人"宣布:"自己的使命是帮助其他人准备自治,但承认他的权力从形式上讲来自于他所统治的至高无上的人民。"李普塞特认为这样的领袖起着新国家的象征作用,是它的英雄,他个人体现着它的价值观和愿望,同时他能够用自己的"特权"赋予国家、新的世俗政府以合法化。所以这种卡里斯马型权威是建立在对一个领袖的信仰的基础上的。胡格韦尔特认为,这种政体一般都不会分别权力的来源和权力的执行,所以它同时就是非常不稳定的。因为在没有卡里斯马式监护人的情况下,或当卡里斯马式监护人在生前没能把人民的忠诚归于依法的人的政府时,或没有在死前或退位前找到自己的继承人时,那么棱镜政体中就会出现权力真空。而填补权力真空的很可能是军人。因为在发展中国家,一旦合法的、传统的、个人三种权威形式都没有的情况下,军队便成了能实行立法的唯一团体;其次,和发展中国家里政党的集团派组织弱点形成明显对照的是,军队是唯一的组织良好的功能团体,它的科层机构经常无懈可击,通信体系良好,有纪律和团结精神,在运用它的职业的工具方面也是训练良好的。胡格韦尔特认为,亨廷顿对政治不稳定的分析缺乏确实的根据。他运用大量事实资料和统计来证明发展中国家政治不稳定不在于政府更换次数、更换的非正规程序。胡格韦尔特认为,发展中国家更为严重的问题是政治停滞,即比较地缺乏政权更换。他指出:"我怀疑这种政治停滞的现象正在增长,因为前面说过的狼狈为奸的政治与经济权贵——无论是外国的还是内部的——获得了成功。美国的遏制外交政策及其对有战略意义的发展中国家大量倾注军事援助,使得压制性政权和寄生虫式的权贵在它们颇孚众望的日子过去好久之后还能继续当政,而且经常野蛮地践踏了起码的人权。政治停滞也可能对经济发展不利,因为越来越多的民族资源都用于维持越来越不得人心的权贵的权力基础去了……"①

法国著名政治学家迪韦尔热在谈到发展中国家政治稳定时基本上也使用了这种"社会结构—文化结构—政治结构"的分析框架。② 迪韦尔热认为,发展中国家的整个政治制度就是建立在各种矛盾之上的。这些矛盾可以导致各种各样的平衡,但它们一般来讲都是不牢固的。这些矛盾包括:每个公民身上

---

① 白桦等编译:《发展社会学》,第 166、182、189—190 页。
② [法]莫里斯·迪韦尔热:《政治社会学——政治学要素》第 6 章。

首先就有传统文化与现代因素之间的矛盾。其次,在传统文化占主要地位的乡村居民和较现代化的城市居民之间也存在矛盾;而在两个集团内部都存在被统治者与统治者之间的矛盾。还有一些矛盾同这些国家发展过程中固有的物质困难有关。由于必须分离出剩余额来建立技术和工业基础设施,致使已经十分低下的普遍生活水平进一步降低;采取初步卫生措施而造成的人口爆炸不断加剧了经济形势的恶化。这两种现象造成的高度紧张状态,加重了上述矛盾带来的后果。所有这一切使不发达或半发达社会处于一种动荡不定和困难重重的局面。在谈到发展中国家政治制度时,迪韦尔热指出:"如果人民群众没有或缺乏现代文化,他们的文盲和无知问题尚未解决,那么建立在选举和政治代议制基础上的全民族民主就无法实现。加之,在被社会阶级和阶层之间激烈而深刻的冲突撕得四分五裂的社会中,自由的代议制度过于脆弱,因而无法真正运转。如果形式上讲这些代议制度确实存在,即也只是装潢门面而已,其背后存在着独裁体制,很少例外。"①这一结论,同亨廷顿、阿尔蒙德的分析是吻合的。胡格韦尔特也在自己的分析中得出了类似结论。他这样写道:"在当代发展中社会里,西方的政治体制如普选、自由竞选、政治和'议会民主'都是从上面(即西方)引进的,可以说像是殖民地的告别礼物,它们和人民大众的政治文化并不特别协调。因为没有受过教育,选民大众不会理解他们在新的民族中的政治权力和义务,或者不大会理解一个选举诺言和另一个选举诺言之间有什么区别。但因为穷,他们却很理解金钱的语言。"②

综上所述,秩序—发展的思维模式,为研究发展中国家政治稳定提供了大量有益的资料和分析,也为我们中国的政治稳定和政治发展提供了借鉴。但它完全不适用于中国。

---

① ［法］莫里斯·迪韦尔热:《政治社会学——政治学要素》,第284页。
② 白桦等编译:《发展社会学》,第170页。

中篇 马克思主义政治稳定观研究

四、政治稳定的概念与实质

（一）政治稳定的概念

1. 两种对立的政治稳定观。古今中外的政治家和政治思想家对政治稳定的认识、解释和实践是不同的。但从哲学角度看,无非是马克思主义政治稳定观和非马克思主义政治稳定观两种。这两种政治稳定观显然是对立的。这种对立集中表现为唯物辩证法和形而上学、唯物史观和唯心史观的不同。列宁曾经深刻指出:一切旧的历史理论有两个最主要的缺点,"第一,以往的历史理论,至多是考察了人们历史活动的思想动机,而没有考究产生这些动机的原因,没有摸到社会关系体系发展的客观规律性,没有看出物质生产发展程度是这种关系的根源;第二,过去的历史理论恰恰没有说明人民群众的活动,只有历史唯物主义才第一次使我们能以自然史的精确性去考察群众生活的社会条件以及这些条件的变更"①。

从上篇介绍的古往今来的非马克思主义政治稳定观的各种思维模式中,我们无法找到许多问题的答案,例如政治稳定的实质是什么? 政治稳定是发展变化的吗? 政治稳定有无层次结构的划分? 所以,非马克思主义政治稳定观的各种思维模式存在着片面性。它们至多对政治稳定的某些因素和环节作出了合理的解释,而又以牺牲其他因素和环节、夸大其自身为代价。就整体而言,它们是非科学的。只有马克思主义哲学为我们的政治稳定研究提供了接近真理的钥匙。

2. 政治稳定的概念与界定。稳定,意指自然界和人类社会在发展运动过

---

① 《列宁选集》第2卷,586页。

程中存在着某种程度的规律性、一致性、连续性和确定性,即遵循着某种轨迹、秩序和规则。不稳定,则表示自然界和人类社会在发展运动过程中出现了无规律性、无一致性、无连续性和无确定性的现象,亦即处于无序状态、离开轨迹、没有规则,其表现就是从一个事态到另一个事态处于不可预测的突变情形之中。

政治稳定,就是人类社会自阶级产生以来政治领域中存在着的某种程度的规律性、统一性、连续性和确定性,亦即所遵循的某种轨迹、秩序和规则。政治不稳定就是人类社会政治领域中出现的无规律性、无一致性、无连续性和无确定性的现象,亦即处于无序状态,离开原有的政治轨迹,没有或拒绝可遵循的规则。具体地说,政治稳定与否可通过以下变量及其标志来界定。

(1)政治共同体的统一与分裂。政治共同体首先是历史上长期形成和建立的具有民族认同感的国家(国度)。在政治共同体内部有着广泛而深刻的联系,有着同甘共苦、休戚与共的命运。在现代,政治共同体的典型形式就是民族国家,所以,国家的统一、民族的认同与共识是政治稳定的首要标志。任何形式的国家分裂、解体、瓦解,都是政治不稳定的表现。

(2)政治共同体的独立与附庸。独立意味着政治共同体的自决,意味着对政治共同体内部事物的完整、最终的决定权和处理权。相反,附庸意味着政治共同体丧失了自决权,或依赖于其他政治共同体。在当代,政治共同体的独立就是国家主权的最高性和完整性。任何形式的一种政治共同体依附于另一种政治共同体,都是政治不稳定的表现。当然,政治共同体的独立绝不意味着闭关锁国、拒绝同其他政治共同体的交流与合作。相反,政治共同体的独立恰恰是国际交流与合作中的最高原则。因此,维护国家主权和争取民族独立构成了近代和现代世界各国间关系发展的趋势和主要潮流。

(3)政治共同体的一致与混乱。一致意味着各种政治力量、政治组织和政治人接受和服从政治共同体内的法定的最高权威及其决定。混乱意味着政治共同体内公开出现了与法定最高权威相决裂、相冲突、相对立的政治权威、政治力量、政治组织和政治人。动乱、暴乱、战乱就是其几种表现。

(4)政治共同体的进步与倒退。进步表示政治共同体的发展、运动、变化沿着由低级到高级,由雏形到成熟、由旧事态到新事态的方向进行。所谓倒退则是指政治共同体的运动、变化是沿着其自身的要素和结构的衰变方向进行的,进而试图返回到已经消失、过时的旧形式和相互作用的原则上去。封建王朝的复辟、资本主义复辟就是它的两种表现。不言而喻,政治共同体在所有的进步道路上都会充满着选择的艰巨性、复杂性和风险性,但只要前进在进步的道路和方向上,总会充满着信心和希望。而倒退,对于任何政治共同体来说,都是没有出路的,都只能是死路一条。

(5)政治共同体的规则与权宜。规则是政治共同体奉行遵循的、外化的调整和规范政治行为的准绳。根据规则,政治行为者能够预知和把握自己在政治竞争中作为与不作为的后果、前途。权宜,本意为事物被因时、因地、因人而变通地处理,这里意指政治共同体的行为准绳被因时、因地、因人、因事地确定和掌握,一切都处在随机应变的状态。政治共同体的政策、法律和规范变化多端,失去约束力和连贯性,就是其表现。君主制政体之所以被认为不稳定就在于"朕即国家"、"朕即法律"。"朕"乃喜怒哀乐无常、贤昏清贪不定。社会进步的标志之一就是以规则化的不受人的情感左右的稳定关系取代变化无常的紧紧与私人相关的不稳定关系。

(6)政治共同体的道德与腐败。道德是人类社会依靠的信仰良心、正义感、责任感恰当处理个人与个人之间、个人与集体之间、个人与社会之间的关系的精神力量即内驱力。在道德占主导地位的政治共同体中,必然是充满宽松、和谐、信任、进取、安全与幸福的风气、感觉和景象。腐败则表明政治共同体中丧失或漠视良心、正义、责任,完全以本能、冲动、物欲、私利为轴心处理个人与个人之间、个人与集体之间、个人与社会之间的关系。在腐败占支配地位的政治共同体中,必然是充满紧张、冲突、猜忌、僵化、担忧与痛苦的气象,这种政治共同体当然无政治稳定可言。资本主义社会中的道德危机、信仰危机标志着政治共同体的危机。

(二)政治稳定的实质

1."把冲突保持在'秩序'的范围以内。"与非马克思主义政治稳定观的思维模式不同,马克思主义政治稳定观没有停留在政治稳定的一般概念和一般特征上,而是运用对立统一原理,深入政治稳定的内部和背后,透过表面现象抓住和揭示政治稳定的实质。恩格斯深刻指出:"国家决不是从外部强加于社会的一种力量,国家也不像黑格尔所断言的是'道德观念的现实','理性的形象和现实'，勿宁说，国家是社会在一定发展阶段上的产物，国家是表示：这个社会陷入了不可解决的自我矛盾，分裂为不可调和的对立面，而又无力摆脱这些对立面。而为了使这些对立面，这些经济利益互相冲突的阶级，不致在无谓的斗争中把自己和社会消灭，就需要有一种表面上驾于社会之上的力量。这种力量应当缓和冲突，把冲突保持在'秩序'的范围以内；这种从社会中产生但又自居于社会之上，并且日益同社会脱离的力量就是国家"。①

第一，政治稳定绝不意味着没有、取消、无视阶级矛盾、阶级斗争和阶级冲突。政治稳定是对立面的统一，是相互对立的阶级相互矛盾、斗争和冲突的产物。这种对立面的存在和相互冲突的存在是人类社会发展到一定历史阶段上出现的不可避免、"无力摆脱"的必然现象。试图消灭和摆脱这种对立面和相互冲突是愚蠢的、徒劳的"无谓的斗争"，是反历史、反现实、反社会的幻想，只能导致自己与社会毁灭。

第二，政治稳定的实质是对立面、对立的阶级都只能、必须遵守、保持和接受经过斗争、冲突这一相互作用后而产生的"秩序"。这是对立面，相互斗争、相互冲突的各阶级共同需要的人类社会生存与发展的前提。无论是统治阶级还是被统治阶级都不能破坏、违背这一前提——"秩序"，即超出"秩序"的范围以外。也就是说，对立面、对立的阶级在相互斗争、相互冲突的过程中应以不把自己与社会毁灭作为最后的也是最高的临界点。

第三，国家既是这种"秩序"的集中表现，又是维护这种秩序的力量。在马克思主义看来，国家是"整个社会的正式代表，是社会在一个有形的组织中的集中表现"，是"有组织地使用暴力的机器"。既然国家是"社会的正式代表"，就必然拥有该社会的最高权威；既然国家是"社会在一个有形的组织中的集中表现"，就必然是由若干要素、结构、层次构成的相互分工与协作的体系，就必然要求建立和完善协调与控制体系内各种结构、层次和要素的机制、准绳。对立面，相互冲突、相互斗争的各阶级及其组织和成员只有遵守、接受上述"机制"、"规则"和"准绳"，才能"缓和冲突，把冲突保持在'秩序'的范围以内"，才能达到政治稳定。因此，国家这种"秩序"必然要以"有组织地使用暴力"作为自己维护自己的最后后盾和保障。否则，就无政治稳定可言。

---

① 《马克思恩格斯选集》第 4 卷，第 166 页。

　　第四,这种"秩序"服从、服务于人类社会的生产方式运动规律及其要求。马克思主义认为,人们在社会生产中发生一定的、必然的、不以他们意志为转移的关系,即同他们的物质生产力的一定发展阶段相适合的生产关系。这些生产关系的总和构成社会的经济结构,既有法律的和政治的上层建筑竖立其上,并有一定的社会意识形式与之相适应的现实基础。物质生活的生产方式制约着整个社会生活、政治生活和精神生活的过程。一个社会形态在它们所能容纳的全部生产力发挥出来以前,是决不会灭亡的;而新的更高的生产关系,在它存在的物质条件在旧社会的胎胞里成熟以前,是决不会出现的。因此,人类始终只提出自己能够解决的任务,因为只要仔细考察就可以发现,任务本身,只有在解决它的物质条件已经存在或者至少是在形成过程中的时候,才会产生。①

　　2.　"秩序""是当时独自代表整个社会的那个阶级的"。马克思主义认为,一定的生产力水平决定一定的生产关系。一定的生产关系决定一定的阶级结构和阶级关系。一定的阶级结构和阶级关系决定国家的归属、性质。国家的归属和性质也就是国家所代表和维护的"秩序"归根到底对谁有利,由谁决定,即政治稳定究竟对哪个阶级有利,由哪个阶级来维持和发展。恩格斯指出:"国家是整个社会的正式代表,是社会在一个有形的组织中的集中表现,但是,说国家是这样的,这仅仅是说,它是当时独自代表整个社会的那个阶级的国家……当国家终于真正成为整个社会的代表时,它就使自己成为多余的了。"②这就是说:

　　第一,政治稳定是统治阶级的整体利益的实现和要求。政治稳定所表明的和维护的既不是所有人的利益,也不是统治阶级哪一组织、阶层、集团和成员的利益,更不是被统治阶级的利益。政治稳定,即"把冲突保持在'秩序'的范围内",就是保护那个社会的生产方式,维持那个生产方式所决定的社会生存与发展必需的经济秩序、社会秩序、政治秩序和思想文化秩序。问题在于生产方式中的阶级结构和阶级关系是由统治与被统治、压迫与被压迫、剥削与被剥削构成的,而不是完全平等的、一样的。因此,统治阶级从这一秩序中获得

　　----

① 《马克思恩格斯选集》第 2 卷,第 82—83 页。
② 《马克思恩格斯选集》第 3 卷,第 438 页。

的是利益要求的满足,被统治阶级从这一秩序中所能得到的只是被剥削、被压迫、被统治的一定范围,即所受剥削、压迫、统治被保持在不被消灭、不无法忍受的范围以内。"由于国家是从控制阶级对立的需要中产生的,同时又是在这些阶级的冲突中产生的,所以,它照例是最强大的、在经济上占统治地位的阶级的国家,这个阶级借助于国家而在政治上也成为占统治地位的阶级,因而获得了镇压和剥削被压迫阶级的新手段。"①

第二,政治稳定决定于统治阶级自身的命运,统治阶级的命运决定该社会的政治稳定的命运。统治阶级的命运决定于它所代表的社会生产方式的命运,社会生产方式的命运决定于生产力和生产关系的矛盾运动。"社会的物质生产力发展到一定阶段,便同它们一直在其中活动的现存生产关系或财产关系……发生矛盾。于是,这些关系便由生产力的发展形式变成生产力的桎梏。那时,社会革命的时代就到来了。随着经济基础的变更,全部庞大的上层建筑也或慢或快地发生变革。"②在生产方式发生质变的过程中,社会也处在两种异质政治稳定,并由新质态代替旧质态的革命过程中。革命阶级为消灭旧的统治阶级及其代表的"秩序"而采取的行动当然不是不稳定之举,而是新质态代替旧质态的稳定之举。反动阶级为维护落后的、走向灭亡的生产关系及其决定的"秩序"而采取的反扑和行动当然不是稳定之举,而是旧质态的回光返照,是反动阶级的垂死挣扎。对旧统治阶级来说,其政治是稳定地走向灭亡、消失、转换,已无本阶级政治的不稳定可言。经过社会革命阵痛后脱胎出来的是新的统治阶级及其代表的秩序,是新质态政治稳定的开始。这种一个阶级的统治稳定地产生,稳定地灭亡,是政治稳定的表现,是广泛意义的政治稳定。它说明了政治现象产生、发展、变化和消灭的一般规律和一般过程,说明了马克思主义政治稳定观与非马克思主义政治稳定观的本质区别。

第三,政治稳定决定于统治阶级自身的选择。政治稳定表明阶级统治是有规律的、统一的、连续的,因而是可以把握和遵循的。但这是一种客观的、内在的、可能的现实逻辑。这种现实的逻辑是复杂的、动态的,并且是逐步展开才显现出来的。阶级统治真正把握和遵循现实的逻辑需要无数环节和大量媒

---

① 《马克思恩格斯选集》第 4 卷,第 168 页。
② 《马克思恩格斯选集》第 2 卷,第 82 页。

介的转换、传递和操作。国家是统治阶级为了满足上述需要而建立起来的巨型的、体系化的有形组织。这种有形的组织即实际运行着的经过主观转化的秩序是否符合客观的现实的逻辑，必然要求通过实践来建立、检验、修正和发展。因此，统治阶级的政治稳定实质上又是不断通过实践选择来接近现实逻辑的过程。既然是实践选择就有正确与错误、真理与谬误、真实与虚假、优化与劣化、成功与失败之可能与划分；既然是过程就有偏离、背离和符合、接近现实逻辑之可能与划分；既然实践选择过程有如此之多的可能与划分，那么，对政治稳定直接起决定作用的就是统治阶级的作为，尤其取决于统治阶级领袖集团的作为。一般地说，统治阶级及其领袖集团会选择对本阶级有利的、能够建立和发展政治稳定的秩序方案，这就构成了政治稳定的态势。现实的逻辑必然迫使统治阶级去发现自己，并按着自己的要求，确立起实践的逻辑。一个国家、一个统治阶级只有既发现了现实逻辑，又确立了实践现实逻辑的选择，达到了二者的有机结合或相互接近，才能使统治有序化、稳定化。

　　第四，政治不稳定的实质在于统治集团失去了自我控制和自我发展的能力，使阶级矛盾、阶级斗争、阶级冲突以及统治阶级内部的矛盾、斗争和冲突超出了社会生产方式规定的"秩序"范围以外。历史学家汤因比在谈到文明衰败的原因时指出："挑战并不是外部来的，而是从内部涌现的；胜利的应战也不以克服外来的障碍或外部敌人这种形式出现，而是以内部的自行调剂或自决的形式出现。"①中国古代封建社会为什么发生一次次的改朝换代？为什么历代王朝有长有短？其直接原因就在于每一个王朝在取得政权初期以史为鉴，勤政廉政，励精图治，严肃法纪，保持着自我控制和自我发展的能力；而到了后期腐化堕落，安于现状，贪污受贿，苛捐杂税，人心涣散，道德败坏，最后为代表封建秩序的新王朝所取代。当然，又一次历史循环重新开始。这是狭义的，也是需要深入研究的政治稳定。

　　总之，政治稳定，在马克思主义看来，不等于呆滞、僵化，更不等于倒退，不等于忽视、无视矛盾、冲突和斗争，不等于固守某种政治形式、政治方法、政治决策、政治观念和政治经验。政治稳定有利于统治阶级，归属于统治阶级，也取决于统治阶级。

―――――――――――

　　①　［英］汤因比：《历史研究》（上），第251页。

五、民主制趋向于政治稳定

（一）民主制的实质

1. 政治稳定与国家统治形式。统治阶级的政治统治是通过国家统治实现的。只有国家统治才具有一种普遍的形式，一种具有普遍的社会强制力量的形式。统治阶级政治统治的稳定表现为国家统治的稳定。国家统治必然要通过外化了的、看得见摸得着的形式来存在和体现。这就是国家统治形式。国家统治形式反映阶级统治的实质和内容，同时国家统治形式本身又具有自己相对独立的内容和形式。这就是国家公共权力的内容和形式。国家统治形式包括国家公共权力在法律上的归属，公共权力在国家机构之间的划分和分配，国家机构组成的过程、制度和程序，国家公职人员的选拔、监督和管理的过程、制度和程序，国家政治与行政等领域的决策与执行的过程、制度和程序，等等。国家统治的稳定标志着统治阶级政治统治的稳定。国家统治形式的稳定则标志着国家统治的稳定，并最终反映和体现阶级统治的稳定，即政治稳定。国家统治形式既是政治稳定的存在形式和内容载体，又是政治稳定达成和巩固的具体方式和保障机制。统治阶级的政治稳定与否只能存在于国家统治形式这一现象、个别之中，并且只能通过考察国家统治形式这一现象和个别才能断定。马克思主义政治稳定观是政治本质与政治现象、政治内容与政治形式、政治过程和政治结果的辩证统一。

马克思主义深刻揭示了政治稳定的阶级实质和阶级内容，同时深刻揭示了体现、实现政治稳定的国家统治形式的地位和作用。马克思主义政治稳定观包括着对各种国家统治形式的辨认识别、比较分析和优化选择。它绝不否认民主制这种国家统治形式有利于政治稳定、趋向于政治稳定、是达成和巩固政治稳定的最终选择，而是反对和批判那些脱离政治稳定的阶级实质和阶级内容，民主制的经济基础和社会条件，抽象地、一般地奢谈政治民主化和各种国家统治形式的优劣的片面认识和做法。在马克思主义看来，就国家统治形式的存在性、现实性而言，阶级和国家统治的内容和形式是统一的。这种统一是内在的、必然的、客观的。一定的国家统治形式必然地反映和代表着阶级统治的内容和实质，必然地决定于和服务于统治阶级的利益和要求。没有离开阶级实质、阶级内容和阶级利益的国家统治形式。没有离开内容的形式,也没有离开形式的内容,但就国家统治形式的主观性、意识形态性和实践选择性而言,阶级和国家统治的内容和形式是辩证的统一。这种辩证的统一是社会的复杂性、继承性决定的。在这里,一定的国家统治形式并不与国家统治的阶级内容、阶级本质和阶级利益直接地、必然地、真实地合二而一,并不必然地、真实地反映和代表着阶级统治的内容和实质,也不必然地、全面地决定于和服务于统治阶级的利益和要求。在这里,存在着离开阶级实质、阶级内容和阶级利益的国家统治形式的可能性,存在着形式离开内容、内容离开形式的可能性。在这里,国家统治形式获得了相对独立性和发展变化的规律性、继承性、延续性。同一阶级统治可能表现为不同的国家统治形式,不同的阶级统治可能表现为共同的国家统治形式。就是说,不同的国家统治形式可能具有并赋予相同的阶级实质、阶级内容和阶级利益,而不同的阶级统治内容可能表现为和存在于相同的国家统治形式之中。形式相同而内容不同,或内容相同而形式不同。当然,内容和形式都相同或都不同的情形也是存在的。马克思主义认为,只有辩证地、深入地考察阶级统治和国家统治形式的存在性、现实性和意识形态性、实践选择性之间关系的多层性、复杂性和过程性,才能发现和把握维持和发展政治稳定的内在规律和逻辑,才能自觉地达成和巩固统治阶级的政治稳定。马克思说:"如果事物的表现形式和事物的本质会直接合而为一,一切科学就都成为多余的了"①。正是基于上述原理,我们提出了民主制趋向于政治稳定的结论。

　　2. 民主制是一种国家统治形式。民主制的本质是什么? 民主制与国家统治的关系怎样? 对此,人们往往产生不同的认识和理解。有人将民主同少数服从多数原则混为一谈,有人将民主仅仅理解为程序化政治。然而,"民主是一种国家形式,一种国家形态。因此,它同任何国家一样,也是有组织有系统地对人们使用暴力,这是一方面。但另一方面,民主意味着在形式上承认公民一律平等,承认大家都有决定国家制度和管理国家的平等权利"②。这是列宁对马克思主义民主观的深刻揭示,从而也深刻揭示了民主制与国家统治形

---

① 《马克思恩格斯全集》第 25 卷,第 923 页。
② 《列宁选集》第 3 卷,第 257 页。

式的关系。

第一,民主制是把社会阶级斗争、阶级冲突"控制在秩序的范围以内"的一种国家形式,一种国家形态。这就彻底揭穿了"民主的神话"。民主绝不是无政府主义,也不是自由主义。民主与国家代表的秩序一致,与"有组织、有系统地对人们使用暴力"相关。统治阶级需要民主制,同需要君主制一样,意味着公共秩序不是依靠人们的自由、自觉能够形成和巩固的,意味着公共权力的强制性和压迫性。既然是一种强制和压迫下的公共秩序,又怎么能抽象地谈"民主"、"人道"、"自由"、"平等"、"人权"。如果失去了"有组织、有系统地对人们使用暴力",那还有什么由民做主的必要? 因此,那些信奉"民主神话"的统治者只能使社会陷入混乱,使国家出现分裂,使经济濒临崩溃,使人们产生不安。在民主共和制下,国家之为"一个阶级压迫另一个阶级的机器","丝毫"不比在君主制下"差"。民主制只是统治阶级实现阶级统治、达到政治稳定的一种形态、一种形式。

第二,民主制作为一种国家形式、一种国家形态,与君主制和贵族制国家形态、国家形式相对立。这种对立表现在国家秩序的形成基础和运行机制的不同。君主制国家是一人独裁的政权,是一种国家最高权力完全地、无限制地由君主一人独占的政体。君主颁布法律、任命官员、制定政策,其他人则被认定为臣民。人民更是对立法和监督管理一概不得过问。因此,君主制就是皇帝加官吏的专权,而人民无权。贵族制国家是很少一部分人的政权。所谓贵族制就是与法定的财产、地位、身份相一致的人才能有权参与国事,决定国家政策和法律,成为国家官员。民主制国家是人民的政权,即形式上(法律上)承认公民一律平等,承认公民都有决定国家制度和管理国家的平等权利。在民主制国家,一切政权机关都由人民选举产生,人民有权监督和罢免它们。任何政治组织、政治集团、国家机构和国家官员等其他有形的、由自然人中的特定部分组成的群体都没有至高无上、神圣不可侵犯和垄断一切政治权力的权利。只有人民的选择,才是最高和最终权威。

总之,在马克思主义看来,民主制国家是与君主制国家、贵族制国家相对而言的,三者在作为"国家"这一点上是一样的本质——"有组织、有系统地对人们使用暴力"。但是,三者在如何"有组织、有系统地对人们使用暴力",即在政治体制、政治控制的方式和政治运行方向和流程上是不同的。因此,列宁深刻指出："民主和少数服从多数的原则不是一个东西。民主就是承认少数服从多数的国家,即一个阶级对另一个阶级、一部分居民对另一部分居民有系统地使用暴力的组织。"①民主制国家、贵族制国家和君主制国家对于实现阶级统治、保持政治稳定既有阶级本质、阶级内容相同的一方面,也有国家统治形式的实质差别和实际功效不同的一方面。

(二)民主制趋向于政治稳定

1. 民主制是现代社会经济条件下的必然产物和发展趋势。透过国家统治形式,揭示民主制的阶级本质;透过阶级本质揭示民主制的经济基础和社会基础;透过经济基础和社会基础,揭示民主制产生、发展、变化的历史必然性和生产力发展要求的决定性作用,是马克思主义民主观的根本特点。恩格斯指出:"国家的最高形式:民主共和国,在我们现代的社会条件下正日益成为一种不可避免的必然性。……这种民主共和国已经不再正式讲什么财产差别了。"②

第一,民主制是解放社会劳动力和发展社会生产力的必然要求。民主制国家统治形式首先是资产阶级创立的、发展的。资产阶级创立和发展民主制共和国是资本主义商品经济发展、壮大直至取得统治地位的结果。资本主义商品经济替代封建领主经济必然要求解放社会劳动力,废除封建领主经济对人身的束缚和等级制度。这种经济和社会发展的内在动力机制必然要反映在政治统治上,这就是建立民主制共和国代替君主制国家。列宁曾说:"资本主义国家起来反对农奴制国家,是在自由的口号下投入战斗的。"③

"商品是天生的民主派"。商品关系的实质是等价交换、自由竞争。等价交换和自由竞争均是以"物的依赖性"——货币这一等价物、物质财富尺度为基础的社会关系和经济关系。它不承认任何人为设置的等级特权(无论这种等级特权是历史形成继承下来的,还是来自人们经济地位、社会地位和政治地位的差别)。保证拥有商品的生产者和经营者的所有权、占有权和处理权,维护自由买卖、自由竞争和自由发展的经济秩序和社会秩序,就是商品经济主体

---

① 《列宁选集》第 3 卷,第 241 页。
② 《马克思恩格斯全集》第 22 卷,第 169 页。
③ 《列宁选集》第 4 卷,第 52 页。

的政治要求,就是商品经济赋予国家统治的根本职能。换句话说,在资本主义商品经济的生产方式下,表现为全部行为动因的共同利益—— 一定的秩序范围以内,商品经济主体承认为事实。但是这种共同利益本身不是动因,它只是在自身反映的特殊利益背后,在同另一个主体的个别利益相对立的个别利益背后得到实现的。就是说,某一主体同其他主体利益相对立的个别利益的满足,正好是被扬弃的对立面即一般社会利益的实现。从交换行为本身出发,每个商品经济主体都自身反映为排他的并占支配地位的(具有决定性作用的)交换主体。因而这就确定了个人(经济主体)的完全自由:自愿的交易,任何一方都不得使用暴力;把自己当作手段,或者说当作提供服务的人,只不过是当作使自己成为自我目的,使自己占支配地位和主宰地位的手段;最后,是自私利益,并没有更高的东西要去实现,另一个主体也被承认被理解为同样是实现其自私利益的人。因此,各方都知道,共同利益恰恰只存在于双方、多方以及存在于各方的独立之中。共同利益就是自私利益的交换。一般利益就是各种自私利益的一般性。因此,如果说经济形式、交换,确立了主体之间的全面平等,那么内容,即促使人们去进行交换的个人材料和物质材料,则确定了自由。可见,平等和自由不仅在以交换价值为基础的交换中受到尊重,而且交换价值的交换是一切平等和自由的生产的、现实的基础。作为纯粹观念,平等和自由仅仅是交换价值的交换的一种理想化的表现;作为在法律的、政治的、社会的关系上发展了的东西,平等和自由不过是另一次方的这种基础而已。而这种情况也已为历史所证实。这种意义上的平等和自由恰好是古代的自由和平等的反面。古代的自由和平等恰恰不是以发展了的交换价值为基础,相反地是由于交换价值的发展而毁灭。而现代意义上的平等和自由所要求的生产关系,在古代世界还没有实现,在中世纪也没有实现。① 资本主义社会以这样的适应生产力发展阶段要求的生产关系,以这样的适应经济基础要求的上层建筑——民主制在不到一百年的时间里创造了以往人类积累的社会财富的总和。

　　第二,民主制是近代政治文明和政治理念发展的必然要求。列宁在《我们究竟拒绝什么遗产?》的论著中指出:当注意到许多启蒙运动者是资产者或

---

　　① 《马克思恩格斯全集》第46卷(上),第196—197页。

者他们在客观上维护了资产阶级利益的时候,"我们往往是极端不正确地、狭隘地、反历史地了解这个名词,把它(不区分历史时代)和自私地保护少数人的利益联系在一起"。他说:"不应该忘记:在 18 世纪启蒙者(他们被公认为资产阶级的向导)写作的时候,在我们的 40—60 年代的启蒙者写作的时候,……资产阶级的思想家在当时并没有表现出任何自私的观念;相反地,不论在西欧或俄国,他们完全真诚地相信共同的繁荣昌盛,而且真诚地期望共同的繁荣昌盛,他们确实没有看出(部分地还不能看出)从农奴制度所产生出来的制度中的各种矛盾。"①每个时代,每个统治阶级都有自己的政治文明和政治理念。政治理念是政治文明的核心,它们形成政治稳定的思想形态,同时对政治稳定发挥巨大的反作用。在古代,封建阶级(以前的奴隶阶级)是以"人格化的上帝"或上帝的人格化这一宗教性质的政治文明和政治理念为核心构造统治思想体系的。在近代,资产阶级启蒙思想所倡导的是以抽象的、一般的人的平等、自由、人权为核心构造统治思想体系的。这种思想体系的合理内核就是用人权代替神权,用分权代替专权,用平等代替等级,用自由代替依附,用民主代替专制。这种合理内核一旦确立,就成为人们的价值观念和追求目标,就成为确立国家统治形式的指导思想,就成为资产阶级统治行为的政治共识和评价标准。因此,资产阶级革命时期打着民主、人权、平等、自由和法治的口号;革命胜利后,这些口号也被确定为宪法原则。这些无疑是政治历史上的重大革命和进步。

"判断历史的功绩,不是根据历史活动家没有提供现代所要求的东西,而是根据他们比他们的前辈提供了新的东西。"②资产阶级领导无产阶级和其他劳动阶级推翻了君主专制国家,建立了民主共和国。然而,资产阶级"民主共和国"却是资本统治的、有名无实(有国家统治形式无人民经济基础和社会基础)的东西。名副其实的民主共和国的政治文明和政治理念,是马克思主义的贡献。马克思主义揭示了资产阶级民主制理论与实践产生的必然性,也揭示了资产阶级民主制理论与实践的虚伪性、局限性。这是今天必须强调的。马克思主义民主观与资产阶级自由化民主观的分野就在这里:是只注重资产

---

①   《列宁全集》第 2 卷,第 444—445 页。
②   《列宁全集》第 2 卷,第 150 页。

阶级民主制的形式的真实性、历史的进步性,还是在注重形式的真实性、进步性同时,更注重分析其内容的虚伪性、历史的局限性。

(1)国家的民主制是反映、维护和巩固经济基础的政治形式。资本主义商品经济(或生产关系)的基础是私有制,是资本家所有制:资本家拥有生产资料、决定生产方向、支配生产产品,劳动者和无产者只拥有劳动力这样一种商品,只有自由出卖劳动的权利。这就决定了资产阶级国家民主制的局限性和虚伪性。资产阶级国家的民主制被资本主义生产关系"一笔勾销了","简直是把不平等叫做平等"。列宁指出:"资产阶级民主同中世纪制度比较起来,在历史上是一个大进步。但它始终是而且在资本主义制度下不能不是狭隘的、残缺不全的、虚伪的、骗人的民主,对富人是天堂,对被剥削者、对穷人是陷阱和骗局。"①

(2)资产阶级国家民主制是资产阶级集体统治的有效的政治形式。资产阶级国家民主制最充分、最牢靠地保护和巩固了"私有财产神圣不可侵犯"的资本主义秩序。由于承认形式上的平等和自由,就掩盖了事实上的不平等和不自由,使资产阶级统治披上了合理、合法、公正无私的外衣。"每隔几年决定一次究竟由统治阶级中的什么人在议会里镇压人民、压迫人民",使资产阶级的政治代表——政党和官僚们更加争宠于资产阶级、服务于资产阶级,并及时由更忠诚、更精干的代替那些脱离本阶级的,以保证资产阶级的整体利益要求能够得到顺利实现和满足。这种资产阶级"共和国愈民主,资本主义的这种统治就愈厉害,愈无耻"。②

(3)资产阶级国家民主制是对无产阶级使用"有系统、有组织的暴力机器"。列宁指出:"资产阶级民主的统治党仅仅对其他资产阶级政党才保护少数,而对无产阶级,则在一切重大的、深刻的、根本的问题上,不仅不'保护少数',反而实行威严或横加残害。民主愈发达,在发生危及资产阶级的任何深刻的政治分歧时,残害或内战也就愈容易发生。"③资产阶级民主制国家所代表和维护的资本主义"秩序范围内"的民主制是在不触动、不推翻、不破坏资本主义秩序这一"重大的、深刻的、根本的问题"前提下的民主、自由、平等、

①　《列宁选集》第 3 卷,第 630 页。
②　《列宁选集》第 4 卷,第 54 页。
③　《列宁选集》第 3 卷,第 632 页。

人权和法治。正是在这个意义上说,"单纯的民主制并不能治愈社会的痼疾。民主制的平等是空中楼阁,穷人反对富人的斗争不能在民主制或单是政治的基础上完成"①。资本主义国家民主制的局限性和虚伪性致使它有可能转为"法西斯国家"这种资产阶级垄断集团实现反动统治的政治形式、政治形态。法西斯国家是资产阶级国家民主制丧失把冲突保持在资本主义秩序范围内的能力的结果,是资产阶级国家政治不稳定的典型表现。它不仅对无产阶级及其政党实行最残酷、最野蛮的镇压、迫害,而且也超出了资本主义、资产阶级秩序的范围以外:毁灭人类、毁灭自己。

2. 民主制包含着一切国家统治形式的真理。正如上面指出的,国家统治形式是多种多样的:君主制、贵族制、君主立宪制、民主制等。但是,"一切国家形式在民主制中都有自己的真理。正因为这样,所以它们有几分不同于民主制,就有几分不是真理,这是一目了然的"②。

首先,民主制是君主制的真理,君主制却不是民主制的真理。君主制必然是本身不彻底的民主制,而君主却不是作为民主制的不彻底性而存在着。从君主制本身不能了解君主制,但民主制本身可以了解民主制。民主制是作为类概念的国家制度,君主制则只是国家制度的一种。民主制是内容和形式,君主制似乎只是形式,而实际上它在伪造内容。在君主制中,整体,即人民,从属于他们存在的一种方式,即他们的政治制度。在民主制中,国家制度本身就是一个规定,人民的自我规定。民主制是国家制度一切形式的猜破了的哑谜。在这里,国家制度不仅就其本质说来是自在的,而且就其存在、就其现实性说也日益趋向于自己的现实的基础、现实的人、现实的人民,并确定为人民自己的事情。国家制度在这里表现出它的本来面目,即人的自由产物。然而民主制独有的特点,就是国家制度无论如何只是人民存在的环节,政治制度本身在这里不能组成国家。

其次,民主制从人出发,把国家变成客观化的人。在一定的意义上说,民主制是一切国家制度的实质,是作为国家制度特殊形式的社会化了的人。马克思说,如果问题提得正确,那它就只能是这样:人民是否有权来为自己建立

---

① 《马克思恩格斯全集》第 1 卷,第 705 页。
② 《马克思恩格斯全集》第 1 卷,第 282 页。

新的国家制度呢？对这个问题的回答应该是绝对肯定的，因为国家制度如果不再真正表现人民的意志，那它就变成有名无实的东西了。而"君主政体的原则总的说来就是轻视人，蔑视人，使人不成其为人；……哪里君主制的原则占优势，哪里的人就占少数；哪里君主制的原则是天经地义的，哪里就根本没有人了"①。其他一切国家结构都是某种确定的特殊的国家形式。而在民主制中，形式的原则同时也是物质原则。因此，只有民主制才是普遍和特殊的真正统一。在民主制中，作为特殊环节的国家就只是特殊环节，而作为普遍物的国家就真的是普遍物。在一切不同于民主制的国家形式中，国家、法律、国家制度是统治因素，但国家并没有真正在统治。就是说，并没有从物质上贯穿在其他非政治的领域中。在民主制中，国家制度、法律、国家本身都只是人民的自我规定和特定内容。因为国家就是一种政治制度。②

最后，无产阶级取得和进行统治需要民主制国家的统治形式。列宁曾经指出："不实现民主，社会主义就不能实现，这包括两个意思：（1）无产阶级如果不在民主斗争中为社会主义革命做好准备，它就不能实现这个革命；（2）胜利了的社会主义如果不实行充分的民主，它就不能保持它所取得的胜利，引导人类走向国家的消亡。"③

（1）资本主义国家民主制暴露和展现了国家的阶级本质、阶级内容和阶级利益。资本主义社会的基本矛盾运动促使无产者阶级和有产者阶级利益之间的差别、对立和斗争越来越鲜明、越来越尖锐。无产阶级和资产阶级的对立统一遭到不断的破坏和挑战。资本主义的物质文明和精神文明的进步（工业化、城市化、教育发展），使被剥削、被压迫的无产阶级有可能认清自己的真实的经济地位、政治地位和社会地位，掀起世界工人运动，造就在全世界都能够组织成政党的千百万工人，建立自觉地领导群众斗争的社会主义政党。特别是马克思主义作为新的无产阶级"启蒙运动"，极大地启发和促进了工人阶级觉悟。无产阶级着手用自己的世界观和政治观改造世界、改造政治。这种无产阶级的觉悟、组织和斗争，只有在资本主义民主制下才能产生和发展。民主制度使无产阶级有可能达到阶级统一和团结，有可能组成步伐整齐纪律严明

---

① 《马克思恩格斯全集》第 1 卷，第 411 页。
② 《马克思恩格斯全集》第 1 卷，第 280—282 页。
③ 《列宁全集》第 23 卷，第 70 页。

的队伍去同资产阶级进行有系统、有组织的阶级斗争。随着现代阶级斗争采取更鲜明的形式和规模,国家政权的面貌和性质也发生了显著的变化。原来,国家政权一直"表面上"是维护秩序,即维护现存社会制度和社会秩序,从而也就是维护占有者阶级的压迫和剥削的权力的。但是,只要这种秩序还被当作不容异议、无可争辩的必然现象,国家政权就能够摆出无所偏袒的样子。它把群众现存的屈从地位作为不容变更的常规,作为群众默默忍受而他们的"天然尊长"则安然利用的社会事实维持下去。随着社会本身进入一个新阶段,即无产阶级和资产阶级公开地进行有组织的阶级斗争阶段,国家作为有组织的社会力量的性质,即国家政权反映和维护统治阶级性质、统治阶级内容、统治阶级利益的本质彻底暴露出来了,并且越来越发展它作为阶级专制工具的性质,作为用强力长久维持财富占有者对财富生产者的社会奴役,资本对劳动的经济统治的政治机器的性质,①即把阶级冲突控制在"秩序"范围内。

(2)对于无产阶级来说,"只有在民主共和国"这种政治形式下,才能取得统治。民主共和国甚至是无产阶级专政的特殊形式"②。列宁在谈到无产阶级组织成阶级,并不断壮大、成熟时指出:"没有议会制度,没有选举制度,工人阶级就不会有这样的发展。因此,这一切东西在广大群众的眼中具有很大的意义。"③他说:恩格斯讲,在民主共和制下,国家之为"一个阶级压迫另一个阶级的机器","丝毫不"比在君主制下"差",但决不等于说,压迫的形式对于无产阶级是无所谓的,像某些无政府主义者所"教导"的那样。更广泛、更自由、更公开的阶级斗争形式和阶级压迫形式,能够大大地促进无产阶级为消灭一切阶级而进行的斗争。④ 按着恩格斯的说法:民主制是无产阶级同资产阶级之间的最后决定性斗争只能在其中进行到底的国家形式。⑤ 资产阶级创立民主制的目的是为了维护本阶级的利益。但是民主制一旦外化为国家统治形式,其社会后果就不再以资产阶级的意志为转移了。在这里,资本主义社会的对抗性矛盾也表现为阶级统治的国家统治内容和国家统治形式、国家统治目

---

① 《马克思恩格斯选集》第 2 卷,第 435 页。
② 《马克思恩格斯选集》第 4 卷,人民出版社 1995 年版,第 412 页。
③ 《列宁选集》第 4 卷,第 55 页。
④ 《列宁选集》第 3 卷,第 239 页。
⑤ 《马克思恩格斯全集》第 22 卷,第 169 页。

的和国家统治方法的对抗性矛盾。资产阶级起而反对自己建立的民主制,破坏自己创立的民主制规则和秩序了。法西斯主义、麦卡锡主义、强权政治统统出现了。"议会制度并没有消除最民主的资产阶级共和国作为阶级压迫机关的本质,而是暴露这种本质。议会制度有助于教育和组织比先前积极参加政治事变的人多得多的广大居民群众,但是议会制并不能以此促使危机和政治革命归于消灭,而是在这种政治革命发生时使国内战争最高限度地尖锐化。"①因此,"无产阶级为了夺取政权也需要民主的形式"(这种民主制甚至'是无产阶级将来进行统治的现成的政治形式'②)。"然而对于无产阶级来说,这种形式和一切政治形式一样,只是一种手段。"③如果离开无产阶级的阶级斗争和争取政权的目的,那么,它就是毫无用处的东西了。

无产阶级为了夺取政权需要民主的形式,无产阶级为了巩固和发展政权就更需要民主制。"彻底发展民主,找出这种发展的形式,用实践来检验这些形式等等,都是为社会革命进行斗争的任务之一。任何单独存在的民主都不会产生社会主义,但在实际生活中民主永远不会是'单独存在',而总是'相互依存'的,它也会影响经济,推动经济的改造,受经济发展的影响等等。这是活生生的历史的辩证法。"④关于社会主义国家民主制趋向于政治稳定问题将在下篇结合中国政治稳定研究再详细阐述。

总之,没有民主制的政治形式,民主政治是不可想象的,而没有阶级性质和阶级内容的民主制更是不可想象的。民主制的形式和内容也是一对矛盾,其矛盾的性质取决于民主制所依托的阶级性质、社会性质。马克思主义主张推翻的民主制是资产阶级占统治地位的阶级性质和阶级内容,而不是什么民主制的政治形式;同样无产阶级民主制(即无产阶级专政)指的是社会主义国家的阶级性质和阶级内容,而不在于民主制的何种政治形式。无产阶级的阶级统治和资产阶级的阶级统治总的说来都必将采取民主制国家统治形式,但是,二者的阶级性质和阶级内容是根本对立的。

综合此篇所述,马克思主义政治学是研究人类社会政治现象,政治关系的

---

① 《列宁选集》第 2 卷,第 6 页。
② 《马克思恩格斯选集》第 4 卷,人民出版社 1995 年版,第 734 页。
③ 《马克思恩格斯选集》第 4 卷,第 443 页。
④ 《列宁选集》第 3 卷,第 238 页。

产生、变化、更替和消亡的过程和一般规律的科学,尤其是关于无产阶级政治统治必然代替资产阶级政治统治,无产阶级专政必然过渡到无阶级、无国家的共产主义社会的科学。从发展角度说,马克思主义政治学是发展政治学。从稳定的角度说,马克思主义政治学就是稳定政治学。那种把政治发展和政治稳定研究视为西方学者新近发明,甚至取得"专利权"的认识,是没有根据的;那种把政治发展和政治稳定视为可以脱离经济发展、社会发展、文化发展而独立进行的认识是片面的;那种把政治发展和政治稳定视为实现资产阶级思想家、理论家和学者提出的抽象的、一般的、普遍的自由、平等、人权、分权、民主和法治的认识是错误的;那种把政治发展和政治稳定视为为建立和实行西方发达资产阶级国家民主制政治模式即资产阶级民主共和国而斗争的目标和行动,是资产阶级自由化的表现,是危险的。因此,研究中国的政治稳定问题必须而且应该坚持马克思主义政治稳定观。

下篇　中国政治稳定研究

六、中国政治态势诊断

(一)政治稳定与政治态势

1. 政治稳定是政治态势的范畴。政治态势是指实际政治生活领域的各个要素、层次、结构相互关系所处的状态和发展趋势。

一切事物的态势无外乎有三种:稳定、波动和紊乱。马克思主义认为,事物态势不是纯而又纯的,而是稳定因素、波动因素和紊乱因素并存的。事物态势的诊断只能根据相对占主导地位的因素来予以确定。任何事物的态势都是相对的。这种相对性还表现在事物的层次和结构方面。某一事物在一些结构和层次上呈现为稳定态势,而在另一些结构和层次上却呈现为不稳定态势,可能有些结构和层次还呈现为波动态势,介乎稳定态势和不稳定态势之间。关于政治稳定态势和政治不稳定态势的一般标志和界限,我们在政治稳定的概念中作了粗略的概述。这里我们想集中分析政治态势的成因、契机和一般对策。

2. 两种性质不同的政治挑战与应战。政治挑战和应战的性质是指一定的阶级统治能否维持稳定态势的根据是什么,导致政治不稳定态势的原因是什么。纵观人类政治发展史,政治挑战和应战的性质有两类:异质政治更替态势和同质政治发展态势。

所谓异质政治更替态势,是指因社会生产方式的发展运动造就了取代原有生产方式中占统治地位的阶级的新的统治阶级;新旧统治阶级为了争夺社会统治地位和国家政权展开了你死我活的阶级斗争和政治革命。旧的统治阶级代表旧的生产方式决定的旧的社会秩序、经济秩序和政治秩序,拼命地维护旧的国家统治。新的统治阶级代表新的生产方式决定的新的社会秩序、经济秩序和政治秩序,运用革命的形式夺取国家政权,实行新的国家统治。"在这两个社会之间不可能有和平。它们的物质利益和需要使它们进行你死我活的斗争。一个社会必然获得胜利,而另一个社会必然要遭到失败。这是它们之间惟一可能的和解。"①在异质政治更替态势中,政治生活领域的各个要素、各个结构和各个层次之间的相互关系呈现出激烈的冲突、变化;原有统治阶级已无法使用有组织的暴力使冲突和变化保持在一定的秩序范围以内;它面临的挑战是全局性的、根本性的,来自于政治统治系统之外的社会变迁,其不稳定态势——走向灭亡是不可避免的,无法克服的。新的统治阶级必然要打破、毁掉原有的政治形式、政治均衡、政治秩序和政治载体,并通过政治革命建立新质的有组织地使用暴力达到的政治均衡、政治秩序,使新社会的冲突、斗争、矛盾控制在新的一定秩序范围以内,从而建立起新质的政治内容能够获得发展的政治形式和政治载体。这种异质政治更替态势只适用于人类社会历史发展的瞬间断裂,是新质态代替旧质态的飞跃。奴隶主阶级统治社会代替原始社会、封建地主阶级统治社会代替奴隶社会、资产阶级统治社会代替封建社会、无产阶级统治社会代替资本主义社会,大都经历过这种政治态势。

所谓同质政治发展态势,是指在社会生产方式未发生根本性的质的飞跃的前提下,统治阶级如何保持和发展政治稳定,什么因素、如何造成统治阶级的国家统治失去统一性、连续性和权威性,致使社会动荡、民族分裂、经济危机、政府频繁更迭发生等等。在同质政治发展态势下,政治稳定的挑战和应战取决于统治阶级本身,尤其是取决于统治阶级的领袖集团的正确选择和成熟程度。统治阶级的正确选择和达到成熟程度,其标志是实现了客观的现实逻辑和主观的实践逻辑的统一或接近。

任何同质的政治发展态势都有其内在的规律性、序列性和系统性。这就是政治发展的客观的现实逻辑性。如果统治阶级没有发现或不遵循这个逻辑,政治发展态势就处于自发的阶段。此时,人们的政治行为选择就是模糊的,乃至是在黑暗中摸索,就是非逻辑的。处在这个阶段的政治就必然呈现出混乱和无序的征象。客观的现实逻辑必然要迫使人们去发现自己,并遵循自己的要求建立实践的逻辑。一个阶级的政治统治只有既发现了客观的现实逻

---

① 《马克思恩格斯全集》第6卷,第302页。

辑性,又遵循它的要求确定了主观的实践逻辑性,达到了二者的接近或统一,才能实现、保持和发展政治稳定。政治稳定就是按着统治阶级统治本身所固有的性质和规律展开、延续和升华。统治阶级政治统治——国家统治的逻辑性无疑是由若干要素、结构和层次及它们之间的相互关系构成的,而要达到各个层面上的成熟、符合逻辑和持续稳定,总是有个过程。

首先,这个国家要形成自己的政治共同体。所谓政治共同体在当代就是独立、自主、统一的民族国家,就是人们对民族生存和发展的政治目标达成共识,对符合时代精神和国情特点的政治秩序产生认同,并拥有实施、理解和评价人们政治行为的共同准则的民族国家。其次,这个国家要确立自己的社会发展主题。所谓社会发展主题,就是解决社会主要矛盾、斗争、冲突的根本手段,就是政治统治系统的首要任务,就是选择一切政治行为的服务中心。再次,这个国家要确立实现社会发展的模式,即发展道路。所谓发展道路,就是实现社会发展主题的方式、方法,就是达成政治目标的具体途径和路程,就是为社会发展主题调配和运用社会资源的政策体系。最后,这个国家要坚定不移地、始终一贯地按着发展道路进行实践。所谓进行实践,就是对社会主体和社会资源进行组织、指挥、协调和控制,促使人们为实现政治目标而创造、奋斗,就是排除社会发展道路上的困难、阻力和障碍,就是务实、行动和搞好经常性政治。

不言而喻,上述选择过程是模式化、抽象化的逻辑。现实远比这个模式纷繁复杂。社会或国家在实现上述选择过程中,往往存在着自发的乃至混乱的发展运动。一个国家往往是在这种自发的乃至混乱的发展运动中逐步实现上述选择过程的,并最终走上自觉、有序的良性循环。可以说,一个国家在哪个层次和过程上达到了自觉、有序,政治就在哪个层次和过程上达到了稳定和稳定地发展。

异质政治更替态势和同质政治发展态势的区别在于:前者政治不稳定是必然的,后者则是偶然的;前者统治阶级无法选择,后者则在于统治阶级选择;前者挑战与应战的范围是结构性的、全局性的、革命性的,后者挑战与应战的范围是功能性的、局部性的、改革性的;前者挑战与应战的方式往往要伴随着直接的、公开的暴力冲突、激烈变化,后者则能够依靠合法的、正常的程序渐进变化;前者挑战与应战的原因是外部的、经济社会结构的变迁,后者则是内部的、政治作为本身;前者挑战与应战的对象是普遍的、阶级的,后者则是具体的、个别的。导致这两种性质的政治态势的因素是不同的。下面就具体分析一下同质政治发展态势中出现政治不稳定的原因、契机和对策。

3. 导致同质政治不稳定的原因、契机与对策。影响、干扰和破坏统治阶级走向政治成熟和实现正确选择这一过程的力量、行为和因素,就是我们所讲的导致同质政治不稳定的原因、契机及对策。

第一,导致同质政治不稳定的原因。

(1)国内敌对阶级、敌对势力和敌对分子直接地、公开地超越法律规定的秩序范围对现政权进行暴力反抗、进攻,试图推翻现政府并取而代之。这在新政权建立初期表现尤为明显。被推翻的统治阶级不甘心自己的失败,总是阴谋企图恢复有利于自己利益要求的政治秩序和政治原则,将历史拉向倒退。他们对新政权发起的进攻是政治不稳定的主要原因。暴力的挑战,只能用暴力来应战,建立力量的平衡只有用力量本身,无产阶级建立自己国家统治是这样,一种剥削阶级类型国家统治代替另一种也是如此。复辟与反复辟、革命与反革命、进步与倒退的斗争往往是通过非常态政治较量解决的,而不是正常的、不超出法律秩序范围就能解决的。因此,新的统治阶级为了维持和巩固自己的国家统治,必然要把公开使用有组织的暴力镇压敌人提到日程上来,而不受任何"法律约束"。经过这样一段时间的较量,随着新的生产方式和经济基础的最终确立,随着旧的生产方式和经济基础渐渐地退出历史舞台,新质的政治稳定态势就成为可能。虽然敌对的势力和分子还会捣乱、破坏,但是,统治阶级完全可以凭借手中的政权依据法律程序解决。

(2)统治集团腐化堕落。在常态政治下,导致政治不稳定的最直接、最主要的原因就是统治集团腐化堕落。统治集团的腐化堕落不仅表现为追求个人物质享受和贪图糜烂的生活方式,而且表现为丧失斗志和应变能力,无所作为、不负责任、放弃原则、任人唯亲、独断专行、神经过敏、思想僵化、排斥异己、拉帮结派、无情斗争、滥用权力、阳奉阴违、安于现状、讲究排场、惟我独尊,等等。统治集团的腐化堕落必然导致社会道德败坏、歪风邪气盛行、自私自利猖獗,无理想、无组织、无纪律、无事业心、无责任感、无事生非、投机钻营、玩弄权术、个人野心膨胀等。统治集团的腐化堕落必然丧失国家统治的阶级基础和社会基础,必然动摇政治共同体的共识、认同和权威,必然为敌人所利用。腐化堕落的统治集团不能被依法替换,就要被推翻,由新的政治力量取而代之。这种"改朝换代"必然干扰社会发展进程和社会稳定。中国古代封建社会的周期性政治动荡,是统治集团腐化堕落造成的。"东欧出现目前局面,归根到底在于它内在的因素,是这些国家的经济问题,是政治腐败问题"。"东欧发生的事也提示我们,腐败、丑陋的东西会把政权葬送掉"。"如果我们反腐败不坚决,任其发展下去,我们的政权也可能被推翻。"①

(3)重大政治决策错误与失误。同质政治发展态势是不断试验、总结的选择过程。这是因为一种生产方式决定的经济关系、社会关系和政治关系及它们的内在的现实逻辑性有一个不断展开、延续、积累和发展深化的过程;同时,人们对客观的现实逻辑的认识和把握也有一个不断展开、延续、积累和发展深化的过程。这就决定统治阶级在建立新的国家统治秩序的初期必然处于较低级的,也是最粗线条的、具有方向性和内核性的水平。随着社会生产方式的发展运动和社会矛盾性质的转换,统治阶级既要努力充实和扩展原有的国家统治秩序,又要善于满足社会提出的更多更高更新和更深的政治要求,能够不断解决和战胜社会大量涌现的新问题、新矛盾、新斗争、新冲突。在巩固和发展自己的政治秩序和政治统治的决策过程中,统治阶级难免有各种各样的错误和失误。只要不是重大政治决策错误和失误,只要不是用更多的错误和失误掩盖以往的错误和失误,善于正确地总结经验教训,及时、准确、彻底地纠正错误和失误,那么,一时的局部的错误和失误不会导致政治不稳定。否则,即使以后统治阶级能够改正错误和失误,也会造成不利于统治阶级整体利益和长远利益的消极的政治后果。重大政治决策错误和失误包括对政治态势的总体估计,对社会主要矛盾的基本把握,对社会发展主题的确定,对实践社会发展主题的道路的选择,对控制社会行为的方式方法的运用等具有影响全局和长期起作用的政治错误和失误。绥靖政策曾使欧洲许多国家遭受世界大战的灾难,种族隔离政策使南非长期受到国际社会的全面制裁、国内暴力冲突事件迭起,霸权主义和侵略扩张政策使有的国家危机四伏、不胜负担,美国政府发动的越南战争、朝鲜战争,都引发国内的政治浪潮。

———————————

① 江泽民、宋平:1989年12月20日的重要讲话,载《行政监察工作文件汇编》(1989),第3—6页。

（4）外国的侵略、颠覆、渗透和和平演变。帝国主义是战争的总根源，也是使许多发展中国家国内政治不稳定的外部原因和条件。美国奉行霸权主义和强权政治，在世界上许多国家制造军事政变，煽动所谓"民主运动"，支持内战，或把自己的政治模式、经济模式、文化模式强加于人。被侵略占领、干预内政、和平演变的国家哪儿还有政治稳定可言。

第二，导致政治不稳定的契机。导致政治不稳定往往与特定的政治环节、政治事件、地缘政治和政治机遇相关，归纳起来有这样几个契机：

（1）生产方式发生部分质变、生产关系进行重大调整之时。因为这个时候，社会利益冲突比较集中、利益分化比较迅速、利益斗争比较激烈，使政治受到巨大的冲击和压力。政治选择不可避免。而政治选择是复杂的、困难的，搞得不好，政治权威立即会遭到利益受损者的挑战、对抗，乃至使用非常手段的反对。这个时候也是政治决策最容易犯错误和出现失误的契机。因此，控制利益冲突强度，放慢利益分化速度，缓和利益斗争浓度，把握社会关系、经济关系、政治关系变化方位和进程，提高政治决策与执行的科学性和效率，都是保持政治稳定必不可少的。一旦社会冲突、分化和斗争失控，往往导致政治本身的冲突、分化和斗争失控。那么政治不稳定的征兆就会出现，直至不可收拾。资本主义由上升时期的自由竞争阶段进入帝国主义阶段，经过20世纪二三十年代全世界的严重经济危机和两次世界大战才最后达成相对稳定态势。东欧和苏联发生剧变也是同生产关系进行重大调整和改革要求失去控制有关。

（2）权力代际交替之时。这个时候，最容易发生权力真空、权力斗争，最容易进行政治争论、政治评价，最容易导致政策变化、全面人事变化，进而使政治统治失去或离开原有轨迹，中断连续性。权力交替机制和制度不健全的国家统治尤其容易面临继承与批判、连续与变化的矛盾与困境，往往因一种倾向压倒或掩盖另一种倾向，使政治失去内在的冲突平衡和自觉扬弃。东欧和苏联的演变过程及其造成的动荡，都是发生在权力代际交替之际。西方国家的政治丑闻、政治纷争、政治风波往往也是政府换届之时最多、最新，政策侧重点调整也是执政党轮换的时候最大。因此，解决权力代际交替引起的一系列政治问题，是国家统治稳定化和秩序化的最重要任务和内容之一。政治体制是否成熟、完善、有效也总是在这个时候表现出来。

（3）突发性政治事件和问题解决之时。突发性政治问题和事件解决之时就是政治态势必然中的偶然。这个时候,既可能给政治发展、政治改革和政治改良带来政治机遇,为采取坚决、果断措施消除政治不稳定的原因和因素提供政治资源,同时也可能给政治动荡、政治暴乱提供口实和机会。如果是后者,那么更大、更危险的政治不稳定因素就可能潜伏下来,就可能以更快速度积累、增加和扩张。日本明治维新和中国戊戌变法一个成功、一个失败,这里并不存在客观必然性。中国戊戌变法的失败就是因为袁世凯在关键时候选择了背叛改良、维新的决定。这使中国完全失去走上资本主义现代化道路的可能性和政治机遇,陷入后来的战乱、分裂,受侵略、受欺侮的悲惨境况。如果相反,中国戊戌变法成功,中国近代史将是另一种情形,将要重写(也可能整个世界的近代史和现代史都要重写)。当然,历史不容许假设。但这不等于说历史没有偶然,而恰恰是这偶然性表现了必然性。由此可见,政治家必须审时度势,掌握历史赋予的政治机遇,顺应社会发展要求,正确选择政治取向,做功在当代,造福子孙,复兴民族的伟业。

(4)国际性政治事件和问题发生之时。随着地缘政治的发展,各国之间的经济、政治、文化的交流和联系加强了。各国的政治态势不仅受本国各种因素的影响和决定,而且越来越受到相关国家政治事件和问题的影响和制约。一国政治态势变化往往引起他国政治态势变化的连锁反应,已构成了一种新的国际性政治态势。"东欧发生动乱,现在还动荡不已,有内因,也有外因。外因是资本主义国家搞和平演变,在东欧比较容易下手,因为从地缘关系上看,东欧处于资本主义包围中;……再一个外因,就是所谓的新思维,对东欧的演变起了很大的催化作用。"①这种事例在历史上欧洲各国之间、目前海湾诸国之间、非洲诸国之间都曾发生过。因此,各国政府特别是发展中国家政府和政治家能否在国际交往中保持应有的独立性和自主性,妥善处理和解决影响本国政治态势的国际性政治事件和问题,积极吸取他国政治经验教训,就成为维护本国政治稳定与稳定发展的重要因素。

(二)中国政治态势诊断

1. 中国政治稳定问题的实质。当我们把政治稳定研究引申到对一个国

---

① 江泽民、宋平:1989 年 12 月 20 日的重要讲话,载《行政监察工作文件汇编》(1989),第3—6 页。

家的特定历史时期的政治态势进行分析时,仅仅停留在抽象的、一般的和普遍的规律与逻辑上重复进行概念运动,是不够的。只有把中国政治稳定问题放在一定的社会时代、社会阶段、社会特点的大背景中,放在一定的时间、场合和条件的挑战与应战的政治选择中,我们才能予以把握、理解和阐释。中国政治现实是历史发展的必然产物。中国政治现实孕育着中国政治未来。现实面临着挑战和应战、机会与选择。未来属于我们自己,也取决于我们自己。继往开来,振兴中华,实现国家现代化是全体炎黄子孙的神圣使命。实现民族复兴,即国家现代化,必须要有正确的政治方向,必须要有安定团结的政治局面,必须要有协调各方面利益关系和调动各方面积极性、创造性的政策体系和合理体制,必须要有及时、准确、科学地消除不稳定因素的政治决策。没有政治保证和政治条件,政治不稳定,经济就不会稳定,社会就不会稳定,人心就不会稳定,国家现代化就不可能实现。各国现代化过程证明:"世界上没有哪一个国家是在动乱不止的社会环境中搞成现代化的。在我们这样一个东方大国,如果发生动乱,对于我们国家乃至国际社会都会是一场巨大的灾难。稳定是国家和民族的最高利益。全国各族、各阶层人民,都应当达成这样的共识。"①这就是中国政治稳定问题提出的立脚点。

2. 政治稳定是中国政治发展的总态势。解决和研究中国政治稳定问题,前提是对中国政治态势作出恰当的诊断。只有正确地、科学地诊断中国政治态势,才能准确地、客观地认清和把握中国政治稳定的挑战与应战的性质,主战场和主要战略、策略。诊断中国政治态势不仅要估计和预测政治领域的总状态、总趋势,而且应深入到政治领域的各个层面和结构进行分析判断。否则,我们就难以认识到政治挑战来自何方,挑战性质是什么,如何选择相应的对策及对策的性质、范围和界限等,就难以及时果断地消除政治不稳定的因素;那样,政治不稳定因素就可能积累、扩散,甚至成为主导因素,使政治陷入不稳定状态和趋势之中。

总的说,中国政治是稳定的,呈现出稳定态势。但是,在政治稳定的态势中存在着不稳定因素。1990 年 5 月 21 日,时任国家主席的杨尚昆在回答巴西记者提问时说:当前中国的政治、经济、社会是稳定的。当然也有一些不安

---

① 杨尚昆讲话,载 1991 年 10 月 10 日《人民日报》。

定因素。① 时任国务院总理的李鹏在 1991 年 3 月 25 日召开的第七届全国人民代表大会第四次会议上指出：当前社会经济生活中还存在许多矛盾和问题，在安定团结的政治局面下，还存在着某些不安定的因素。② 为了了解人们对中国政治态势的感觉和意识，笔者 1989 年底印发了《中国政治局势分析与对策调查问卷》，这次问卷共发出 300 份，回收 287 份。根据 287 份问卷的统计，认为我国目前和今后一定时期内政局是稳定的，有 59 人，占 20.6%；认为我国目前和今后一定时期内政局是稳定下存在某些不稳定因素的，有 184 人，占 64.1%；认为我国目前和今后一定时期内政局是不稳定的，有 26 人，占 9.1%；有 11 人表示不知道，占 3.8%。由此可见，接受调查的绝大多数人（约占 85%）认为我国目前和今后一定时期内政局是稳定的，是以稳定为主导的态势；但也有相当多的人（约占 73.2%）认为我国目前和今后一定时期内政局是稳定态势中存在某些不稳定因素或是不稳定的。

3. 经过四十多年的努力探索、创造、发展和选择，奠定了中国政治稳定和稳定发展的坚实基础和态势。

（1）中华人民共和国成立后，独立、统一、民主的民族政治共同体进一步得到了巩固。今天，帝国主义、霸权主义在中国大地上是行不通的，中国一百多年来任人宰割、受尽欺凌的屈辱历史结束了。强大的国防力量保卫着祖国的主权和安全。中国能够独立自主地处理国内和国际事务，不畏强权，不怕压力，保持着民族政治共同体的尊严和主权。同时，近代中国长年战乱和一盘散沙的局面结束了。维护统一，反对分裂，巩固和发展各民族平等互助、团结合作，已成为中华民族的基本政治共识。在实现国家现代化和促进祖国统一、民族复兴的旗帜下，业已形成了最广泛的爱国统一战线，民族凝聚力增强了。

（2）中华人民共和国的成立，标志着中国人民站起来了，当家做了主人，真正掌握了自己的命运。人民，只有人民才是中国政治发展与稳定的最高主宰。封建地主阶级，官僚资产阶级，其他一切剥削阶级、反动集团和军阀统治和压迫人民的历史结束了。民主、人权、平等、自由、法治在生产资料公有制经

---

① 1990 年 5 月 21 日《人民日报》。

② 李鹏：《关于国民经济和社会发展十年规划和第八个五年计划纲要的报告》，人民出版社出版，第 13 页。

济基础上获得了全新的内容,已成为不可阻挡的大趋势。社会主义民主制,为人民群众发挥积极性、主动性和创造性,开辟了广阔的天地和前景。

(3)旧中国贫穷落后的面貌已经有了很大改观,实现了国家的初步的繁荣昌盛。国家建立了独立的完整的工业体系和国民经济体系,工农业主要产品产量已跃居世界前列,经济实力显著增强,综合国力有很大提高。11亿中国人民已基本解决了温饱问题,并正在向小康生活迈进。我国的教育、科学技术、文化、卫生、体育等事业也已取得巨大发展,其中许多领域的一些方面达到了世界先进水平。中华民族的聪明智慧、吃苦耐劳、善于创造和学习的精神、传统文化的包容性和开放性等精华已经或正在显现着巨大潜力和能力。

(4)中国共产党在总结历史经验教训和国外经验教训基础上更加成熟。"一个中心,两个基本点"的基本路线,抓住了中国社会发展主题和发展道路。党的经济政策、民族政策、宗教政策、知识分子政策、统一战线政策、科技政策、教育政策、文化政策、干部政策、经济体制改革和政治体制改革的一系列方针、政策以及外交政策、祖国统一政策、党内斗争政策,都在日趋完善、正确和统一。以江泽民为核心的第三代领导集体能够扎扎实实、求同存异、团结合作,表现出驾驭局势、克服困难、担负重任的能力。一度恶化的经济形势已出现了好的转机,总供给与总需求的矛盾得到了缓解,农业发展取得应有地位和保证,经济结构趋于合理,搞好国营大中型企业被提到政治战略的高度,并制定了相应措施,国家经济秩序得到整顿,一系列进一步改革开放的方案先后出台,整个国民经济正在走上协调、稳定、持续增长的良性循环的轨道。

(5)人心思治、人心思稳、人心思安,已成为广大干部群众的普遍要求和心理倾向。中国不能乱、中国不能变,中国不能再折腾,已成为大多数中国人的政治共识。激情正在被理性所取代,狂热正在被冷静、克制所取代,苛求正在被理解所取代,妄想正在被现实所取代,口号正在被行动所取代。"运动"不得人心,动乱不得人心,分裂不得人心,争权夺利不得人心,为所欲为不得人心。保证和维护国家政治稳定的心理机制和文化机制正在形成。得人心者存,失人心者亡;得人心者兴,失人心者衰。

4. 中国政治稳定态势中存在着某些不稳定因素。

(1)国外敌对势力没有放弃对我国的破坏和颠覆活动。他们打着各种招牌实施"和平演变"的战略和策略,干预中国内政,实行所谓的经济制裁和政治制裁,从外部对中国施加压力,妄图使中国重新沦为帝国主义、资本主义世界的附庸。台湾一些台独分子遥相呼应,打着所谓"公民自决"的旗号,大肆煽动台独情绪,甚至宣称成立"台湾共和国",分裂祖国,阻挠统一;大陆也有极少数人企图改变中国政治统一、民族团结和单一制国家结构。地方主义、民族主义、山头主义的危险仍然存在。这些都会对中华民族政治共同体的统一、主权和独立构成压力乃至威胁,对民族复兴的伟大事业——实现国家现代化带来潜在的或公开的干扰、破坏、中断。

(2)当前国家社会经济生活中还存在许多矛盾、问题和困难。产成品积压较多、经济循环不畅的问题还没有完全解决;经济效益差、产业结构不合理的状况还没有根本扭转;国家财政困难,收支矛盾突出,经济体制在许多方面还没有理顺,社会主义商品经济新秩序、新体制还没有最后确立起来;社会上的利益分化、利益冲突、分配不公等现象依然存在;社会保障体系、人口控制体系、通货膨胀和物价上涨控制、监测体系还不健全;就业问题、工资福利问题、人口问题、物价问题、医疗和退休保障问题、环境问题等还不同程度地存在。这些问题在一些国家不会引起大的政治动荡,而在我国目前情况下和体制中则可能因为积累、增加、得不到缓解而酿成大的政治振荡和社会治安问题。

(3)阶级矛盾和阶级斗争在一定范围内还将长期存在,并且在一定条件下还可能激化。这种斗争的核心问题依然是政权问题,集中表现为资产阶级自由化同四项基本原则的对立。这种对立和斗争经常地、大量地表现为意识形态领域的思想理论斗争。前些年资产阶级自由化思潮造成的思想混乱、认识混乱和理论混乱,导致许多干部群众在认识上、思想上、道德上存在冲突、差距,原有的政治共识发生着分歧、异议。尤其是资本主义腐朽的思想、价值观念、生活方式不可避免地乘隙而入,侵蚀着共产党的肌体。党内确有一些党组织软弱涣散,一部分党员和党的干部头脑不清醒,立场不坚定,甚至有的违法乱纪、腐败变质,有的顽固坚持资产阶级自由化立场,丧失国格人格,站到了党和人民的对立面。党在思想、政治、组织、作风方面都存在不少亟待解决的问题。这一切一旦被政治野心家、阴谋家、政客和国外敌对势力的渗透、颠覆、和平演变所利用,甚至结合起来,就会对我们国家的根本制度、根本原则和政局稳定,对我们国家的现代化事业,对我们国家的改革开放,构成严重而现实的威胁。

（4）我们国家政治生活的具体制度还不完善和不成熟,有的方面和环节甚至不适应生产力发展和社会主义经济基础及民主制本质的要求。这包括政治领导权的有规则、制度化的人事交替机制问题;最高国家决策权的监督机制问题;党内斗争的协调机制问题;公民政治权利实现的吸纳机制问题;党政职能、政企职能的分工与协作的运行机制问题;政治与行政决策科学化的程序机制问题;政治信息流向、流量、筛选、引导的沟通机制问题等。具体制度和机制的不成熟和不完善既妨碍党和国家的路线、方针、政策和措施转换为人们政治与行政行为的准则、规范,从而约束和控制自己和自己的行为;同时容易导致政治权力和行政权力运作中缺乏内在的统一性、连续性和保障性;还容易导致官僚主义、主观主义、经验主义和人情主义,造成决策失误、效率低下、不负责任、权力滥用等等现象的产生、蔓延。这些往往是影响政治权威、政治信心和政治功能有效性的最经常、最大量的不稳定因素。目前我国政治生活中无规则、无秩序的政治活动和政治行为主要存在于这个层面和领域。在这个层面和领域不尽快建立规则、不遵守已有规则、不制裁违反规则者,就会致使法律权威丧失,政治权威弱化,势必影响我们对突发性复杂事件的驾驭能力和处理能力。

七、坚持和发展社会主义政治理念与中国政治稳定

（一）两种不同性质的政治理念

1. 政治理念与政治稳定。政治理念是政治共同体存在和发展的最基本的共识,是政治共同体成员接受和认同的最根本的、基础性的政治秩序,是该政治共同体与其他政治共同体相区别、相对立的主要标志。政治稳定就是政治共同体的基本共识、根本秩序和主要标志不变,就是政治共同体沿着这个质的规定性方向展开、延续、深化和前进。政治不稳定,从根本上说,就是否定、放弃,乃至推翻政治共同体的原有基本共识、根本秩序和主要标志,就是试图用另一种性质的政治理念重新构造和建立政治共同体。这种性质的政治不稳定无外两类:一类是生产方式发展运动要求用新的政治共同体代替旧的过时的政治共同体。这是异质政治替代态势,符合社会发展和进步要求,是人类政

治文明的跃迁、升华。这在前面讨论过。另一类是与生产方式发展运动提出的要求无关,而是人为地、主观地试图用另一种形式上不同的政治共同体代替原政治共同体。这是同质政治发展态势的偏离和变异,是人类政治文明发展进程中的畸形儿,是统治阶级在政治选择中放弃自己政治理念而犯历史性错误和失误造成的怪胎。它往往使政治共同体伴随着暴力、集权、混乱、分裂、直至内战、对外侵略等。法西斯国家是历史事例。

一定性质的政治理念是以一定的阶级性质和力量为基础和依托的。统治阶级的国家统治又是以它所追求和信仰的政治理念为指导建立、巩固和发展的。国家统治的各种形式、各种结构、各种要素都是统治阶级的政治理念外化的、与一定生产方式发展阶段相适应的辅助和表现方式,都是统治阶级政治理念的保护带和保护层。为了适应生产方式发展提出的新的要求和态势,统治阶级必须而且应该不断地调整和改革原有的保护带和保护层。同时,必须而且应该不断地扩展和丰富政治理念的保护带和保护层。问题在于,这种调整和改革、这种拓展和深化都应是加强而不是削弱、取消、放弃统治阶级的政治理念。一旦削弱、取消、放弃统治阶级的政治理念,而又没有新的统治阶级及其政治理念来取代,那么,国家就失去了阶级基础和统治力量,就必然失去最基本的共识和最根本、最基础的政治秩序,就必然国将不国,产生全社会、全民族的危机、紊乱,导致同质政治发展态势失去明确方向和运行轨迹的政治不稳定。这种政治不稳定态势违背阶级社会的发展规律,违背政治文明的起码要求,必然是一种过渡性质的。这样的国家或者暂时依附于他国,被他国支撑、左右,或者暂时依赖于宗教狂热、民族扩张、转嫁危机于他国,实行法西斯主义、帝国主义、霸权主义;但是,其惟一出路是重新建立和形成一定的统治阶级及其所代表的政治理念,并按着这重新恢复或建立的政治理念建立、巩固和发展与一定生产方式相适应的、阶级的国家统治。那种普遍的、一般的、共同的、抽象的民主统治在阶级社会或有阶级社会中是不存在的、是无法存在的。那种追求和梦想实现这种"政治理想"、"政治信仰"、"政治主义"、"政治理念"的政党、团体和人们,不是无知,便是幼稚,再就可能是"鬼把戏"、"欺骗"、"浪漫"。给国家和民族带来的也只能是混乱、分裂、战争、灾难直至毁灭。现实主义政治思想家马基雅维利曾有句名言:"如果有人放弃了他的实际生活而追求他的应当的生活,那就等于放弃了自己的生存而谋自己的灭亡。"因为

"一个人实际上怎样生活和他应该怎样生活是完全不同的"①。一个民族也是如此。"从和平和秩序的角度看,最无希望的民族不是灾难深重和侵略成性的民族,而是为沸腾、暴躁的激情折磨的民族。"②

根据马克思主义原理,人类社会是不断发展、螺旋式上升的过程,它依次要经历原始社会、奴隶社会、封建社会、资本主义社会、社会主义社会和共产主义社会。与之相一致,人类政治文明依次要经历奴隶主阶级的政治文明、封建地主阶级的政治文明、资产阶级政治文明和无产阶级政治文明。各类型阶级政治文明的不同主要表现为政治理念的不同。由于人类世界各国发展是不平衡的,往往在同一时代存在着不同类型阶级的政治文明。有趣的是,较低级类型国家的政治文明进入发达、成熟以后,还会对较高级类型的国家产生羡慕、模仿的魔力。在当代,资产阶级国家的政治文明是发达的、成熟的,无产阶级国家的政治文明因时间差造成不发达、不成熟,甚至存在严重缺陷。这种文明成熟差竟使我们国家的一些人盲目崇拜西方,追随西方,有的甚至宣扬什么"全盘西化",用"西方文明再造东方文明",丧失民族自尊心、自信心、自强精神,放弃、否定自己先辈用生命和鲜血奠定、创造出的全新的、更高的政治理念。这股思潮和心理已成为我们国家政治不稳定因素的重要构成。自觉或不自觉地卷入这股思潮和形成这种心理的不仅有青年、学生、工人、农民,而且有干部、领导。从理论高度重新认识、剖析人类社会发展史、中国社会发展史,坚持社会主义政治理念,深化和发展社会主义政治理念,是维护中国政治稳定的首要任务。因为,从苏联东欧演变的历史看,这些国家的首要教训是长期以来共产党本身淡化对社会主义政治理念的追求,没有对放弃、否定社会主义政治理念的消极、腐败堕落现象进行坚决斗争,没有从体制和制度上建立健全社会主义政治理念的保护带和保护层,致使社会主义政治理念丧失了阶级基础和社会基础。对此,我们必须保持清醒认识。

2. 两种不同性质的政治理念。自从 14 世纪文艺复兴运动开始后,人类社会进入了近代文明和现代文明发展的历史进程。近代与现代发展史是资本主义的文明史,也是资本主义政治理念创造、发展、完善的历史。时至今日,与

---

① ［意］马基雅维利:《君主论》第 15 章。
② ［美］E. A. 罗斯:《社会控制》,第 23 页。

资本主义近代和现代物质文明和精神文明相适应,资本主义社会建立了以资产阶级政治理念为核心的政治文明。这是一条线索。人类近代史和现代史也是社会主义运动从空想到科学的发展史。自从马克思主义诞生以来,社会主义运动升华为社会主义实践运动。这种实践运动从英国、德国、法国的19世纪中叶工人起义到19世纪后期法国巴黎公社建立,从资本主义发达国家的政治运动发展到资本主义经济与文化比较落后的俄国十月革命的胜利,从第一个社会主义国家的建立发展到第二次世界大战结束时的强大的社会主义阵营。时至今日,与社会主义现代物质文明和精神文明相适应,社会主义社会也建立了以无产阶级政治理念为核心的社会主义政治文明。当代一些社会主义国家出现了剧变,但社会主义政治理念已深入人心。无论发生剧变的社会主义国家和党以什么名义称呼自己,只要背离社会主义的政治理念,就必将被历史惩罚,也就必将回到社会主义政治理念上来。这是因为社会主义政治理念与资本主义政治理念是人类历史发展不同阶段上的产物。科学社会主义政治理念建立在批判资本主义物质文明和精神文明基础上为更高社会发展阶段的政治文明提出和建立的,是更高类型的政治理念。它在本质上和历史长河中必然优越于资本主义的政治文明。社会主义文明发展出现波折是难以避免的,社会主义文明倒退回资本主义文明是不可能的,社会主义文明的前途和未来是光明的。有些西方政治学者也不得不承认:"西方经济的变动趋向更接近于费边主义者而不是格莱斯顿和他的自由党人,而且或许更接近于马克思而不是赫伯特、斯宾塞。虽然这些结果在任何意义上都不是宏伟的理想目标,经过慎重选择所产生的成果。相反,它们代表为了达到具体目的而实行的点滴改革。但是它们积累起来效果正和它们好像是一个乌托邦纲领的组成部分一样带有革命性质。"①所以,我们不应不对社会主义政治理念抱有坚定的信心和希望。为了澄清社会主义政治理念与资本主义政治理念的性质不同,我们将二者以形而上学的方式列举如下。

(1)关于政治哲学。社会主义政治理念的哲学基础是辩证唯物主义和历史唯物主义。相信社会物质生产的发展水平是决定人们的社会生活、经济生活、政治生活和文化生活的发展水平的根本原因,又承认社会各种因素的相互

---

① [美]伯恩斯:《当代世界政治理论》,第500页。

作用,因而相信人民,只有人民才是创造世界历史的真正动力,群众是真正的英雄。资本主义政治理念是建立在实证主义基础上的,只相信相对真理、相对过程、相对利害,因而陷入历史唯心主义和形而上学;只相信少数英雄人物在历史发展的重要作用,置人民群众于历史发展的视野之外。

(2)关于政治经济。社会主义政治理念是把发展社会生产力的根本目的看成是不断满足人民日益增长的物质与精神生活的需要;走共同富裕之路,承认差别、消灭剥削,建立和捍卫生产资料公有制,实行按劳分配;工人和干部同处在企业管理的主人翁地位,共同发挥积极性和创造性。资本主义政治理念是:"第一,不动产生产资料,如土地、矿藏、工人和设备,主要归私人所有;第二,为私人利益而生产,也就是说,靠私人盈利的积极性而生产";还有第三,"确认实业家个人的积极性是资本主义经济活动的主动力",即"财产的占有者和利润追逐者必须是同一个人或一个团体,他们对国民经济的方向和水平也负有主要责任"。① 这就是我们通常所说的"私有制",按资分配,工人只是出卖劳动力,个人发财致富,承认剥削合理,剥削有功,经理阶层,自由竞争。

(3)关于政治民主。社会主义政治理念是:为了实现社会主义向共产主义的过渡,必然需要无产阶级专政的国家,这一国家已经不是原来意义上的东西,而是新型民主和新型专政相结合,保护大多数的平等、自由的政治权利,对极少数反对这一民主的分子实行专政,保护共产主义第一阶段必然由资本主义社会残留下来的资产阶级法权,建立实现社会主义民主的人民代表制共和国,实行议行合一原则,坚持共产党在国家生活中的领导地位和核心作用,坚持社会主义法制原则——法律面前人人平等和依法治国。无产阶级专政仅仅是由阶级社会向无阶级社会过渡的政治工具。资本主义政治理念是人类生而平等,天赋人权,即追求幸福自由的权利;分权与制衡,法律至上与万能;自由竞选、多党政治、集团政治、精英政治、文官政治等等多元政治。

(4)关于政治道德。社会主义政治理念是提倡集体主义的精神、为社会与他人服务的精神,提倡互相合作、互相理解、共同进步,要求把个人利益和前途同社会利益和前途统一起来、结合起来。资本主义政治理念是提倡个人主义的精神、个人独立奋斗的精神,提倡自我价值、自我设计、自我实现、自由选

---

① 〔美〕阿兰·G. 格鲁奇:《比较经济制度》,第40—42页。

择、等价交换,要求把个人利益和前途作为社会利益和前途的基础。

必须指出,政治理念是就一个社会形态而言的。至于个人或团体信奉什么样的政治理念是另外一回事。有些人并无自觉的政治信仰,他们从属于社会的政治理念;有些人有自觉的政治信仰,因而他们才分为社会主义者和资本主义者。这两者在两个社会都可能存在,但在异于自己政治信仰的社会中不占主导地位。

(二)社会主义政治理念——中国人民的正确选择

1. 坚持四项基本原则与中国政治稳定。坚持马克思列宁主义为指导,坚持社会主义道路,坚持人民民主专政,坚持中国共产党的领导,是坚持社会主义政治理念的高度概括和中国化方式。坚持四项基本原则,就是坚持社会主义政治理念的内核,就是保持我国现代化建设事业的正确方向。能否坚持四项基本原则,是我国政治态势能否稳定的首要挑战。邓小平指出:"我们要在中国实现四个现代化,必须在思想政治上坚持四项基本原则。"①所谓"思想政治上"指的就是政治理念。他说:"四项基本原则并不是新的东西,是我们党长期以来所一贯坚持的。"②"离开坚持四项基本原则,就没有根,没有方向。"③"今天必须反复强调坚持这四项基本原则,因为某些人(哪怕只是极少数人)企图动摇这些基本原则。这是决不许可的。……如果动摇了这四项基本原则中的任何一项,那就动摇了整个社会主义事业,整个现代化建设事业。"④

为什么中国必须在实现现代化过程中坚持四项基本原则?为什么中国政治稳定的首要问题是坚持四项基本原则?这是因为社会主义政治理念是中国人民的历史性选择,是当代中华民族的立国之本。否定或动摇了四项基本原则,就是否定人民的历史性选择,就是动摇了当代中华民族政治共同体的最基本的核心的共识,动摇了当代中华民族政治共同体的最根本、最基础的政治秩序和政治认同。否定或动摇了四项基本原则,就意味着中国人民要重新开始

① 《邓小平文选一九七五——一九八二年》,第150页。
② 《邓小平文选一九七五——一九八二年》,第151页。
③ 《邓小平文选一九七五——一九八二年》,第242—243页。
④ 《邓小平文选一九七五——一九八二年》,第159页。

现代化进程,就意味着用另一种性质的即资产阶级政治理念(只有资产阶级的)再造中华民族的政治共同体——建立资产阶级共和国。这样做是历史的倒退,而不是进步;是少数人的狂想,而不是人民的选择;是中国的灾难,而不是中国的强盛。中国政治不稳定因素的存在不是因为我们选择了社会主义政治理念,相反是因为我们选择社会主义政治理念不够自觉、不够彻底、不够好。消除政治不稳定因素,不能指望否定、放弃和动摇社会主义政治理念,建立资产阶级共和国,而只能依靠我们坚持、巩固和发展社会主义政治理念。

第一,社会主义政治理念代表着更先进、更高类型的政治文明。社会主义政治理念绝不是凭空产生的,它是一系列伟大思想家和政治家在观察、分析和批判资本主义制度和政治理念基础上创立和发展的科学体系。它是为了克服资本主义社会中存在的对抗性矛盾——形式与内容的对抗、私有制和社会化的对抗、少数人与多数人的对抗而提出的拯救人类社会的正确方向。社会主义政治理念变为实践的社会主义制度,曾为人类现代世界历史的发展作出了卓越贡献。第二次世界大战中,如果没有强大的社会主义力量,整个人类、许多民族会成为一种什么样的悲惨景象。第二次世界大战后,如果没有强大的社会主义阵营,全球性的相对稳定、和平和发展的世界格局就不可能形成,民族主义和帝国主义之间的战争就不可避免。今天,世界政治和地区政治的不稳定因素、不安全因素有些就是来自于那些放弃社会主义政治理念的国家。在我们这样一个东方大国,如果发生动乱,对于我们国家乃至国际社会都会是一场巨大的灾难。中国如果放弃了四项基本原则,还能保持稳定、秩序和发展,而不发生动乱吗? 一切理智和冷静的当代政治家都应正视,社会主义是全人类的进步,是和平和发展的伟大力量。今天,没有社会主义,就没有人类世界的秩序、安宁和希望。那些把社会主义当作洪水猛兽予以消灭的人们,实质是在向全人类的利益、和平与发展挑战,是在将人类重新推进战争、混乱、敌视、毁灭的深渊。这种企图是浅薄、狭隘、愚蠢之举。

第二,社会主义政治理念在实践中巩固、完善和发展。中国人民经过各种历史试验后选择和坚持社会主义政治理念,并按着这一理念的指导建立和形成着一系列具体制度,力图使社会主义政治理念国情化、具体化和时代化。坚持和发展社会主义政治理念的信仰,与现实实现和实践社会主义政治理念是两个不完全相同的问题。无可否认,社会主义政治理念在实践中还没有找到完全、彻底、最令人满意的实现方式和保障机制,还没有成为全体社会成员的完全自觉自动的行为规则和政治信仰。在实际生活中可能发挥约束和控制人们行为的许多习惯势力、一些具体制度和某个政策措施,与社会主义政治理念是相矛盾的,甚至是相对立的。这些妨碍着人们对社会主义政治理念的真实本质的认识和信仰。我们应该承认并加以改进。但是,无论如何,这只有在坚持社会主义政治理念前提下才能实现。资本主义政治理念大约是17、18世纪确立的。在近三百年间,资产阶级政治理念在实践中获得充实、完善和发展。可以说,只有到了第二次世界大战以后,资本主义政治文明才算走上成熟和发达,进入相对稳定发展时期。在这个过程中,资产阶级思想家和政治家也曾激烈地抨击和批判资本主义社会现实存在的弊端,提出和进行过各种各样的改良与改革主张和试验。但是,他们都在资本主义生产方式不变的前提下修正、维护和发展着原有政治理念。资产阶级懂得政治理念对维护其政治统治的重要作用,我们同样应该学会坚持和发展自己的政治理念。我们不应因为理念实现过程中存在障碍、出现过失误和偏差,就对它表示怀疑、动摇和放弃。

第三,坚持四项基本原则是中国人民理智的现实的选择。只有社会主义能够发展中国,只有中国共产党能够领导中国。资本主义道路在中国近代史上试验过,没有行得通。资本主义因素在中国现实中一旦超出一定的可接受的秩序范围就立即引起民众的不满和抗议。中国传统政治文化和社会主义政治理念相结合已深入人心,资本主义的拜金主义和两极分化,人民是深恶痛绝的,是不可能再忍受和接受的。因此,中国惟一的道路和希望是社会主义。走社会主义道路,必然要坚持和改善中国共产党的领导。"在中国这样的大国,要把十一亿人民的思想和力量统一起来建设社会主义,没有一个由具有高度自觉、严明纪律和自我牺牲精神、真正代表和团结人民群众的党来领导,是根本不可能的。"①中国共产党惟一是实际和可能成为这样政党的组织。这是中国现实。没有任何其他政治力量、政治组织和政治群体能够同中国共产党相比较、相竞争。现实中国坚持四项基本原则能够保持和发展一种政治理念、一种政治平衡、一种政治秩序,能够让人们抱有希望信心和前途。如果中国放弃四项基本原则,就不会有新的取而代之的政治理念、政治平衡和政治秩序,就

---

① 江泽民:《在庆祝中国共产党成立七十周年大会上的讲话》。

必然陷入混乱、黑暗、纷争,乃至更残酷、更野蛮的军阀混战、法西斯主义或被外国奴役、压迫、剥削和统治。因为大多数人坚信四项基本原则,中国政治才得以稳定与发展。因为中国政治是稳定的和发展的,就应该相信、可以相信大多数人是坚持四项基本原则的。他们提出的政治要求和问题,就不是政治立场、政治观点和政治方法问题,而是实践政治理念过程中产生的不同认识和理解。我们应该采取正确的政策和方式处理人民内部的认识冲突,坚持"双百方针"和"三不主义"。

2. 中国历史上的兴衰与坚持四项基本原则。否定现实总是从否定历史开始。否定四项基本原则,也是从否定中华民族传统政治文化开始。因为人民选择社会主义政治理念是同中华民族传统政治文化的精神相一致、相连贯的。中华民族传统政治文化的精神、合理内核,就是整体性、进取性、人格性和包容性。为了回答历史虚无主义和民族虚无主义向四项基本原则的挑战,简要回顾一下中华民族古代政治文明的兴衰和近现代人民的选择过程,是必要的。

中华民族是富有聪明智慧和勤劳勇敢精神的伟大民族,她创造了辉煌灿烂的东方古代社会政治文明。早在两千多年前,以孔夫子为代表的思想大师就发现了与自己所处的时代和国情相适应的政治文明的基本框架和逻辑起点。修身、齐家、治国、平天下加君主集权主义、封建主义和宗法主义构成了以小农为经济基础的政治理念。在当时历史条件下,这种政治理念对人类世界的各个国家和民族来说,不是保守,而是进取;不是反动,而是进步;不是野蛮,而是文明;不是模仿,而是创造;不是一种文明循环的终止,而是一种新文明发展的开始。随后,经过千年的充实、加工和发展,这种古代政治文明达到了体系化、完善化,达到了自己的顶峰,达到了自己的逻辑终点。就是说,当时中国将古代政治文明的内容全部展开和实现,渗入社会的各个领域和每一个细胞。其标志就是经济兴旺发达、人民安居乐业、民族团结统一、朝政贤明廉洁的唐王朝的贞观之治时期。这时,中国社会发展能够继续上升为近代文明吗? 能够自然生长出资本主义吗? 是政治结构和文化结构束缚了中国社会结构和政治文明的变迁吗? 要回答这些问题我们要首先解决和明确这样几个问题:(1)究竟是社会生产方式的性质最终决定社会文化结构,还是相反? (2)推动中国古代政治文明发展的占支配地位的生产方式是什么性质的? 这种生产方式发展的内在动力是什么?(3)一种新的文明的产生和发展是否需要外部条件的刺激和挑战?(4)中国古代文明的发展模式是内涵式的还是外延式的?是质的更新还是量的扩张?是周期循环还是无限上升?

　　根据马克思主义原理,自人类有史以来,无外有两种主要生产方式:产品经济和商品经济。自然经济是产品经济的传统表现。它是建立在手工操作的生产力基础上,以农业产品生产为主,以满足人类生存本能为动力的生产方式。商品经济最初是建立在手工业生产力基础上,以工业商品生产为主,以满足人类利益追求为动力的生产方式。自然经济产生和持续的社会关系是等级制,社会等级的调节手段是继承与世袭。商品经济产生和持续的社会关系是等价交换,等价交换的社会调节手段是市场。人们本能的要求是容易满足的,也是单一的、固定的、循环的。人们利益的追求是难以满足的,也是多样化的、复杂的和呈增长趋势的。当然,自人类进入文明社会以后,就没有纯粹的经济结构或社会生产方式。问题只在于哪种社会生产方式占据了支配地位。占据支配地位的社会生产方式决定一个社会实体的发展方向和发展模式。自然经济占据支配地位的社会发展呈现出单一、固定、僵化和循环的特征。它的发展至多是外延式的扩张和量的增加,而不是内涵式的升华和质的飞跃。如果这种文明在外延式扩张时遇到了新的文明的挑战,那也能获得新的刺激,改造自己,升华自己。否则,就永远重复原有的逻辑起点和逻辑终点,不可能生长出新型文明。

　　中华民族从古代开始就是以自然经济为主体的社会。商品经济始终没有占据过支配地位。在自然经济基础上产生的宗法主义、封建主义和君主集权主义的政治文化当然是维护和服务于自然经济基础的上层建筑。从这点上说,中国古代政治文化一定程度上成为社会生产力进步和政治文明更新的严重障碍。但它绝不是社会发展与进步变得静止的终极原因。中国社会与政治发展之所以进入传统政治文明的循环圈,是同中国的政治地缘有关的。马克思主义经典作家曾对此作过论述。这里需要指出的是,中华民族的发展在外部地缘政治上是不利的。她在自己文明达到顶峰以后,开始向外扩张,寻找新的发展出路。可惜,她在扩张自己文明的范围内和过程中,没有另外一种更高更新的文明与文化向她挑战。没有挑战,自然没有应战。没有应战就没有创造。可以说,中华民族几千年的历史发展过程中,在自己触角伸到的地缘范围内一直处于领先和发达的地位。这就造成了她自我封闭、自我循环、同质社会结构占支配地位的发展模式。与之相比,西方社会却一直是一个异质结构,商品经济一直非常活跃,各国的战争、交流刺激了商品经济发展,从而推动西方社会进入了近代资本主义社会,成为人类社会近代文明的发源地。

资本主义商品经济是具有内在动力和扩张性质的。在不到一百年的时间里,它创造了有史以来人类创造的物质和精神财富的总和。这就为西方不断把自己的触角伸向外部世界的各个角落提供了物质与技术手段。当1840年,英帝国主义用大炮轰开中国封闭的大门以后,中华民族就面临着新的文明代替旧的文明的挑战。中华民族有了新的追求和新的模式。为建立独立、统一、民主、富强的中华民族而奋斗的主旋律从此奏起序曲。在应付西方新的文明挑战过程中,中国人民发动和进行了太平天国运动、义和团运动、洋务运动、戊戌变法、新文化运动、辛亥革命等等一系列经济的、政治的、文化的和社会的改革、改良和资产阶级革命的尝试。但是,对于一个民族来说,新的文明不能直接输入,不能仿效,更不能移植,只能依靠社会内部自己新生力量来发展、创造和学习。中华民族新的文明的建立不能依赖在传统生产方式的经济基础之上进行统治的封建王朝。中国的民族资产阶级的弱点又决定它在帝国主义、封建主义、官僚资本主义三座大山面前无力领导人民进行民族民主革命,建立独立、统一、民主的民族国家,而这样的民族国家是近代文明能够在中国生根、开花、结果的政治前提。

1917年,人类文明发展进程上发生了新的革命性的改变。俄国十月革命的胜利改变了世界发展方向,创造了人类社会发展史上的新的文明类型——社会主义文明。就在中国民族资产阶级回天无力的时候,中国共产党以特有的风姿出现在中国历史舞台上。它以俄国十月革命为榜样,以马克思主义为指导,以社会主义为救中国之路,以建立无产阶级领导的人民大众的政治统治为旗帜,领导全中国人民进行了民族主义革命,新民主主义革命,并最终赢得了伟大胜利,建立了独立、统一、民主的中华人民共和国。中华人民共和国的成立,标志着中华民族有能力、有智慧应付西方文明的挑战,而且能够在近代文明的基础上把中国推向一个更高的新的文明发展阶段。中国新民主主义革命的胜利,实质上是中华民族走向未来、走向富强、走向现代化的第一个战役中取得的历史性胜利——创建了符合时代要求的民族政治共同体。

新民主主义革命的胜利为中华民族走向工业化、城市化、现代化和民主化开辟了广阔的道路，奠定了优越于资本主义生产方式和民主政治的社会结构、经济结构和政治结构，传播了近代和现代西方文明，为中华民族创造更新更高的人类文明提供了前提。从此之后，中国社会挑战与应战的性质不是哪个阶级统治、哪种占支配地位的生产方式优越和解放生产力的革命与反革命，进步与反动的阶级斗争和无产阶级革命，而是如何发展社会生产力，如何为了不断满足人民大众日益增长的物质与文化生活的需要，推进社会主义的现代化经济建设、民主政治建设和精神文明建设。这种挑战和应战是属于同质政治发展态势。这种政治挑战和应战的胜负、成败决定于中国共产党领导正确与否。正如前面指出的，这种政治挑战与应战的性质已从结构性的转换为功能性的，从体系性的转换为过程性的，从外部性的转换为内部性的，从目的性的转换为方法性的，从单质性的转换为多样性的，从瞬间性的转换为持续性的，从必然性的转换为偶然性的，从本质性的转换为现象性的。简言之，从用新的政治共同体代替旧的政治共同体、改变社会性质的转换为政治共同体的全面、持续、协调和稳定发展的挑战与应战。为了认识和指导两种性质的政治挑战与应战的转换，毛泽东先后发表了《在中国共产党第七届中央委员会第二次全体会议上的报告》《正确处理人民内部矛盾》《论十大关系》，并领导全党和全国人民进行了卓有成效的国民经济的恢复和生产资料的社会主义改造，制定了第一部《中华人民共和国宪法》和第一个国民经济发展的五年计划。这个时期，我们国家的各项事业生机勃勃、蒸蒸日上，一派人心稳定、经济稳定、社会稳定、政治稳定的大好形势，给人们留下难以忘怀的美好印象。在笔者所作的《中国政治局势分析与对策调查问卷》的答卷中，在问及"根据自己体会和知识，中国政治的最好时期是：A. 建国初期；B. 60 年代；C. 70 年代；D. 80 年代；E. 不知道"时，287 人中有 149 人，占 51.9% 选择了 A 项；有 44 人，占 15.3% 选择了 B 项；有 30 人，占 10.5% 选择了 C 项；有 42 人，占 14.6% 选择了 D 项；只有 15 人，占 5.2% 选择了 E 项。调查的 109 名大学生中，有 47 人，占 43.1% 也是选择 A 项；有 25 人，占 22.9% 选择 D 项。这足以说明，在坚持社会主义政治理念，坚持四项基本原则下，中国人民能够成功地迎接同质政治发展态势的挑战,达到令人满意的程度。如果我们在当时条件下继续扎扎实实、稳步地推进社会主义现代化建设事业,着力于建立、健全保持人心稳定、经济稳定、社会稳定和政治稳定的内在机制和运行机制,就可以取得更伟大、更新的成就。可惜,我们在进一步发展胜利成果时主要是因自己的重大的、一系列的失误和错误,遭受了挫折。今天,有人把这种失误和错误归因于社会主义政治理念,因而怀疑乃至否定社会主义政治理念。这是十分危险和狭隘的。事实是社会主义政治理念本身并没有错,而是我们对社会主义政治理念的理解、认识、把握和实践过程中发生偏差才是错误与失误的根源。这种偏差集中表现为对同质政治发展态势的挑战与应战的性质作出了失误与错误的判断和选择。

　　自 20 世纪 50 年代末开始,我们首先是在成就面前不够冷静,头脑发热,看到群众迸发出巨大热情和空前干劲,便误以为可以跑步进入共产主义,犯了急于求成的主观冒进的错误。1957 年提出大鸣大放的大民主,1958 年提出三面红旗的大跃进。这就低估了社会主义政治理念实现过程的长期性、复杂性和艰巨性,违背了国情与规律。其次是在错误与失误造成的损失面前不够清醒,又错误地总结经验教训,把挫折的原因主要归于外部因素和阶级斗争,提出党在社会主义时期的"基本路线",把阶级斗争当作社会主义社会的主要矛盾,把适合于我国国情的一些党内意见当作修正主义。这就混淆了问题和矛盾的性质。因此,真实的政治挑战和应战就被掩饰和拖延起来。最后是在找错了病因、开错了药方的情况下,形成了一种僵化固定的思维方式,在错误与失误的道路上越走越远。每当社会出了问题、党内有了不同意见,就认定是阶级斗争新动向,就要加强"无产阶级专政"和扩大阶级斗争强度广度和密度。愈如此,各种经济、社会和政治中存在的问题和矛盾愈解决不了,暴露周期愈短。于是,政治运动式阶级斗争就要周期地搞,即所谓"每隔七八年又来一次","阶级斗争一抓就灵"。这样,社会主义政治理念中的民主政治结构和经济文化建设结构被忽略了,被一种错误挑战与应战重心、形式和方法取代了。我们自己"运动"、"革命"了 20 年,失去了与发达国家缩短差距的极好发展机会,造成了今天不是不能但比较难以赶上的距离。邓小平在总结建国以来的历史经验教训时指出,如果过去没有"左"的干扰,没有五八年的波折,尤其是没有"文化大革命",不要说像我们现在这样吸收世界先进经验,不要说好多的雄心壮志,只要老老实实按部就班地干,我们的工农业生产和科学教育一定有了很大发展,人民的生活一定有了较大的改善。他感叹道,我们过去在社会主义改造成功以后,仍然这个运动,那个运动,搞一次运动耽误多少事情,伤害多少人。

　　为什么相当多的人认为或感觉过去几十年中国政治是稳定的?为什么在"文化大革命"中我们党和国家没有被摧毁并且还能维持统一?为什么在重大的、一系列的错误和失误下,我国社会主义建设事业仍取得了很大进展?这只能用社会主义政治理念深入人心、是我们国家的强大支柱和唯一选择来解释。毛泽东是在坚持和实现社会主义政治理念过程中选择重点、方式和道路时犯了错误。他始终保持和发挥着民族政治共同体独立、统一、稳定和社会主义政治理念象征的领袖作用。我们党的干部,无论是被错误地打倒的,或是一直坚持工作和先后恢复工作的,绝大多数是忠于党和人民的,对社会主义、共产主义事业的信念是坚定的。遭到过打击和折磨的知识分子、劳动模范、爱国民主人士、爱国华侨以及各民族各阶层的干部和群众,绝大多数都没有动摇热爱祖国和拥护党、拥护社会主义的立场。[①] 所以说,只要我们坚持四项基本原则,只要政治家、共产党人不放弃社会主义政治理念,中国人民绝不会放弃,中国人民就有了"脊梁"和"主心骨",就一定能够在困境中找到出路,在选择中克服错误与失误,就一定能够排除万难,去争取胜利。党的十一届三中全会以后,我们党带领全国人民,从中国实际出发,解放思想,纠正错误,逐步探索出一条建设有中国特色社会主义的正确道路,逐步形成了党在社会主义初级阶段的一整套实现社会主义政治理念的理论、路线、方针和政策,并在实践中取得了举世瞩目的成就。如果我们不是坚持,而是否定社会主义政治理念和四项基本原则,今天的中国会是什么样子就很难设想。"沿着党的十一届三中全会以来的路线,我们才干了十多年,如果再这样干上二十年、三十年、五十年,一直干下去,中国的面貌将会发生多么巨大的变化!"[②]我们不能再一切从头开始。

---

①　《中国共产党中央委员会关于建国以来党的若干历史问题的决议》。

②　杨尚昆讲话,载 1991 年 10 月 10 日《人民日报》。

是控制、压迫无产阶级的反抗、斗争和社会革命。为了达到这一目的,资本主义国家可以采取任何形式的改革、改良、让步、妥协。其界限、极限就是资本主义生产资料私有制神圣不可侵犯,这种生产关系决定的根本政治秩序绝对不可动摇。就是说,资本主义国家政治稳定达成、巩固和发展的根本途径和根本手段是专政职能的发挥与运用。只要资本主义国家有能力、有方法把无产阶级和资产阶级的矛盾、斗争和冲突控制、保持在资本主义生产关系所要求的根本政治秩序范围以内,政治就算稳定了,政治使命就算完成了,资产阶级就满意了。至于政府频繁更迭、人事换来换去、政策侧重哪个集团利益,都不会干扰和破坏这一根本上的政治稳定,也就不会导致、造成政治不稳定。从这个意义上看,资本主义国家的政治结构就是以专政职能,以控制无产阶级的反抗、斗争和社会革命为宗旨、为核心、为重点,运用和发挥民主职能、经济职能、社会职能和文化职能的配合、辅助、加强、完善、巩固的作用,从而保证资产阶级永远统治下去,使无产阶级永远接受被奴役、被剥削、被压迫、被统治的地位。

　　社会主义社会的基本矛盾,是非对抗的。社会主义公有制、按劳分配和工人阶级在企业中的主人翁地位,基本上适应近代和现代社会化大生产的要求,并为其发展提供了广阔天地。不适应生产力发展的不再是生产关系的性质,而是生产关系的某些环节、形式和过程。这是生产关系与生产力本身互相作用、相互促进、相互联系,又相互区别、相互独立、相互适应的自我调节、自我发展、自我更新的展开、延续、上升的运动过程。这种社会基本矛盾集中反映为社会主义社会内部的主要矛盾不再是阶级矛盾、阶级斗争和阶级冲突,而是人民内部矛盾,是日益增长的物质与文化生活需要与落后的生产发展水平的矛盾。社会主义社会的主要矛盾决定社会主义国家的政治稳定,仅仅依靠镇压阶级敌人,控制他们的反抗、破坏和捣乱,是不能从根本上解决和达到的。社会主义国家只有把经济关系理顺了,促进生产力的持续、稳定、协调地发展,不断满足人们日益增长的物质与文化生活的需要,才能达成、巩固和发展长期政治稳定。如此说来,社会主义国家,即无产阶级专政,正如马克思主义经典作家所讲的才是从有阶级社会向无阶级社会过渡的工具,才不是"原来意义的国家"。社会主义国家肩负着消灭阶级对抗、消灭阶级差别的历史使命。阶级、阶级斗争、阶级差别恰恰同社会生产发展的一定历史阶段相联系。只有大力发展生产力,不断增加社会财富的来源和总量,才能巩固无产阶级专政,才能向无产阶级的政治目标接近,才能最终实现共产主义的伟大理想。这才是无产阶级政治统治稳定的根本方向和要求。社会主义国家的历史使命和所面临的首要任务,决定经济职能占据着国家基本职能的核心位置,其他一切职能都是为更好地发挥和运用经济职能服务的。

(二)以社会主义现代化经济建设为中心与中国政治稳定

1. 中国社会主义现代化建设的总体布局。"我国社会主义现代化建设的总体布局是:以经济建设为中心,坚定不移地进行经济体制改革,坚定不移地进行政治体制改革,坚定不移地加强精神文明建设,并且使这几个方面互相配合,互相促进。"①社会主义现代化建设包括社会主义现代化经济建设,社会主义现代化民主政治建设和社会主义现代化精神文明建设。这三者是密切相关、相互依赖、相互作用的统一整体,无论忽视或放弃哪一构成的建设与发展,都不可能顺利实现我国的社会主义现代化,都不可能维护和发展中国的长期政治稳定。但是,社会主义现代化经济建设是我国现阶段现代化建设的中心,是实现中国长治久安的根本手段。社会主义国家政治稳定的最严重的挑战是经济能否迅速地发展上去。今后,一二十年经济发展得如何,对于我们国家和社会主义制度的前途和命运至关重要。在笔者上面提到的调查问卷中,当问到"可能导致政治不稳定的关键因素是:A. 经济停滞和落后;B. 利益冲突;C. 重大决策失误;D. 舆论导向失误;E. 不知道"时,287 人中有 123 人,占42.9%选择 A 项。这是人最多、比例最高的。其他依次是 121 人,占 42.2%选择 C 项;23 人,占 8%选择 D 项;选择 B 项的是 20 人,占 7%;选择 E 项的 6人,占 2.1%。由此可见,人们的直觉和经验,同社会主义国家政治结构理论是一致的。

2. 以经济建设为中心是社会主义社会初级阶段的主要矛盾决定的。"现阶段我国社会的主要矛盾,是人民群众日益增长的物质文化需要同落后的社会生产之间的矛盾。"②这是对我国基本国情的认识和把握,也是确定中国社会政治发展主题的依据。解决和克服中国政治不稳定的最后、最高手段是物

---

①　《中共中央关于社会主义精神文明建设指导方针的决议》,人民出版社 1986 年 9 月出版,第 2 页。

②　江泽民:《在庆祝中国共产党成立七十周年大会上的讲话》。

义条件下,内容和形式,目的和手段基本上是相互适应和相互促进的。二者的矛盾与冲突是非对抗性的,能够为党、政府和人民自觉地克服。

　　社会生产力发展模式(人们通常所说的经济发展道路)是人类在一定的生产力发展阶段上赋予创造物质财富的生产活动领域的社会意义和社会价值,是保证和促进人类社会生产力发展的经济形式和经济手段。社会生产力的发展模式主要有两种:产品经济发展模式和商品经济发展模式。所谓产品经济发展模式是指生产与消费、要求与满足直接挂钩的经济发展模式。其逻辑是:一定的生产力发展水平决定人们的物质生产与精神生产的能力及物质与精神的需要水平。社会通过努力能够完全认识和把握人们现实的生产与消费、要求与满足的内容,并根据这种认识和把握,社会机构能够制定出完全反映经济规律、经济内容的杰出计划。只要社会建立起制定和执行经济计划的机构,生产与消费、要求与满足的机制就能建立起来,并能获得最大的经济平衡、经济协调和经济发展。这样的循环往复就会使人类社会进入更高的发展阶段。由于在产品经济发展模式下,生产与消费、要求与满足大部分环节都依赖于经济计划,都由经济计划规定它们的相互关系,所以又叫计划经济。商品经济发展模式是指:生产与消费、要求与满足是间接挂钩。其逻辑是:一定社会生产力的能力发挥和一定人们的经济要求是不确定的,存在着巨大潜力和多样性。不论怎么努力,现有的社会结构、人们的知识与能力都无法完全认识和把握这种能力和要求的恰当界限。统一的社会机构不能制定出完美无缺的全面反映经济规律和经济内容的计划。如果强制推行计划经济,会破坏经济自然平衡、自然协调和自然增长的动力和机制,从而阻碍经济发展。为了充分挖掘一定社会的生产力的潜能,满足人们各种各样的经济要求(包括生产与生活两个领域),就需要引进市场机制,通过市场机制来确定生产的价值。这种生产的价值通过等价交换来实现。实现了商品交换,才实现了产品价值,才能获得实际的利益。这就是价值规律。企业只有根据市场的要求安排生产,不断生产出通过市场来体现和实现的人们所需要的商品,才能不断提高经济效益,才能不断获得发展。否则,企业就会由于生产的产品不适应或不能满足市场需要而亏损,乃至破产。这就使企业产生了巨大的内在动力,既积极生产适销对路的商品,又要主动地降低成本,减少消耗,加强管理,不断开拓市场,以便使企业在激烈的市场竞争中立于不败之地。各个企业的发展壮大,就会推动社会生产力的发展,就会推动社会的发展,就会不断满足人们日益增长的物质与文化生活的要求。由于这是一个从市场到市场的经济循环系统,所以,又叫市场经济。中共中央在1984年作出的《关于经济体制改革的决定》中指出:"改革计划体制,首先要突破把计划经济同商品经济对立起来的传统观念,明确认识社会主义计划经济必须自觉依据和运用价值规律,是在公有制基础上的有计划的商品经济。商品经济的充分发展,是社会经济发展的不可逾越的阶段,是实现我国经济现代化的必要条件。只有充分发展商品经济,才能把经济真正搞活,促使各个企业提高效率,灵活经营,灵敏地适应复杂多变的社会需求。而这是单纯依靠行政手段和指令性计划所不能做到的。"

第二,社会主义经济现代化发展道路,是选择商品经济模式,还是选择产品经济模式不同于是走社会主义道路,还是走资本主义道路。江泽民《在庆祝中国共产党成立七十周年大会上的讲话》中指出:"计划与市场,作为调节经济的手段,是建立在社会化大生产基础上的商品经济发展所客观需要的,因此在一定范围内运用这些手段,不是区别社会主义经济和资本主义经济的标志。"他说:"发展社会主义经济,应该从我国实际情况出发,采用那些符合社会化大生产和商品经济发展要求的通用做法,但是必须坚持正确的方向,决不能走发展资本主义经济的道路。"现代世界各国的商品经济都有计划因素来指导、引导。但这不是计划经济。计划经济与市场经济、产品经济与商品经济的本质区别不在于国家特色:中国或外国,也不在于社会性质:社会主义或资本主义,而在于生产运营机制,在于生产与消费,经济要求与经济满足的社会意义和社会价值,即经济形式和经济手段。当创造物质财富的生产活动只生产使用价值而不生产价值,只生产消费价值而不生产交换价值,生产效益的评价和实现不需要什么其他中介环节直接兑现时,就是产品经济模式。商品经济模式是另一种生产运行过程和方式,是一种认识和确定经济发展动力源,并保证和发挥这种动力源的经济机制,尤其是一种调动商品生产者、经营者积极性、创造性和主动性的经济机制。它是人类社会生产力发展到一定程度的产物,又是社会生产力发展不够充分的产物。它是迄今人类社会发现和找到的在特定历史发展阶段上适应、刺激和促进生产力发展的经济形式、经济手段,是人类社会包括未经历资本主义商品经济发展阶段的社会主义国家必经的、不可逾越的历史发展阶段。发展社会主义商品经济是建立在所有权与经营权能够而且应当适当分开的马克思主义的科学认识基础上的。把全民所有同国家行政机构直接经营企业混为一谈是错误的。根据马克思主义的理论和社会主义的实践,所有权同经营权是可以适当分开的。同时,必须明确,发展社会主义商品经济,同社会主义国家政府的经济行政职能是性质完全不同的两个领域。社会主义国家政府的经济行政职能是属于上层建筑的领域,是上层建筑服务于经济基础的政治形式与政治手段。发展社会主义商品经济是属于生产方式领域,是属于经济基础和生产过程本身范畴,是物质财富创造领域中的物质关系、经济关系、利益关系。

2. 社会主义商品经济发展模式与资本主义商品经济发展模式存在着本质区别和原则界限。

第一,社会主义商品经济发展模式是在坚持社会主义经济基础的前提下采取和运用的生产运行过程中的经济机制、经济形式和经济手段。资本主义商品经济发展模式是在资本主义经济基础上实行的生产运行过程中的经济机制、经济形式和经济手段。二者的经济基础或者生产关系的性质是存在本质区别的。社会主义商品经济发展模式必须坚持以生产资料社会主义公有制为基础、为主体,允许和鼓励其他经济成分的适当发展,不能动摇公有制经济的主体地位和基础地位,不能搞私有化;必须实行以按劳分配为主体、其他分配形式为补充的分配制度,既要克服平均主义,又要防止两极分化,逐步实现全体人民的共同富裕;必须确立工人群众在企业中的主人翁地位、作用和权利,发挥共产党组织的核心作用和厂长组织与指挥生产经营的中心作用。资本主义商品经济发展模式是以生产资料私人所有制为基础的,实行的是按资本多少进行分配的剥削制度,导致的是两极分化、阶级分化和阶级对立;资本家组成的董事会和经理阶层是企业的主人,决定生产的重大方针、策略,工人的权利只是他们的附属品和装饰品。

第二,社会主义商品经济发展模式是始终在国家引导、指导、调节和控制的前提下自觉地充分发挥市场调节机制和价值规律的积极作用。资本主义商品经济发展模式则是在国家很少干预、参与的前提下,自发地放任发挥市场调节机制和价值规律的全部作用。二者在经济运行过程中,所呈现出的经济形式和经济机制的特征方面有着原则界限。在发展社会主义商品经济过程中,那种闹独立、搞封锁、只追求局部、地方和企业经济利益的分散主义、无政府主义、本位主义是不允许的。社会主义国家经济职能的重要表现是:为了使每个企业的经济活动符合国民经济发展的总体要求,社会主义的国家机构必须通过经济的、行政的、法律的手段对企业进行必要的管理、检查、指导和调节,通过税收等形式从企业集中必须由国家统一使用的纯收入,委派、任免或批准聘选企业的主要领导人员,并且可以决定企业的创建和关、停、并、转、迁。资本主义商品经济发展模式在上升时期实行的自由竞争、自动调节和放任自流,曾以周期性经济危机为代价,造成巨大的社会财富和生产力的损失和破坏,造成庞大的失业大军衣不遮体和流落街头;在垄断阶段实行的部分国有化和国家干预政策虽有缓解阶级矛盾和生产资料私人占有同生产社会化的基本矛盾的功能,但既没有完全扭转周期性经济萧条和危机,也不可能消除资本主义社会的基本矛盾和生产无政府状态。这种商品经济发展模式在社会主义国家是行不通的,是不能令人民接受的。

(四)具有中国特色的社会主义经济现代化道路与农业发展商品化

1. 实现经济发展模式转换的逻辑起点。发展社会主义商品经济这一科学论断,是对马克思主义、列宁主义、毛泽东思想的重大发展,是经过几十年社会主义实验找到的一条适应和促进社会生产力快速发展的具有中国特色的社会主义经济现代化道路。但是,由于社会主义传统经济体制是以政治权力为中介建立起来的庞大的政治、社会、经济系统,经济发展模式的转换就不仅涉及经济体制,而且涉及社会体制、政治体制、行政体制等其他多个领域的体制的转换。这是社会主义社会在政治经济结构上进行的一场伟大革命。这种"革命"不同于以往的革命,这是社会主义制度的自我完善和发展,是一种自我革命。这种"革命"提出口号不容易,实践起来更艰难。中国政治系统在政治经济结构上既面临这种挑战,又要领导这种应战。

商品经济发展模式的实质,是确立从事经济活动的组织和个人的相对独立性、主体性、平等性和竞争性。其深层意义是恢复经济行为的原始动力和根本动力,使经济发展由原来的经济外部的要求甚至是依靠强制的被动局面转变为经济组织和个人自身内部的要求和愿望。它的动力杠杆由原来借助于权力、道德转变为借助于利益和功能,借助于商品经济本质上所具有的各种形式和手段。尽管我们对社会主义的商品经济发展模式的细节还有不同的理解,但终究还是在一些基本点取得了共识和认同,确立了方向性和整体性的发展模式。我们认为,当前我国政治行为、经济行为和社会行为中产生的某些混乱和紊乱,关键性原因是:我们必须明确确立起我国社会主义现代化经济建设发展模式在实践过程中的具体道路,必须明确找到和遵循社会主义商品经济发展模式的逻辑起点,必须找到发展社会主义商品经济的突破口和契机,从而形成为社会主义现代化经济建设调配资源的政策体系的倾斜重心。

实现经济发展模式的转换无疑是一个极其错综复杂、艰巨和长期的过程,这一过程的展开和实现无疑存在着逻辑性、规律性和序列性。找到实践的逻辑起点和中介,是中国社会主义现代化经济建设起飞的关键所在,是中国政治系统必须努力达到的神圣使命,是中国政治系统能否长期稳定的决定性因素。政治实践系统如果缺乏内在的逻辑统一性和过程连贯性,就没有在这个层面达成政治稳定。

在这里,不禁让人提出这样一个问题:政治系统能够同时适应和保证满足社会进步和经济发展的所有人的全部需求吗? 一个社会能够万马奔腾、百业俱兴吗? 进一步说,人类社会的发展是线性平衡还是点式平衡? 政治系统能够掌握和动员的社会资源是有限的还是无限的? 再进一步说,中国目前和今后相当长时期内社会发展和社会实践的主题的主旋律是什么? 中国目前和今后一个时期内所要解决的社会主要矛盾的主要方面是什么? 现阶段解决主要矛盾的提纲挈领性手段是什么? 如何选择实施商品经济发展模式转换的逻辑起点、突破口、契机和倾斜中心? 由此,我们联想到党领导中国革命成功的有效经验,从中受到了启迪。

中国革命的成功之路是如何开辟和走完的? 其中最重要、最关键的选择是什么? 中国革命的社会背景是三座大山压在中国人民的身上,革命的敌人十分强大,社会矛盾错综复杂、尖锐,革命的力量薄弱,党领导革命的经验教训有待积累。广大群众处于分散的、无组织的和无保障的状态下。应该说中国革命的任务是极为艰巨、复杂的。革命的重心如何确定、革命的方法如何选择、革命的道路如何开辟,这是摆在中国共产党人面前极为关键的问题。仅有革命的口号不行,仅有革命的热情不行,仅有革命的理论不行,仅有武装夺取政权的模式也不行。只有确立了首先发动农民,占领农村这一反动统治最薄弱的地方,走农村包围城市,最终夺取城市的革命的具体步骤,中国革命才找到了革命的现实逻辑和革命的实践逻辑的统一,才开始从胜利走向胜利。中国人民和中国共产党人为了找到这条道路付出了巨大的代价。党内开展了多次激烈的路线斗争,突破口选择一次次失败,实践终于教育了人民和共产党人。毛泽东的最伟大的历史功绩就是把马克思主义的普遍原理同中国革命的具体实践相结合,创造性地发现了中国革命的具体道路,并领导全党全军和全国人民成功地实践了这一伟大的具体道路。

当然,革命的具体道路的选择往往比较容易,因为它依据面对面的生死斗争和斗争成败立即作出检验和评断。就是说,革命的客观逻辑和实践逻辑的统一焦点,能够在较短时间内显现出来,发现和遵循这一统一,也容易得到革命者的一致承认和支持。建设比革命更复杂、更艰巨和更伟大。其具体道路的选择,确立过程即建设的客观逻辑和实践逻辑的统一过程更困难、更长期、更曲折。

经过四十多年两种经济发展模式的摸索和实践,我们认为中国经济发展的客观逻辑和实践逻辑的统一焦点和中介,是集中精力和资源实现中国农业发展的商品化。革命要走先农村后城市的农村包围城市、最终夺取城市的道路,发展社会主义有计划的商品经济也要走先农业后工业、先农村后城市、最终全面展开的道路。就是说,农业发展商品化是我国目前和今后一个时期内社会主义现代化经济建设的突破口、契机和政策体系的倾斜重心。邓小平早在 1984 年 4 月就曾指出:"对内搞活经济,我们首先从农村着手。中国有百分之八十的人口在农村。中国社会是不是安定,中国经济能不能发展,首先要看农村能不能发展,农民生活是不是好起来。翻两番,首先要看这百分之八十的人口能不能达到。"[1]1987 年他又指出:"因为农村人口占我国人口的百分之八十,农村不稳定,整个政治局势就不稳定,农民不逐步摆脱贫困,就是我国绝大多数人没有摆脱贫困。"[2]他说:"如果不解决这百分之八十人口的生活问题,社会就不会是安定的。工业的发展,商业的和其他的经济活动,不能建立在百分之八十的人口贫困的基础上。"[3]《中国国情丛书》常务编委孙越生先生提出:把握中国未来历史命运,请将眼光重新对准农民。他认为中国并没有

---

① 邓小平:《建设有中国特色的社会主义》(增订本),第 66 页。
② 《邓小平同志重要谈话》,第 34 页。
③ 《邓小平文选》第 3 卷,第 117 页。

完全脱离以农立国和以农业为基础的发展阶段。土地问题、农民问题、农村问题仍然是中国当代历史的主角。谁深刻了解和正确解决农民问题,谁就掌握了中国的命运。中国共产党划时代的成就在极大程度上与对中国农村的正确了解、对农民的需要正确解决有关。他尖锐指出:现在从理论上更彻底地清醒过来,更深入地探究一下到底该如何解决农村问题,才算是真正的马克思主义的创造性的解决。① 我们之所以选择农业发展商品化作为发展社会主义商品经济的逻辑起点,其理由可以从各个角度进行论证。(1)农业是基础,是第一产业。经济体系和社会大厦都依靠基础支撑。重工业、轻工业和服务业,各行各业的发展都依靠第一产业提供的基础和张力。(2)农业发展水平是我国现代化经济建设的薄弱环节,成为巨大的制约因素。(3)农业人口占我国人口的绝大多数,农村地区占我国土地的绝大部分。首先确保农业发展商品化完全符合社会主义的基本经济规律,能够满足中国社会的最大部分地区的最大多数人的最大利益。(4)确立农业发展商品化作为中国实现经济发展模式转换的试验场,不容易引起城市各行各业的骚动,不容易引起国家和社会发展中心——城市的紊乱。只要采取正确的政策加以引导和控制,农业是比较容易纳入商品经济轨道的产业。(5)我国的历史经验证明,农业发展获得保证的时候,各行各业和政治形势普遍较好。(6)经济陷入困境的社会主义国家都是因为轻视,乃至忽视农业的发展。这是社会主义运动的普遍教训。(7)农业商品化是西方发达国家在走上近代化和现代化道路时的第一行动。就是说,将农业和农村纳入近代化、现代化和商品化的轨道,是近代资本主义经济开始起步和腾飞的关键。哪个国家采取了这一行为,哪个国家就首先进入了近代化和现代化。

2. 农业发展商品化是经济模式转换的战略抉择。

第一,农业发展商品化的战略意义。农业发展商品化是培育、启动和牵引目前和今后国内市场的根本出路,商品生产者和经营者的利益只有通过市场交换才能实现,市场交换的实现依赖于供求双方的有效能力。我国经济生活之所以陷入一种奇怪的矛盾困境:一方面社会上存在着巨大的潜在的、普遍的需求;另一方面社会上又存在着大量商品积压,即所谓市场疲软,主要原因在

---

① 《社会科学报》1991 年 11 月 7 日第 1 版。

于有效需求不足。有效需求的能力取决于生产者、消费者的货币拥有量。在我们国家,社会货币拥有量的流向和分配在一定程度上受制于产品经济发展模式和商品经济发展模式的双轨制,受制于国家政治权力的行为取向和政策制定。

我国经济体制改革是从农村开始的。当时农业产品化模式有了松动,国家采取向农民让权让利的政策,于是,农业出现了相对繁荣,农民从发展生产中获得了利益,增加了货币拥有量,进而,形成了一定的有效需求,刺激了城市经济发展,也使我国的政治、经济、社会繁荣稳定。可惜我们在大好形势面前误以为农业问题已经解决了,应该将我们的工作重点放在城市上,放在城市经济体制改革上,放在城市各项事业发展上。在当时,我们应该乘形势有利之际,深入彻底地实现农业发展的商品化模式,而我们却把经济发展商品化的重心转移到了城市。这以后,我们国家的经济发展开始出现了波折,进而导致了政治与社会的不稳定因素。由于城市本身的潜在市场和前几年农业发展形成的有效需求,我国经济有了很大发展,经济效益有了提高,城市经济体制改革取得了较大的成就。但是,在这一发展的背后潜伏着严重的危机和矛盾。为了发展工业忽视着发展农业,为了城市改革忽视着农村改革,为了速度忽视着效益,为了搞活经济忽视着宏观控制,为了改革经济体制忽视着经济形式的相对稳定,为了经济目的忽视着政治宗旨。由于在具体道路选择上出现了失误,我们的经济改革也陷入了困境,回顾一下城市经济体制改革过程,就足以证明此点。我们一时将利改税作为突破口,一时将工资与物价改革作为突破口,一时将承包制作为突破口,一时将发挥中心城市作用和行业作用的横向联合作为突破口,一时将新兴科学技术和科学管理作为现代化的两个轮子,一时将金融改革作为突破口,一时将政府机构改革作为冲破口,一时将市场形成作为突破口,一时将外贸体制改革作为突破口,一时将政府职能转变作为突破口,一时将精神文明建设作为重大措施,一时将政治体制改革作为突破口。无数次的选择,无数次的突破,留下无数个缝隙、漏洞,影响了经济稳定、社会稳定、政治稳定和人心稳定。尤其是在提高大多数人各种“胃口”的同时,轻视了腐败现象的滋生、蔓延。1987 年的学潮和 1989 年的政治风波是潜伏的各种危机和矛盾的反映和暴露。为了选择社会主义商品经济发展模式转换的起点,我们付出了巨额的学费和代价,失败是成功之母,回顾历史,面对现实,展望未来,我们中国的建设道路同革命道路一样,仍然是农村包围城市,最后夺取城市。

我们在城市改革伊始就存在着两个思路、两种选择的矛盾与争论。我们一些有识之士看到了中国经济发展模式转换中的可能和已经出现的某些混乱和紊乱,也提出了许多避免和克服这种不稳定的颇有见解的主张。但是,相当多的争议和讨论停留在产品经济模式与商品经济模式、计划调节和市场调节关系的处理上。虽然我们在学术上可以争议和讨论,政治上也可以作出各种选择,但现实的客观逻辑表明,中国的最根本的问题不再是经济发展模式的确立,也不再是计划调节和市场调节是否要相结合的理论逻辑,而是经济发展模式实施的具体路程从哪儿起步,是计划调节和市场调节相结合的理论如何应用到现实经济发展突破口的选择上,即具有中国特色的社会主义商品经济发展模式的客观逻辑和实践逻辑的起点统一的问题。我们提出把农业现代化作为经济发展的首要任务,但还要进一步探讨和确立农业现代化的道路与途径,形式与方法。这是社会主义商品经济有序发展的第一步。

第二,农业商品化的战略功能。今天,我们已经一致认为,启动和牵引市场是摆脱中国经济困境的根本出路。市场疲软的根本原因是有效需求不足,有效需求就是人们的物质与文化生活需要和愿望必须通过拥有足够必要的货币量来满足。在中国现有水平下,有效需求的最大障碍是农村和农民缺少满足一般需求的货币量,货币量之所以缺乏又是因为没有实现农业发展商品化造成的。由于农业生产主体还是产品经济,要作为养活人,即维持人的生存和生活的消费品,没有纳入商品经济轨道,农业几乎成为福利事业,慈善事业。只有投入,很少产出;只有消费,很少积累;只有维持,很少发展;只有循环,很少改进。这又如何使农业现代化?又怎能不严重制约国家的现代化?这就使农业主体构成即粮食生产本身无法实现商品化和扩大再生产,又成为需要外部力量强制保证供应的必需品,既使农业发展本身丧失自我发展、自我适应、自我增值动力刺激推动的产业,又成为国家财政无法摆脱的负担。因为只有国家才出于政治和社会的需要,向这种无利可图的产业输血,只有国家才能运用各级政治组织的权力调配农业维持和发展所必需的社会的和政府的各种资源。分析我们经济发展资金的积累和国家财政收入的构成,都是以工业和城市为主要来源。第一产业没有成为社会积累和国家财源的渠道。它仅仅是消费对象,吃光用光,然后再由国家和社会通过各种努力保持农业再生产的沉重包袱。一个背着养活 13 亿人沉重负担的国家如何实现现代化? 一个仅仅为城市和农村人口提供粮食的 8 亿农民哪里能产生出有效的需求? 没有有效需求的商品经济,哪儿来的市场启动和牵引? 又如何腾飞? 有的学者提出了这个问题,看到了市场对我国经济复苏和振兴的重要性,分析了国际市场的局限性和国内市场的潜在性,也指出了其潜力所在是农村。如果继续深入研究,我们就会发现培育和发掘农村市场,刺激农民的有效需求,必须从如何增加农民拥有货币量入手。要增加农民拥有的货币量,就必须使农业产品进入市场,按着价值规律的要求实现等价交换,让农业生产发展有利可图、有益可谋、有钱可赚。要大力发展社会主义商品经济,必须启动和牵引市场。过去几年,我们曾因良好的市场状况使经济主要指标翻了一番。13 亿人的市场,不知能将经济主要指标翻几番,一个走向良性循环的经济发展又不知有多么重大的战略意义!

中国政治稳定的关键在于经济现代化步伐,经济现代化步伐关键在于商品经济发展速度,发展商品经济关键在于启动和牵引市场的牛鼻子,启动和牵引市场的关键在于启动和牵引农村市场,启动和牵引农业市场和农村市场的关键在于走农业发展商品化道路,走农业商品化道路的关键在于党、国家和人民要自觉地把主要精力、财力、物力、人力等各种资源用于农业发展模式的转换,这就是我国社会主义现代化经济发展的逻辑,这就是具有中国特色的社会主义道路,这就是中国达到长治久安的战略性选择。

3. 实现农业商品化的原则与方法。

第一,实现农业商品化的原则,走农业发展的商品化道路,是极其复杂的经济选择过程。谁也不会以为走农业商品化道路就放弃了城市和工业、科技和教育的发展,就放弃了国家对这些领域和地区的管理与控制。在实践过程中,农业发展商品化不仅涉及经济领域,而且涉及社会领域和政治领域;不仅涉及农业发展本身,还涉及轻工业、重工业和服务业的发展;不仅涉及农副产品能否涨价问题,而且涉及城市生活的各个角落;不仅涉及现行国家农业政策的调整,而且涉及一系列政治行为的调整。一句话,走农业发展商品化道路是具有中国特色的社会主义经济发展模式转换的决定性选择,涉及中国社会结构、经济结构和政治结构的一系列变革,其中有许多重大理论和实践问题需要研究和解决。从某种角度看,几年来的城市经济体制改革和商品经济发展,已为城市和工业、科技和教育等注入了一定活力,其自身具有了一定的自我发展、自我调节和自我适应的能力。这为作出和实践农业商品化这一战略选择奠定了一定的现实基础。从原则上说,如何迈出农业发展的商品化道路的第一步,走好以后的路程,是更为具体和现实的问题。走农业商品化道路必须符合国情、国力和经济规律本身的要求,有领导、有步骤、有计划地谨慎从事。必须防止头脑发热、一刀切和大轰大嗡的运动方式,必须处理好改革、发展与稳定的关系。以改革促进发展,在稳定前提下谋求发展与改革,在发展与改革中实现更高层次的稳定,在稳定、改革与发展中杜绝急于求成,不搞什么一步到位。中国一旦找到了适宜的发展模式和实践道路,从某种意义上来说,稳定就是一切,稳定就是发展,稳定就是改革。因为政策的细微调整、完善和充实,是沿着既定方向前进,是为了更好地积累满足社会进步和经济发展的要求的积极因素。这实质是稳定应有的含义。

根据历史上的经验教训,根据循序渐进的原则,根据目前国家经济形势和社会承受能力,笔者认为,走农业商品化道路,首先要牢固确立把农业现代化放在经济现代化首位和坚定走农业发展商品化道路的方向。

根据中央电视台1991年3月4日新闻联播的报道,李鹏在接见东方文化与现代化学术研讨会的代表时明确指出:今后,要把农业现代化放在经济工作的首位。换句话说,农业现代化是我国社会主义现代化经济建设这个中心的中心,是我国社会主义社会主要矛盾的主要方面,是根本手段的关键所在。党、政府、社会必须集中有限的人力、物力、财力等资源,优先发展农业,确保农业发展。农业发展、农业现代化是农业商品化的内容、实质、目的,农业商品化是农业现代化的形式、外壳和方法。这里要解决好速度和效益的问题,战术和战略问题。树立不怕慢就怕站的指导思想。众所周知,没有市场的产品就没有实现其价值。这样的生产发展得越快,产品越多,越增加社会资金的占有和呆滞,社会经济危机就越严重,经济本身越陷入恶性循环。一方面生产高速度,一方面市场萎缩,是没有现代化建设出路的。

如上所述,商品经济发展模式的最大特点,就是赋予社会财富的创造、生产、流通、分配和消费原动力和内驱力,解决经济发展的动力源和激励点。它所依靠的是利益。利益是现阶段诱导和推动经济行为取向和效率的主要杠杆、中介或磁性。观察现实经济生活,哪一部分有活力、发展快,哪一部分就是因为有利可图、有益可谋、有钱可赚。农业商品化,简单地说,就是使农业财富的创造、生产、流通、分配和消费、有利可图、有益可谋、有钱可赚。这不仅适用于个体的农民、集体的村社,还适用于城市的经济组织和个人以及社会组织和政府的农业行为。现在农业发展的主体构成仍然处于产品化状态,农业经济发展模式还没有实现彻底转换,农业生产的维持和发展主要还是依靠两个保证机制:农民生存本能和政治权力的运用。生存本能易于满足,而且一旦满足就失去动力的意义。政治权力的运用是农业经济发展机制的外部力量,外部力量总是事物发展的外因和条件,而不是事物发展的根据和原动力。在实行商品经济发展模式后,国家作为生产资料所有者和政治权力拥有者,同时作为最大的商品生产者和经营者,这双重身份将最终或从本质上影响着它发展农业的积极性和主动性。这样,我国农业维持和发展就失去了内部动力机制。建立取代外部力量的内部动力机制——商品化,无疑是我国农业发展的根本出路。

第二,实现农业商品化的方法。慎重选择实现农业发展商品化道路过程中的各种过渡形式和步骤,这就是实现农业商品化道路的方法。实现农业商品化离不开党和政府的正确领导,它要求党和政府有效地控制好实现商品化过程的方位进度及相关因素,事先提出防止和克服因农业发展商品化出现的各种漏洞、弊端和对策,将引起的社会震动、经济波动限制在最小范围和幅度内。走农业商品化道路,也离不开逐步改变我们现行的整体性结构,即政治、经济、社会一体化,不分化,并最终统一为政治权力的结构。走农业发展商品化,首先要敢于和善于逐步扫除这方面的障碍。为此,我们建议采取下列步骤。第一步:国家从政治与行政管理上采取措施,尽最大可能地减少农民的不应有的负担,使农民从现在的重负中解脱出来。第二步:国家从政策制定和国民经济管理上采取措施。随着农业好转、经济好转的形势发展,逐步放开农产品价格,让农产品进入市场机制,按价值规律的要求实现等价交换,大幅度增加农民的货币拥有量,刺激农民和农村的有效需求,使农民和农村、城市和工业、科技和教育,看到从事农业生产和为农业生产服务可能得到的经济效益,从而建立农业发展的内部动力机制,推动全社会重视农业,发展农业。这时,国家可能为了适应形势发展和社会承受力要进行一系列的政策调整,增加保证城市居民的生活不再有较大影响和下降的投入。第三步：国家从政治与经济与社会分化的角度采取措施，全面改革、调整与农业商品化有关的价格结构、工资结构、产业结构、分配结构和政治行为结构，使整个国民经济的发展纳入商品经济轨道，进入良性循环。这并不否定国家政治与行政管理运用经济的、法律的、行政的、思想的各种手段引导、调节、控制和管理经济生活。第四步：运用国家的政治权力和行政权力，有效地引导、管理和控制实现农业生产商品化以后可能带来的农业产品市场的问题、深加工的问题、规模农业的问题、农业人口向城市流动的问题、农业生产技术更新问题、农业生态平衡和环境保护问题等等。

九、社会主义民主政治建设与中国政治稳定

（一）社会主义民主政治建设与社会主义国家组织的民主职能

1. 国家组织民主职能问题的提出。1980 年 8 月，邓小平在回答意大利记者奥琳埃娜·法拉奇提出的"如何避免类似'文化大革命'那样的错误？"问题时指出："这要从制度方面解决问题。我们过去的一些制度，实际上受了封建主义的影响，包括个人迷信、家长制或家长作风，甚至包括干部职务终身制。我们现在正在研究避免重复这种现象，准备从改革制度着手。"他接着说："我们这个国家有几千年封建社会的历史，缺乏社会主义的民主和社会主义的法制。现在我们要认真建立社会主义的民主制度和社会主义法制。只有这样，才能解决问题。"①认真建立社会主义的民主制度和社会主义法制，就是社会主义民主政治建设。而社会主义民主政治建设既是社会主义现代化经济建设的必然要求，又是社会主义现代化经济建设的根本保证。现实的中国政治稳定的总态势能否维持、巩固和发展，最重要的挑战除经济现代化之外就是社会主义民主政治能否真正地建立健全起来，真正地贯彻实施下去。我们过去发生的各种错误和当前社会上存在的政治腐败现象，固然与某些人的思想、作风有关，但是组织制度、工作制度方面的问题更重要。这些方面的制度好可以使坏人无法任意横行；制度不好可以使好人无法充分做好事，甚至会走向反面。

---

① 《邓小平文选一九七五—— 一九八二年》，第 307 页。

当然,这不是说个人没有责任,而是说领导制度、组织制度问题更带有根本性、全局性、稳定性和长期性。这种制度问题,关系到党和国家是否改变颜色,必须引起全党的高度重视。邓小平指出:"如果不坚决改革现行制度中的弊端,过去出现过的一些严重问题今后就有可能重新出现。只有对这些弊端进行有计划、有步骤而又坚决彻底的改革,人民才会信任我们的领导,才会信任党和社会主义,我们的事业才有无限的希望。"①那么,我们应该依据什么政治理论,沿着什么政治方向,建立什么民主制度和法制呢? 这就是我们提出社会主义民主政治建设与中国政治稳定问题的出发点。早在1945年,抗日战争即将取得胜利的时候,著名民主人士黄炎培先生向毛泽东提出,一人、一家、一团体、一地方乃至一国,大凡初期能精神振奋,克服艰难困苦,而往后时间长了,环境渐好,精神渐退,惰性发作,到风气养成,无法扭转,无法补救,一部历史总跳不出由兴盛到衰败的周期率。他问道,中共能否找到一条新路,跳出这周期率的支配? 毛泽东答道:"我们已经找到新路,我们能够跳出这个周期率。这条新路,就是民主。只有让人民来监督政府,政府才不敢松懈。只有人人起来负责,才不会人亡政息。"②

国家是阶级政治组织。国家组织的基本活动、基本任务和基本目的就是国家职能的问题。国家有无民主职能? 什么是国家民主职能? 为什么国家具有民主职能? 国家如何实现民主职能? 国家民主职能与其他社会政治组织类似职能的异同是什么? 新型民主作为社会主义国家的本质是否体现在国家职能上? 发挥社会主义国家组织的民主职能与政治稳定是什么关系? 这就是本章所要回答的内容。

国家职能的传统理论认为,剥削阶级"国家的活动表现为两种基本的职能":内部的(主要的)职能是控制多数被剥削者;外部的(非主要的)职能是靠侵略别国领土来扩大本国统治阶级的领土,或者是保护本国的领土不受别国的侵犯。社会主义国家职能是,镇压剥削者的反抗,组织经济与文化建设,保卫国家,防御帝国主义侵略。社会主义国家前两项内部职能,随着社会主义国家的历史阶段的变化,由镇压职能为主转变为以经济职能为主。近几年来,政

---

① 《邓小平文选一九七五—— 一九八二年》,第293页。
② 薄一波:《若干重大决策与事件的回顾》(上),第157页。

治学界对传统的国家职能理论提出了挑战,其核心就是论证经济职能、社会职能,不仅社会主义国家有,而且,一切剥削阶级国家也有。十分遗憾,传统理论的新的突破,没有跳出国家镇压职能和经济职能的框框,没有把民主与国家职能联系在一起。

职能即人、组织、事物本身固有的功能或应起的作用。国家职能是国家组织在社会中固有的功能或应起的作用。国家民主职能是国家组织在实现统治阶级民主要求方面固有的功能或应起的作用。国家作为社会组织的最高形式,作为表面上凌驾于社会之上的独立力量,不仅管理着人类社会统一体存在和发展必然产生的公共事务,具有经济社会职能、控制社会统一体中被统治阶级的镇压或专政职能,以及对外职能;而且,担负着组织阶级集体力量,协调统治阶级内部各种关系,综合统治阶级内部各方利益,保障统治阶级及其组成人员行使社会管理权以及其他政治权力、政治自由的使命,即具有民主职能。

国家之所以能够成为阶级统治组织,首先的或最基本的职能就是把统治阶级有效地组织起来,形成为阶级的集体力量。在阶级社会或者阶级存在的社会里,社会分裂为统治阶级和被统治阶级。统治阶级内存在着领导阶级与被领导的阶级,存在着阶层、集团和个人。如果统治阶级的各个组成部分不组织在统一的组织中,或者说,这个组织不具有把统治阶级组织起来的职能,统治阶级就会因具体利益的差别而自相残杀,各行其是,成为一盘散沙。这不仅不可能实现对被统治阶级的阶级统治,反而会被被统治阶级利用,乃至被推翻。为了适应阶级统治的需要,国家诞生了。国家以特殊的社会组织形式将统治阶级组织起来。组织统治阶级力量的过程,就是国家发挥民主职能的过程。如果国家没有团结、组织统治阶级组成部分及其成员的职能,那么,国家就根本没有产生的可能和必要。一般说,统治阶级对待被统治阶级的态度,基本上是一致的。然而,统治阶级各个组成部分在根本利益一致的前提下,各个阶级、阶层、利益集团、成员的利益却分散地、孤立地存在着,而且,都有以自己利益为核心的政治行为倾向。特别是统治阶级的根本利益蕴藏在具体、现实、有差别的利益之中。为了让分散的、具体的阶级利益得到最充分、最真实的反映和表达,集中隐藏在统治阶级各个组成部分的具体利益中的一致利益或共同利益,使本阶级各部分的具体利益和政治行为服从整体利益要求,必然需要表达共同利益和实现共同利益的组织形式和活动程序。这是国家民主职能存在的根本原因。国家民主职能就是保证统治阶级各个组成部分有平等地表达利益的机会,并借此集中统治阶级共同利益,保护和实现统治阶级的共同利益,防止统治阶级的个别阶级、阶层、集团和成员垄断国家权力,以局部利益冒充或取代整体利益。

当然,统治阶级民主不仅通过国家这个最高的统治组织形式实现,而且通过非国家组织形式实现。譬如政党组织、派别组织、利益集团、各种联合组织等等,都是统治阶级组织形式,具有团结和组织统治阶级各组成部分的作用。国家民主职能事实上还肩负着指导、协调和推进上述各种民主形式的重任。过去曾有个公式:对被统治阶级的专政等于对统治阶级的民主。因此,国家不再具有民主职能。事实表明,国家政权对被统治阶级的专政,与对统治阶级的民主是既有联系又有区别的两个范畴。对被统治阶级专政,并不等于对统治阶级民主。当国家政权为统治阶级某一部分或某个人所垄断、占有,被统治阶级的反抗危及它的统治时,垄断政权者用国家力量进行镇压,客观上可以对统治阶级其他成员利益起着保卫作用。但这不是国家履行民主职能的结果,而是国家实现专政职能的结果。

社会主义国家组织的民主职能是指:社会主义国家必须是民主的,必须是全体人民当家做主。这是社会主义国家制度的根本标志。国家能够发扬社会主义民主,它是发扬社会主义民主的最高形式。这是社会主义国家组织本质特征的必然结果。国家应该是发扬社会主义民主的保障,即国家运用各种民主机制,各种制度的、法律的手段保证社会主义民主的实现并不被侵犯。这是社会主义国家存在的必要性。社会主义国家的民主职能具体体现为:(1)团结与组织全体人民;(2)集中并代表全体人民意志;(3)体现人民管理一切国家事务的民主机制;(4)保障公民实际享有法定的民主权利,以及其他政治权利、政治自由,提供行使权利的一切必需的物质与精神保障;(5)指导、协调和推进全社会的经济生活、政治生活、精神生活、社会生活等各个领域的民主实践。总之,社会主义国家组织民主职能是社会主义民主政治建设的核心、中介。进行社会主义民主政治建设的过程首先应该是社会主义国家民主职能的扩展、深化和实现的过程。

2. 社会主义国家民主职能理论与建设社会主义民主政治实践。社会主义国家民主职能是社会主义国家本质的外部表现,是社会主义国家其他几项职能发挥效用的重要条件,是社会主义国家民主发展水平的客观尺度。社会主义国家民主职能的深化与扩展,决定着社会主义整个社会民主的进程,也是社会主义国家走向消亡的必然途径。社会主义国家诞生以来,一直没有注重研究这一重大理论问题,给社会主义的民主政治建设和社会主义国家政治稳定带来一定的损失。

从客观上讲,马克思主义经典作家的国家学说,实质是无产阶级革命和无产阶级专政的学说。因为他们所面临的首要任务是揭露资产阶级国家对无产阶级实行专政的本质,号召无产阶级起来推翻资产阶级统治,夺取国家政权并镇压资产阶级反抗;列宁、毛泽东及其他社会主义国家的马克思主义继承者,在领导人民取得社会主义革命胜利时,无论是国内或国外,首先面临的是依靠政权的力量来消灭剥削阶级及其反抗,对付帝国主义的威胁和侵略。此时,只能强调国家的专政职能。同时,他们碰到的是本国落后的生产力与本国社会主义制度之间的矛盾,不能不把工作的重点放在发展生产力上,即强调国家的经济职能。

从主观上讲,马克思主义继承者对马克思主义的态度和建立的政治模式对此也有很大影响。列宁在领导苏联人民进行夺取政权和巩固政权的斗争中,理论上和实践上都对国际共产主义运动作出了杰出的贡献,是马克思主义基本原理与俄国革命实践相结合的典范。因特殊历史原因,列宁亲自设计和建造的高度集权的政治体制模式,却为继承人斯大林独断专行提供了体制上的基础。斯大林又以第一个社会主义国家领袖自居,将这一模式强加给后来的社会主义国家。加上社会主义首先是在帝国主义链条薄弱环节取得胜利,这些国家大部分未经历资本主义自由经济和政治的冲击。历史上的君主专制主义残余顽固地残留在进入社会主义的人们头脑之中,也包括那些领袖们及无产阶级政党之中。这样自上而下的贤明政治、清官政治、为民做主的封建传统政治观念就可能变成现实。无产阶级对如何实现本阶级及广大人民当家做主问题的理论与实践,都没有经验;社会主义国家的民主发展,人民的民主要求,本身也有一个发展过程。当政治安定、政治路线正确、人民的利益和要求基本上得到满足时,国家民主职能就隐蔽起来。还有党的个别领导人对社会主义社会阶级关系与阶级斗争形势的错误估计,把许多人民内部矛盾当成敌我矛盾处理,也就不需要发挥国家民主职能了。

今天提出这个问题是因为:社会主义政治实践的经验教训启迪了人们的思想,人们认识到了社会主义国家政治权力的行使者也有离异的可能。人民只有实际参加政治活动,运用和发挥国家民主职能,才能克服这种离异。

社会主义现代化建设是繁重而复杂的任务,经济体制改革的核心是搞活经济,而权力过分集中的政治体制不能适应。在改革政治体制过程中,人们首先感到的就是过去忽视了国家民主职能,即国家在发挥全体人民积极性、创造性方面的作用。在统治体制改革中首先提出党政分工,加强国家政权组织中权力机关的地位、职权和作用,其根本原因就在于此。

马克思主义政治科学的发展。长期以来,政治科学的发展受到了多方面的限制,在一些国家,它甚至成了伪科学。否定政治学同否认发扬社会主义民主是同始同终的。今天政治决策民主化和科学化已密切联系在一起。政治科学工作者肩负着探讨人类社会政治现象的客观规律,以及发展社会主义民主科学途径的神圣使命。通过研究,我们认识到国家民主职能是政治发展的客观规律,是实现社会主义国家民主政治的科学途径。

"建设高度的社会主义民主,是我们的根本目标和根本任务之一。"①社会主义民主的实质含义是什么? 发扬和发展社会主义民主的组织形式是什么? 人民行使管理国家和社会事务权力的基本保障和主要途径是什么? 这就必然提出社会主义国家组织的民主职能这一重大政治理论问题。

没有正确的理论,就没有正确的实践。"我国社会主义发展中的主要历史教训,一是没有集中力量发展经济,二是没有切实建设民主政治。"②发扬和发展社会主义民主中出现了实践漏洞,有其理论根源。这个根源就是国家职能理论,就是我们长期忽视社会主义国家重要的职能之一——民主职能。没有国家民主职能理论,哪儿会有自觉建设民主政治的实践! 过去,我们不是没有讲过民主。正是在"大鸣、大放、大字报、大辩论"的大民主旗帜下,我国发生了人民对人民专政的悲剧。也正是在"群众运动"、"群众路线"的号角声中,形成了个别人独断专行的局面。究其理论根源,就是我们没有认真研究民

①　胡耀邦:《全面开创社会主义现代化建设的新局面》。
②　《中共中央关于社会主义精神文明建设指导方针的决议》。

主与国家职能之间的内在联系,社会主义国家组织在发展社会主义民主中的地位与作用。我们没有深入研究社会主义条件下,发扬人民民主的组织形式、科学途径和制度保障,没有注意已有的国家组织形式在发扬社会主义民主方面的重要功能。这是我国社会主义民主的理论与实践的最大漏洞。在政治改革之际,我们应该切实重视和研究这一重大的政治理论问题。社会主义政治实践反复证明:第一,只有民主职能,才是社会主义国家与一切剥削阶级国家相区别的本质标志。公民真正平等地享受和运用当家做主的权利,国家切实建立民主政治,保障人民的主权地位,是社会主义国家制度的根本标志,没有外化或体现国家本质的民主职能,社会主义民主就是抽象的、定性的、空洞的。第二,社会主义国家民主职能,是国家实现和发挥经济职能、社会职能、思想职能、专政职能与对外职能的重要前提和基础条件。没有发展社会主义国家民主职能的政权建设,就没有社会主义的现代化经济建设。社会主义国家职能的根本目的,就是保证实现人民共同利益、公共意志和普遍要求。而只有通过国家民主职能的发挥和转换,才能集中和代表人民的共同利益,才能使之成为国家路线、方针、政策和法律的实体内容,并达到制度化,稳定化。第三,社会主义国家民主职能的深化与扩展,决定着社会主义社会的民主进程,决定着国家走向消亡的进程。没有社会主义国家民主职能的充分发挥与运用,社会主义一代"四有"新人就难以培养出来,那么革命导师所讲的国家自行走向消亡的论断就将失去科学途径和道路。

(二)拓展和深化社会主义国家组织的民主职能与中国政治稳定

1. 拓展和深化社会主义国家组织的民主职能的动力机制。民主职能是国家实现统治过程中固有的功能或应起的作用,但国家是否真正实现、能否充分发挥这种应有的职能或作用,则是另一回事情。国家民主职能的实现与发挥程度、深度与广度,不仅取决于国家本质,还受经济、政治、文化、教育、科学技术、政治传统等外在环境条件的制约,受着国家组织各政治角色之间分工、协作与制衡等内在机制的制约。其总的发展趋势是不断扩大和加强,直至由其他性质的组织将自身取代。列宁说:"从古代的民主萌芽时期起,在几千年过程中,民主的形式必然随着统治阶级的更换而更换。在古代希腊各共和国中,在中世纪各城市中,在先进的各资本主义国家中,民主有不同的形式和不同的运用程度。"①

在奴隶制、封建制国家,民主职能是通过君主制政体实现的。君主制国家的公共权力是金字塔结构。国家公共权力的最高统治者是处于权力结构的金字塔尖上,终身任职,并世代相袭的君主;以下各等级的权力依次递减,最底层的劳动人民只有义务,毫无权利。统治阶级内部的民主压缩到最低限度,这时国家民主职能的发挥和实现处于最低阶段。

在资本主义制度下,国家民主职能是通过资产阶级共和国政体实现的。资产阶级国家民主职能的实现,早期(资本主义上升时期)主要是通过政党制度、选举制度、代议制度、公民权利制度和政权机关内部的制衡制度等各种机制实现的。19世纪以来,资产阶级各种压力集团的出现、各种社会政治组织的出现和舆论政治的出现,使整个资产阶级直接管理国家事务,通过各种压力集团在正式的代议机构上撞击后形成阶级利益和意志成为可能。此时,政党尤其执政党在政治体系中日益衰落。但是,国家民主职能仍然受着国家资产阶级本质的制约,即资产阶级享有国家的实权,人民大众附属于资产阶级,享有次要的、形式上平等的权利,它还没有达到更高程度。

在社会主义制度下,国家民主职能是通过人民共和国的政体实现的。只有在社会主义制度下,民主才不再是少数人掌权,而为占社会绝大多数的人民大众所共享。民主程度"发展和扩大到世界上空前未有的地步"②。"这种由个人、少数人实质上享有民主向绝大多数人民大众享有民主的转变,并不仅仅是量的变化,而是实现了一个质的飞跃,这是一个有世界历史意义的转变。"③

社会主义国家全体人民真正地享有管理国家与社会事务的权力,任何组织、任何阶级、任何个人都没有多于他人的权力。各阶级、各阶层、各组成部分的意志和要求,均通过选举人民代表在代议机构上表达、协商,以少数服从多数原则得以反映,并通过一系列的国家活动得以实现。国家第一次成为人民权力的最大组织者、代表者、维护者和实现者,国家民主职能进入了新的更高的程度。

社会主义国家通过组织人民进行社会主义现代化的物质建设、精神建设

---

① 《列宁选集》第3卷,第723页。
② 《列宁全集》第28卷,第228页。
③ 《列宁全集》第28卷,第228页。

和政治建设,不断将人民的范围扩大,不断将人民训练成自我管理者。当全社会的所有公民都成为人民的范畴,都成为自我管理者时,国家民主职能将达到最高程度,也是终点,成为不必要的职能,从而退出历史舞台。那时,国家将真正由全社会成员组成的人人平等、自由的社会组织所取代,新的社会组织不再具有民主职能,不再披着政治外壳,它只是具有社会成员自我组织与管理的职能。"只有共产主义才能提供真正完全的民主,而民主愈完全,它也就愈迅速地成为不需要的东西,愈迅速地自行消灭。"①

　　社会主义国家民主职能的实现程度是个递进过程。与社会主义社会发展阶段相适应,社会主义国家民主职能是不断深化与发展的。在社会主义国家建立初期,人民政权还立足未稳,国内和国际阶级敌人、反动势力十分猖獗,社会主义国家的经济基础和经济实力尚未建立起来,广大人民群众同反抗社会主义制度的阶级之间的矛盾是当时社会的主要矛盾或基本矛盾。人民尚未全部组织起来,他们科学文化水平不高,缺乏民主政治生活经验,参政能力、议政能力都有待提高。与之相适应,社会主义国家的主要精力是继续完成民主革命和社会主义革命的任务,加强和巩固无产阶级政权。国家专政职能自然居于首要地位,无产阶级政党——共产党以铁的纪律和极强的战斗力成为人民中最先进、最有组织的部分,成为社会主义的核心力量和领导力量。国家民主职能实质上是通过无产阶级政党组织来实现的。

　　当社会主义国家运用政权剥夺剥夺者、完成生产资料私有制的社会主义改造以后,随着社会主义社会进入新的发展阶段,社会主义的阶级关系、基本矛盾、主要任务和活动内容发生了新的重大变化。(1)剥削阶级及产生剥削阶级的社会根源已经消灭,社会主义国家建立在社会主义经济基础之上。(2)社会主要的、大量的和经常的矛盾是人民内部矛盾。(3)国家的政权机构及其活动程序日益建立、健全,国家的宪法、组织法以及其他重要法律先后颁布、实施。(4)民主、平等、自由、博爱在社会主义制度下获得了全新的内容和意义。(5)马克思列宁主义在人民意识中胜利了,党的发展成熟,社会主义制度优越性变为实践。(6)科学文化知识在各个领域的普及与发展,国家公民的主体——人民的教育程度及其各方面文化素质提高了,人民的政治觉悟、参

---

① 《列宁选集》第3卷,第248页。

政意识、议政能力、行政能力不断提高和加强了。人民已经意识到自己存在的重要性和价值,客观上要求发挥自己全部建设与创造潜力。(7)社会团体明显地发展起来了,组织上和政治上巩固了,并获得了解决它们面临任务的许多经验,这些组织已经开始更加积极地活动和更有权威地解决属于他们职权范围内的问题。他们的活动规模扩大了,活动水平提高了。人民在国家民主职能机制基础上能够自觉地意识到共同利益、共同理想,并形成共同行动。(8)现代科学技术发展使实现民主的手段丰富了。

　　社会主义社会进入新的发展阶段后,国家民主职能地位的转变及其程度的扩展与深化,来自两方面的动力,即全体人民根本利益的一元化和具体利益的多元化。根本利益的一元化使国家民主职能成为可能,具体利益的多元化使国家民主职能成为现实。《中共中央关于社会主义精神文明建设指导方针的决议》深刻阐述了人民利益一元化的伟大思想,号召"用共同理想动员和团结全国各族人民"。《决议》指出:"建设有中国特色的社会主义,把我国建设成为高度文明、高度民主的社会主义现代化国家,这就是现阶段我国各族人民的共同理想。……这个共同理想集中了我国工人、农民、知识分子和其他劳动者、爱国者的利益和愿望,是保证全体人员在政治上、道义上和精神上团结一致,克服任何困难,争取胜利的强大的精神武器。"共同理想,使社会主义社会的所有阶级和阶层组成了统一的政治共同体——人民。

　　但是,社会主义社会仍然存在着阶级、阶层和社会成员的特殊利益和愿望。各阶级、阶层、成员利益和愿望的特殊性是相当有生命力的,甚至在产生这一特殊性的物质根源从社会生活消失之后,它仍然继续存在;而且随着经济体制改革的深入发展,必然带来社会利益的多元化,即利益的差别性。这种利益多元化是复杂的社会现象。阶级与阶级、阶层与阶层、集团与集团、民族与民族、党与非党、干部与群众、干部与干部、群众与群众、局部与整体、近期与远期、中央与地方、个人与组织、行业与行业、企业与企业、单位与单位、城市与乡村、脑力劳动者与体力劳动者等彼此之间,都存在着利益差别。多元化利益不是彼此对抗、抵触的,而是反映了社会主义的长期性、复杂性。它是全体人民共同利益的生动具体的体现和组成部分,是共同利益存在的寓所。利益多元化,必然带来利益多元化集团及其代表者,为了在国家决策过程施加影响,他们的参政意识愈来愈强。

　　社会主义社会是利益多元化的社会,客观上存在着国家管理的需要,即存在着那种由国家调整各阶级和社会阶层之间关系的管理需要。问题的关键是,社会主义社会的经济利益多元化,导致的绝不是政治多元化,而是政治统一化。只要社会存在着相对独立、相互区别的多元化利益,政治就绝不意味着贯彻和实现所有人的利益。政治就是将多元化的经济利益综合化、一致化。社会主义国家不代表多元化利益的任何一方,也不取缔多元化利益的存在。国家只代表人民的整体利益,并依靠手中的力量与资源,实现这一利益。也可以说,在多元化利益体系中,国家代表最高那一元的利益——共同利益,它与其他多元利益并行不悖。全体人民的共同利益不是分散、孤立的各部分利益简单相加之和,而是从多元化利益中通过高度概括、综合,提取出来具有普遍性、共同性、公共性特点的利益,是全体人民都甘愿服从并为之奋斗的公共意志。

　　社会主义国家组织要代表全体人民的共同利益和公共意志就必须真正深入研究,允许多元化利益自由地显示出来,通过对比、分析,使共同利益在或多或少的撞击妥协中诞生,作为人民普遍化的利益出现,这是极其复杂的过程。为此,社会主义国家组织运用民主职能确立人民意志表达和实现的内在机制。(1)多元化利益有充分表达自己要求的平等机会和权利;(2)多元化利益的代表,能够充分了解和参与综合人民整体利益的政治决策过程;(3)全体人民共同利益要外在化,即法律化,易为人民所掌握;(4)依靠国家力量保证这种意志的实现,制裁违反这一意志的组织、个人及其行为,这就是国家民主职能实现的完整机制。

　　2. 社会主义国家组织民主职能的特点与政治稳定。社会主义国家组织民主职能同剥削阶级国家民主职能有本质差别,它与社会主义社会的其他政治与社会组织的类似职能相比,也有自己的特点。正是社会主义国家民主职能的特点,使社会主义民主政治获得了自我实现机制,也获得了自我控制机制,从而也获得了依靠国家强制力保证社会主义国家政治稳定的内在机制。社会主义国家政治稳定就是由国家组织的民主职能自我控制和实现机制的发挥与运用保证的。社会主义国家组织民主职能发挥与运用过程就是实现社会主义民主政治的过程。社会主义民主职能愈发达、愈完善,社会主义国家政治运行就愈趋于稳定化、秩序化。概括起来,社会主义国家组织民主职能的特点是：

（1）普遍性。社会主义国家是全体公民构成的组织，其实质是全体人民当家做主的政治组织形式。人民的每个分子都是国家组织的细胞和成员。这就是说，社会主义国家民主职能适用的对象范围和享有与适用的主体范围，是全体人民，是依法享有政治权利、政治自由、经济权利和人身权利的全体公民。进一步讲，只有社会主义国家组织才有资格、有权力合法地代表和集中全体人民共同利益、公共意志、普遍要求。恩格斯曾经指出："国家是整个社会的正式代表，是社会在一个有形的组织中的集中表现。"[1]国家组织的民主职能显然不同于其他政治与社会组织的民主，后者只是由一部分公民组成的组织，它的民主职能是局部的、分散的，一部分人所享有和运用的。就社会主义国家而言，所有其他政治、社会、经济组织的民主都是以全体人民民主，即国家生活的民主的发扬为基础、为前提的。只有全体人民首先而且充分享受与运用国家民主职能，才能谈得上享有其他领域的民主。企业民主管理职能，只适用于本企业职工的范围，也只有本企业职工才能享有和运用民主管理企业的权利。企业民主管理职能只有资格、权力集中和代表本企业及其职工利益和要求。而"党要在宪法和法律的范围内活动。党的路线、方针、政策是体现人民利益的，应该通过法定程序和法律形式，把党的主张变为国家意志。要加强党对人大工作的领导。各级党委要支持各级人民代表大会依法行使职权"[2]。

必须指出，我们不能像西方民主理论那样把公民从国家组织中排挤出去之后，来让公民参与国家活动。只有把国家组织仅仅理解为政权机关，才会把人民的政治活动称为政治参与。政权机关不等于国家组织，如同党的机关不等于党的组织一样，公民是构成国家的基本元素——细胞。公民的权利实质上是国家权力体系中必不可少的组成部分。公民依法为自己的民主与自由、权利与平等而斗争，是同国家本质一致的，是国家政治权力与民主职能实现的形式之一。

（2）机制性。社会主义国家民主职能的实现与发挥绝不意味着各自为政、各行其是、一团混沌。江泽民指出："民主、自由和人权，一个根本的问

---

①　《马克思恩格斯选集》第 3 卷，第 438 页。

②　江泽民：《在庆祝中国共产党成立七十周年大会上的讲话》。

题，……也就是人能否真正掌握自己命运的权利。……人要掌握自己的命运，并不等于可以为所欲为。如是这样的话，社会就会陷入混乱，就不可能有正常的秩序。陷入无政府状态的国家是没有希望的，它不可能把经济搞上去。"①

国家民主职能与其他政治社会组织民主职能的重要区别之一，就是实现方式的不同。没有一种组织能像国家组织这样，建立起如此健全、完善的民主机制来保证民主职能的充分发挥和实现。国家民主职能是通过健全、完善和发达的国家民主机制实现的。所谓民主机制，就是人民组成的各种政治主体，为了达到整体利益的目标，以国家权力为核心，依照宪法和法律规定的权利和义务，职权与职责，相对独立地固定在各自的位置，扮演各自的角色，输出各自的功能，从而按照一定的层次结构形成相互依赖、相互分工、相互协作、相互制约、有机结合的国家权力系统。具体地说，国家民主机制是由国家与国家组织细胞——公民之间，国家与公民的先进部分——政党之间，国家与公民组成的其他政治、经济、社会组织——工、青、妇等群众团体、学术团体、企事业单位等组织之间，国家机构内部——立法机关、行政机关、司法机关、检察机关、中央机关、地方机关、公务国家机关之间的关系构成的。任何一个政治角色僭越其他角色的权力，取代其他角色的功能，就会导致国家政治系统中民主机制的紊乱和变态。最重要的民主机制是国家主权与国家职权的分工与制约。国家主权与国家职权是不同的、国家主权的主体是人民，国家职权的主体是国家机关。主权是人民革命斗争胜利的结果，职权是人民赋予国家机关的，是人民以职权与职责的统一，同国家机关签订的"契约"——宪法。主权是不可分割的，具有完整、统一、最高的属性。职权能够而且必须加以分解，赋予不同的国家机关，必然具有分工、协作与制约的属性。人民的主权表现两个方面：一、保证国家机关真正拥有自己赋予的职权，发挥其作用，尽为人民服务的职责；二、适用选举权、罢免权、监督权，以及其他政治权利、政治自由，保证国家及其官员真正在自己赋予的职权范围内活动，防止他们滥用权力或腐化堕落。今天，社会主义国家是无产阶级及其政党起领导作用的国家政权，这是现实、是实践。国家是无产阶级的国家，我们就没有任何理由怀疑它的本质，忽视它的职能，否定它是无产阶级领导与管理社会的组织形式。

----

① 《人民日报》1991 年 11 月 2 日第 1 版。

（3）动态性。社会主义国家民主职能的实现是动态过程,实践过程。分析社会主义国家的民主不仅依据法律的规定,更重要的是看法律规定的民主权利的实现程度,以及实现中的梗塞和制约因素。它要求不断铲除妨碍民主职能发挥的各种障碍,并适应人民的政治觉悟、参政能力和议政意识的增强、深化和扩展民主的深度和广度,不断把民主推向新的阶段。社会主义国家民主职能所强调的民主是动态与静态相结合、定性与定量相结合、时间与空间相结合的现实民主。社会主义国家建立后,宪法确定了发展民主的总原则和总方向。国家的民主职能不能像资产阶级国家那样停止在定性描述与静态规定。社会主义国家要把发扬社会主义民主列入重要的议事日程,如同经济发展、文化事业一样,研究制定民主发展的战略和计划。国家民主职能的实现是分层次、分阶段的。它应该由近期目标和长远目标,近期计划和长远计划,实现民主的战略重点、战略步骤和战略措施构成。也就是说,发扬社会主义民主是一项大量的、日常的、多方面的实际工作。就时间而言,民主的发展是一个动态发展的过程,其形式与内容将伴随着社会经济、政治、文化的不断发展日益充实和扩展。就空间而言,社会主义国家地区之间各项事业发展是极不平衡的。社会主义民主在城市与乡村、中央与地方、发达地区与落后地区、知识分子与非知识分子之间实现与要求的程度是不同的。在城市、在发达地区、在基层政权应该率先实行直接民主制,加速民主化的进程,以作为民主的典范。

（4）保障性。社会主义国家民主职能的实现是以国家的物质财富和强制手段支持的。民主并不只是让人讲话,民主是全体人民实实在在的政治任务和伟大事业,这种任务同其他事业发展一样,需要人力、物力、财力和信息的支持。社会主义民主的真实性就在于社会主义国家的一切财富归人民所享有。这就为民主政治的发展提供了物质保障和力量保证。

法律保障。民主似乎与强制不相容,但是国家民主职能的实现恰恰是以强制作为后盾的。社会主义国家民主职能的法律保障是指国家依据法律,运用公共权力强制实行民主制度的特性。这也就是为什么党和国家反复强调社会主义民主要法律化、制度化的原因。没有这种保障性,现阶段的社会主义国家民主就会遇到来自各种政治角色的干扰和破坏。

社会主义国家民主职能,是任何组织及个人都没有超越于法律之外,凌驾于其他组织和个人之上的特权。全体公民在法律面前人人平等,共同享受法律规定的权利,共同尽到法律规定的义务,非依法律不得剥夺人民范围内的任何公民的权利和自由。民主与自由必须服从全社会的共同利益和公共意志,而现代社会表达和体现这种利益与意志的极好形式就是法律。"从某一阶级的共同利益中产生的要求,只有通过下述办法才能实现,即由这一阶级夺取政权,并用法律的形式赋予这些要求以普遍的效力。"①邓小平也曾深刻指出:为了保障人民民主,必须加强法制。必须使民主制度化,法律化,使这种制度和法律不因领导人的改变而改变,不因领导人的看法和注意力的改变而改变。②法律是人民共同利益和公共意志有形化、具体化、明确化的表现形式,是包括人民各个部分在内的全社会成员活动和行为的科学轨道和合理界限。民主、自由并不意味着各自为政、各行其是,也不意味着服从社会的某个阶层、党派、集团与个人。民主与自由就是从事法律所允许的活动与行为。法律规定的民主实质上是权利与义务、民主与集中、自由与纪律、民主与专政、分工与制约的机制,这种机制是以合法的强制力保证实现的。社会主义国家民主不是完全自觉的全民民主,而是通过法律机制来保障和实现的。这是社会主义民主与共产主义"民主"的区别所在。

3. 拓展和深化社会主义国家组织民主职能的具体方向。

(1)不断完善和加强人民代表大会制度。人民代表制是社会主义国家的基础,也是其民主性的最充分的体现。人民代表制是通过由选举产生的自下而上的管理国家事务的机关来实现的。这就涉及各级代表机关的权力范围和它同其他国家机关相互关系的程序。人民代表机关能够利用统一的国家组织的一切力量来解决自己的任务。

人民代表制是团结和联系社会主义社会的各个阶层、党派、团体及其他劳动者与爱国者参政管理国家的最佳形式,是集中各方面利益的正式的权力组织,是党发挥领导作用的重要途径。在现代国家,正如列宁所说:"如果没有代议机构,那我们就很难想象什么民主,即使是无产阶级民主。"③因此,发展和完善人民代表制,就成为社会主义国家发挥民主职能、改革政治体制的重要方向。列宁早在十月革命胜利初期就深刻指出:"今后在发展生产力和文化

---

① 《马克思恩格斯全集》第 21 卷,第 567—568 页。
② 《邓小平文选一九七五—— 一九八二年》,第 136 页。
③ 《列宁选集》第 3 卷,第 211 页。

方面,我们每前进和提高一步,都必定同时改善和改造我们的苏维埃制度"①。
我国宪法明确规定:"中华人民共和国的一切权力属于人民"。"人民行使国家权力的机关是全国人民代表大会和地方各级人民代表大会。"②健全和完善我国人民代表大会制度,是我国政治体制改革的重要方向。任何偏离这一方向的政治体制改革,都必然导致所谓多党政治、竞选政治、精英政治、三权分立与制衡政治的结论,必然动摇社会主义国家的政治基础和妨害社会主义国家民主职能的扩展与发挥,必然导致社会主义民主政治内在机制的破坏,必然导致社会的动荡不安、政治上的混乱与迷失方向。这已由苏联、东欧一些国家的剧变提供了经验教训。在东欧未发生剧变前,苏联东欧的共产党始终坚持这一政治改革方向。苏联共产党曾十分重视完善苏维埃制度,强调十月革命后60年证明:"没有劳动者的政权,没有社会主义的国家形式,过去、现在都不会有通往社会主义的道路。"③"我们尽一切努力完善苏维埃民主,向着共产主义自治的方向来发展我们的国家体制。"④匈牙利工人党也认为:"我们20年的经验证明,各级议会是权力机关、管理机关和自治机关。像56年前曾广泛推行的那种党的行政性领导会削弱议会,而以思想政治信念为基础的、考虑到各级议会重要的国家作用和社会意义的党的领导,可以加强议会,提高他们的责任感和创造力。"⑤可惜,苏联东欧一些国家的领导人后来偏离了这一方向,放弃了完善和发展人民代表制的努力。结果,一些国家陷入了政治困境,一些国家正在动荡不安。因此,邓小平指出:"在政治体制改革方面有一点可以肯定,就是我们要坚持实行人民代表大会的制度,而不是美国式的三权鼎立制度。实际上,西方国家也并不都是实行三权鼎立式的制度。"⑥他说:"我们讲民主,不能搬用资产阶级的民主,不能搞三权鼎立那一套。我经常批评美国当权者,说他们实际上有三个政府。当然,美国资产阶级对外用这一手来对付其他国家,但对内自己也打架,造成了麻烦。这种办法我们不能用。"⑦发挥和扩

① 《列宁全集》第33卷,第89页。
② 《中华人民共和国宪法》第二、三条。
③ 《当代的政治体制》,第125页。
④ 《当代的政治体制》,第116页。
⑤ 《当代的政治体制》,第161—162页。
⑥ 《邓小平在接见首都戒严部队军以上干部时的讲话》。
⑦ 《建设有中国特色的社会主义》(增订本),第150—151页。

展社会主义国家组织民主职能,加强和完善人民代表大会制度,这就是具有中国特色的社会主义民主政治的发展道路,也是中国社会主义政治原则、政治基础、政治性质稳定的标志。这是功能的发挥,不是结构的改变。

加强和完善人民代表大会制度的具体措施有:切实保证人民群众了解候选人的真实情况,并行使选择权,切实保证人民群众了解人民代表的活动和政绩并行使监督权、罢免权;提高人民代表理解社会主义民主政治的知识结构、参政议政的能力结构,加强人民代表在国家政治生活中实施领导与决策的地位与功能;切实保证各级人民代表大会及其常务委员会对各级各类国家行政机关、司法机关活动的有效的质询权、提案权、监督权和人事权;加强社会主义民主建设和法制建设的立法活动和保证各级各类国家机关依法行政、依法审判、依法检察的监督活动;加强人民代表大会及其常务委员会的来信来访工作,使人民群众的意见、要求能够通过自己代表机关得到反映、沟通,合理合法的权利和利益能够通过自己代表机关得到满足。社会主义政治中议行合一原则的重要体现之一,就是赋予人民代表机关以一定的执行权以及保证人民群众正当合法的利益要求得以实现的监督权。对于那种忽视人民代表、人民代表大会及其常务委员会的权威和权力的认识和行为必须纠正,对于那种轻视乃至无视人民代表大会及其常务委员会决定、决议和监督的行政领导、审判员和检察员必须由人民代表大会及其常务委员会依法要求他们辞去职务,直至弹劾和罢免他们。

(2)坚持和完善中国共产党领导的多党合作和政治协商制度。中国共产党领导的多党合作和政治协商制度,是我国一项基本政治制度,是马克思主义政党理论和统一战线学说与我国实际相结合的产物,是我国政治制度的一大特点和优点。中国共产党是领导我们事业的核心力量,没有这个坚强的领导核心,就不可能实现社会主义现代化。在几十年革命与建设中,中国共产党和各民主党派建立了长期共存、互相监督,肝胆相照,荣辱与共的亲密关系,各民主党派是参政党,不是在野党,更不是反对党。中国人民政治协商会议是共产党领导的统一战线的重要组织形式,在我国政治生活中发挥着重要作用。继续坚持和完善我国的政党体制和政治协商制度,切实发挥各民主党派和各界爱国人士的参政议政和民主监督作用,有利于更好地坚持和改善党的领导,有利于更广泛地联系和团结各阶层群众。那种在我国实行西方多党制的主张,实质上是要取消共产党的领导和执政地位,颠覆人民政权和社会主义制度。中国各族人民决不允许出现这种局面。

(3)自觉地有领导有步骤地推进政治体制改革。中国的民主政治要发展,中国的民主政治在发展。中国政治体制要改革,中国政治体制在改革。社会主义现代化经济建设和精神文明建设需要社会主义民主政治来保证和支持。这是中国不可阻挡的大趋势之一。无视这个趋势,固守原有的已经过时的那一套政治经验和行为方式,是错误的,是有碍于中国现代化建设事业的。"不改革就没有出路,旧的那一套经过几十年的实践证明是不成功的。"①中国政治民主的发展与改革方向是什么? 中国政治稳定与政治发展的关系是什么? 由于长期形成的过分单一的所有制结构和僵化的经济体制,以及同这种经济体制相联系的权力过分集中的政治体制,严重束缚了生产力和社会主义经济的进一步发展。但是,我们必须明白,资本主义社会的基本矛盾表现为剧烈的对抗和冲突,表现为剧烈的阶级斗争,并且不可能由资本主义制度本身来解决,只有社会主义革命才能够解决。社会主义社会的基本矛盾是另一回事,它不是对抗性的矛盾,它可以经过社会主义制度本身的完善与发展,不断地得到解决。当然,指出这些基本矛盾的性质,并不就完全解决了问题,还需要就此作深入的具体的研究。社会主义制度并不等于建设社会主义的具体做法。我们社会主义根本制度是优越的,但现行的一些具体制度中,还存在不少弊端,妨碍甚至严重妨碍社会主义优越性的发挥,如不认真改革,就很难适应现代化建设的迫切需要。在坚持社会主义制度的前提下,必须"着重研究体制的改革",社会主义改革是对体制的"革命"。

中国的政治发展与改革是在政治稳定的前提下实现的。政治稳定,就是中国的政治发展继续沿着社会主义民主的方向前进,巩固无产阶级专政的政治秩序,坚持人民民主专政原则。中国的政治发展与"改革是社会主义制度的自我完善"②。如果离开社会主义性质、方向和原则,我国的政治发展和政治体制改革就会走上斜路。如果用资产阶级的政治理论、政治原则和政治模式,研究和指导我国政治发展的实践过程,就是政治倒退。坚持我国政治发展

---

① 《邓小平同志重要谈话》,第33页。
② 邓小平:《建设有中国特色的社会主义》(增订本),第121、156页。

的社会主义性质、方向和原则,从根本上说,就是努力发展高度发达的具有中国特色的社会主义民主政治。社会主义民主政治就是不断地吸引、扩大、深化和实现人民参与国事,给国家定方向,确定国家活动的形式、任务和内容。列宁指出:"人民需要共和国,为的是教育群众走向民主。需要的不仅仅是民主形式的代表机关,而且要建立由群众自己从下面来管理整个国家的制度,让群众实际地参加各方面的生活,让群众在管理国家中起积极的作用。……不是从上面'实行'社会主义,而是发动广大的无产者和半无产者群众去掌握管理国家的艺术,去管理全部国家政权。"①因此,我国政治发展与改革的根本目的就是健全和完善大多数人参加实践的社会主义民主政治。一切政治发展与改革的思路必须在这个质的规定性的前提下,努力实现社会主义民主政治的量的积累、扩展和深入,以及充实、丰富和完善社会主义民主政治的具体制度。否则,无论打着什么旗号,只要离开大多数人、离开人民民主,就不是社会主义性质的政治发展与改革,就必将为人民所反对。正是在这个意义上,四项基本原则是我们的立国之本。

建设高度发达的社会主义民主政治,是中国政治发展的根本目标。"没有民主就没有社会主义,就没有社会主义的现代化。""社会主义愈发展,民主也愈发展。"②"胜利了的社会主义如果不实行充分的民主,它就不能保持它所取得的胜利,引导人类走向国家的消亡。"③我们要提出民主政治建设的任务,还应看到民主政治建设的客观条件。我国民主政治发展只能立足于现实、立足于国情、立足于改革。国情与现实是我国社会主义民主政治发展的条件。我国最基本的国情和现实是:中国社会主义尚处在初级阶段;中国社会主义革命的胜利是在经济、文化都比较落后的社会里取得的;建设高度发达民主政治必须经过长期、艰巨、复杂的发展过程。社会主义中国的政治发展既不是科学社会主义创始人马克思恩格斯所设想的在资本主义政治、经济、文化高度发达的基础上进行的,也不完全相同于其他社会主义国家。这就决定社会主义中国的政治发展照搬外国不行,照抄书本也不行,只能从国情出发,把马克思主义普遍真理同中国实际情况相结合,借鉴外国一切科学与进步的因素;在实践

---

① 《列宁全集》第 24 卷,第 153—154 页。
② 《邓小平文选一九七五——一九八二年》,第 154 页。
③ 《列宁全集》第 23 卷,第 70 页。

中循序渐进,有领导、有步骤、有秩序地进行改革,逐步达到高度的社会主义民主政治的目标。我们反对那种不顾国情和现实,急于求成,企图通过短期的"革命"和"运动"实现高度民主政治的认识和做法,也反对那种知难而退、无所作为、因循守旧、忽视民主政治发展的保守倾向。"我们必须有秩序地进行改革。所谓有秩序,就是既大胆又慎重,要及时总结经验,稳步前进。如果没有秩序,遇到这样那样的干扰,把我们的精力都消耗在那上面,改革就搞不成了。"①因此,我们应该看到,解决和克服社会主义社会的矛盾、冲突和斗争,重点在于切实改革并完善党和国家的制度,从制度上保证党和国家政治生活的民主化、经济管理的民主化、整个社会生活的民主化,促进现代化建设事业的顺利发展。"这需要认真调查研究,比较各国的经验,集思广益,提出切实可行的方案和措施。不能认为只要破字当头,立就在其中了。历史经验证明,用大搞群众运动的办法,而不是用透彻说理、从容讨论的办法,去解决群众性的思想教育问题,而不是用扎扎实实、稳步前进的办法,去解决改革现行制度和建立新制度的问题,从来都是不成功的。因为在社会主义社会中解决群众思想问题,具体的组织制度、工作制度问题,同革命时期对反革命分子的打击和反动制度的破坏,本来是原则上根本不同的两回事。"②

社会主义精神文明建设也是社会主义民主发展与改革的重要条件和制约因素。政治发展中的价值体系、政治理想、政治意识、政治道德、政治心理和个人及团体的政治行为等结构与社会主义精神文明建设存在着相互重叠、相互作用的密切关系。只有普通教育的发展、科学技术的普及和社会文化知识的传播,才能全面提高中华民族的整体政治素质和个体政治素质。中国还有四分之一人口处在文盲、半文盲状态,至于所谓的"法盲""人权盲"更是无计其数。一个人要参与现代化民主政治生活,没有知识、没有文化、没有参政议政行政的意识和能力,是不可能的。"文盲是站在政治之外的,……不识字就不能有政治,不识字只能有流言蜚语,传闻偏见,而没有政治。"③现代社会的政治人只摆脱文盲是远远不够的,所以,我国社会主义精神文明建设的水平与程度,是我国社会主义民主政治发展的重要制约因素。马克思在谈到社会主义

---

① 邓小平:《建设有中国特色的社会主义》(增订本),第156页。
② 《邓小平文选一九七五—— 一九八二年》,第297页。
③ 《列宁全集》第33卷,第59页。

第一阶段的政治时指出:"权利永远不能超出社会的经济结构以及由经济结构所制约的社会的文化发展。"①列宁在领导苏维埃政权建设时也敏锐地发现了这个问题。他说:"苏维埃政权在原则上实行了高得无比的无产阶级民主,对全世界做出了实行这种民主的榜样,可是这种文化落后性却贬低了苏维埃政权并使官僚制度复活"。他说:"这根本不是法律妨碍了这一点,如在资产阶级时代那样;恰恰相反,我们的法律还促进了这一点。但只有法律是不够的。必须有广大的教育工作、组织工作和文化工作。这不能用法律迅速办到,这需要进行长期的巨大的努力。"②因此,推进社会主义精神文明建设是社会主义民主政治建设的重要途径之一。

　　总之,有中国特色社会主义政治发展的方向和道路,就是必须坚持工人阶级领导的、以工农联盟为基础的人民民主专政,不能削弱和放弃人民民主专政;必须坚持和完善人民代表大会制度,不能搞西方那种议会制度;必须坚持和完善中国共产党领导的多党合作和政治协商制度,不能削弱和否定共产党的领导,不能搞西方那种多党制。我们要牢牢把握有中国特色社会主义政治的这些基本要求,不断加强社会主义民主和法制建设,发展安定团结、生动活泼的政治局面,保证人民当家做主和国家长治久安。

---

① 《马克思恩格斯选集》第 3 卷,第 12 页。
② 《列宁选集》第 3 卷,第 784、785 页。

结　语

在变化万千、多彩多姿的世界里,人们对稳定有着不同的理解、体会和感受。在马克思主义看来,稳定是发展的、辩证的。稳定要求的是秩序、和平、安全;要求的是统一、团结和合作;要求的是连续、渐进、平衡;要求的是方向、轨迹和规则。稳定绝不意味着保守、僵化、倒退。

我们正处在代际转换和世纪转换的伟大时刻。历史给我们留下的有"阳光"、"雨露"、"大地"和"森林",也有贫困、痛苦、悲伤和不安;未来给我们预示的有光明、希望、信心和成功,也会有曲折、探索、困难和选择。实现国家的现代化,是亿万中国人民的共同责任和神圣事业。每个炎黄子孙,不论什么阶层,不论什么党派,不论什么信仰,只要真心支持和从事国家现代化建设,都应在爱国主义的旗帜下团结起来,为中华民族的伟大复兴,殚精竭虑,奋斗不息。在进行这项宏伟工程的时候,必将伴随着调整和变革旧的体制和机制的过程,必将触及某些人的一些切身利益。我们应该以对民族和国家高度负责的态度,一切从国家、民族稳定和发展的大局出发,理智地对待改革开放和社会发展中的矛盾和困难以及个人的得失。

主要阅读和参考书目

1. 恩格斯:《家庭、私有制和国家的起源》,《马克思恩格斯选集》第 4 卷,人民出版社 1972 年 5 月出版。

2. 马克思:《〈政治经济学批判〉导言》,《马克思恩格斯选集》第 2 卷,人民出版社 1972 年 5 月出版。

3. 马克思、恩格斯:《共产党宣言》,《马克思恩格斯选集》第 1 卷,人民出版社 1972 年 5 月出版。

4. 列宁:《论国家》,《列宁选集》第 4 卷(上),人民出版社 1976 年 4 月出版。

5. 列宁:《国家与革命》,《列宁选集》第 3 卷(上),人民出版社 1976 年 4 月出版。

6.《马克思恩格斯列宁斯大林论历史科学》,人民出版社 1980 年 9 月第 1 版。

7. 毛泽东:《论十大关系》、《关于正确处理人民内部矛盾的问题》,《毛泽东选集》第 5 卷,人民出版社出版。

8.《关于建国以来党的若干历史问题的决议》(注释本),人民出版社 1985 年 9 月第 1 版。

9.《邓小平文选一九七五——一九八二年》,人民出版社 1983 年 7 月第 1 版。

10. 邓小平:《建设有中国特色的社会主义》(增订本),人民出版社 1987 年 3 月第 2 版。

11.《邓小平同志重要谈话一九八七年二月——七月》,人民出版社 1987 年 10 月第 1 版。

12. 中共中央《关于经济体制改革的决定》,人民出版社 1984 年 10 月第 1 版。

13. 中共中央《关于社会主义精神文明建设指导的方针的决议》,人民出版社 1986 年 9 月出版。

14. 王惠岩:《政治学原理》(修订本),吉林大学出版社 1989 年 3 月第 2 版。

15. 赵宝煦主编:《政治学概论》,北京大学出版社 1982 年 10 月第 1 版。

16. 丘晓主编:《政治学原理》,四川人民出版社 1984 年 12 月第 1 版。

17. 王邦佐等主编:《政治学概要》,复旦大学出版社 1986 年 8 月第 1 版。

18. 云光主编:《社会主义政治学》,人民出版社 1985 年第 1 版。

19. 皮纯协等主编:《政治学教程》,河南人民出版社 1983 年 8 月第 1 版。

20. 朱日耀主编:《中国古代政治思想史》,吉林大学出版社 1988 年版。

21. 徐大同主编:《中国古代政治思想史》,吉林人民出版社 1981 年 6 月第 1 版。

22. 徐大同主编:《西方政治思想史》,天津人民出版社 1985 年 2 月第

1 版。

23. 北京大学法律系编:《西方政治思想简史》,北京大学出版社 1982 年。

24. 浦兴祖等编著:《从〈理想国〉到〈代议制政府〉——西方政治学名著释译》,四川人民出版社 1990 年第 1 版。

25. 王沪宁:《当代西方政治学分析》,四川人民出版社 1988 年 4 月第 1 版。

26. 王沪宁:《比较政治分析》,上海人民出版社 1987 年 5 月第 1 版。

27. 钱乘旦等:《走向现代国家之路》,四川人民出版社 1987 年 3 月第 1 版。

28. 袁木等主讲:《社会主义若干问题讲座》,红旗出版社 1990 年 12 月第 1 版。

29.《中国人权状况》(白皮书),人民出版社 1991 年 11 月第 1 版。

30. 张静如主编:《中国共产党和中国现代化》,湖南出版社 1991 年 5 月第 1 版。

31. 胡代光、厉以宁编著:《当代资产阶级经济学主要流派》,商务印书馆 1982 年 6 月第 1 版。

32. 国务院农村发展研究中心联络室委托研究成果:《生存、改革、发展——中国农村中长期发展研究》(1988 和 1989)(内部发行),中国展望出版社 1989 年 12 月第 1 版。

33. 胡鞍钢:《中国走向 21 世纪》,中国环境科学出版社 1991 年 3 月第 1 版。

34. 张占斌:《政治发展与当代中国》,吉林文史出版社 1990 年 6 月第 1 版。

35.［美］爱·麦·伯恩斯:《当代世界政治理论》,曾炳钧译,商务印书馆 1983 年 7 月第 1 版。

36.［苏］罗伊·麦德维杰夫:《论社会主义民主》,史正苏译,商务印书馆 1982 年 1 月第 1 版。

37.［美］L．J．宾克莱:《理想的冲突——西方社会中变化着的价值观念》,马元德等译,商务印书馆 1983 年 5 月第 1 版。

38.［美］E．A.罗斯:《社会控制》,秦志勇等译,华夏出版社 1989 年 7 月第 1 版。

39.[英]汤因比:《历史研究》(上、中、下),曹未风等译,上海人民出版社 1964 年 3 月第 1 版。

40.[法]弗朗索瓦·佩鲁:《新发展观》,张宁等译,华夏出版社 1987 年 9 月第 1 版。

41.[美]巴林顿·摩尔:《民主和专制的社会起源》,拓夫等译,华夏出版社 1987 年 10 月第 1 版。

42.[美]查尔斯·霍科·库:《人类本性与社会秩序》,包凡一等译,华夏出版社 1989 年 7 月第 1 版。

43.[美]塞缪尔·亨廷顿:《变革社会中的政治秩序》,李盛平等译,华夏出版社 1988 年 10 月第 1 版。

44.[美]加布里埃尔·A. 阿尔蒙德、小 G. 奥厄姆·鲍威尔:《比较政治学:体系、过程和政策》,曹沛霖等译,上海译文出版社 1987 年 2 月第 1 版。

45.[美]安东尼·奥罗姆:《政治社会学——主体政治的社会剖析》,张华青等译,上海人民出版社 1989 年 3 月第 1 版。

46.[英]保罗·哈里森:《第三世界——苦难、曲折、希望》,钟菲译,新华出版社 1984 年 8 月第 1 版。

47.[美]格伦·蒂德:《政治思维:永恒的困惑》,潘世强译,浙江人民出版社 1988 年 10 月第 1 版。

48.[英]格雷厄姆·沃拉斯:《政治中的人性》,郑永年等译,浙江人民出版社 1988 年 9 月第 1 版。

49.[美]罗伯特·达尔:《多元主义民主的困难——自治与控制》,尤正明译,求实出版社 1989 年 4 月第 1 版。

50.[法]米歇尔·克罗齐、[日]绵贯让治、[美]塞缪尔·亨廷顿:《民主的危机》,求实出版社 1989 年 4 月第 1 版。

51.[美]彼德·布劳:《社会生活中的交换与权力》,孙非等译,华夏出版社 1988 年 1 月第 1 版。

52.[美]L. 科塞:《社会冲突的功能》,孙立平等译,华夏出版社 1989 年 4 月第 1 版。

53.[美]艾伦·C. 艾萨克:《政治学:范围与方法》,郑永年等译,浙江人民出版社 12 月第 1 版。

54. [法]莫里斯·迪韦尔热:《政治社会学——政治学要素》,杨祖功等译,华夏出版社 1987 年 10 月第 1 版。

55. [美]罗伯特·A. 达尔:《现代政治分析》,上海译文出版社 1987 年 3 月第 1 版。

56. [苏]费·米·布尔拉茨基、维·叶·齐尔金:《当代政治体制》,李方仲等译,广东人民出版社 1984 年 7 月第 1 版。

57. [美]查尔斯·林德布洛姆:《决策过程》,竺乾威等译,上海译文出版社 1988 年 12 月第 1 版。

58. [美]阿兰·G. 格鲁奇:《比较经济制度》,徐节文等译,中国社会科学出版社 1985 年 6 月第 1 版。

59. [美]贝蒂·H. 齐斯克:《政治学研究方法举隅》,沈明明等译,中国社会科学出版社 1985 年 6 月第 1 版。

60. [美]威廉·F. 斯通:《政治心理学》,胡杰译,黑龙江人民出版社 1987 年 7 月第 1 版。

61. [美]戴维·伊斯顿:《政治生活的系统分析》,王浦劬译,华夏出版社 1989 年 7 月第 1 版。

62. [美]萨拜因:《政治学说史》(下册),商务印书馆 1988 年版。

63. [美]D. P. 约翰逊:《社会学理论》,南开大学社会学系译,国际文化出版公司 1988 年 2 月北京第 1 版。

64. 白桦、丁一凡编译:《发展社会学》,四川人民出版社 1987 年出版。

65. 陈鸿瑜:《政治发展理论》,桂冠图书股份有限公司 1974 年版。

后　记

　　被誉为政治安定设计师的塞缪尔·亨廷顿曾这样讲过："救世主有句箴言:'为拯救这个世界,同心协力吧!'政治学家应该能够而且已经实际上有助于拯救世界的事业,他们发展人们对政治过程的理解,解释说明那些可供人们选择的各种政治设计组合的可能性和结果,加强对政治工程的潜力和限度的评价,但是政治研究最基本的教训却是:从政治上拯救世界无捷径可走。假使一个世界将会得救,一种稳定的民主制度将会建立,途径没有别的,唯有在同心协力的精神之下,由富于理智和现实感的人们实行不弃涓滴、积少成多的改革。这便是我们这一学科颇为自制但充满希望的信息。"①

　　最后,笔者怀着真诚的心情,感谢我的导师王惠岩教授,感谢所有曾给笔者启发与帮助的人们! 当然,文章的任何纰漏均由笔者本人负责。任何批评都将受到欢迎!

---

　　①　[美]塞缪尔·亨廷顿:《政治学与政治改革》,俞可平译,引自《国外政治学》1989 年第 4 期,第 22 页。

我国公民选举意识调查研究报告[*]

一、概　况

选举制是民主政治的重要内容之一,在实现社会主义国家民主政治过程中,占有十分重要的地位。公民是实施民主选举制度的细胞。社会主义国家公民的选举意识实质是人民民主发展程度的晴雨表,也是决定改革与完善选举制度及其他民主制度的取向与进程的重要因素。所谓公民的选举意识,是指公民的选举知识结构,公民参加选举过程的行为结构,公民对选举结果深层心理的评价结构,以及公民关于选举制度改革的意向结构。为了真实地了解和反映公民的选举意识,为我国选举制度的改革与完善提供信息和咨询,1986年12月至1987年初,我们结合公民参加基层人大换届选举的实际情况,就公民的选举意识进行了较大规模、较为详细的调查。

这次调查采取的是问卷方式。问卷内容包括:选民的选举知识、选举心理、选举态度;选民对选举各环节的看法和意见;选民参加选举过程的实际行为;选民了解候选人的方式及程度;选民对当选代表的反映;选民对选举的评价;选民对基层人大选举制度改革的建议等17个题目。

为了搞好调查,尽可能全面、准确地了解和反映各类公民的选举意识,我们抽调七名教师、35名研究生,按被调查对象的划分,组成若干小组。各调查组在长春市、吉林市,有关的县、区、乡、镇人民代表大会常务委员会和政府的配合下,向不同性别、不同年龄、不同民族、不同职业、不同职级、不同党派、不

　　* 本书作者系本文主要执笔人之一。本文曾收入国家社科"七五"规划重点项目《中国政治体制改革》调研丛书:《民主政治与地方人大——调查与思考之一》,赵宝煦主编,陕西人民出版社1990年11月出版。

同地域和不同学历的公民发放了问卷。

　　这次调查共发放问卷5000份,回收3500份,回收率为69.99%,有效问卷回收为2144份,有效率达61.25%。电子计算机统计结果表明,有效问卷中没有军人,同时,由于吉林省的特殊情况和发放问卷的局限性,有些类别的公民,如老年人、少数民族、领导干部、民主党派及文盲收到问卷的较少。有效问卷中各类公民的构成详见表一。

表一　有效问卷具体构成分析

统计对象 ＼ 统计结果		人数(2144)	占总人数的比例(%)
性别	男	1430	66.69
	女	675	31.48
年龄	30岁及以下	828	38.61
	31—60岁	1289	60.12
	61岁及以上	27	1.25
民族	汉	1855	86.52
	回	33	1.53
	蒙古	34	1.58
	满	144	6.71
	朝鲜	30	1.39
	其他	4	0.18
职业	工人	657	30.64
	农民	262	12.22
	知识分子	292	13.61
	干部	426	19.86
	学生	240	11.19
职级	厅级	14	0.65
	处级	33	1.53
	科级	63	2.93
	一般	313	14.59

统计对象＼统计结果		人数（2144）	占总人数的比例（%）
党派	共产党	553	25.79
	民主党派	12	0.55
	无党派	38	1.77
地域	城市	835	38.94
	城镇	816	38.05
	农村	381	17.77
学历	大学	457	21.31
	中学	1054	49.16
	小学	177	8.25
	文盲	7	0.32

　　调查研究报告仅就具有典型意义的统计数字作出分析。

二、调查结果与分析

（一）关于公民的选举知识结构

　　公民只有学习和掌握必需的选举知识,才能自觉地意识到自己的主人翁地位,才能有效地行使法律赋予的选举权利。从统计结果看,被调查者了解的选举知识的状况呈以下特点:

　　1.多数公民掌握或了解一定的选举知识,但仍有相当数量的公民对选举常识一知半解,或者一无所知。而对于选举具体程序方面的知识,绝大多数公民知道得较少。

　　现行的选举法集中反映了我国选举制度的性质、特点,规定了实行选举的程序和内容,以及公民选举权的保障和运用。每个成年公民应当对选举法有所了解。这是正确实施选举行为的前提。经过统计,被调查者中,有36.64%和48%—57%的人了解或了解一些选举法,有72.16%的人知道什么样的人具有选民资格,有35.57%和38.46%的人知道或知道一些选举县（区）人大代表候选人的提出是怎样规定的;但是,还有15.1%的人干脆不了解选举法,有

24.24%的人不知道选举县(区)人大代表有哪些程序,还有19.67%和7.31%的人对选民资格不太清楚或者不知道,竟有33.7%和22.09%的人对选举法中代表候选人的提名是怎样规定的不太清楚或不知道。

2. 分组统计表明,了解和掌握选举法知识比较少的是青年、学生和具有大学学历的被调查者。

在被调查的青年中,有22.46%的人不了解选举法,占不了解者的57.4%;有24.51%和9.24%的人不太清楚或者不知道什么样的人具有选民资格,分别占总数的48.1%和49.68%;有32.12%的人不知道选举县(区)人大代表有哪些程序,占不知道者的一半以上(51.15%);竟有36.35%和26.69%(共63.04%)的人不清楚或者不知道选举法对人大代表候选人的提出是怎样规定的,分别占总数的41.63%和46.62%。

在被调查的学生中,有29.77%的人不了解选举法,这个比例高出农民(17.91%)10%还多;有26.71%和9.16%的人不太清楚或者不知道什么样的人具有选民资格;只有23.66%的人知道选举县(区)人大代表有哪些程序;只有34.73%的人知道选举法对代表候选人的提出是怎样规定的。在具有大学学历的被调查者中,上述几个统计数字也存在类似情况。关于被调查者的选举知识结构情况,详见表二。

表二　公民举选知识结构典型统计

统计问题	统计答案	统计对象	统计结果项目	选择人数	占选择人数的比例(%)	占同一统计对象的比例(%)
你学习和了解选举法吗?	了解(785人 36.59%)	年龄	30 岁及以下	241	30.7	29.1
			31—60 岁	529	67.38	41
			61 岁及以上	12	1.91	55.55
		职业	干部	155	19.74	36.38
			知识分子	111	14.14	38.01
			工人	214	27.26	32.57
			学生	63	8.02	24.04
			农民	117	14.9	48.75

续表

统计问题	统计对象	统计项目	选择人数	占选择人数的比例（%）	占同一统计对象的比例（%）
了解一些（1040人 48.62%）	学历	大学	129	16.43	28.22
		中学	424	54.01	40.22
		小学	65	8.28	36.72
		文盲	4	0.5	57.14
	年龄	30岁及以下	400	38.35	48.3
		31—60岁	635	60.88	49.22
		61岁及以上	8	0.76	29.62
	职业	干部	242	23.2	56.8
		知识分子	149	14.28	51.02
		工人	348	33.46	52.96
		学生	121	11.6	46.18
		农民	76	7.28	31.66
不了解（324人 15.1%）	学历	大学	251	24.06	54.92
		中学	497	47.65	47.15
		小学	84	8.05	47.45
		文盲	1	0.09	14.28
	年龄	30岁及以下	186	57.4	22.46
		31—60岁	135	41.66	10.46
		61岁及以上	3	0.92	11.11
	职业	干部	28	8.64	6.57
		知识分子	38	11.72	13.01
		工人	97	29.93	14.76
		学生	78	24.07	29.77
		农民	43	13.27	17.91
	学历	大学	78	24.07	17.06
		中学	143	44.13	13.56
		小学	27	8.33	15.25
		文盲	2	0.61	28.57

续表

统计问题 统计答案 统计对象 统计结果项目				选择人数	占选择人数的比例（%）	占同一统计对象的比例（%）
	统计答案	年龄	30 岁及以下	288	31.82	34.78
			31—60 岁	597	65.96	46.27
			61 岁及以上	20	2.2	74.07
		职业	干部	211	23.31	49.53
			知识分子	124	13.7	42.46
			工人	215	23.75	32.72
			学生	91	10.05	34.73
			农民	117	12.92	48.75
		学历	大学	129	16.43	28.22
			中学	424	54.01	40.22
			小学	65	8.28	36.72
			文盲	4	0.5	57.14
	统计答案	年龄	30 岁及以下	301	41.63	36.35
			31—60 岁	417	57.67	32.32
			61 岁及以上	5	0.69	18.51
		职业	干部	158	21.85	37.08
			知识分子	88	12.17	30.13
			工人	268	37.76	40.79
			学生	92	12.72	35.11
			农民	61	8.43	24.41
		学历	大学	174	24.06	38.07
			中学	330	45.64	31.3
			小学	53	7.33	29.94
			文盲	1	0.13	14.28
	统计答案	年龄	30 岁及以下	221	46.62	26.69
			31—60 岁	251	52.95	19.45
			61 岁及以上	2	0.42	7.4

续表

统计问题 统计答案 统计对象 统计结果 统计项目				选择人数	占选择人数的比例（%）	占同一统计对象的比例（%）
统计答案		职业	干部	51	10.75	11.97
			知识分子	80	16.87	27.39
			工人	156	32.91	23.74
			学生	79	16.66	30.15
			农民	50	10.54	20.83
		学历	大学	99	20.88	21.66
			中学	232	48.94	22.01
			小学	39	8.22	22.03
			文盲	2	0.42	28.57

必须指出，这次调查是在我们轰轰烈烈地开展普法教育之时，又是我国基层人大实行换届选举之际，以上情况不能不令人感到吃惊。它充分说明，我们的普法教育不仅需要，而且要求讲究内容和形式。为了强化公民政治意识，我们应该在公民中，尤其在青年大学生中补好普及选举法知识这一课。很难设想，对选举法知识一无所知的公民，能够充分表达自己的意志，选举出自己满意的人民代表。

（二）关于公民参加选举过程的行为结构

选举行为是公民参加国家政权机关建设，实施民主权利的直接体现。公民参加选举过程的深度和广度反映了社会主义民主政治发展的实际水平。参加选举的态度和行为又动态地反映了现实生活中公民的参政意识和议政能力。通过这次调查，使我们对公民在基层人大选举过程中扮演的角色有了定量的、比较切实的了解。

首先，公民参加选举过程达到了一定的深度和广度。绝大多数被调查者珍惜自己的选举权利，参加选举的积极性和热情较高。在被调查者中，有66.66%的人以主人翁态度积极参加县（区）人大选举；有64.66%的人严肃认真地填写了选票；有71.7%的人投票；有41.35%的人参加了选民会议，还有

31.23%的人参与提名代表候选人。

其次,公民在选举中扮演的实质性角色与社会主义选举制度优越性的要求相比,还存在相当的差距。例如,在被调查者中,有18.69%和6.34%的人对县(区)人大选举抱不关心或弃权态度,而且有5.45%的人持反感态度;竟有58.65%的人没有参加选民会议和85.97%的人没有参与候选代表人的提名;只有6.2%的人参加了代表候选人的讨论与协商;8.15%的人参与预选确定正式代表候选人名单,7.27%的人参与介绍候选人;还有28.3%的人没有直接投票;随便填写选票的比例高达25.17%。

最后,引起我们注意和重视的是,通常被认为在政治生活中比较积极、比较活跃的学生、青年、工人、知识分子等,在这里呈现出相反状态,明显地表现出对现行基层人大选举的冷淡。而通常在政治生活中被视为"落后"、"消极"、"保守"的农民,干部、中小学毕业的和中老年,则在选举过程中表现积极。

在被调查者中,30.52%的学生、29.54%的大学学历者、24.63%的青年、19.86%的知识分子对县(区)人大选举持"不关心"态度,其比例远远高出平均比例(18.69%)。青年、学生、大学学历、知识分子中选择"反感"和"弃权"的比例也高于同组中的其他对象,高于平均比例。例如,对选举"反感"的总计117人,占总数的5.45%,但青年却有77人,占选择此项人员的2/3左右,学生和知识分子中分别有18.7%和5.82%。与此相比,干部、工人、农民中分别只有1.64%、3.04%和4.58%持这种态度。选择"弃权"的总共占被调查者的6.34%,而青年、学生、知识分子中却占各自的7.85%、12.59%和8.56%。在选择"随便填写"选票的统计中,仍然呈类似情况。

再比如,被调查者参加选民会议的平均比例为41.35%,但是,只有30.19%的青年、15.26%的学生、16.19%的大学学历者参加了选民会议;相比之下,却有48.21%的中年、55.55%的老年、43.22%的工人、50%的农民、71.42%的文盲、56.49%的小学生和49.71%的中学文化程度者参加了选民会议。被调查者中提名代表候选人的平均比例是14.3%,而青年中只有9.17%,学生中只有6.48%,大学学历者只有9.19%,知识分子中却13.01%,都以低于平均比例的人数参与。相反,提名代表候选人的被调查者分别占老年的25.92%、干部的18.3%、农民的20.4%、文盲的14.28%、中学的 14.7%、小学的 11.86%。参加代表候选人的讨论与协商的平均比例为 6.2%，而青年中只有 3.62%，学生中只有 1.9%，知识分子中只有 5.13%、大学学历者中只有 2.84%、工人中只有 2.28%。关于公民参与选举的行为结构详见表三。

表三　公民参加选举过程的行为结构典型统计

统计问题	统计答案	统计对象	统计结果统计项目	选择人数	占选择人数的比例（%）	占同一统计对象的比例（%）
你参加了哪些选举活动？	选民会议 887 人人（41.38%）	职业	干部	164	38.49	18.48
			知识分子	133	45.54	14.99
			工人	284	43.22	32.01
			学生	40	15.26	4.5
			农民	120	50	13.52
	提名代表候选人 301 人（14.03%）	职业	干部	78	18.3	25.91
			知识分子	38	13.01	12.62
			工人	73	11.11	24.25
			学生	17	6.48	5.64
			农民	49	20.41	16.27
	代表候选人的讨论与协商 133 人（6.2%）	职业	干部	42	9.85	31.57
			知识分子	15	5.13	11.27
			工人	15	2.28	11.27
			学生	5	1.9	3.75
			农民	35	14.58	26.31
	预选确定正式代表候选人名单 175 人（8.15%）	职业	干部	58	13.61	33.14
			知识分子	18	6.16	10.28
			工人	39	5.93	22.28
			学生	4	1.52	7.42
			农民	23	9.85	16.57

续表

统计问题	统计答案 统计对象 统计结果 统计项目			选择人数	占选择人数的比例（%）	占同一统计对象的比例（%）
你参加了哪些选举活动？	介绍候选人156人（7.27%）	职业	干部	47	11.03	30.12
			知识分子	21	7.19	13.46
			工人	40	6.08	25.64
			学生	4	1.52	2.56
			农民	23	9.85	14.74
	投票1538人（71.7%）	职业	干部	340	79.08	14.82
			知识分子	228	78.08	14.82
			工人	465	70.77	30.23
			学生	226	86.25	14.69
			农民	111	46.25	7.21
你是怎样填写选票的？	严肃认真地填写了选票1387人（64.66%）	年龄	青年	459	55.43	33.09
			中年	909	70.46	65.53
			老年	19	70.37	1.36
		职业	干部	307	72.06	22.13
			知识分子	166	56.84	11.96
			工人	453	68.94	32.66
			学生	118	45.03	8.5
			农民	161	67.08	11.6
		学历	大学	249	54.48	17.95
			中学	757	71.82	54.57
			小学	129	72.88	9.3
			文盲	4	57.14	0.28

续表

统计问题	统计答案	统计对象	统计结果项目	选择人数	占选择人数的比例（%）	占同一统计对象的比例（%）
你是怎样填写选票的？	随便填写的540人（25.17%）	年龄	青年	265	32	49.07
			中年	270	20.93	50
			老年	5	18.51	0.92
		职业	干部	91	21.36	16.85
			知识分子	93	31.84	17.22
			工人	145	22.07	26.85
			学生	108	41.22	20
			农民	44	18.33	8.14
		学历	大学	158	34.57	29.25
			中学	213	20.2	39.44
			小学	30	16.94	5.55
			文盲	2	28.57	0.37
	弃权了145人（6.75%）	年龄	青年	73	8.81	50.34
			中年	70	5.42	48.27
			老年	2	7.4	1.37
		职业	干部	15	3.52	10.34
			知识分子	24	8.21	16.55
			工人	42	6.39	28.96
			学生	31	6.39	21.37
			农民	16	6.66	11.03
		学历	大学	43	9.4	29.65
			中学	50	4.74	34.48
			小学	10	5.64	6.89
			文盲	0	0	0

（三）关于公民对换届选举的评价结构

公民对选举的评价实质上反映了社会主义选举制度在公民心目中的形象，也决定了公民参加选举的态度和行为的潜意识。它是改革和发展社会主义选举制度的重要依据和动力。从这次调查结果来看,公民中,尤其是青年、学生、知识分子、干部中的不少人对我国现行选举、这次换届选举的评价持悲观立场,所显示出来的问题是值得深思的。

1. 公民对基层人大选举的总评价。为了把握公民对这次换届选举的评价,我们提出这样一个问题:"你对当前县(区)人大代表的选举有些什么看法?"统计结果是,仅有一半多点(52.3%)的被调查者认为,选举表达了选民意志,是人民当家做主的表现。近五分之一(19.95%)的人认为,选举不能表达选民意志,选民不能充分行使自己的权利。还有25.82%的人认为,选举是领导者意志的反映,选举是走形式。选择后两项答案的比例之和为47.77%。这就是说被调查者中有近一半的人对这次基层人大换届选举的评价较低。进一步分析表明,持这种评价的绝大多数是学生、知识分子、干部、青年和有大学学历的。学生、青年、大学学历者中分别只有14.88%、38.88%和24.5%对当前县(区)人大代表的选举持肯定态度,干部中持肯定态度的也不到一半(48.59%)。认为选举不能表达选民意志,选民不能充分行使自己权利的,分别占青年的24.39%、学生的41.98%、干部的221.52%、大学学历者的35.22%。认为选举是领导者意志的反映,选举是走形式的,分别占青年的36.35%、干部的25.35%、学生的46.94%、大学学历者的39.6%。而中年和老年中分别只有17.51%、18.99%和6%、29.62%,工人和农民中分别只有16.89%、21.91%和11.24%、15.41%,中学和小学中分别只有16.22%、22.39%和10.16%、13.55%持上两种态度。但是,无论哪类被调查者,都有相当数量的人认为,选举是领导者意志的反映。

2. 公民对基层人大代表候选人名单确定方式的评价。在被调查者中,有31.32%的人认为,代表候选人名单是经过选民反复讨论,民主协商确定下来的,但只有23.06%的青年、8.39%的学生、17.28%的大学学历者持这种评价。有34.77%的人认为,代表候选人名单是经过预选,按得票多少确定下来的。有28.34%的人认为,代表候选人名单是领导上最后决定的,持这种认识的分别占青年的38.28%、知识分子的33.21%、工人的25.21%、学生的57.25%、民主党派的41.66%、无党派的47.36%、厅级干部的35.71%、大学的42.23%、城市居民的30.89%。

3. 公民对介绍和了解基层人大代表候选人的方式的评价。在被调查者中,认为现在介绍代表候选人的方法得当、内容适宜、能够使选民了解代表候选人的,平均只占44.98%,而分别占青年的33.09%、知识分子的36.98%、学生的13.74%、民主党派的25%、无党派的13.15%、大学的20.78%;认为现在介绍代表候选人的做法简单、内容太一般化、不能使选民真正了解代表候选人的却占47.22%,而分别占青年的60.26%、干部的51.17%、知识分子的53.42%、学生的83.58%、处级的51.51%、科级的50.79%、民主党派的58.33%、无党派的65.78%、大学学历者的75.71%、城市居民的56.16%。

统计结果证明,现在介绍候选人的方式,的确难以使选民真正了解代表候选人的知识、能力和素质。在回答"你了解代表候选人吗?"的提问时,只有不到三分之一即30.34%的被调查者回答"了解",34.91%的人"了解一般情况"。"不了解"的占被调查者的32.12%。青年的43.23%、学生的67.17%、大学学历者的52.95%,均认为自己不了解代表候选人,仅仅有20.16%的青年、5.34%的学生、12.91%的大学学历者、23.95%的城市居民觉得自己了解代表候选人。

4. 公民对这次换届选举当选的人民代表的评价。首先,35.75%的被调查者对这次当选的人民代表表示满意,表示比较满意的占30.44%,表示不满意的仅占7.73%。分组统计的情况是,被调查者对这次当选的人民代表表示满意的:年龄组:中老年比例高于青年(中年42.63%、老年48.14%、青年24.63%);职业组(按所占比例高低排列):农民(53.75%)、工人(38.81%)、干部(33.56%)、知识分子(31.16%)、学生(6.1%);学历组:最高的是文盲(71.42%)、其次是小学(51.97%)、再次是中学(42.31%)、最低的是大学。而表示不满意的比例情况是相反,年龄组:最高的是青年(13.4%)、最低的是中年(4.1%);职业组:学生最高(32.06%)、其次是知识分子(5.82%);学历组:大学的最高(18.81%),文盲最低(没有)。此外,党员的5.78%、科级的6.34%、一般级的4.15%和干部的4.46%也都表示对当选代表不满意。

同时,2144份有效问卷的被调查者在回答"你相信当选代表能够反映选民的意志和要求吗?"的提问时,仅有近一半(48.57%)的人表示"相信",35.19%的人表示"不大相信",10.67%的人明确表示"不相信"。42.63%的青年、40.14%的干部、34.7%的党员、48.35%的大学学历者和高达50.38%的学生表示"不大相信"。表示"不相信"的分别占学生的29%、民主党派的

33.33%、无党派的 18.42%、大学生的 18.59%、青年的 16.66%、处级的 12.12%、科级的 11.11%、知识分子的 11.3%、城市居民的 13.29%。

(四)关于公民对选举制度改革的意向结构

完善的选举制度是实现和扩展社会主义国家民主的重要途径。上述情况表明,我国现行基层人大选举的制度和方式在一些方面和环节上妨碍社会主义政治制度优越性的体现,也与进入新的历史时期的政治、经济、文化教育、科学技术和其他社会领域发展的需要不相适应。因此,必须改革。那么,社会主义选举制度的优越性应当通过什么形式表现出来? 广大干部、知识分子和群众对选举制度改革的意向或建议是什么? 对此,我们设计了三个题目做民意测验。

1. 你对选举县(区)人大代表有什么建议?

2144 位被调查者中,有 1448(即高达 67.5%)人建议"实行竞选制"。分组统计结果,选择这项答案的占同类人员的比例都在一半以上,大多数达到了 65% 以上。引人注意的是,职级组平均比例最高,达 80.22%,其中,厅级为 85.7%、处级为 84.84%、一般级为 77.13%、科级为 73.01%。其他各组的统计情况,年龄组:青年为 69.56%、老年为 66.66%、中年约 66.2%;职业组:干部为 75.11%、学生为 73.38%、工人为 70.01%、知识分子为 68.49%、农民为 64.58%;党派组:共产党员为 73.77%,无党派为 57.89%、民主党派为 56%;学历组:大学为 76.14%、文盲为 71.42%、中学为 69.07%、小学为 60.45%;民族组:回族为 78.78%、满族为 75%、汉族为 67.22%、朝鲜族为 66%、蒙古族为 58.82%,其他民族(4 名)为 100%;地域组:城镇为 72.79%,城市为 65.02%、农村为 64.56%;性别组:男为 70.06%,女为 63.11%。这些数字充分表明,赞成竞选制作为选举人民代表的一种方式的主张已深入人心。其中男性比例高于女性;中青年人数极多,以汉族为主体,回族、满族、朝鲜族的人数比例也很高。绝大多数的干部、知识分子、工人和学生主张竞选,党员、民主党派及无党派人士亦多表赞成。各种文化程度的和居住不同地域的公民,绝大多数亦主张竞选。

此外,有 165 人(占总数的 7.69%)主张"维持现状",有 137 人(占总数的 6.38%)表示"不关心",还有 89 人(占总数的 4.14%)建议废除选举制。经过分组统计,我们发现,中老年、各级干部、党员、农民等类的被调查者,除选择"实行竞选制"的比例遥遥领先外,其他多是主张"维持现状"(分别占中年的9.37%、老年的11.11%、干部的11.03%、党员的8.49%、农民的10.41%)。选择"不关心"和"废除选举制"的都有,但比例很低,两项选择之和也低于主张"维持现状"的比例,如表示"不关心"和"废除选举制度"的分别占中年的5.42%和3.79%,老年的0%和3.7%、干部的3.99%和1.87%、工人的5.47%和2.89%、农民的5.83%和6.66%,共产党员的2.89%和2.89%。相反,主张"维持现状"的,分别占青年的4.95%、学生的1.9%、知识分子的5.82%、大学的6.12%,远低于平均百分比和其他两项选择之和。表示"不关心"和"废除选举制"的,分别占青年的8.09%和4.71%、学生的7.63%和7.25%、知识分子的7.19%和4.45%、大学学历者的5.68%和4.15%。这些数字表明,青年、学生、知识分子和大学学历的被调查者中存在两个极端:要么实行竞选制,要么废除选举制,或不予关心,苟于现状的较少。

2. 你认为应当选什么样的人当人民代表?

选什么样的人当人民代表是人民代表选举的标准问题。人民代表的选举标准既决定人民代表选举的形式和介绍或了解代表候选人的方式,同时决定着人民代表的知识构成、能力构成和素质构成,最终决定着人民代表大会作为国家权力机关在社会主义政治生活中的地位和职能。通过这次调查,我们深深感到,人们的人才观念和政治观念正在发生变化,对人民代表参政意识和能力的要求非常强烈,传统的任人观念开始淡化。被调查者中绝大多数建议"实行竞选制"是与人们的这种观念转变有内在联系的。

2144 位被调查者,有 1742 名(占总数的 81.21%)认为,应该选"作风正派、敢于发表批评意见,具有政治活动的知识和才能的任何成年公民"当人民代表。选择此项答案的比例,绝大多数类别的人员占各自的 80%以上,按比例高低的顺序排列:学生最高,为 93.51%;厅级干部居次,为 92.85%,以下分别为大学生为 91.9%、城市公民为 89.7%、科级为 88.88%、处级为 87.87%、共产党员为 87.52%、干部为 87.08%、知识分子为 86.98%、一般级为86.58%、小学生为 83.61%、中学生为 83.39%、青年为 82.24%、城镇公民为81.49%、无党派为 81.57%、工人为 80.97%、中年为 80.69%、老年为74.07%、农民为 65.83%、农村公民为 63.77%,最低的是文盲和民主党派人士,分别为57.14%和53.33%。

认为当选人民代表必须是"共产党员"的有366人,占总数的17.06%,但学生中只有3.43%、大学学历者中只有5.03%、知识分子中只有9.24%、科级干部中只有9.52%、处级干部中只有12.17%、青年中只有12.31%、干部中只有12.91%、工人中只有14.45%、共产党员中也只有15.18%持这种主张。与之相比,却有40.74%的老年、42.85%的文盲、28.24%的小学文化者、27.29%的农村公民、25.41%的农民认为应该如此。

有392位被调查者认为,应该选"劳动模范"当人民代表,占总数的18.32%,却分别占老年的44.44%、中年的20.54%、青年的14%、农民的25.41%、工人的18.26%、干部的15.96%、知识分子的8.9%、学生的3.81%、小学文化的33.33%、中学文化的20.58%、大学文化的4.59%。

还有少部分人认为,应该选"各界名流"和"领导干部"当人民代表。其中选择"各界名流"的占被调查者的11.04%,分别占老年的44.44%、民主党派的16.66%、小学文化的24.29%、农民的10.83%、城市的13.77%、文盲的14.28%,仅占学生的6.1%、知识分子的6.16%、大学学历者的5.47%;选择"领导干部"的比例是所有选择项目中最低的,仅有214人,占总数的9.97%。经分组统计分析,选择此项的占本类人员的比例,年龄组:最高为老年(29.62%)、最低为青年(7.3%);性别组:女性为14.37%,男性为8.04%;职业组:最高的为农民(11.66%),最低的为学生(3.43%),其他:知识分子为4.79%、工人为7.76%、干部为8.45%;职级组:一般级为10.22%、科级为4.76%、处级为9.09%、厅级为7.14%;党派组:共产党员为8.31%、民主党派为8.33%、无党派为2.63%;学历组:大学最低,为4.15%,小学最高为24.85%,文盲为14.28%,中学为11.38%;地域组:城市为13.41%、城镇为7.35%、农村为9.97%。由此可见,选择这两项的比例,中老年高于青年,农民多于工人、学生、知识分子和干部,中小学毕业的多于大学毕业的,干部多于群众,民主党派多于共产党员。

3. 你认为通过什么途径能使选民更充分地了解代表候选人?

选民了解代表候选人是选举过程的关键一环。任何性质的选举制度,只有使选民通过恰当的途径,充分地了解和掌握代表候选人的主要情况,才能真正体现选民运用选举权利的有效性和权威性。选民了解代表候选人无外乎直接和间接两种方式。间接方式(主要指他人介绍、散发简报、张贴公告等)由于自身的局限性,只能做到使选民了解代表候选人的自然情况、简历等一些概况;直接方式(主要指与选民直接见面和对话)可以使选民对代表候选人较全面了解。

有30.39%的被调查者(652人)认为,竞选是使选民更充分了解代表候选人的有效途径。选择这项答案实质上与选择前种方式是一致的。被调查者选择这两项的和是1358人,占总数的63.21%。将二者合计,分别占学生的91.97%、大学学历者的82.02%、青年的74.5%、城市公民的71.85%、知识分子的70.54%、处级的69.69%、无党派的68.71%、厅级的64.28%、干部的62.67%、中学文化的61.95%、党员的61.11%、科级的60.31%、城镇公民的60.04%、民主党派的58.32%、工人的57.98%、小学文化的55.35%、农村公民的53.28%、农民的49.16%。除建议实行直接方式以外,其他36.68%的被调查者,计787人也要求介绍代表候选人的方式要多样化,内容要具体。

综上所述,随着三十多年社会主义建设事业的发展,我国公民的政治觉悟和政治能力有了很大进步。这不仅指一般情况,而且包括知识水平,参政议政的意识和能力,以及政治品质等内在素质。这次调查使我们发现,绝大多数被调查者要求改革现行的介绍候选人的间接方式,建议实行代表候选人与选民直接见面和对话的方式。

在被调查者中,有706人(占总数的32.91%)认为,只有代表候选人与选民直接见面,才能使选民更充分地了解代表候选人。其占各类人员的比例是:男性为31.95%、女性为35.25%、青年为34.17%、中年为32.55%、老年为11.11%、汉族为33.15%、回族为21.21%、蒙族为32.35%、满族为36.11%、朝鲜族为36.66%、干部为30.28%、知识分子为32.53%、工人为31.96%、学生为38.16%、农民为35.83%、厅级为50%、处级为42.42%、科级为26.98%、一般为34.5%、共产党员为35.44%、民主党派为16.66%、无党派为28.94%、大学为32.82%、中学为35.29%、小学为37.28%、文盲为42.85%、城市为34.49%。青年、知识分子、干部的绝大多数有强烈的参政议政的意识和改革意识,并且具有较大的心理承受能力。这就是说,根据不同的地域(城市与乡村)和不同层次(省、国家和市及市区)的实际,深入改革我国不完善的基层人大选举制度的时机已经成熟。我们完全赞成中国共产党第十三次全国代表大会上提出的关于改革选举制度的设想。

　　我们知道,问卷方式存在着局限性,而本研究报告仅依据典型数据作出,由于时间和能力有限,可能有不全面和欠妥之处,请批评指正!

政治角色分析

—— 政治学理论与方法论的新探索 *

一、微观研究——政治学研究的重要领域

政治学,应像一些学科那样分为宏观研究和微观研究。宏观研究与微观研究是在性质、目的、对象、内容、方法等方面各不相同的研究活动,具有不同的思维概念、思维逻辑和思维工具。宏观研究主要是侧重于从整体上、制度上、结构上、趋势上、价值上观察、分析和阐述政治现象,运用的研究方法主要是哲学的、规范的、定性的、历史的方法。微观研究主要侧重于从构成要素上、运行机制上、有形组织上、公共选择上、个体行为上观察、分析和阐述政治现象,主要运用科学的、经验的、定量的、行为的研究方法。宏观研究与微观研究之间既相互联系,又相互区别;既相互渗透,又相互分工;既相互促进,又相互独立。宏观研究可以为微观研究提供世界观和方法论,为政治主体即政治组织和政治家提供政治统治的阶级立场、体制选择、政策主张、行动原则等;微观研究可以为宏观研究提供动态描绘、事实根据、个案分析,为政治主体即政治组织和政治家提供政治管理的机制选择、组织结构、程序设计、操作艺术和行为规则等。

宏观研究与微观研究的区分,根源于现实社会政治生活本身存在着宏观与微观两个层次、两个领域、两个属性。宏观政治,是社会各种政治力量和政治因素综合作用、相互碰撞的结果,是政治统治的框架结构和制度体系,体现政治现象的整体性质和基本特征,反映政治发展变化的总方向和大趋势。微观政治是政治统治的细胞组织和管理系统,体现政治主体即政治组织、政治家

---

* 本文完稿于 1993 年 10 月,未曾发表。

的互动关系和互动过程,反映不同政治主体实际承担的权利义务及其实现的方式与途径。宏观政治与微观政治是密不可分的,又是性质、作用、内容、层次、范围完全不同的两个领域。宏观政治决定微观政治的性质和特征,微观政治体现宏观政治运行的组织、机制、行为。宏观政治是微观政治的集中表现、集中概括,在其现实存在的意义上具有微观政治的属性;微观政治是宏观政治的延伸化、具体化和操作化,在其集合存在的意义上具有宏观政治的属性。宏观政治不断为微观政治开辟新的空间,微观政治不断为宏观政治填充新的内容。没有宏观政治框架结构和制度体系的搭建与确立,就不可能有微观政治细胞组织和管理系统的建立与完善。自主、理智、活跃的微观政治生活是保持宏观政治健康发展的基础,民主、科学、法治的宏观政治框架结构和制度体系又是保持微观政治充满生机与活力的必要前提。政治建设既要科学界定宏观与微观两个层次、两个领域、两种属性,针对不同性质问题,提出不同对策;又要将二者结合起来进行深入的理性思考,研究制定协调两者关系,并使之相互呼应,相互推动,相得益彰的政策方案,避免顾此失彼,厚此薄彼,畸轻畸重。

二、政治角色——马克思主义政治学理论与方法论的新运用

"角色"一词原为戏剧用语,指演员扮演的剧中人物,后被引入社会学,进而被一些社会学家和心理学家拓展成为一种社会科学研究的理论和方法。20世纪60年代前后,美国政治学者开始应用角色理论研究政治现象、政治行为,其中最有影响的代表人物是 H. 尤劳和 J. 沃尔克。西方政治角色理论在突破西方传统政治学理论与方法论的同时,注意在社会背景下考察政治活动,从行为角度描述和解释政治关系和政治过程,为深入探讨政治现象作出了应有的贡献。但由于实证主义和行为主义的哲学方法论存在致命缺陷,西方政治角色理论有明显的局限性。例如,它把所有政治现象、政治行为都归结为主观因素、人为因素,忽视了政治角色附有的阶级性质和阶级内容,忽视了最终决定政治角色的社会、历史、政治、经济和文化等客观条件。因此,西方政治角色理论至今尚未成为具有自己语言和特点的政治学理论体系。

我们所说的政治角色分析,是坚持和运用马克思主义立场、观点、方法,进

行微观政治现象研究的一种新的理论尝试和探索。马克思主义经典作家的政治理论,不仅深刻揭示了政治现象的本质特征和发生发展的一般规律,科学地阐述了诸如阶级、国家、政权、政党、人民、政治制度、社会革命和意识形态等重大宏观政治问题、重大政治结构和重大政治关系,而且为人们认识和研究政治现象创造了科学的世界观和方法论,确立了以无产阶级为领导的人民大众的政治立场、政治观点和政治原则,指明了微观政治理论与实践研究的正确方向和道路。我们的政治角色分析,是以马克思主义为指导思想,在宏观经济基础、社会结构、政治制度、意识形态的前提下,借鉴古今中外政治思想资料,从人、组织、行为、艺术和技巧的角度回答和描述微观政治问题和政治关系,揭示微观政治行为的本质、特征和规律,把主体地位和主体行为结合起来,政治关系与政治权力结合起来,政治心理与政治情境结合起来,政治过程与政治功能结合起来,个体研究和团体研究结合起来,定性研究与定量研究结合起来,为进行政治设计、政治决策、政治预测和政治操作提供思考方向、思维逻辑和思维模型。

政治社会是由无数相互关联的政治位置构成的,每一政治位置都含有一定的政治行为模式和要求,当政治主体实施与自己政治位置相适应的政治行为时,就是在扮演一定的政治角色。政治行为模式和要求,又是由"角色期望"构成的。角色期望包括外部期望与内部期望两类。外部期望又称公众期望,是社会公众对占据一定政治位置的政治主体提出的行为取向、行为规范和行为要求,如宪法、法律、舆论、组织规章等对政治主体的行为所作的明确具体的规定等。内部期望又称自我期望,是指政治主体自身对一定政治角色和外部期望的认知和感悟,并按照自己的思维方式、思想意识、知识结构和情感世界来充当和扮演某一政治角色的内在动力和行为心理。政治主体对自己充当、扮演政治角色所拥有的权力(权利)、义务、责任、宗旨、过程的认识和体会,就是政治角色内部期望或自我期望的重要内容。分析政治角色关键是要把握好以下几个核心概念:

1. 政治主体。这是人的政治性与社会性两种属性相互联系又相互分化的结果。政治角色是由具体的、现实的、有形的政治主体即政治组织和政治人充当和扮演的。政治是一个多层次、多结构、多因素、复杂的巨型社会系统。政治研究首先要把握一个最简单的事实:政治人是政治组织、政治系统最基本的单位和元素,是政治组织、政治系统最活跃的因子,是政治社会有生命力和创造力的载体。政治角色这一概念揭示了政治人、政治组织在政治社会中具有的一切属性和特征。政治权力、政治关系、政治系统、政治行为、政治过程、政治文化、政治产品、政治规则、政治评价等种种政治现象,都可以从政治角色这一微观政治的核心概念出发展开研究。

2. 行为模式。这是政治主体内外两种期望互相依赖又互相转化的结果,是内部期望和外部期望的内在根据和动力。因为扮演同一或相似角色的主体一般具有相同或相似的理想信念、主观愿望和行为尺度,这就产生了一定政治角色相对一致而稳定的价值内涵和规范要求。外部期望,作为内部期望的社会化表达方式,是经过政治实践、政治积累、政治研究,政治社会对一定政治角色提出的应该做什么、应该怎么做的要求,往往通过正式的、外化的、公开的文件形式和舆论反映出来,对个别、具体的角色主体形成硬性规定和文化指令。而内部期望直接影响和制约一定行为主体感受和接纳外部期望和扮演角色的特殊方式,外部期望直接决定和影响着政治主体生成、确立和践行政治角色内部期望的动力机制和约束机制。自我内部期望并不是指个人私欲、个人利益、个人追求,而是指政治主体对特定角色的理解与认同。公众外部期望也并不仅仅是指对政治主体的限制性、消极性要求,而是指社会舆论、其他政治主体对特定角色的理解和企盼,其中包括对政治主体充当和扮演好某一角色的主观积极性、创造性的鼓励和支持。内外期望经过碰撞后,对接、沟通和交流,形成特定政治角色的内涵与外延,并统一于人们的政治实践。

3. 角色期望。无论内部期望,还是外部期望,都是主观与客观两种因素相互独立又相互影响的结果。角色期望,是一种主观形态,是人们认识和规范自己行为的思想成果。这种思想成果的内容来源于客观世界,来自于社会条件、社会关系和社会实践。随着时代的发展,环境的变化,人们所处的客观世界和主观世界都在不断发展变化,人们的政治行为性质、特征和模式必然会不断发展变化,进而对一定政治角色提出更新更高的要求和期望。角色确定演员,演员创造角色。

4. 角色扮演。这是思想与行动两个环节相互衔接又相互促进的结果。社会主体扮演政治角色是一个动态过程,是一个外部需求刺激—作出政治反应—发生社会效果的循环过程。社会主体扮演政治角色的核心是作出政治反应。政治反应包括两个关键环节即政治主体的思想与行动。这里所说的思想既指政治主体经政治刺激产生的直接的行为动机、行为方案和行为信号,也指政治主体接收、加工、消化、处理政治刺激的价值标准、知识背景、能力结构、心理素质、感情世界和政治原则等。这里所说的行动既指与政治主体积极正确的思想动机相一致的客观行为和客观效果,也指与政治主体积极正确的思想动机相背离的客观行为和客观效果;既指与政治主体出于消极错误的思想动机而实施的并与之相一致的客观行为和客观效果,也指与政治主体虽有消极错误的思想动机但与之相脱离的客观行为和客观效果。

政治角色分析的理论命题,对深化政治学理论与方法论研究,科学认识社会政治生活的复杂本质,剖析微观政治领域的深层问题,推动发展中国家政治改革、政治发展、政治转型和政治现代化,具有重要理论价值和实践意义。像商品在马克思主义经济学中的基础地位一样,政治角色在马克思主义政治理论研究中也应处于基础的地位和作用。政治角色融会了政治生活的各种要素和属性,是政治分析的基本单元,是深入分析研究微观政治现象的切入点和支撑点。对诸如政治权力、政治关系、政治制度、政治体制、政治机构、政治主体、政治行为、政治沟通、政治互动、政治冲突、政治秩序、政治规则、政治文化、政治心理、政治道德、政治功能等政治现象、政治概念的深入认识和阐释,都与政治角色内涵的开掘有密切关系,没有任何政治概念能够像政治角色具有如此大的包容性和扩展性。政治发达程度,归根到底,表现为人的政治角色的发达程度。政治角色发达程度可以有以下几个函数关系:一是人的政治角色意识强不强,二是人的政治角色介入政治生活的数量多不多,三是人的政治角色介入政治生活的层次深不深,四是人的政治角色介入政治生活的频率高不高,五是人的政治角色介入政治生活的作用大不大。

政治角色分析是政治研究的一种新视野、新价值,对拓展和深化指导微观政治行为的意义世界和价值观念,实现由两极到中介的思维方式转变,具有重要的现实意义和历史意义。政治角色分析能够把现代政治学诸如政治社会化理论、政治系统分析、公共政策理论、政治沟通理论、政治行为主义、政治领导学、政治心理学、政治发展理论、人权政治理论、政治伦理学、民主理论、政治参与理论、法治理论等各种理论和方法论凝聚起来、连接起来,构造一个全新的微观政治学研究理论和方法论体系。

　　政治角色分析不是一般地谈论人与社会的关系,个人主义与集体主义、社会主义与资本主义等政治制度,不是一般地谈论生存、发展、人权、平等、自由、民主、法治等政治价值,不是一般地谈论阶级、政党、政府、民族、人民等政治主体,不是一般地谈论选举、立法、行政、司法、监督等政治行为,也不是一般地谈论主义、政纲、法律、政策、道德、决定、舆论等政治产品。它把微观政治现象及其研究置于宏观政治系统、政治结构、政治体制、政治文化等政治经济社会文化大背景下进行考察、透视,又从具体的、现实的、有形的政治人、政治组织及他们的政治行为切入,分析、研究以政治角色为核心展开的微观政治现象的性质、特征、规律和运行机制,进而为认识和研究宏观政治提供新基础、新帮助、新结论,为更加深刻地解剖中国社会转型过程中的政治角色分化与整合、变换与衔接,客观认识我国政治发展状况,自觉把握政治体制改革的性质、内容、方位和进程提供理论支持和指导。

三、政治角色分析——解开微观政治之谜的金钥匙

　　政治至今是人类之谜,是政治家之谜,是思想家之谜,是期盼社会发展与进步的人们急于探索和解开之谜。政治角色分析力图提出政治学研究的一个新视野、新方法,揭示微观政治现象,就政治学理论与方法论的创新与发展进行尝试性探讨。

　　第一,政治角色分析注重揭示微观政治关系的本质特征。与其他微观社会关系的根本区别在于,微观政治关系是以公共权力为中介、为纽带的社会关系。安全、生存、发展、人权、自由、平等、幸福,是人类的共同理想和神圣权利,像大海里的一座灯塔,为人们在生活历程中确定奋斗方向和目标进行导航。但更为重要的是在现代人类社会生活中,诸如安全、生存、发展、人权、自由、平等、幸福及其表现形式:财富、地位、机会、信息、荣誉、爱情、尊严、娱乐和服务等等,既是人们的切身利益,也是人们的根本利益和长远利益。由于社会生产力发展水平的制约,从远古到当代,满足人类幸福生活的利益资源是十分有限的,社会成员之间占有、分配和使用利益资源的份额不仅是不平等的,而且存在明显的差别,造成了社会不同的阶级、阶层、集团和个人的存在。这是不同阶级、不同阶层、不同集团、不同个人之间展开激烈冲突、斗争的历史根源和现

实根源。

为使对立双方或各方不致在无谓斗争中共同毁灭,人类社会创造了国家、法律,赋予它们表面上凌驾于社会之上的"特权",即公共权力。所谓国家、法律、公共权力,就是在人类社会物质文明和精神文明发展水平尚未达到消灭各种差别之前,保证必然存在着的、利益不完全相同的阶级、阶层、集团和个人能够在同一社会共同体或单位共同体内相处、合作,并生存、延续和发展的强制力量。简言之,公共权力是人类社会为缓和各种不同利益主体之间的矛盾冲突,迫使人们遵守和维护正常生产生活秩序,设置和运用的表面上凌驾于社会之上,为大多数人所认可接受的一种强制力量、强制能力和控制能力。凡涉及公共权力设置、所有、分配、运用、监督和管理的社会现象,就是政治行为,就是政治现象,就是政治关系。

国家、法律和公共权力从社会整体生活分化出来的原始动因,是代表和维护社会共同体的公共秩序。所谓公共秩序,就是人类社会共同体生存和发展得以持续的最基本、最需要的经济秩序、社会秩序、政治秩序和文化秩序。当然,这些秩序实质上只是把社会矛盾、社会冲突和社会斗争保持在一定范围和程度以内,使它们在特定主体之间、针对特定问题在特定时空范围内得到相对的缓和和解决,而不是也不可能从根本上消灭所有社会矛盾、冲突和斗争。但这种公共秩序也是向社会及其全体成员提供一种具有普遍性、共同性的公共利益、公共资源,是保证和促进一定阶段上的人类社会生产力发展和社会全面进步的必要前提。公共权力、公共秩序、公共利益,抛开政治实质和宏观政治领域,在表面上或在微观领域是具有公共性、公益性、社会性的,是凌驾于社会各阶级、阶层、集团和个人之上的,是为全体社会成员服务的。也就是说,凡是在微观政治生活领域,任何政治组织和政治个人只有代表和维护表面上超越于阶级、阶层、集团和个人的公共权力、公共秩序、公共利益的义务,没有破坏和损害公共权力、公共利益和公共秩序的权利。政治的这一功能及其属性在近现代社会获得了前所未有的扩展和充实。这是当代人类政治理性对充当和扮演政治角色的政治组织、政治人的价值与功能的最后定位。政治组织、政治人不履行代表和维护公共权力、公共秩序、公共利益,甚至直接破坏、损害公共权力、公共秩序、公共利益,是充当、扮演相关政治角色出现严重失败和深层危机的反映。

　　一般地、抽象地谈论公共权力是不够的,公共权力是一个多层次、多结构的理论逻辑和实践逻辑体系。只有把形而上的概念与形而下的实际、把宏观政治领域和微观政治领域结合起来、统一起来,才能深刻理解公共权力的全部意义和真实内涵。

　　首先,公共权力具有统一性。社会生产方式决定了公共权力的阶级基础、社会职能、组织形态和发展命运。公共权力受地缘政治的制约,管辖范围限于一定国度。公共权力的统一性落到现实政治生活中,就是国家主权概念的内涵,即主权独立原则,主权最高原则,主权完整原则。在这种情况下,政治关系和政治行为是以国家名义、民族名义和人民名义发生的,公共权力至少在形式上或表面上服从、服务并代表独立、统一、完整的政治共同体。

　　其次,公共权力具有分工性。因为公共权力的管辖对象、管辖内容、管辖范围、管辖职能,非一个层次、一个机构、一个人所能覆盖、掌握、胜任和履行,不按照一定层次、结构和要素进行划分,公共权力是不可想象的,政府行为是不可想象的,政治社会是不可想象的。公共权力是由人或以人为主体建立起来的政府和公职队伍掌握和运用的。公共权力只有划分给由不同结构、不同层次、不同职位搭建起来的组织机构和组织人员,才能获得外化的、有形的体现,才能获得实际运行的生命载体,才能履行社会赋予自己的功能和作用。政府(广义上使用)最能反映公共权力设置、分配、行使、监督和管理的组织形态和运行过程的这一特征。作为组织形态和运行过程,政府是按照一定层次、结构和要素建立起来的公共权力生命系统和实施系统。事实上,即使最为专制的政治体制,也是由一整套设置、分配、行使、监督和管理公共权力的办法和程序组成的,不过它只是自上而下纵向建立的权力系统,权力逐级向上集中,直到权力金字塔的顶尖,下级依附上级,向上级尽忠;上级看护、关照下级;下级不能、不敢、不愿制约和监督上级。公共权力的分工性落到当代现实政治生活中就是国家机关权力的分工原则。大部分现代国家都把属于政府的公共权力划分为立法权、行政权、司法权,划分为中央权力与地方权力,进而在各个国家机关之间及其内部进行各部门的权力划分。当然,公共权力不仅在政府机构和公职人员队伍中间进行划分,而且在政府与公民之间进行划分。权力划分、权力分工与公共权力的独立、统一和完整属性并不矛盾,而是相反相成。独立、统一、完整是公共权力归属、定性的抽象概括和最高原则,分解、分工、分设是公共权力运行、操作的必要前提和有形体现。分解、分工、分设不是绝对分离、分立、分裂，而是以合为预想，以合为目的，以和为贵。如何分，如何合，如何使分合和谐一致，是古今中外政治理论与实践的重大难题。

再次，公共权力具有公民性。在现代国家，公共权力与每个公民都有着内在的、不可分割的联系。公民，作为政治概念，是拥有宪法赋予的政治经济社会文化权利的政治人，这些权利是人权在微观政治领域的体现，是公共权力的基础结构和组成要素。这一基础结构不仅赋予公民具有保护和实现自己合法利益的能力和权利，而且赋予公民具有最终决定公共权力设置、分配、监督和管理的能力和权利。人们的切身利益和根本利益，就是通过真实享有这些政治经济社会文化权利来保证实现的。可以说，权利是满足人们生活理想与追求的资源、条件、机会和保障。政治发展、政治文明、政治现代化的程度和标志，首先是看这一基础结构是否巩固和发达起来，这一要素是否越来越多地实际拥有和应用政治权利，公民政治角色是否越来越活跃，越来越成熟，发挥越来越大的作用。公民实际拥有和应用政治权利越多，扮演的政治角色就越多，公共权力就越强大，政治关系就越发达。凡是在公民政治权利没有保障，公民政治权利无法实现，公民政治角色不能扮演的国度里，公民政治关系就不会存在或者很少有真实内容，国家政治发展、政治文明和政治现代化就处于较低水平，处于不发达阶段。

最后，公共权力具有合法性。合法性是公共权力之所以为公共权力的主观前提。非依法律设置和行使的权力，是强权，是暴政，是独裁，与原始意义上的为大多数人所接受的公共权力没有任何必然联系。公民权利之所以称为权利，从根本上说，是因为它是公共权力的重要组成部分，并处于公共权力的基础结构，依法获得国家强制力的维护和保障。国家各种机构和官员队伍保障公民享有和行使法律赋予的各种政治经济社会文化权利是应尽的政治责任和政治使命。离开、剥夺或削弱公民权利，公共权力就丧失了本来内涵、合法基础和理性根据，离开、否认或削弱公共权力，公民权利就失去了最基础、最根本的含义和保障。公民的政治角色，是以公民享受的权利为依托的，如果权利没有强有力的可靠保障，没有或缺少实现载体和程序，公民就没有扮演政治角色的社会条件和运行平台。如果公共权力没有人民的忠诚支持，没有或缺少感召力和影响力，政府就没有扮演政治角色所需要的社会基础和物质资源。

总之,政治关系是以公共权力为纽带联结起来的人与社会、人与组织、人与自然、人与人、人与行为的关系网络和互动过程,即以公共权力为中介获得政治组织、政治人身份的社会主体充当和扮演政治角色过程时发生的相互区别、相互独立、相互分工,又相互联系、相互依赖和相互作用的权力(权利)关系。

第二,政治角色分析注重揭示微观政治领域的主体特征。阶级、民族、人民、国家、政府、政党以及其他各种社会政治组织,是宏观政治生活、政治实践的重要主体构成。这是众所周知的。但是,有一个不容忽视更不容否认的最基本、最明显的事实:人是社会关系的总和,人是社会实践的主体。人类社会的任何事情都是人做的。社会组织、社会关系、社会实践,都是人或以人为主体承载的,实质上是人与人进行互动的产物。只见物,不见人;只见权力,不见归属;只见组织,不见成员;只见行为,不见主体;只见结果,不见过程;只见关系,不见要素,这样的思维方式和思想结论是专断主义和机械理性的。必须清醒看到,人是抽象的,也是具体的;是普遍的,也是特殊的;是一般的,也是个别的。抽象的、普遍的、一般的人寓于具体的、特殊的和个别的人之中。具体的人拥有广泛的社会关系和人际关系,如政治、经济、文化、法律、道德、父母、子女、夫妻、朋友、同学、同事、领导、顾客等。社会生活的现实过程是由具体、特殊、个别的人实施的丰富多彩、千变万化的活动构成的,抽象、一般、普遍的人在现实社会中是不存在的,是不能实施任何行为的。由于时间、精力等内在资源和职业、财力、物力等外在资源的制约,由于经济基础、社会结构和政治体制的前提规定,具体的人介入社会关系和社会活动的范围、程度受客观条件、环境、制度的限制,也受主观条件、能力、素质的限制。在特定的时间空间里,现实的、具体的人实际上只能介入特定的社会关系,从事特定的社会活动。当然,伴随生活内容和节奏的变化,人会在连续不断转换、进入新的或另一个特定的社会关系和社会活动之中。因此,人介入的社会关系和社会活动是多样的、动态的,这种多样性、动态性编织了社会关系和社会实践的互动网络,人是社会互动网络上的一个纽结。在这个纽结上,他介入哪种性质的社会关系,哪种过程的社会活动,就成为哪种社会关系和社会活动的主体。但当他并未实际介入时,这种社会关系和社会活动就处于隐性的、潜在的、可能的状态。

人的社会关系和人际关系的多样性和动态性统一于人现实的社会互动过

程。介入这个过程后,人的完整性发生了分化,即分化为原我和他我两种性质:即由正在实际介入的社会关系和社会活动中的我与大量隐性的潜在的社会关系和社会活动中的我共同构成。一是原我的存在,原我是指由继承、法定、道德、经历积累形成或预先规定的人在一定社会关系和社会活动中的地位、权利、义务和责任等行为模式,以及人所拥有的一切因素;二是他我的存在,由实际介入和参与的特定的社会关系和社会活动中的我构成的。人在实际介入和参与一定社会关系和社会活动的过程时,发生了一个质的变化,就是由原我转化为他我,即由介入的特定的社会关系性质和社会活动过程确定一个人的社会身份、社会位置和社会权利。在这种特定的社会关系和社会活动中,他我是由原我与互动各方共同作用的结果。一方面,原我是转化为他我的原始动力和生命基础,通过他我承载和实现自身价值。他我受着原我拥有的各种因素的影响和制约,不能不满足原我的愿望和要求。另一方面,他我受着所介入的社会关系性质和社会活动过程的各种因素的影响和制约,不能不满足其他社会主体对自己的要求和愿望。自我的期望和社会的期望就是这样产生的,就是这样相互影响和作用于他我。角色这一概念,恰当地揭示了人作为具体社会关系和社会实践主体的这样一种特殊本质,即原我与他我这一双重属性的对立统一。一个人介入某种社会关系,依据这一关系赋予的特定身份和位置,享有权利,承担义务,实施行为,输出功能,实现互动。这就是扮演社会角色的过程。

对政治角色分析来说,人的双重属性表现为:政治人和普通人、政治原我和政治他我相互联系又相互分化,进而相互转化、相互作用的过程。实际介入特定政治关系和政治活动是普通人转化为政治人,政治自我转化为政治他我,成为政治主体(政治演员),登上政治舞台的首要标志。也就是说,当一个普通人包括社会组织,在一定的社会经济政治文化历史背景下,实际介入特定政治关系,占据其中一定政治位置,就会享有相应的政治权利,承担相应的政治义务,并实施相应的政治行为,履行相应的政治责任。这就是在充当和扮演相应的政治角色。人并不是时时处处都介入政治关系,都站在政治舞台上,充当政治角色。在未介入实际具体的相应政治关系时,普通人的政治角色是潜在的、隐性的、可能的。这时的人全部或部分处于政治自我状态。

政治角色在政治学对政治主体已有研究的基础上揭示了政治主体的个性

特征。国家、政府、政党及其他政治机构、政治组织无论多么复杂、巨大，最终都要通过具体的以一定称呼命名的政治角色来代表和体现，国家元首、国王、总统、国家主席等，都是国家整体的代表和象征，正如通过法人代表这一角色对外正式代表企业进行经营活动那样。组织的层次、结构、机构，都是由占据不同位置、履行不同功能、扮演一系列政治角色的个人群体组成的。例如，一个部委的局级单位，真正深入进去后，就会发现，它是由若干个人充当和扮演的被称为局长、副局长、处长、副处长、科员等一系列职务关系和职务行为组成的政治角色的网络。人类社会不存在抽象的、纯粹的、唯一的承担和履行政治功能的政治组织和政治人，任何政治角色都是由人或以人为主体的组织转化而来的，都是由人或以人为主体的组织扮演的。

一个人在公共权力机构担任公共管理职务，就为自己进入某个政治戏剧舞台、扮演相关政治角色提供了可能性和现实性。但并不是说他在任何场合，做出的任何行为都是职务行为，或者说都是在扮演职务规定的政治角色。在与职务无关的场合，在从事与职务权限无关的行为时，相对于所任公共职务，他只是潜在的政治角色，只是具备相关政治角色的身份和职位；当他进入与职务相关的政治舞台时，就由一般社会角色转化为政治角色。只有把社会组织、社会人的功能、行为与公共权力联系起来，才能具体识别和深刻把握政治关系；只有在社会组织、社会人以公共权力为中介扮演政治角色时，才能确定具体的、实际的、有形的政治关系的范围界限。也就是说，一个演员只有在某个影视剧中才是所扮演的那个人物、那个角色。否则，他只是以做演员为职业或期望成为一个演员的普通人。离开扮演影视剧中的人物，演员就是一个职业称谓，只标明一个人所从事的职业类别，并没有与具体影视剧中的人物相联系。一个人是否走上舞台进入角色，扮演影视剧中的人物，就作为他由原我转化为他我，由普通人转化为剧中人，成为真实演员的时空界限。只有走上舞台，进入戏中，扮演角色，他才应以剧中人物出现，以这个人物的角色进行表演。否则，他就是潜在的角色，是生活中的平常人，处于原我状态。如果在任何时候、任何场合，都以戏中人物自居，过戏中生活，那不是不合时宜，就是滥用身份，让人耻笑。

政治组织、政治人在使用和享有职务规定的权力、职能、责任、待遇时，仍然以是否进入相关政治舞台和扮演相关政治角色为基本前提、为适用界限，超出这个前提和界限,政治主体的角色就已经发生了转换和变化,也就不再是扮演职务规定的相关政治角色,失去使用公共权力的身份,他就与其他人一样处于正常的自我状态,享受与其他人一样的政治待遇。政治身份、政治职务规定的与公共权力的相关联系,是政治组织、政治人履行一定政治角色功能和价值的力量源泉和合法根据。对政治角色的分析,提醒人们深刻理解政治组织和政治人的双重属性,既准确界定两种属性之间的界限,又科学把握两种属性之间的交替转换。只有这样,人类社会才能在思想上和心理上摆脱理论上人人平等与实际上人人并不平等所形成的自相矛盾的困境。

第三,政治角色分析注重揭示微观政治层次的行为特征。如此突出强调政治角色的行为特征,是为了揭示出微观政治评价的外化依据和客观尺度。政治评价仅仅从宏观政治角度进行是不够的,仅仅根据政治组织、政治人的思想动机、理论纲领、政治宣言进行是不够的,仅仅由实施行为的政治主体自我进行是不够的。政治评价,是激发政治主体内在活力和潜能的心理机制,是维护社会正义与政治文明的监督机制,是克服执政缺点与错误的矫正机制,是促进政治发展与改革的动力机制。问题在于:认定政治绩效大小的标准是什么?依据什么对政治作出评价更为客观?谁是政治评价的最高权威?怎样进行政治评价更科学合理?政治行为、政治行动、政治实践及它们产生的政治产品和政治效果,应该是评价政治主体扮演政治角色能力、程度和实效的客观尺度。这里主要强调四点。

一是微观政治不同于宏观政治的一个重要标志是:现实的、有形的政治主体扮演政治角色的行为及其产生的后果构成微观政治领域的实质内容。如上所述,微观政治就是政治角色的互动、互动关系、互动网络、互动过程和互动结果。政治行为正是政治角色发生互动,形成互动关系,建起互动网络,进入互动过程,产生互动结果的关键环节和中介环节。所谓政治行为,就是政治主体根据内部自我期望和外部公众期望对政治资源、政治价值进行权威性分配的实际过程。例如,公民投票是一种政治行为,投票赞成或反对是公民对自己拥有的政治资源和政治价值进行的分配。为什么投赞成票或反对票既包括着公民本人的关注热点、利害关系及政治常识、立场态度、心理情绪等一系列自我主观因素,也包括大众传媒的舆论引导、周围人群的议论倾向、有关政治组织的动员宣传等一系列社会上意识形态的渗透和影响。在这一系列主观客观因素中最重要的是公民投票行为。只有投票行为,才能把公民的政治追求、政治态度有效地表达出来,对实际政治生活发生合法的影响力。政治家决策是一种政治行为,怎么决策,选择何种方案,涉及该政治家自身的政治理念、政治立场、政治知识、政治经验、政治能力、政治素养、政治判断和政治心理等一系列主观因素,也涉及政治家决策的信息基础、咨询建议、民心向背、社会舆论、政治体制、政治程序等一系列政治社会因素的影响和作用。在这一系列主客观因素中最重要的是政治家的决策行为。只有决策行为才把各种政治力量、政治因素综合融化,对政治利益、政治资源、政治价值作出权威性分配。可以说,社会主体进入某种政治系统,登上政治舞台,并在指定“剧目”中扮演相应政治角色,是宏观公共权力和政治结构通过微观政治行为对社会生活发生作用的实际表现,政治行为、政治行动、政治实践及其产生的政治后果,是政治主体充当和扮演政治角色的外化过程和客观尺度。只有政治主体连续不断地实施政治行为,才能使微观政治领域的相关主体联结起来、采取行动、共赴使命,使政治系统、政治生命得以延续发展,不断输出政治功能。在微观政治生活中,决定政治资源或政治价值分配的,不是思想、口号、纲领等意识形态形式,而是政治主体在思想动机、宣传口号、行动纲领等意识形态指导下实施的政治行为、政治行动、政治实践及其产生的政治产品和政治效果。政治宣传、政治口号、政治思想不是政治行为,也不能直接产生政治效果;只有一定的政治主体理解、相信、接受并转化为政治行为、政治行动、政治实践,政治的宣传、口号、思想才能变成一种物质力量,改造世界、改造社会、改造人类自己。

　　二是思想动机、主观目的与政治行为、政治效果之间不是直线关系,也不存在必然的、内在的联系。也就是说,不是动机越好,行为及其效果就越好;更不是动机说得越漂亮,行为及效果就越漂亮。动机与行为、动机与效果、行为与效果的关系是对立的统一、辩证的统一。同一动机可能支配发生不同的行为,不同的动机可能支配发生同一行为。换言之,同一行为可能出自不同的动机,不同的行为可能出自同一动机。这丝毫没有贬低思想动机与主观目的在指导和支配人们行为方面的重要作用,只是强调行为是外化的、有形的、可识别的东西。人是有意识、有目的、有计划地进行活动的。不言而喻,一个人追求什么、选择什么、如何行动,归根到底,决定于他自身的素质,包括思想道德素质和科学文化素质。政治组织、政治人是否具有符合和维护社会公共利益的真诚动机,是检验他们扮演政治角色与经济角色、文化角色以及其他社会角色的本质区别。问题在于,善良的动机、美好的愿望、高尚的追求,只能用实际行为及实际效果去识别、去量化、去评价,而不能由主观东西、主观形式本身来说明和证明。思想动机和主观目的具有两种可能性,一是真实性,即政治主体实施扮演政治角色的行为时所抱的特别是所表达的动机和目的是真诚可靠的,是言行一致的,是表里如一的;一是虚伪性,即政治主体实施扮演政治角色的行为时所抱的特别是所表达的动机和目的是言词性的,是言不由衷的,是冠冕堂皇的。在社会多样化时代,政治主体扮演政治角色的思想动机和主观目的是多样化的。多样化的思想动机和主观目的并不必然导致多样化的政治行为。因为只有与其他主体进行意义交流和意思表示,并达成某种共识和认同后,政治主体所实施的政治行为才能与其他政治主体所实施的政治行为发生互动关系,进入互动过程。这本身就对政治主体表达政治行为的思想动机和主观目的构成了一种内在的约束矫正机制,使政治主体有可能隐藏行为的真实动机和目的,附着以虚构的意义。但是在其他外部条件都一样、都不变的情况下,同一行为只能产生同类效果,不同行为只能产生不同效果。因此,政治行为是动机与效果之间的中介,是相互作用、相互转化的环节。

三是政治行为特别是政治家的重大决策行为与政治效果之间存在很长一段空间距离和时间跨度,需要经过政治角色的行为链条的不断转换,才能抵达职权管辖范围内的所有位置,发动和组织相关主体构成的政治角色网络实施政治行为,使预期的效果变成政治现实。必须指出,从政治行为角度看问题,政治角色的行为链条在连续转换过程中既可能是使政治资源投入、政治价值分配增值的过程,也可能是使之损耗、浪费的过程,同时可能是使决策初衷、决策内容发生质变或偏离的过程。将动机、行为、效果联系起来特别是抓住行为这一中间环节,是深刻把握微观政治研究、开展政治角色分析的关键所在。政治目的只有通过政治实践才能真正达到,政治思想只有通过政治行为才能表现出来,政治成效只有通过对政治作用进行综合评估才能准确把握。政治行为是政治组织与政治人在政治舞台上按照公众期望和个人期望,有意识、有目的地参与政治生活,履行政治职能,从事政治活动的实际表演,构成微观政治生活富有作用力、影响力、生命力的真实部分。政治行为是政治组织和政治人扮演政治角色的外化的,可量化、可识别、可评价的客观尺度。评价政治绩效、政治角色,只能以政治组织和政治人在政治舞台上的实际行动及其实际效果为依据,而不能以政治组织和政治人是怎么想的、怎么说的、怎么写的为依据。只有纲领,没有行动,只有方向,没有道路,只有承诺,没有兑现,是社会发育、矛盾积累不成熟的反映,是政治领袖、政治家和行政家不成熟的表现,是政治角色内外期望和行为模式不成熟的标志。

四是政治角色的行为特征存在于社会群体结构、组织结构和行为结构之中,存在于社会结构的层次、构成和要素之中,存在于不同结构、不同层次、不同要素之中,存在于政治制度、政治体制、政治程序之中。社会与组织、环境与组织、组织与职位、组织与成员相互联系、相互区别、相互促进和相互制约等互动关系,制导着政治行为内容性质和前途命运。政治角色分析恰恰体现了宏观与微观相结合,动机与效果相结合,行为与环境相结合,目标与过程相结合的时代发展趋势。政治效果源于政治行为,政治行为生产的是政治产品。政治产品包括制定的法律规章、路线方针、政策措施、决策决定等。

一个政治家的表现如何只能从他的行为及其效果去把握。既要看他的思想主张、政治抱负,更要看他的所作所为;既要看他决定什么,更要看他做到什么。如果一个人只会夸夸其谈,只会描绘蓝图,坐而论道,不知道如何把理想变为现实,不知道怎样达成目标,不知道什么能够把决定变为亿万人民群众的实际行动,那他就不是一个政治家,更不可能是优秀政治家。与评价艺术剧目、演员、明星一样,政治剧本写得好不好,政治演员表演得怎么样,政治明星能否得到公认,必须由观众和社会作出评判,也就是邓小平说的,群众满意不满意,高兴不高兴,赞成不赞成,答应不答应。这就涉及一系列十分紧要的问题:如何扩大政治公开化和透明度问题;如何增强公民政治参与意识、鉴赏能力问题;如何开辟、完善民意表达和舆论监督渠道问题;如何建立健全公职人员竞争上岗、优胜劣汰机制问题;如何培养、发现、选拔和启用政治评论家、剧作家和艺术家问题。作为政治人(政治组织归根到底是由自然人组成的),现代政治组织和政治人不得不受着社会规律、权力结构、政治规则、政党纪律、意识形态、公众期望等政治因素的支配;作为普通人,政治组织和政治人不能不受人的本能、利益、情绪、素质、知识和能力及人际关系等复杂因素的支配。政治主体的双重属性,是对立统一规律在政治生活中、在人的政治行为中的具体体现,是政治社会关系内在的、普遍的矛盾现象,是政治体制规划和设计的直接根据和调适对象。正是因为政治主体双重属性之间存在的这一内在矛盾，确立了政治角色分析的客观基础和逻辑基础。

第四，政治角色分析注重揭示微观政治生活的规则特征。政治主体充当和扮演政治角色过程，是输出政治功能、满足社会政治需要的过程，也是实践政治角色自我内部期望和公众外部期望的过程，是相关政治主体联动和互动的过程，是政治角色彼此交流、沟通、理解，达到认知、认同、共识的过程。在戏剧的舞台上，角色配置、故事情节和表演动作是由剧本和导演事先构思并通过设计规定下来的，也是由演员个性化后赋予生命创造出来的。在戏剧中，一个演员只有既懂得和掌握自己的位置，又了解和熟悉整个艺术构思、剧情安排，恰当处理自己与其他角色的关系，才能真正扮演好分配给自己的角色。正是这种事先约定，这种全剧表演的相关联性、可预见性、可操纵性，使扮演不同角色的演员之间达成相互理解、认知、认同、共识、默契和协作的状态和境界。人们把微观政治生活中存在的具有相关联性、可预见性、可操纵性的那些东西称为政治规律，把通过语言形式表达出来的这些规律，上升为公共权力意志，转化为政治行为规范，就是通常所说的政治规则。政治主体参加政治生活，扮演政治角色，如同演员参加演出，人们参加游戏，运动员参加比赛，必须依据和遵循事先制定好的规则。没有规则，比赛无法进行；没有规则，游戏无法进行；没有规则，演出无法进行；没有规则，政治无法进行。规则是任何社会生活、任何组织生活、任何政治生活都不可缺少的重要组成部分。政治规则日益成为政治主体从事任何政治行为都必须牢固树立的最起码、最基本的价值观念和思想意识。确立规则、遵守规则，是任何社会微观政治生活持续和发展的前提。规则启动人的政治行为，引导人的政治行为，规范人的政治行为，预知人的政治行为，控制人的政治行为，评价人的政治行为。表达和体现这种行为规则、这种内外期望的社会形式是多种多样的，理论、纲领、法律、政策、道德、传统、舆论、教育、作品、口号等，都反映和包含着政治角色内外期望和行为规则。

现代微观政治生活的重要特征之一，就是政治角色期望和行为模式经过实践积累和科学总结逐步由内省型向公开型、道德型向法治型、习惯型向成文型、纵向型向横向型转变。宏观政治的性质与特征决定于生产方式和经济基础等物质文明和精神文明发展的整体水平，体现着社会各种政治力量对比、力量冲突、力量均衡的客观现实和客观逻辑，社会规律和历史规律发挥着主导作用。微观政治的性质与特征,归根到底,决定于生产方式和经济基础;但在生产方式相对稳定、公共权力本质相对稳定、政治经济文化历史条件相对不变的情况下,更直接地受着经济体制和上层建筑等意识形态中介因素的影响和制约;体现着社会成员普遍认可、大多数人能够接受的公共权力存在方式和运行机制;遵循着个人的社会生活、个人的社会组织、个人的社会行为的规则,国家法律及其确立的政治秩序和行为准则以及各种社会组织、社会单位依法或在法律范围内制定的规章制度发挥着主导作用;反映微观政治存在方式、运行机制、实践过程、行为规则等选择性、多样性、复杂性、动态性。历史经验证明,法律建立和维护的只能是和平时期常态社会的政治生活秩序。或者说,存在于微观政治领域和层次的经常的、普遍的、大量的政治利益关系和矛盾、经济利益关系和矛盾、社会利益关系和矛盾、文化利益关系和矛盾,必须而且应该依靠法律程序、法律手段、法律力量予以解决和处理。搭建与之相适应的政治结构,设计与之相适应的政治程序,宣传与之相适应的政治理念,是微观政治建设需要努力达到的重要目标。

　　法律是依据继承或授权、由立法机构按照一定程序通过的、由国家强制力保证实施的行为规范和行为准则。一般地讲,这些规范和准则集中了社会成员在长期实践中积累的经验成果和专家在科学研究中取得的理性成果,概括了人们从事相关社会活动应当把握和具备的行为模式要件,既代表着行为主体对自己充当和扮演的一定角色所抱的自我期望,也代表着社会公众对这一角色所抱的共同期望。在现代微观政治生活领域,只要政治主体依法履行职责、行使职权,就是称职的、合格的"政治演员",如果政治主体能够沿着法律规定的正确方向和行为轨迹积极大胆地予以发挥和创造,就可能成为优秀的、出色的"政治演员",直至成为著名的政治家或"政治明星"。因此,合法性是政治主体在微观政治领域占有、分配、行使和管理公共权力的重要依据,非依法产生和运用的强制力量不是公共权力,而是暴力、强权、独裁,与本来意义上的、为公众所接受的合法的公共权力毫无共同之处。

　　微观政治的规则特征主要表现在:

　　普遍性。制定规则时必须坚持对象平等原则。成文化、公开化的目的是使人能够在平等、公正、合理的环境下参与"游戏"、参与竞争,更加方便地了解和遵循"游戏"规则。遵守规则必须坚持普遍适用原则。在微观政治生活领域和层次,任何政治主体在扮演角色时必须而且应该遵守和执行现行相关法律法规规定的行为准则。换句话说,一定的政治规则对于参与相应政治过程的所有政治角色都是普遍适用的,没有或不得有任何形式的特殊角色主体和角色行为。游戏规则不能随意制定和修改,更不能由参与游戏的任何一方在游戏进行过程中随意制定和修改,同时不应由参与游戏的任何一方单独制定和修改,裁判人员只有执行规则的权利,没有制定和修改规则的权利,更不得滥用裁判权,搞交易,吹黑哨,以权谋私。凡是违反政治规则的政治组织和政治人,应根据违规事实和程度,依据规则中的罚款进行处理。这种普遍性,也可视为政治规则的最高性。最高性是指游戏规则的统一性和权威性,在没有修改之前,参与游戏者必须遵守,裁判员裁判必须执行,观众评论游戏必须尊重。

成文性。政治组织,政治层级,政治职位,是什么性质的,有哪些职责,哪些权限,哪些待遇,管辖范围多大,办事程序如何,组织内部关系与外部联系怎样,都属于微观政治领域和微观政治层次,都是政治角色期望的重要内容和规范对象,都应该通过一定的法律文件或其他文件形式明明白白、清清楚楚地加以规定。否则,任何政治组织和政治人行使职权,履行职责,确定管辖范围,处理内外关系,就可能模糊不清、交叉重叠、无所适从、要么越位,要么错位,要么空位,要么乱位,要么虚位,很难做到完完全全的正位。伴随人类政治实践的积累和发展,人们对政治规律、政治组织、政治功能、政治过程、政治行为的认识和把握不断深化,逐步形成了处理艺术、技术层面问题的政治共识,为政治角色内部期望和外部期望的公开化、规范化、制度化、法治化提供了社会前提和文化条件。经过认真研究和严格程序,相对说来内容准确、逻辑严谨、形式固定的文字记载的行为规范和行为准则,是人类政治智慧的结晶,是人类政治生活走向文明、走向成熟的标志。采用外化的、成文的形式能够使行为规范获得统一、严密、理性的表达,成为政治主体准确把握和全面理解的客观对象。

公开性。与成文性相一致的要求是,把政治游戏规则公布于众,让政治角色期望获得清澈透明的社会载体,力争使政治角色期望公开化、规范化、制度化和法治化。了解规则是遵循规则的前提。只有公开游戏规则,人们才能了解游戏规则,遵守游戏规则,游戏才能持续正常地进行。游戏没有规则无法进行,规则不予公开就无法知晓。不公开游戏规则,就无法让人了解和掌握参与的资格条件,无法让参加者明确和掌握游戏的步骤和要求,更不知道如何评判各方在游戏进行过程中的表现和成绩。游戏规则在多大范围公开、多大范围普及,在何种程度上取得人们的认同,关系着开展这种游戏的可能性、现实性和重要性,关系着人们参与游戏的广度和深度,也关系着游戏的发展水平和前途命运。监督是保证游戏规则不折不扣地得到遵守的重要机制。只有把游戏规则公开,才能吸引社会各方力量对人们执行和遵守游戏规则的情况进行监督和评价。在密闭状态下开展游戏,很难造成确保参与者不发生违规现象的强大舆论和内在压力。公开游戏规则,才能保证游戏公正、公平、合理的进行。任何一种游戏过程,不仅参加游戏竞赛过程的人要懂得规则,维持游戏竞赛秩序的裁判人员要掌握规则,还要让热心观众、新闻舆论单位和全社会都尽可能多地了解自己介入的某一游戏的规则。这样才能够保证游戏各方按照统一制定、理解和遵循的规则进行竞赛,才能够在舆论监督和社会参与和支持中保证政治游戏公开公平公正合理的进行。

机制性。法律特别是实体法和程序法所确定的政治规则一般都具有严密的逻辑结构,不仅规定了政治角色的内涵与外延,规定了应该由谁做,做什么,怎么做,而且规定了不应该由谁做,不能够做什么,不应该怎么做;不仅规定了违犯法律规定的行为的客观界限和法律责任,而且规定了当人身自由和各种权益受到侵害时如何加以自我保护的法律武器;不仅规定了保护合法权益和行为、追究违法行为的职能机构及其职责、权力,而且规定了执法与司法机构履行职能的管辖范围、办事程序和工作责任。构筑了当代政治生活中各种政治主体、政治组织、政治人相互关系的基本框架,显示出各个方面的地位作用,划分了各个政治角色的活动空间,形成相互联系又相互区别、相互依赖又相互分工、相互促进又相互制约的有机和谐平衡的角色网络。

社会转型过程中的政治角色分析[*]

发展中国家在走向现代化过程中,必然要经历一个由传统社会向现代社会转变,由封闭状态向开放状态转变,由产品经济向市场经济转变,由外向型增长向内涵型增长转变,由人治体制向法治体制转变,由单一文化向多样文化转变的过渡时期。这一过渡时期通常被人们称为社会转型期。中国正处于社会转型的紧要关头。社会转型,是一场全方位、深层次、整体性的社会变革,而面临的问题之一就是如何扬弃传统的政治权威和意识形态,实现政治转型、政治发展、政治改革、政治现代化。历史实践似乎证明,在这个问题上,只有两种完全对立的主张和选择:要么全盘否定,彻底推翻,一切从头开始;要么全盘肯定,绝对维护,一切照旧下去。这种你死我活、非彼即此的两极化倾向,使人类经历非依靠理性而依靠实力进行较量并付出昂贵代价后,才能实现脱胎换骨的重大变革和进步。在跨入 21 世纪的全新时代,人类社会能够转换一种新模式,依靠思想成果和理性服从,而非依靠实力较量,实现一次质的飞跃! 这就是本文的宗旨。

一、政治角色分析——政治学研究的
一种新理论、新视角

政治生活是一定社会经济政治文化历史条件的产物,不同的社会经济政治文化历史条件,决定和制约着政治生活的不同性质、不同特征、不同存在方式和运作方式。传统社会,从某种意义上说,是等级社会、极权社会、伦理社会。自然农业经济和小生产方式导致传统社会的社会经济政治文化浑然一

---

* 本文完稿于 1994 年底,未曾发表。

体,经济生活、社会生活、文化生活与政治生活之间的界限呈现混沌状态,人们往往只有纵向社会身份的等级划分,很少有横向社会结构的功能分化,一个人的身份等级不仅表明政治地位,而且表明社会地位、经济地位和文化地位;政治变化只是统治集团的改朝换代和统治政策的不同运用,政治生活性质和特征实际成为一种超稳定系统。伴随近现代科学技术的诞生和成长,人类社会经历了文艺复兴、产业革命、实行市场经济、城市化进程、资产阶级革命和社会主义革命,特别是马克思主义和无产阶级革命的发生发展,彻底改变了政治生活的经济基础、社会基础和思想基础,使人类政治进入了一个全新时代。市场经济生产方式,促使近现代政治生活同经济生活、社会生活和文化生活等其他生活一样,从人类整体生活中完全分化出来,成为一种特定的社会领域和社会功能,遵循特定的规律和规则。它的显著标志之一,就是政治生活被置于人类理性的支配和指导之下,开始了由必然王国迈向自由王国的过程,由人身依附、盲目顺从、接受驱策、被迫适应的混沌状态迈向自由平等、思想引导、设计先行、自觉调整的有序状态的过程。现代政治生活是人们在社会经济政治文化历史基础上从事的一种相对独立的实践活动,是社会成员按照一定组织结构、组织层次、组织位置和组织要素结合起来,并在社会大舞台上上演的一幕幕最为波澜壮阔、引人入胜,又最为错综复杂、千变万化的人间真戏活剧。

角色化,是现代社会人和社会组织的本质属性和特征。角色分化,是现代社会结构和功能分工的必然结果。角色行为,是现代社会衡量与评价人和组织价值和绩效的基本要素。角色冲突,是现代社会的人和组织面临的最普遍、最经常、最主要的矛盾、问题、困境和挑战。

社会变革中的经济结构、政治结构、文化结构既有相对区别、相对独立演化的一面,又有相互联系、相互作用联动的一面。三项伟大变革之间,无论因新旧体制交替转换,还是因进程上存在距离,都必然存在着时间与空间上的非线性和不平衡性,都必然导致相应的社会矛盾、社会冲突和社会紧张。政治转型的困境在于:一方面,社会转型有赖于政治推动,有赖于在传统社会成长、培养和塑造的政治领袖和政治结构提出理论、设计方案、进行决策和付诸实施。另一方面,社会转型必然向传统政治权威和政治结构发起挑战,要求对政治资源和政治权力的占有方式、分配方式和运行方式适时作出调整和改进。依赖于传统政治权威和政治结构推进经济、政治、文化结构现代化,这就是发展中国家在社会转型时期必然面临的严酷现实。成功的社会转型,往往取决于政治转型的成功。成功的政治转型,往往又伴随着杰出政治家的出现。政治转型首先要政治领袖率先转型,制导转型。政治领袖转型首先要政治理念转型,政治理念转型最关键的部分是对政治概念本质与核心价值的理解和把握。传统政治概念和核心价值最本质的内涵,是国家权力的本位性、垄断性、神圣性和全能性,以及与之相适应作出的君主制、贵族制、世袭制、终身制、委任制等政治安排。现代政治概念和核心价值,是国家权力的公共性、同享性、世俗性和有限性,以及与之相适应作出的法治制、分工制、政党制、民选制、任期制和监督制等政治安排。发展中国家政治转型不能成功的最大障碍,是掌握实际政治权力、政治资源、政治机构和公职队伍的政治家和政治组织固执己见、顽固不化,缺乏应有的想象力和创造力,始终将政治权力视为神圣不可侵犯的最高目的和私有财产。从根源上讲,政治转型就是政治角色的重新定位和扮演方式的转变,既由传统封闭的全知全能、至高无上、模糊混沌、暗箱操作的角色期望,转变为现代开放的权力共享、功能分工、职责明确、作为有限、过程透明的角色期望。政治转型的目标模式是什么? 政治转型的本质特征是什么? 政治转型的直接动力是什么? 政治转型的主要障碍是什么? 什么是成功的政治转型? 如何成功实现政治转型? 这都需要杰出政治家和政治思想家结合本国实际和具体实践予以解释、阐述和回答。政治转型,也是政治发展、政治改革,是社会转型、社会改革、社会发展的伴生物,是经济转型、经济改革、经济发展的伴生物。把政治转型理解或界定为政治角色的转换,认识这种转换的性质和特征,把握这种转换的进程和方位,分析这种转换的动力和阻力,明确这种转换的目标和方向,对于坚定政治家推进政治改革和政治发展的决心和行动,减少政治转型、政治发展、政治改革和政治现代化过程的干扰和震荡,正确运用传统政治权威与政治结构建立现代政治体制,有着极其重要的意义,也是当代政治学应该下功夫研究的重大课题。

二、政治角色化——新时代政治生活特有的意义世界

政治角色化,意味着任何有形的具体的微观的政治组织、政治人在社会舞台上必定而且只能占据一定的位置,扮演一定的角色,发挥一定的功能,没有

或不可能有绝对支配一切社会经济政治文化组织、社会人、经济人、政治人和文化人及其一切行为的政治权威和政治权力。任何拥有政治权威和政治权力的政治组织和政治人,都是一定社会经济政治文化条件的产物,都是社会大多数人政治社会觉悟接受和认可的结果。随着社会政治经济文化结构和功能的发展变化,随着人们科学文化教育的普及,特别是伴随着社会组织化、集团化、理性化程度的提高,任何原有的政治权威和政治结构都不是绝对至高无上的、神圣不可改变的。任何政治组织和政治人,都具有竞争任何政治角色的平等权利。担当政治角色的资格和条件只能是政治组织和政治人扮演政治角色所需的素质、知识、才能和技巧。评价政治行为的标准和尺度,只应是政治组织和政治人所担当的政治角色扮演得如何。评价政治角色扮演得如何的主体是广大观众即政治过程的参与者、受益者、支持者。不能指望担任某一政治角色的政治组织和政治人是唯一的、最佳的、排他的扮演者。政治组织和政治人作为演员在扮演政治角色时,不能指望拥有无限的资源和无限的潜能,更不能指望自己无所不知、无所不包、无所不能。政治组织和政治人在扮演政治角色时不仅要反映和体现自身内部期望,必须而且应当充分注意反映和满足外部期望,成功的政治角色必定是把内部期望和外部期望统一起来的政治演员。一个政治演员即政治角色的承担者——政治组织和政治人如果只遵循自己的理解和期望来扮演政治角色,并且独断专行、唯我独尊,排斥和拒绝外部期望,那必定是演不出精彩节目的,必定是落后的,并最终会被淘汰。

　　政治演员即扮演政治角色的政治组织、政治人,同一般演员扮演剧中人物一样,需要依据脚本,在导演的指导下,一场又一场、一幕又一幕地演出。导演和演员的共同天职,就是准确、深刻地理解和把握剧本所要反映、表达的思想与情感,通过故事情节的不断展开传达作者的思想,推动编剧与观众心灵之间的沟通与交流,实现两者的同振共鸣。导演和演员的功夫和责任,就是把戏拍得精彩、耐看、令人赏心悦目,满足观众的殷切期望和心理要求。政治戏剧的脚本当然不同于电影戏剧脚本,政治戏剧的脚本首先是公众对公共权力的深切期望和普遍要求,其次是记载这些期望和要求的宪法和法律及其规定的职责权限。也就是说,政治角色扮演者必须具有强烈的公共意识、法治意识、责任意识和认同意识,而不是权力意识、支配意识、自我意识。所谓建立法治国家,就是为政治组织和政治人在现代政治戏剧中担当和扮演什么角色,如何演好这些角色,编制成功的脚本,规定扮演某一政治角色的权力责任,权利义务,规定某个政治角色出场的顺序、表演的故事、说明的问题、演出的规程等。法治国家所要否定的是那种类似文艺创作中自编自演自我陶醉的独角戏或双簧剧的政治哑剧和谜语。因为这样的政治戏剧,不仅观众不能完全理解角色的内涵和意义,也无法评价演员的表演艺术和技巧,以及演出效果和影响,而且导演和演员自己也很难深刻理解和把握角色本身。这样的戏剧只能让观众与演员仁者见仁、智者见智或人云亦云、以讹传讹。

三、政治角色分化——现代社会分化分工发展的必然趋势

政治角色分化意味着原本由单一主体行使的某种政治权力、享有的某种政治资源、担当的某种政治职能和履行的某种政治责任,分解、分化、分设、分工为由两个或更多的主体行使、享有、担当和履行。这一分化过程自从人类社会政治经济文化生活公共领域产生后就已经开始了,只是伴随人类社会生活公共领域的不断扩张和发展变化而日益加深、加快、加大。

第一,现代公共事务领域日益扩大化。公共生活领域范围大小与管理事务多少,从根本上,决定着公共权力存在和运用的时空范围,决定着公共机构和公职人员队伍数量的合理界限。二者之间毫无疑问存在着某种正常、相关的比例关系,只是我们现在还没有一套准确、科学的方法把它计算出来,并应用于公共权力的管理之中。公共权力的产生和运用,是因为公共事务的产生及其实施公共管理的必要。客观地讲,公共生活领域有多大范围,公共事务有多少内容,就需要相应数量和质量的公共机构和公职人员队伍来承担相应的政治角色。在近现代科学技术的强劲推动下,人类社会的经济规模不断扩展,经济结构错综复杂,经济形式丰富多样,经济联系千变万化,人机合作日益加强,国际贸易、国际关系、国际合作及由此产生的国际摩擦、国际纠纷、国际冲突频繁发生。在科学技术和经济发展的带动下,城市化进程大大加快,社会保障事业蓬勃发展,自然环境和生态资源保护正在加强,文化教育体育卫生必不可少,大众传媒和计算机网络覆盖面迅猛扩大。在工业化和现代化进程中,各国特别是发展中国家政府的经济战略、经济政策、经济措施和行政管理在一定

程度上对社会资源配置发挥着杠杆作用和催化剂作用,由政府提供的公共条件,建设的公共设施,从事的公共管理,维护的公共秩序,在经济发展、社会进步、环境保护的过程中的地位和作用越来越明显。当代社会一方面出现了分化、分离、分工、分立的大趋势,另一方面出现了联系因素与日俱增,互动机制根深蒂固的大趋势。传统社会所没有的公共生活领域,现在越来越多地出现了,需要扩展公共管理;传统社会由自组织系统承担的职能和解决的问题,现在转化为公共生活领域,需要公共管理介入;传统上本属于公共生活领域的事务,现在发生了新的情况、新的变化、新的问题,需要进一步加强和改善公共管理。这一切导致公共决策总量迅猛增加,公共权力运用频率不断加快,向原有公职人员和公共机构提出了数量上和质量上的挑战,原有公共机构与公职队伍显示出力不从心,应接不暇,难以应付。没有一个组织、个人能够做到熟悉和掌握所有这些领域的专业知识和专业能力,更不可能做到事必躬亲、包打天下。一方面为适应社会生活公共领域日益扩大的需求,公共事务管理的权力、机构和队伍会不断增加和调整,这是一种客观的必然的符合规律的现象。这些必须介入的公共权力、必须设立的公共机构、必须增加的公职,我们可称之为适应功能性权力、机构和公职。另一方面,几乎在推行一种新兴职能、完善一种原有职能、设立一套适应功能性机构的同时,就要增加一整套控制、监督、协调、辅助、服务适应功能性的权力、机构和队伍的机制建设。因此,必须对政治角色进行分解、分化、分立、分工和重新调整。

第二,现代公共管理行为日益规范化。现代公共事务管理与传统公共事务管理相比,不仅是量的增加,而且是质的不同。现代公共事务管理呈现出程式化、技术化、知识化、专业化的发展趋势。它提醒我们,政治不仅反映在认识和处理利益对立的阶级冲突,利益分配的集团矛盾,利益占有的个人差别,还体现在认识和处理在根本利益一致基础上如何制定办事程序,如何设计操作规程,如何加强内部协调,如何运用领导艺术,如何提高行政效率等问题。这些层面的问题并不必然涉及不同阶级、不同集团、不同主体的利益冲突、利益矛盾和利益差别等关系,而是统治阶级、领导集团内部怎样进行统治、领导和管理社会公共事务,怎样进行权力分工、资源分配、机构分设、职责划分等同一性质的人际关系。古往今来,政治从来都不仅仅限于人与组织、人与人等社会关系,而且包括大量人与自然、人与工具、人与环境等技术关系。法律究竟怎样规定才可行,资源究竟怎样配置才科学,预算究竟怎样安排才经济,战略究竟怎样实施才成功,外交究竟怎样开展才有利,社会保障怎样提供才合理,这些既涉及实体问题、利害关系,又涉及程序问题、技术关系。公共管理手段现代化了,由传统社会单一的或很少的途径,变得灵活多样,如经济杠杆就包括指导性或指令性计划、价格、税收、利率、金融、采购,经济政策就包括产业性的、就业性的、保障性的、质量性的、科技性的、贸易性的、分配性的等,行政手段包括财政的、工程的、督察的、制度的、命令的、处罚的等,法律手段包括宪法、刑法、民法、经济法、商法、国际法、诉讼法、程序法等。办公自动化、信息化、网络化、现代化已经成为现实。这一切使公共权力、公共机构、公职队伍、公共管理大面积渗透和介入自然社会经济文化各个领域,并面临着性质、结构、知识和能力的挑战。从事公共管理的队伍客观上需要在一定岗位上接受长期训练和积累,从而步入日益专业化、分工化、职业化轨道,必然导致政治组织和政治人履行职责、拥有权限在内容上的专业性、在范围上的界限性、在运用上的透明性和在行为上的规范性。

第三,现代公共权力配置日益民主化。这突出表现在为确保公共权力运行的公正、公开、公平、科学和法治等性质,公共权力、公共机构和公职队伍进行的角色分解、分工、分化、分设。公共权力是一把双刃剑。抽象到本质上说,公共权力、公共机构具有公益性、普遍性、社会性,是适应社会公共事务管理的需要产生的,是为建立和维护社会正常生产、生活秩序服务的工具。但具体到现象上说,实际掌握公共机构,行使公共权力,组成公职队伍的都是人,是自然的人、现实的人、个性化的人,存在滥用权力、以权谋私、感情用事、腐化堕落的可能和行为,经常致使公共权力、公共机构和公职队伍异化为社会的对立面、公众的对立面。控制、监督、制约和防范公共权力和公共机构及公职队伍性质异化、无限扩张,是古今中外政治文明建设和发展的神圣使命。人类不同时期的政治学家、行政学家及其他思想家早就开始花很大力气探讨、研究这些层面问题的答案。在古今中外政治思想史和行政思想史里,记载了大量关于如何管理公共事务的基本常识,如何设置公共机构的基本设想,如何建立公职人员队伍的基本环节,如何确保公共权力性质的基本机制。通过政治角色分化、分工、分解和分设来控制、监督、制约公共权力、公共机构和公职队伍自身,防范或减少他们发生异化,是人类运用智慧之光、思想之力、教训之痛战胜自我在政治生活领域存在的弱点和误区的伟大成果,是人类政治由传统迈向现代,由专制迈向民主,由人治迈向法治,由野蛮迈向文明的重要标志。这是问题的一个方面。另一个方面就是伴随政治资源的不断丰富,公共权力占有、分配和运行机制发生了深刻变化。政治资源首先是人的政治社会化范围普遍扩大,政治活动组织化程度大大提高,而且政治人、政治组织在思想、知识、能力、素质等方面大幅度提高,自立、自尊、自信、自决、自理等方面意识大大增强。他们越来越能够并强烈要求独立承担和扮演政治角色。这是政治角色分化的内在动力和压力,也是政治角色分化的条件。在政治组织和政治人等政治资源越是有限的情况下,公共权力分配就越是在很小范围中进行,单一主体承担和扮演的重要政治角色就越多。伴随社会经济政治文化发展和进步,政治参与的范围越来越广泛,政治参与的机会越来越增加,政治参与的主体越来越成熟,加上其他几条因素,政治角色就会分化,再分化,直至达到合理界限。这已成为政治发展不可避免的内在的必然的大趋势。传统与现代社会性质不同的一个重要标志,是政治与经济分离开了,社会与国家分离开了,道德与政治分离开了,使政治有了一个相对清晰的时空范围,公共生活领域与私人生活领域有了一个可识别的边界。在现代社会,政企不分、以政代企、政社不分、以政代社,泛政治化、国家化、整体化和道德化得到了澄清和界定,给予个人、经济组织及其他各种非政治组织自治管理和发挥作用的空间。与传统政治相比,现代政治的一个重要特征,就是政务与事务分离了,政党与政权分离了,法治与政治分离了,党政不分、以党代政、政法不分、以权压法、以言废法、朕即国家、朕即法律的时代一去不复返了;另一个重要特征,就是立法、行政和司法等各项权能分离了,利益表达、政治诉求、咨询决策、执行实施和监督评价等各个环节分离了,机构、职位与职员及其私人生活、家庭生活分离了,重要人选提名、决定任命和公众监督分离了,每个职位的权责利一致起来了,充分调动了现任者的积极性、主动性和创造性,现代社会培养了一代又一代、一批又一批具有公共意识、政治勇气、务实态度、敬业精神的优秀政治演员。

回顾20年不平凡的历史进程,我国政治体制改革的方向和实践充分印证了上述现代社会政治角色分化与协调的发展趋势。

四、角色冲突——当代政治生活
和政治关系的内在矛盾

现代社会政治生活的最大特点,就是政治主体即政治组织、政治人实际充当和扮演多种多样的不同角色。特定政治角色往往又不是由单一政治主体承担的,也不是一成不变的。如西方国家的议员,就充当着立法者、选民代表、政党领袖的追随者、立法伙伴的同事、院外集团代表的朋友或敌人、普通公民等一系列角色。同时,他可能还承担着丈夫、父亲、股东、音乐家、宗教信仰者等社会角色、经济角色和文化角色。这些角色显然不是孤立的,而是互相联系、互相作用的。一个议员不论充当什么角色和怎样扮演角色,总是受其他角色的影响和制约。政治学者使用角色理论就是要把政治角色从社会角色、经济角色和文化角色中剥离出来,分析不同性质的角色、不同功能的角色、不同类型的角色,探讨他们的角色期望和要求,指出他们之间的联系与区别,互动与影响,阐明政治角色网络。社会公众、社会舆论、社会个人,由于历史文化传承、生长时代背景、家庭教育熏陶等客观原因,由于立场、观点、地位、利益等利害原因,也由于个人阅历、经验、知识、能力和品德等主观原因,还有交流、沟通、理解、协商等技术原因,人们对任何政治角色都有不同的认识和把握,提出不同的期望和要求。这就必然造成政治角色冲突。现代社会政治生活中处处能够感觉到这种现象的存在和影响。政治角色冲突是指政治主体在扮演政治角色时,其实际可行的行为自我期望或公众期望或两者期望之间发生了距离、矛盾和冲突,使政治角色充当和扮演陷入捉襟见肘、进退维谷、无所适从的困难境地。政治角色冲突分为角色间的冲突和角色内的冲突。角色间冲突是指同一政治主体同时承担多种政治角色,不同政治角色的行为模式各不相同甚至相互矛盾,使政治主体陷入困境;或指同一政治主体担当角色太多以致没有必要的时间、精力、信息及其他资源同时满足众多角色的要求。角色内冲突是指公众对同一角色的期望和要求不一,使政治主体陷入困境。为了缓解和克服政治角色冲突,政治主体应从许多角色中摆脱出来,把自己的主要资源用于扮演最重要、最迫切的角色。这就需要进行角色分化,把对自己来说次要的、常规的、演不好、演不了的角色分离出去,设计新的角色或转入其他角色,由别的演员来承担。政治主体的角色选择主要应该依据:(1)该角色对主体自身的意义;(2)不扮演某些角色可能引起社会积极的或消极的制裁;(3)周围的人对拒绝扮演某些角色可能作出的反应。

西方政治学方法论[*]

政治学方法论,是政治理论研究的重要组成部分。就我国政治学而言,方法论研究是比较薄弱的,这已成为我国政治学发展的制约因素。研究西方政治学方法,是"他山之石,可以攻玉"。

一、西方政治学方法论简况

西方政治思想可以追溯到古希腊。政治学方法论研究却不是与古希腊政治思想同时产生的。柏拉图、亚里士多德、马基雅维利、布丹等早期政治思想家,在阐发自己的政治思想过程中,都运用了各自的研究方法,如演绎法、归纳法、分析法和历史法等。然而,他们没有明确地、自觉地提出政治学方法的重要性及其研究问题。① 早期政治思想被西方学者誉为"不讲究方法问题的政治学"。

在西方政治学说史上,对方法问题的重视是从霍布斯开始的。霍布斯在创立现代国家政治理论时,就注意到获得有关国家的科学知识方面的方法问题。他在《关于政府和社会哲学的基本原理》中,对于政治哲学没有以其应该使用的方法进行研究表示不满,并强调指出,这是政治哲学没有发展起来的惟一原因。他说:"不幸的唯一原因看来是:致力于哲学方面研究的人当中,没有一个人运用合适的原则来论述。对待科学,不能像画一个圆圈那样,从任意一点开始"。②

霍布斯重视政治学方法论研究。但是,当时政治学没有摆脱哲学、伦理学

---

* 本文曾发表在北京《政治与行政研究》1987 年第 3 期。

① ［西班牙］哈·贝·罗约:《论国家理论的研究方法》,载《国外政治学参考资料》1984 年第 1 期。

② ［西班牙］哈·贝·罗约:《论国家理论的研究方法》,载《国外政治学参考资料》1984 年第 1 期。

和法学的束缚。西方政治学作为一门系统的、独立的学科,近八十年才有了较大发展。与之相适应,政治学方法问题真正得到了高度重视和迅速发展。美国政治学发展过程也许能够说明这点。

1945 年以前,美国最有影响的政治学家、第二十届美国政治学会主席查尔斯·E. 梅里安,生前曾把美国(包括西方)政治学及其方法论的发展划分为四个阶段:第一阶段,1850 年以前,政治学及其方法研究,强调的重点是哲学的和演绎的方法。第二阶段,1850 年到 1900 年,历史的和比较的方法开始使用;1900 年,法律和宪法的描述方法开始广为利用。第三阶段,从 1900 年到 1923 年,这期间经常使用的方法有观察法、概括法、定量方法。第四阶段,从 1923 年到梅里安去逝、第二次世界大战结束的 1945 年,关于政治现象的心理学研究已经达到相当深的程度。如果我们继续沿着梅里安的思路考察,美国政治学及其方法论发展的第五个阶段,从 1945 年到 1968 年,各行为主义学派兴起,经验—科学方法、实验方法等相继出现。第六阶段,从 1968 年到现在,后行为主义综合以往各种方法,开创政治学方法研究的新格局。

当前,西方政治学方法论已超出研究方法、研究技术的范畴。根据玛西诺·萨尔瓦多里(C. Massino Salvadori)的观点,政治学方法是探索实际政治知识的思想工具;在某种意义上说,有时它也用来指收集材料的技术手段,也常常指专家所采纳的思想观点;还指贯穿于研究和思维全过程的基调。在西方,尤其在美国,政治学方法论有很重要的地位,甚至有的学者把技术方法优先于理论实质,达到了"喧宾夺主的地步"。西方政治学方法论的研究水平可以从所知事实中窥见。

1. 一些学者发表或出版专门研究、介绍方法论的论文或著作。如《论国家理论的研究方法》、《功能分析方法介绍》、《政治学研究方法举隅》,这是我们翻译过来的。哥伦比亚大学政治学系书目中,关于政治学方法论的研究著作就有《政治学者入门书》、《比较研究的方法论》、《比较政治和比较方法》、《比较政治的系统方法》、《社会学的比较方法》、《比较社会研究:方法问题和策略》等。① 战后法国也有政治学方法论著作问世,如莫·迪韦尔热的《政治

---

① 　中国政治学会、中国社会科学院政治学研究所筹备组编:《政治学参考资料》(内部参考资料)(三)。

学方法》(1954 年第一版)和马德莱娜·格拉维茨的《社会科学方法》(1972 年版)。①

2. 一些大学政治学系专门开设政治学方法论方面的课程。芝加哥大学政治学主要课程共分八部分,除其他部分中开有"解释的问题和方法"、"公共政策研究的方法"课程外,第八部分专门讲授"量性模式和方法"方面的十三门课程,如"政治学数量模式引论"、"动态方法论"、"调查数据分析法引论"等。罗切斯特大学政治学主要课程中方法论内容也不少:"公共政策分析的量性方法"、"调查研究的计划和方法"、"研究技术"、"公共政策的分析方法"等。肯特州大学设有"现代政治科学研究方法"、"政治的量性分析"、"政治计划的非量性技术"。密歇根大学设有"政治学的范围和方法",夏威夷大学设有"政治学的范畴和方法",佐治亚大学设有"政治学的方法论",哥伦比亚大学和哥伦比亚女子艺术高等学校均设有"政治学的量性分析原理",英国哥伦比亚大学也设有"政治分析的方法"、"政治分析的量性技术"等课程。总之,参加统计的国外 16 所大学②,美国大学只有伊利诺伊州大学和明尼苏达大学没有开设独立的政治学方法论课程或者没有作为政治学主要课程。

3. 政治学研究方法名目繁多,种类繁杂。根据有关学者的整理,其方法有哲学方法、演绎法、归纳法、分析法、历史法、比较法、法制研究法、经济学方法、生物学方法、系统方法、现实研究法、实验法、模拟法、经验——科学方法、心理分析法、调查研究法、观察法、数量分析法、行为分析法、科技分析法、因素分析法、实例分析法、内容分析法、数量统计法、数量模式运用、角色论、团体研究法、权力分析法、实权人物分析法、体系论、结构——功能主义分析法、政治文化分析法、政治发展论、通讯论、决策分析法、博弈论、理性选择论等。各种政治学流派的形成,与其说是政治理论观点的不同,毋宁说是各自立论和研究的方法不同。政治思想发展的不同历史阶段,也是与政治学方法论发展相关的。

---

① 《国外政治学参考资料》1984 年第 4 期:《战后法国政治学概况》。
② 复旦大学国际政治系政治学教研室编:《国外十六所大学政治学主要课程》(内部参考资料)。

二、几种西方政治学方法论

西方政治学研究方法,如上所述多如牛毛。关于行为主义、后行为主义产生、变化的原因及整体特征国内已论及不少。本文仅就哲学方法、历史方法、比较方法、观察方法、心理学方法和经验—科学方法评述如下。

(一)哲学方法

哲学方法属于演绎法,它是从一定的假设出发,试图经过理性思维过程来建立一套关于国家和政府的理论。这种方法实质上意味着要阐明一种政治哲学,它与规范方法和伦理方法有相似之处。柏拉图、托马斯、莫尔爵士、卢梭、黑格尔、格林(Green)、博赞克特(Bosanguet)和西德威克都是这种方法的倡导者和应用者。这是政治学研究中最古老的方法,也是受到当代学者批评最激烈的一种方法。反对者认为,这是一种不可能阐明现实政治、只能建立乌托邦式、非现实的理论。即使应用这种方法去理解和论述当代政治也是伪科学的、不准确的。这样,使许多学者都大胆怀疑这种方法的科学性质。J. S. 米尔(J. S. Mill)就拒绝"抽象的演绎法",否认它是研究社会现象的适当方法。但也有些学者面对这种批评,保持冷静态度。他们认为,批评是包含着真理因素,形而上学的推理在科学地研究政治现象方面是没有多大帮助的。然而,断言哲学方法在社会科学研究中毫无用途,这是误解了社会科学性质。社会科学是有规律可循的科学,其价值就看研究的角度,这就需要运用哲学方法来考察国家及其他谋求权力和影响的组织的社会基础,只有这样,才能解释现存的一切,进而根据所提供的正确解释来评价现实的政治制度,并按着人们所期望的方向改造它。西德威克坚持主张,政治学的首要目标是确立应该怎样或未来的行动方向。显而易见,这个问题用归纳法是不能解决的。米尔本人也提倡"具体的演绎研究"。有的学者指出,即便这种方法被追求者乱用了,也没有任何理由放弃这种方法。因为,这不是方法本身的责任,而是使用者的过失。

学者们认为,演绎法和归纳法之间不存在矛盾。在许多方面,二者是互补的。在研究古代与现代政治现象中,人们应用过经验法、分析法和归纳法。但是,现实的或曾经存在过的每一事物,不总是完善的。它有个完善过程。哲学方法能够在考察、分析现实政治的基础上,提出原理原则以及改革的建议。否则,政治学在研究本身复杂问题时,能否解决问题是极其令人怀疑的。哲学方法的另一项功能就是赋予政治思想以逻辑力量,澄清政治学术语的混乱性和不准确性。现代政治哲学家不作任何说教,那是19世纪的事情。具体的哲学方法与抽象思想不同,它力求提出规范性的准则。E. M. 塞特说得好:"哲学讨论能增长人类智慧,并使人类思想丰富化和灵活化"。

(二)历史方法

历史方法似乎我们十分熟悉,与历史唯物主义方法论不同,它是次一级的研究方法。什么是历史方法? 其地位与前景如何? 使用这种方法应注意什么?

西方学者普遍认为,今天是昨天的延续。现实政治制度的科学研究需要历史方法。弗里德利克·波洛克爵士区别了这种方法与分析方法的不同。他指出:历史方法力求解释制度是怎样的,发展趋势是什么。与分析方法相比,历史方法更注重研究制度在过去是什么情况,又是怎么发展到今天这样的。这种方法的价值不仅仅在于解释历史,使我们得出可靠的结论,而且在于它能为我们提供预见未来的基本原则。西方许多著名学者都曾使用过这种方法,如巴蒂斯塔·比科(Battista Vico)、孟德斯鸠、萨维尼(Savigny)、亨利·梅因特(Henry Maim)、约翰西里和弗里曼。

塞特对历史方法的意义有很多论述,他指出:经验积累增添了人类避免重复历史挫折的安全感。人类的足迹构成过去无数人的经验。历史作为伟大导师,是历史经验的记录。如果没有对历史的预先研究,仅凭偶然机会就能认识现实,那是莫大的误会。他把这种古老的方法看做是理解政治制度的基础。米歇尔·奥克肖特(Michael Oakeshott)还坚信,政治学研究就学术高度而言,将是历史的研究。

西方学者注意到历史方法的局限性,也有人对它提出批评。波洛克指出,历史方法容易导致人们理论上的乐观主义。所谓理论上的乐观主义,就是试图找出所有事物的产生原因、发展方式、最好状态。欧内斯特·巴克(Ernest Barker)也认为,历史是"按着一定进程发展的。它不可能确定其后果的价值。……它只记录是什么以及事物怎么发展的。它不可能得出应该是什么的观点"。他提醒人们注意这种方法的其他局限性。他举例说,历史方法容易导致人们某种悲观的保守主义,即认为,过去所有的事情都发生过,以前毫无结果,现在也不能期望多少。这就使人类固有的激情变得麻木不仁。无需强调,这种思维方式是危险的。

(三)比较方法

比较方法是学者们常常使用的。有的学者断言:"所有的社会科学研究都是比较的"。① 那比较的目的是什么? 比较的对象、范围是什么? 西方学者认为,这是一种通过比较来探索普遍规律的方法,它既可以用来研究一个国家不同历史发展阶段的政治制度或政治思想,也可以用来研究不同国家的政治现象。无论哪种情况,它的实质都是在比较过程中,指出各国政治制度或政治思想及其存在的条件与环境的相同点和不同点。政治学者犯的许多错误就是因为忽视了后一个因素,所以,有的学者提出,比较研究若是与历史的或观察的方法相结合,就会减少许多不足之处。亚里士多德、孟德斯鸠、布莱斯(James Bryce)等思想大师都倡导和应用这种方法。

(四)观察方法

这种方法如名字所示,是指在研究过程密切观察所研究的现象。许多西方著名政治学者特别注意观察方法。第五任美国政治学会主席洛厄尔就非常强调政治学的观察特征。他指出:政治制度的研究室不是图书馆,而是户外的政治生活世界。学者们认为,他强调的重点丝毫没有错。因为政治研究的重要内容是分析现代政治制度,这就需要大量可靠的、有价值的观察。第二手材料或许可靠或许不可靠。劳德·布莱斯(Lord Bryce)私人访问了他要研究的政治制度的全部国家,并会见了一批掌握内情的人物。这使他实际考察了近四分之一国家政治制度的运行,并使他的视野扩展到它们的内部运行上。哈罗德·J. 拉斯基也曾试图这样做。由此可见。直接观察的重要性是不言而

---

① [美]贝蒂·H. 齐斯克著,沈明明、贺和风、杨明译:《政治学研究方法举隅》,中国社会科学出版社 1985 年版,第 12 页。

喻的。塞特认为：“政治学只有通过观察方法才能发展。”

西方学者也感到，这种方法存在很多难处。西里认为，与其他学科相比，政治学中的事实可靠性更加难以断定。拉斯基指出，即使是最接近政治过程的人，也可能完全作出错误的判断。这是因为政治过程非常“像一座冰峰，显现出来的东西几乎不能反映其内部本质”。而这个困难又因观察者的世界观及其他弱点进一步加重了。芒洛（Munro）深刻指出：“人类以科学精神研究政治的最大障碍，就是保持客观态度的极其困难性。问题就在于它太接近人们的感情和历史偏见。几乎没人能够冷静地、不带任何感情色彩地，并以完全客观的思维方式来分析事物”。

为此，詹姆斯·布莱斯提醒政治观察者不要急于掌握表面上的一致性和广泛的普遍性。一定要基于事实。因此，亟待解决的问题是事实，并证明它。同时观察者也不要混淆人为的或偶然的原因与必然的原因，或者陷入数字的迷宫及矛盾的事实之中。他认为，只要扩大观察范围，乃至包括整个世界，对信息资源也十分注意批判地加以审查，许多困难是能够避免的。

（五）心理学方法

把心理学知识应用于人类本性和政治行为的研究，相对其他方法来说，在西方也是新近发展起来的。当然，这不意味着早期政治思想家没有提及人类本性。其实，关于人类本性的研究早在柏拉图、马基雅维利、霍布斯、洛克、卢梭、本瑟姆（Bentham）等著作中就可以看到。但是，他们的共同弱点是，这种研究没有建立在对人类心理系统研究的基础上。心理学方法应用于政治现象的研究，就是为了弥补这个不足之处。这一派学者认为，研究有关人类本性和行为的基本事实是可能的。他们竭力想在坚固的心理学知识基础上建立全新的政治理论。曾几何时，应用心理学方法探寻人类活动之谜十分盛行。西方学者认为，这项研究的基础是由洛厄尔奠定的。把这个领域向前推进最多的是另一位著名政治学者拉斯维尔。沃特金斯（Watkins）指出，政治学家最关心的是人民的政治行为，而人民是活生生的人，他们的活动已成为可供观察的事实。为了分解和定量分析人的众多因素，包括影响人们政治决策的思想因素，采取可控制的观察和实验是可能的。虽然迄今为止，应用这种方法所取得的结果是令人失望的；但是，这是有前途的方法。

在肯定这种方法的同时,另一些学者对这种方法的现状和局限性提出了自己的意见。罗布森(Robson)就曾指出,目前社会心理学理论远远满足不了政治学家的要求。"它很少为政治学家的政治行为理论或民意测验研究奠定系统的、准确的知识基础。特别是弗洛伊德的著作,以及他的继承者,他们的门徒的著作,已经改变了我们对人类大脑的认识。精神分析使个人心理学研究方面获得了革命性的进步。然而,这些成果却很少被移植到政治学中来。"这是十分令人惊讶的! 因为,普遍而言,近些年政治学逐渐变成了实践性科学。"它很少强调政府的正式组织,更多注重政府实际实行方面;它很少强调权力而更多注意的是权力的使用"。沃特金斯还指出了心理学方法的其他局限性。其最大局限性是,结论仅仅是分析性和资料性的。还有,这种方法的使用限于调查相对简单的社会情况,在解释动态的政治过程和复杂情况方面,不是很有帮助的。再次,行为方法能够精确地分析和测算人们对某事所持的态度,但却不能阐明这种态度是怎样形成的,又是怎样演变为有效的思想的。对于心理学方法的另一种激烈的抨击就是,它使理性从本来受人尊敬的地位一落千丈,进而过分夸大了人类本能排斥理性的作用。结果,它也不可能推进自身的理论建设。

(六)经验—科学方法

对政治的新的科学态度,促使学者更广泛地使用经验方法观察人类政治制度和政治过程,以便发现政治的基本原则。更广泛地使用经验—科学方法中的观察、概括和定量分析的倾向,是与统计学、心理学和人类学的发展有关的。这种方法的显著特点是:把事实和价值一刀切开。这派学者主张政治学要想成为一门科学,就不能预先提出什么价值;宣称,抛开形而上学,置可靠性于经验基础上。罗布森把类似方法称为"例案研究"(The institutional approach)。这种方法要求:准确地观察研究对象,经过假设、推理、论证、概括、因果关系分析的过程。这是典型的生物学、医学、化学、物理学的研究方法。这种方法在英联邦的介绍和普及应归功于晚年的希德尼(Sidney)和比特莱斯·韦伯两位开拓者的工作。这两位学者建立了"伦敦经济政治学院"。现在西方仍然公认这种方法是研究政府和公共行政的相对独立的方法。根据韦伯的观点,从观察或实验中所得出的每个结论,都必须经过验证,这也包括通过有关的统计数字来证明。

这种方法遭到的最大攻击,就是它割裂社会科学中事实与价值的本质联系,追求"纯科学"。沃尔多指出,在科学主义狂热下,价值中科学的提倡者常常拒绝终极目的的概念。然而,我们不可能避免价值。否定利益的社会科学是一种病态:"探索"在没有赋予特定价值之前,是既无内容又无形式的思想。因此,每位学者必须,也应该清楚地阐明自己的"价值结构"。值得注意的是,一些被罗伯特·达尔称为"彻底的经验主义者"也认为"科学的方法"能够令人满意地研究事实与价值两者。约翰·杜维(John Dewey)等人的观点是,科学判断归根结底还是道德判断。科学本身理应包括价值判断在内。美国著名政治学家利奥·斯特劳斯相信,政治学研究应该有这样的宗旨:使人们采取正确的行动,选择最佳的途径,作出与同伴最和谐地生活在一起的决策。他又指出,深刻的政治理论不可避免地包含着评价。评价就不仅涉及理论阐述中经验的合理性,也涉及理论阐述中政治事件、政治过程、政治制度的道德性质。政治学的评价,经常是事实与价值两者交融在一起的。那种把事实置于一端,价值置于另一端的企图是毫无意义的。

三、西方政治学方法论借鉴

研究西方政治学方法论,首先自身应该掌握和运用科学的方法论。有些时候我们对待西方政治学及其方法论的态度是背离科学方法论本身的。其突出表现就是两个极端:一是把行为主义、心理学方法、实验方法、例案研究等简单地扣上资产阶级的名字,贴上"唯心主义的观点和方法"、"抹杀和掩盖国家的阶级实质"、"为资本主义社会制度和资产阶级国家统治服务"的标签,从而盲目地、一概地排斥于国学之外;一是把哲学方法、历史方法、法学方法乃至阶级分析方法简单地归入传统方法,并给人们以应该抛弃的暗示,从而盲目地、片面地引进所谓的"新方法"。究竟应该如何正确认识西方政治学及其方法论? 发展我国政治学方法论应该从中吸取哪些经验教训?

1. 西方政治学方法论研究的发展,就概念而言,经历了从单一的研究方法含义到内涵丰富、多层次、多功能的概念体系的过程;就地位而言,经历了从无到有、从次要到重要的过程;就内容与范围而言,经历了从抽象到具体、从定性到定量、从局部到整体、从静态到动态、从封闭到开放的过程。而今天正朝着抽象与具体相结合、定性与定量相结合、静态与动态相结合、本学科方法与其他学科方法相结合、局部与整体相结合的方向前进。这个过程实质就是"一体化→专业化→综合化"的过程，是螺旋式上升的过程。它完全符合人类科学研究的思维规律，也标志着政治学方法论研究水平的提高。我们应该注意并径直吸收最新的研究成果，而绝不应重走人家在探索过程中所走的弯路。

2. 政治是极其复杂的社会现象，它纵横交错地贯穿于社会的各个领域。它是质量与数量、动态与静态、历史与现实、抽象与具体、心理与环境、团体与个体、价值与事实、理智与情感的辩证统一。政治的特点决定研究政治方法的多维性、综合性，客观上也要求政治学方法论成为多层次、多结构、多功能的复杂体系。不同形式与内容的政治现象，需要不同的研究方法；从不同角度研究同一政治现象，也可能构成不同的研究方法。没有哪一种方法能够独立地解决政治学领域的所有问题。行为主义与传统主义的争论，日益在下述一点上取得一致："即使是简单的政治活动，也要用复合的方法去研究。"①

3. 对于不同研究方法的正确态度应该是：每一种方法的产生和发展都有客观必然性，都与人类整体科学文化水平相关。其本身一定有合理的、科学的因素。不同研究方法之间绝不是相互排斥、你死我活的，而是相得益彰、彼此互补的。"科学进步并不一定需要把各种范例对立起来，让一种范例占绝对优势，让另一种范例处于绝对劣势之中。"②关键在于，每种方法本身都有其客观的真理与科学的临界点。政治学者在应用一种方法时的责任，就是恰当地掌握或遵守这个"点"。任何形式的相互诋毁、单打一的大一统思想，同样都违反政治本身、政治学研究和人类思维的客观规律，必将限制政治学本身的迅速发展。

4. 政治学方法论，作为政治学研究的重要组成部分，不是孤立的，更不是超阶级、超社会的。主导政治学方法论整体方向和各种方法兴衰的因素是政治发展规律，简言之，是统治阶级的政治需要。资产阶级思想体系的根本弱点，在政治学研究上也毫不例外地有所反映。资产阶级政治学是建立在历史

---

① 《政治学研究方法举隅》，第 10 页。

② ［德国］克劳斯·冯·贝姆：《现代政治理论的趋向》，载《国外政治学》1986 年第 1 期。

唯心主义世界观和超阶级、超社会的政治观基础上的。无须讳言,政治学方法论作为意识形态有其相对独立的一面。资产阶级学者在追求科学的自我奋斗中,为人类认识的真理长卷贡献了科学与进步的笔墨。马克思主义的辩证唯物主义和历史唯物主义为我们建立无产阶级政治学体系奠定了科学基础——正确的世界观、哲学方法论及政治观。我们有可能在吸收西方政治学及其方法论的合理内核过程中,建立完善、科学的理论大厦。

西方人权观发展的三个阶段[*]

  人权观乃是人们理解人权问题的思维方式。西方人权观经历了理想主义、个人主义和相对主义这样三个阶段。

  理想主义人权观以 17、18 世纪西方启蒙思想家为代表。这种人权观以绝对理性主义哲学为基础,从一般的、抽象的、普遍的人类本性出发,认为人永远有着共同的属性、价值和利益,即追求幸福、自由、安全和平等的天性;法律是人类理性的外化形式,是人权的表现和合理界限;国家是保证实施符合理性与人权精神的法律的"公共权力"。因此,国家和法律就是人权的体现。这种人权观是近代启蒙思想家为资产阶级革命所做的理论准备。它实质上是一种理想的虚幻政治理念。黑格尔是这种人权观的典型代表。

  个人主义人权观是 19 世纪西方政治思想家为实践启蒙思想家的政治理念而提出的。这种人权观以实证主义哲学为基础,以批判绝对理性主义和理想主义人权为前提,以功利主义为标准,倡导以个人为核心的自由主义。孔斯坦、孔德、边沁、密尔、斯宾塞是这种人权观的代表。他们的历史功绩就在于扬弃了启蒙思想家人权观中的理想主义成分,使人权问题由无人身的理想转变为以个人的权利和自由及其实现为核心的现实。其实质是论证资本主义上升时期资本家个人自由竞争、自由贸易、市场调节和无产者自由出卖劳动力的合理性。这种人权观限制了国家政治权力对个人自由的干预。密尔在《论自由》中通篇论述的就是"社会所能合法施用于个人的权力的性质和限度",即公民自由的正当性和合理性。

  相对主义人权观是 20 世纪西方的人权观。它有三层含义:(1)修正个人

---

  * 本文曾发表在中共中央编译局主办《马克思主义与现实》丛刊第四辑,河南人民出版社1991 年 9 月出版。

自由主义和功利主义。一方面它认识到个人自由主义的局限性,倡导协作主义,从个体人权观转变为组织人权观;另一方面指出个人功利主义的局限性,承认人的本能、情感、文化、心理等非理性和功利的因素也是人权的要素。(2)提出改良主义政策,医治资本主义的弊病。如费边主义、福利政策、凯恩斯革命、罗斯福新政,就是为了缓和帝国主义的矛盾和冲突,扩大人权的社会内容和社会范围,同时论证帝国主义的合理性。(3)攻击社会主义。它把马克思主义和社会主义看作洪水猛兽,镇压国内无产阶级革命,运用武力消灭社会主义或用和平演变瓦解社会主义,维持资本主义现实政治秩序。这种人权观极易导致政治上的反动和保守。

　　西方人权观发展的三个阶段充分表明,人权是一定社会、经济、政治和文化的产物,并随着社会结构的发展变化而发展变化。

论行政管理干部选拔制度的改革[*]

绪　言

邓小平指出："为了适应社会主义现代化建设的需要,为了适应党和国家政治生活民主化的需要,为了兴利除弊,党和国家的领导制度以及其他制度,需要改革的很多。"①根据这一精神,本文仅就我国行政管理干部选拔制度的改革进行初步的探索。

行政机关是复杂的组织体系。就结构而言,行政机关有决策机构、职能机构、办公机构和直属机构。就层次而言,又可分为政府、政府职能部门以及职能部门所属的一级、二级工作单位。行政机关的结构和层次,决定了行政管理干部的结构和层次。如我国中央行政机关的干部,就分为国务院组成人员,各部委领导班子成员,司局领导班子成员,处室负责人员和一般工作人员这样五个层次。由于各层次干部的地位和作用不同,选拔制度也不同。根据法律规定,我国各级政府成员均由选举产生或经各级权力机关决定任命。本文所探讨的"行政管理干部"的范围,是除上述方式产生的人员以外的行政干部。

我国行政管理干部选拔制度,是在党领导人民夺取和巩固政权的斗争中,逐步形成和发展起来的。早在民主革命时期,随着根据地政权的建立,行政干部选拔制度便开始了它的历史。新中国成立后,我国行政干部选拔制度,获得了统一和发展。1957年9月,国务院颁布了《国务院任免行政人员办法》,全国人大常委会通过了《县级以上人民委员会任免国家机关工作人员条例》。但是,从50年代末开始,我们党和国家工作,在指导思想上发生了偏差,使行

＊ 本文系作者的硕士论文,完成于1984年10月。
① 《邓小平文选(一九七五——一九八二年)》,第281—282页。

政干部选拔制度的发展也受到挫折。十年动乱期间,由于林彪、"四人帮"的捣乱,行政干部选拔制度遭到了全面破坏。

粉碎"四人帮"以后,尤其是十一届三中全会以来,党和政府为了适应工作重点转移的需要,对我国干部选拔制度进行了一系列改革,取得了很大的成效,但是目前,我国行政管理干部的选拔制度仍存在着与新时期总任务不相适应的方面。(1)没有根据行政管理职务的特殊需要分门别类地确定行政管理干部的选拔标准。党务、政务干部选拔标准没有区别;行政管理业务的不同种类、层次和级别的干部标准更没有明确界限。(2)没有建立科学的考选制度,党组织干部和行政干部间,行政干部的不同种类层次间,选拔方式没有应有的区别。(3)行政机关的人事机构没有应有的职权和地位。总而言之,行政管理干部选拔,没有形成相对独立的系统,而与党的干部选拔融为一体。实践证明,这种选拔制度不利于尽快实现行政管理干部在革命化前提下的年轻化、知识化、专业化的战略任务,因此必须改革。

一、选拔标准的改革

为适应社会主义现代化建设的需要,我党明确提出,选拔干部必须以革命化、年轻化、知识化、专业化为标准,问题在于如何将四化标准具体化为行政管理干部的选拔标准。以划分行政职位的层次和种类为基础,确定具体的行政管理干部(官吏)选拔标准,是古今中外的成功经验。

(一)选拔标准具体化,是当代世界各国行政人员选拔的共同特征

行政管理人员所担任的职务,同政府成员或主要行政首长的根本区别,是它的专业性。因此,行政管理人员选拔标准的确定,必须从行政管理职务的专业出发。由于古代社会的经济发展水平的限制,国家行政管理事务只具有简单的分工,行政机关的组织结构也不复杂。因此,各个层次的人事选拔没有科学的划分。但即使在古代国家,官吏选拔标准的具体化也是存在的。我国汉朝的荐举制和隋唐以后的科举制度都有过这方面的实践。

我国封建社会的汉朝统治者,曾建立了比较完备的荐举制,即根据皇帝诏书,各级长官向中央推荐各类人才,经皇帝测试后,择优任命官吏的选官制度。

当时,荐举官吏划分为若干种类,并有各自的标准。如秀才科,偏重文才;明经科,偏重儒家经学;明法科,偏重法律知识;有道科,偏重德行;杂科,偏重各类有专长的人才;孝廉科,偏重敬老孝顺,品行清正;贤良方正科,要求能言国家得失,辨析阴阳祥瑞,提出应时对策。隋唐后,我国封建社会实行的科举制,是通过中央定期举行的、以封建文化教育为内容的公开竞争考试方法,择优任命官吏的制度。科举制使封建官吏选拔标准进一步具体化。譬如,唐朝科举科目,除比较重要的秀才科、进士科、明经科外,还有明法(考律学)、明字(考书法)、明算(考数学)、武举、童子等科,以及皇帝根据需要随时拟定的其他科目。如上的每一科目,就是官吏选拔的具体标准。如果说上述官吏选拔的种类划分及其标准还处于萌芽状态的话,那么,当代资产阶级国家的文官制度及其以职位分类制度为基础确定选拔标准的方法,则是确立选官标准的科学方法,具有很大的借鉴意义。

资产阶级行政官僚(文官)选拔标准的具体化,经历了一个发展过程。

在资产阶级革命后的很长时期里,资产阶级国家行政官僚的选拔,实行的是恩赐官职制(英国)、绅士政府(美国)、政党分赃制(英美)等制度。在这些制度下,官吏选拔没有确定的标准。而在政党分赃制下,执政党将官职作为战利品,奖赏给政党成员或追随者。不同层次、不同种类官职的分配,以为本党竞选贡献的大小为标准,而非以职位需要的能力和素质为标准。

随着资本主义由自由竞争向垄断的发展,资产阶级国家由"守夜人"、"看家狗"向"积极国家"的转化,政党分赃制无法适应资产阶级新的统治需要。国家行政管理的专业化分工的加强,行政事务的复杂化,必然要求行政官员的选拔标准是职务所需要的专业知识和专业能力。于是,以功绩制(Merit System)为核心的文官制度在英国应运而生。其他资本主义国家也先后进行了社会制度改革,建立了文官制度。

1853 年斯坦福·诺斯科特和查理·屈维廉提出的《关于建立英国常任文官制度的报告》(亦称《诺斯科特—屈维廉报告》,以下简称《诺—屈报告》),是英国文官制度改革的理论基础,也是资本主义世界文官制度的经典文献,它阐明了现代文官制度的基本原则。《诺—屈报告》首先提出:划分政务官和事务官,建立除选举和政治任命官员以外的政府常任文官制度,文官的选拔通过公开竞争考试,依照应考者成绩,择优录用。文官的使用,也应完全根据他们担任职务所表现出的能力来决定。"他们的晋升和未来的前途,完全取决于他们履行职务的勤奋程度和能力。……有卓越的才能,他们就有理由希望得到职务中的最高奖赏;但如果他们表现得明显地不称职,或是不可救药地懒惰,那么他们就必须准备离开他们的岗位"。①

该报告还提出,为了做到量才使用,人尽其才,政府文官应区分为高级和低级两类。因为政府部门有一些职位的文官,从事的是判断及领导的工作,因此要求多方面的才能、丰富的知识和经验。因此,招收这些职位的文官,应以牛津、剑桥等一流大学毕业生的水平为录取标准。低级文官主要处理部内日常具体事务,工作带有一定的机械性和例行公事的性质,所以,他们的选拔以一般中等教育水平为录取标准。当时,这种划分还只是职位分类制度的萌芽。

根据《诺—屈报告》,经过十几年的努力,英国于 1870 年建立了现代意义的文官制度。美国仿效英国,1883 年国会通过《文官制度法》,确立了文官的竞争考试、择优录用原则。1978 年的《文官制度改革法》明确要求,文官只根据人的能力、知识和技能来决定录用与提升。二战后,日本制定了《国家公务员法》,规定公务员的录用和提升,均以职务所需要的知识与能力为标准。德国《联邦官员法》也强调,任用官员的唯一标准是本人所具有的知识和能力。法国早在 1791 年的《人权宣言》中规定:"政府官员的任用……除以才能品德为根据外,不应受其他条件的限制"(第四条)。任人唯能仍是今天法国文官制度的重要原则之一。

通过文官制度改革,资产阶级完成了官吏选拔标准具体化的第一步,即政务官与文官的分野。目前,资产阶级国家普遍将行政官员一分为二:政务官和文官,并确定了二者选拔的不同标准。政务官是随政府更替而进退的行政主要长官(政府首脑、内阁阁员及其他主要长官),他们掌握着行政机关的领导权和决策权,积极鼓吹和推行执政党政策。因此,需要由竞选产生或经代议机构同意任命,受政党政治和民意的决定。而文官为政务官提供咨询,草拟文件,提出决策方案,执行政府决策,管理日常公共行政,实际上操纵着行政机关的运转,需要特殊的行政管理才能。因此,文官普遍通过竞争考试,择优录用或择优晋升。

---

① 《英国历史文件》第 12 卷,第 574 页。

　　资产阶级文官选拔科学分类的第二步,是 20 世纪 20 年代以后,西方各国逐步建立起复杂的文官职位分类制度。

　　职位分类制度就是对文官职位按照所从事工作的性质划分若干类,再将各类职位按照责任大小、工作繁简划分为若干级,并对各类各级的职位加以说明,规定其应有的权力与责任、教育程度,应具备的知识和能力,以作为全部文官管理的基础。

　　早期英国的文官只划分为高低两类。经过长期发展,今天,英国文官横向以专业为基础划分为十大类。如综合类、科学类、专业技术类、秘书类、法律类等。综合类又包括行政人员、经济学家、统计学家、新闻官员等若干职组。每职组又纵向划分为若干级,如行政人员包括行政级、执行级、办事级和助理办事级。各类各级文官有明确的职责。根据规定,行政级的职责是草拟政策方案,促进内部的联系、沟通和协调,改进机关的组织与方法,掌管机关内部一般行政人员的考核。其职责需要的能力和知识,就是行政级选拔考试的具体标准。

　　最早实行职位分类制度的是美国,于 1923 年制定《职位分类法》。据 1958 年的调查,美国文官共有 23 个职组,524 个职系,各职系又分为 10 至 18 个等级,是庞杂的职位分类体系。日本于 1950 年制定《职阶法》;1960 年规定,公务员分为八大类,71 个职种,各为二至六级不等。八大类是:行政职组、税务职组、公安职组、海事职组、教育职组、研究职组、医疗职组、技术职组。其中行政职组分为行政事务、外事、专门技术、土木、化学、机械等 28 个职系。此外,法、德等国也都建立了相应的职位分类制度。

　　职位分类制度是人事管理现代化的重要标志,它严格地区分了文官的不同种类、不同层次。从而为确定文官不同录用标准提供了科学依据。各国文官选拔考试的种类、资格、程序的设计和实施,均以职位分类制度为基础,使文官管理与各类各层各级职位有机地联系起来,的确值得我们借鉴。

(二)我国行政管理干部选拔标准的改革

　　资产阶级为了将行政管理人员选拔标准具体化,建立了以功绩制为核心的文官制度和职位分类制度。我们认为,社会主义国家也有按照行政管理职务的不同种类、不同层次、不同级别确定行政干部选拔标准的问题。为了实现我党提出的干部尤其领导干部革命化、年轻化、知识化、专业化的宏伟目标,我国应当建立以专业能力和专业知识为特征的选拔行政管理干部的标准体系,使其与党组织干部和选举产生或由权力机关决定任命的政府成员的选拔标准区分开来。概言之,选拔政府成员和党的干部,应当以通才标准为特征;而选拔行政管理干部,应当以专才标准为特征。所谓专才标准,就是行政管理干部的选拔应当以行政管理职务所要求的特殊的、专门的知识和能力为标准,而并非求全责备,尽善尽美。我们认为,专才标准,是党提出的干部四化标准在行政管理干部选拔标准的具体化,这就必然要求行政管理干部的诸种类、诸层次间的选拔标准也必须有所区别。

第一,政府职能部门的工作性质和所处地位决定这一区别。职能部门是政府为了执行国家法律和行政决策,进行社会主义国家行政管理而设立的专门机构。在服从党和政府统一领导下,政府职能部门的首要使命,是有效、迅速地完成行政管理任务。因此,行政管理干部的选拔标准,应当是在革命化前提下,履行职务的专业知识和管理才能。而无产阶级政党和各级政府,掌握着行政管理的领导权和决策权,负责行政管理的社会主义方向和大政方针,所以,其人选仅仅以专业知识和专业能力为标准是不够的,他必须具有政治头脑、丰富的经验和广博的知识。

第二,行政管理专业化、复杂化是发展趋势决定的。早在六十多年前,列宁就强调指出,行政管理干部要有专长,没有专长、没有充分的知识、没有管理的科学知识,你们又怎样能够管理呢?要管理,就必须熟悉业务,作一个出色的管理人员。在当代社会中,科学技术的飞速发展和“第四次工业革命”的冲击,生产手段和生产管理发生了深刻的变化。新兴工业部门的不断出现,使社会管理日益错综复杂,传统的行政管理方式远远不能适应。新型的行政管理要求管理干部尤其是高级行政管理干部必须掌握信息科学、现代管理科学、决策科学、未来学、统计学、系统工程及计算机科学等学科的系统知识。这样,他们才能够成为胜任现代行政管理工作的合格人才,才能适应四个现代化建设的迫切需要。

第三,人事行政管理科学化是现代化的发展趋势所要求的。行政管理的专业化、复杂化,要求必须有明确的以知识和能力为特征的行政管理干部选拔标准,特别要严格地划分不同种类、不同层次的行政管理干部的选拔标准。我国行政管理干部是多种类、多层次、多级别的复杂体系。横向划分就有行政机关管理、人事管理、财务行政、工业、农业、科技、教育、交通运输、外事、民政以及体育、卫生、文化、公安、司法各行政系统的干部。每个系统的行政管理干部纵向划分为中央、省、市、县及乡镇这样五大层次,仅就中央行政机关而言,行政管理干部又划分为部委级、司局级、处级和一般人员等级别。

显然,这些不同系统、不同层次干部之间,在权力和责任上是不同的。而且,在工作特点、能力、专业知识等方面的要求上也存在明显的差别。例如科技管理需要更多的自然科学知识,熟悉并掌握科技行政管理的业务,而就公安管理而言,法律知识和一定的公安技能则是必不可少的。因此,如此差别大的行政管理干部之间,是不应该由一个模子或一刀切的标准来衡量人选的,只有针对具体的专业系统、具体的层次和级别,分别确立不同的选拔标准,才能做到人尽其才,人事相宜。

总之,随着四个现代化的不断发展,对行政管理干部知识化、专业化的要求会越来越高,而要适应这一要求,就必然需要确定以专业知识和专业能力为特征的行政管理干部选拔标准,必然需要以职位分类为基础的不同系统、不同层次和不同级别职务的不同选拔标准。

二、选拔方法的改革

行政管理职务的特殊性,决定其人选的特殊标准,也要求有相应的选拔方法。行政人员的选拔方法主要有三种:委任制、荐举制和考选制。各国经验表明,考选制是行政管理人员选拔的有效方法。我国应当借鉴各国经验,建立行政管理干部的考选制。

(一)考选制是当代行政管理人员选拔的普遍方法

所谓考选制,就是通过竞争考试,择优任用行政管理人员的制度,我国封建社会长期实行的科举制,是典型的考选制。然而,现代意义的考选制,则是与资产阶级文官制度同时期产生的。资产阶级国家为了贯彻文官职位任人唯能的原则,普遍实行逭过公开竞争考试、择优录用文官的制度。

英国,1853 年《诺—屈报告》提出:要得到第一流的人选,必须求助于竞争考试,只有通过这样的考试,才能"选拔出彻底有效的人员班子,来充实政府的职务"。1855 年颁布《关于录用王国政府文官的枢密院令》,决定成立三人委员会,负责"测验被推荐到王国政府文官低级职位上的年轻人的资格条件"。当时考试"只是为了淘汰那些不胜任职务的人"①。到 1870 年,又颁布文官制度改革的第二号枢密院令,进一步规定:"一切文官职位的任命,都必须根据文官委员会的规定,通过公开竞争考试。"②此后,在英国,常务次官(相当于我国的副部级)以下的文官,均经考试任用。

目前,英国文官选举考试,分为公开竞争考试和有限竞争考试。英国的行政级人员(高级文官)的 75% 是通过公开竞争考试任用的。

美国,1883 年的《文官制度法》规定了"通过竞争性考试选拔公职人员"的原则。但起初,考试任用的官吏只占官吏总数的 10% 左右。此后,范围逐渐扩大,到 1977 年已占总数 90.9%。

战后法国成立行政学院。国立行政学院是培养高级文官的重要场所,学员入学必须通过公开竞争考试和内部竞争考试。日本《国家公务员法》规定,无论公务员的录用或晋升,都必须以考试方法衡量其是否具有胜任职务的能力。西德文官制度的重要原则之一,是官员任用必须经过公开的竞争考试。

在国际共产主义运动中,早在巴黎公社时,就有过考试选拔行政人员的尝试。1871 年 4 月 15 日,公社执委会在关于度量衡检验局进行就业考试的公告中,决定"进行该局职员就业考核","凡享有选举权的公民均可投考"③。经过考核,共选拔局长、检验员等 29 人。4 月 19 日,公社发布的《告法国人民书》提出:公社"将通过选举或考核,选择公社法官和各级官吏"。

列宁在晚年认为,为了保证行政干部的质量,提高工作效率,必须经过考试选拔干部。他提出:"应该立即永远废除一般的编制标准。我们必须用完全特殊的方法,经过极严格的考试来挑选工农检查院的工作人员"④。考试目的是"看他们是否知道科学地组织一般劳动的原理,特别是科学地组织管理

---

① 罗维尔:《英国政府:中央政府之谜》,上海人民出版社 1959 年版,第 175 页。
② 《英国历史文件》第 12 卷,第 603—604 页。
③ 《巴黎公社文告集》,第 273—274 页。
④ 《列宁选集》第 4 卷,第 701 页。

工作和行政工作等等的原理"①。根据列宁的指示,工农检查院用考试任用的方法选拔了工作人员。

罗马尼亚《人员录用和提升法》规定,局长以下工作人员的任用,必须经过考试或相应的测验。只有经过考试合格,干部才能得到提升。南斯拉夫法律规定,除由代议机构选举或任命的干部外,其他政府机关工作人员必须"要在公开招聘的基础上建立工作关系"。对招聘人员要进行必要的能力与知识考核。

（二）考选制是选拔优秀行政管理人才的科学方法

我国古代的科举制,具有一定的合理性,但是由于阶级本质和历史条件的限制,又不可避免地存在诸如形式化等弊病。弊病的极端表现,就是考试成绩优劣与应考者的实际能力脱节。然而,现代考试制度在考试的内容、形式和手段上,都发生了很大变化,已经发展成为评价应考者智力、知识、能力、品质、个性各方面素质的科学方法,是达到行政管理人员选拔标准的最佳方法。

1. 考选制是扩大吸收优秀行政管理人才资源的有效途径。公开的竞争考试打破了党派、地区、单位、层次之间的界限,在最大范围内筛选人才。一般地说,选拔范围的大小与获得人才质量的优劣成正比。日本自 1945 年到 1982 年,共有 791 万应试者参加文官录用考试,而录取者仅有 35 万,约占应试者的 4.4%。

为了广开才路,当代资本主义国家在文官录用考试时,都积极采取措施,扩大影响范围。美国各级政府为了吸收优秀人才,实施如下的招考方法:(1)在大街小巷、公共汽车站到处张贴招考广告;(2)利用报章杂志登载广告;(3)利用广播和电视节目等现代技术手段作广告;(4)向有关人员及单位邮寄招考简章;(5)派人与有关团体及学校直接洽谈、宣传;(6)利用展览会或各种比赛的机会作广告。更有甚者,连舞台及选美会的机会也不放过。

日本在考试前,公布包括考任职务、职务责任、待遇、报考资格及考试的时间、地点、科目等内容的"考试公告",并通过广播、电视、报纸、杂志等形式广泛报道;人事院还在各地举行"考试说明会"。1979 年,仅初级考试的说明会

---

① 《列宁选集》第 4 卷,第 694 页。

就举行了 251 场。国家还规定,任何组织和个人都不得阻挠合乎条件的公民报名和参加考试。

2. 公开竞争考试必然根据职务种类和级别的需要,规定严格的应考资格,从而在制度上保证行政管理人员具有合理的年龄结构、知识结构和专业结构。在应考资格面前人人平等,凡具备资格者,都有同样的选择机会并使个人能按自己的专长发展。

法国高级文官考试,即投考国立行政学院需具备下列资格之一:(1)经政府认可的大学或学院本科毕业,有学士学位,年龄在 26 岁以下;(2)具有与(1)相同的学历与年龄条件,经行政学院审查认可者;(3)当事人提出研究或工作成果的证明,行政学院院长依照规定授予特别应考资格者;(4)在政府或公营企业的机关服务满四年,成绩优良,24 岁以上、30 岁以下者。

英国在年龄、学历等报考资格方面的规定曾极为严格,如行政级报考年龄为 22 至 28 岁,必须大学本科毕业;执行级报考年龄为 18 至 20 岁,需要中等学校毕业或大学毕业;事务级报考年龄为 16 至 18 岁,需要初级中学毕业;勤杂人员报考年龄是 20 岁以下,需要各种职业学校毕业。德国高级官员需要具备下列资格:修毕综合大学、专科学校或与此相当的其他单科大学课程,并毕业考试合格。参加第二次国家考试的最高年龄 30 岁。高级职考试须受过高等教育或被认为具有同等文化水平,年龄在 30 岁以下;中级职考试资格要求六年制实科中学毕业,或者普通中学毕业成绩优异,或受过良好完备的职业教育,或者被认为具有同等的文化水平,年龄在 30 岁以下;低级职须普通中学毕业,成绩优秀,或被认为具有同等文化水平,年龄在 35 岁以下。在日本和美国,参加高级文官考试也要求具有大学或同等学历的资格。

罗马尼亚为了保证干部知识化和专业化,明确规定:参加科长以上领导干部选拔考试,必须大学毕业;司局长必须从事专业 12 年以上;总局长的专业工龄需 14 年以上;科长处长的专业工龄须六年至十年以上。

各国应考资格的限制,保证了各级行政人员的教育水平,从而为选拔优秀人才奠定了基础。

3. 考选制必然要适应将任职务的需要,科学地选择考试内容和形式,以便全面、客观地评价应试者是否具有从事行政管理的知识和能力,好中选优,从而成功地达到行政管理人员的选拔标准。

　　虽然各国考试的具体形式和内容不同,但是基本上大同小异,而以英美的考试方法最为典型。经过二次世界大战后的改革,英国高级文官考试采取三个步骤:(1)举行合格考试,凡应试者必须参加,合格考试以笔试进行。内容是作时事论文一篇,数理测验作文一篇和普通智力测验作文一篇。其目的在于考测应试者的教育程度和一般智力。(2)合格考试及格者参加个人品能测验(Test of Personal Qualification)。考试以操作法或集体讨论法进行,时间长达48小时。考试内容包括公务处理的实际操作和设计测验。考生分组考试,每组主考官三人,考生七名。考试时通过诸如小组讨论、简短谈话及工作演习等方法,提出政治、经济、社会等急需解决的问题,由应试者处理。(3)个人品能测验及格者参加文官委员会决选委员会主持的口试,口试时间为两小时,占总分的十分之三。口试是为了了解应试者的背景、反应、性情等。经过三道关卡,合格者才被认为具有从事行政管理的知识与智能。

　　美国文官考试分笔试和口试两步,笔试又分两次举行,第一试包括三种内容的试题:(1)语文测验题,目的在于考测应试者的阅读能力和文法、字义的掌握情况;(2)数理测验题,在于考测应试者对数理及图表解释、分析的能力;(3)抽象推理测验题,在于考测应试者在各种事实资料中运用原理的能力。第一试及格者参加第二次笔试,其中试题70道,时间三小时,内容是从下述两类题中任选其一:一行政裁夺,二公共政务处理。第一类试题,是大机构中单位行政主管应处理的问题。目的在于考测应试者对原理原则在新情形下的具体应用。后者包括国内外政治经济与社会问题,多是正在发展变化的重大问题,寻求解决的意见,并非时事测验。经过两次笔试的结果,淘汰应试者的85%左右,剩下的合格者参加口试。口试分组举行(每组考生六人,主考委员两人),采取会议形式,其中有自我介绍(每人二至三分钟),分组讨论(一小时),向考生发问(十分钟)。口试讨论的问题也是有关行政裁夺及公共政务处理等。通过口试评价应试者仪表、言辞(效度、组织与声调)、团体适应能力及坚定程度、智能(明察、论理、客观、判断及创造)、志趣(兴趣与动机)、领导及参与能力这六方面素质。试后,主考委员会根据考生表现综合评分,并说明理由。

（三）建立具有我国特色的行政管理干部的考选制

通过竞争考试，许多国家吸收了大量优秀管理人才，从而保证了行政机关人员的各方面素质，为提高行政管理效率提供了基础。因此，我国应当借鉴各国经验，建立具有我国特色的考选制度。

1. 关于考试资格的规定。为了确定考试资格，首先应当将考试同行政职务的需要相结合，将其划分为若干层次、级别和种类。与行政机关的层次结构相适应，我国考试应分为国家级、省级、市级、县级四个层次；而国家级考试应进一步分为特级（以部级职务为目标）、高级（以司局级职务为目标）、中级（以处级职务为目标）、初级（以一般工作人员为目标）四个级别。地方各层次考试应分别以考任职能部门领导职务级、工作部门负责职务级和一般职务级等，设高级、中级、初级三个级别的考试。按照行政管理专业分工的不同性和相互渗透的共同点，考试可设计划协调类、研究咨询类、人事行政类、财务会计类以及工业、农业、文化、教育、科技、交通运输、公安司法等 20 门类。在此基础上，我们便可以明确规定参加各层次、各级别考试的资格。

各国经验证明，行政管理人员知识化、专业化，与其所受的教育程度有密切的关系。据 W. L. 瓦纳等四人所著的《美国联邦行政长官》一书统计，1959年，美国联邦政府 10851 名行政长官的学历和专业情况如下：90％受过某种程度的大学教育，80％是正规大学毕业，25％得硕士学位，10％得博士学位，初中程度的不到 0.5％；就大学学习专业看，10％为法学，9％为人文科学，16％为行为科学，12％为企业管理学，33％为工程学。从 1932 年罗斯福政府到 1963年肯尼迪政府的 30 年中，800 名助理部长中，有二分之一左右的人得过硕士或博士学位。其他发达资本主义国家高级文官也几乎百分之百是大学毕业。如日本事务次官、局长、所长、院长，99.9％是大学毕业。据西德几个部门官员的统计调查，结果表明，他们 100％是大学毕业生，其中法律专业毕业生占 40％，理工科毕业生占 30％，心理学、行为科学的毕业生约占 30％。

现代生理学和心理学对人的年龄与智力的关系的研究结果表明：人的年龄与智力之间有一定的定量关系。就知觉而言，最佳的年龄是 10 至 17 岁；就记忆而言，最佳的年龄是 18 至 29 岁；就比较和判断能力而言，最佳年龄是 30至 49 岁。另外，美国著名的软科学研究机构——巴特尔研究所曾对现代科学工作者的技术能力与年龄的关系进行过专门研究，结果表明，现代科技工作者在 45 岁以前技术能力是以平均每年 5% 的上升率递增,然后趋向平缓,而在 60 岁以后开始显著下降。

各国行政人员的年龄结构也说明,年龄与其年轻化、知识化、专业化有密切的关系。据统计,日本官员升任系长(科、股级)的平均年龄是 29.1 岁,课长(处、科级)42.1 岁,局长(司级)50.2 岁,事务次官(副部级)为 55 岁。匈牙利政府中,处级干部一般在 30 至 40 岁之间,司局级干部一般在 40 至 45 岁之间。美国,罗斯福到肯尼迪政府之间的 800 名助理部长任命时的平均年龄为 48 岁。

我国教育已发展为多层次、多结构的完整体系。鉴于各国经验,与教育制度相衔接,我国应就各层次、各级别的考试,分别对应考资格作出规定,尤其应根据人的成才规律,对学历和年龄作出明确规定。譬如,参加国家级中的特级考试的应试者,应当研究生毕业并从事工作五年以上,年龄在 35 岁以下,或具有同等学历,并从事领导工作五年以上,年龄在 40 岁以下。高级考试的应试者,应当国家或部属重点大学毕业并从事工作五年以上,年龄在 32 岁以下,或具有同等学历,并从事负责工作五年以上,年龄在 35 岁以下。中级考试的应试者,应当正规大学毕业并从事工作五年以上,年龄在 28 岁以下,或具有同等学历并从事管理工作四年以上,年龄在 32 岁以下。初级考试的应试者,应当大专毕业并从事工作三年以上,年龄在 25 岁以下,或具有同等学历并从事专业三年以上,年龄在 30 岁以下。地方各级考试的应试者资格,也应本着与教育制度和年龄结构相统一的原则,考虑一定的资历,作出分别规定。总的说,资格规定,应自上而下形成高低相宜的合理结构。

我国应考者资格的限制是行政管理专业化、科学化的客观要求。目前,我国行政管理干部只有具备较高的教育程度和知识水平,并同时具有身体健康、反应敏锐、行动迅速等条件,才能胜任今天的行政管理职务。特别是行政管理干部是上级首长或领导的助手和更高行政职务的后备力量,他们考试录取后应当进行职务培训,任职后一般要相对稳定。因此,为了让他们在最佳年龄期发挥作用,作学历和年龄的资格规定是有益的。

2. 关于考试程序的建立。各国考试的共同特点是笔试与口试并用,理论与实践并举。我们应在借鉴的基础上建立科学的考试程序。

第一试,资格审查。根据职务要求,确定参加考试的资格等项目后,应当在专门的刊物上公布,并运用各种舆论工具广泛报道,以便使符合条件的人均有机会报考。还应当规定,各单位、各组织均承担有保证具备资格者报名和参加考试的义务,任何人、任何组织不得以任何借口阻挠他人报考。政府人事机构应当有权要求各单位、组织人事部门办理资格审查工作的准备事项。各单位人事部门经审查后,有义务准确提供各种应考者的年龄、学历、经历、政绩等材料。最后,由政府人事机构资格审查后,发给准考证。

第二试,笔试。所有考生均应参加笔试。笔试题可以采取论文、问答、判断三种题型。内容选择应根据"面向四化、面向世界、面向未来"的要求,设计"T型"人才素质的内容。从我国实际出发,考试科目应当是:论文、古代与现代汉语、马列主义常识及时事政策、现代科学技术、经济学原理、管理学原理、法学概论、专业基础理论、专业行政管理技能;此外,从心理学、高等数学、高等物理学、化学等理工科目以及外国语、行政法、社会学、政治学等科目中任选二至三门。写作论文用以检验人的思想方式、逻辑思维、语言修养、分析材料、应用原理多方面能力。回答问题用以检验人的概括综合、准确表达、击中要害的能力。判断题用以检验人的知识多少、反应快慢和知识掌握的准确程度。

第三试,口试。第二试及格者参加口试。口试可采取分组讨论的形式,题目以现实的政治、经济、文化、行政、社会、国际等方面的内容为主。分组讨论,可以使考生通过竞争来表现才能。这种竞争足以检验应试者知识的广度和深度,以及应变能力、创造能力、论理能力、表达能力、分析能力、管理才能、心理素质、仪表风度等素质,也用以检验一个人是否具有坚持真理、修正错误的人品和作风。

第四试,试用。考试合格者,均依成绩顺序,安排一定职务,予以试用和培训。这既是为了实际检验合格者的能力与知识,也是为了培训他们。经过试用(六个月至三年)的合格者,依管理权限正式任命。

行政管理干部实行考选制在我国固然是一项崭新的事件。但是,高等学校招生考试为我们积累了笔试经验,研究生毕业论文答辩已为口试积累了经验。特别是电子计算机等现代化技术手段,为我们实行这一制度提供了可能性。1984年12月,贵阳市改革录用干部制度已对考试选拔行政干部作了有益的探索。贵阳市人事局于1984年11月24日至25日,举办了第一次向社会招考干部的文化考试,有六千余名25岁以下的男女青年参加了这次考试。

这种考试以后将每年举行一次,考试按高考方式进行,成绩张榜公布;人事局择优造册,建立人才库,以后将根据国家计划和用人部门的需要,分别从高分到低分输出,按录用干部数的三至五倍选荐报考者参加专业性复试,并根据规定,进行政审和体检,对德、智、体全面合格者予以择优录用。这是我国行政管理干部考选制的先声。

三、选拔机构的改革

行政管理人员选拔的标准和方法,要求相应的选拔机构。而我国长期以来未能建立相对独立的行政管理干部选拔制度,其重要原因在于机构设置和职权划分违反了人事行政管理的客观规律。因此,这一改革是选拔制度改革的关键。

(一)问题的关键是党政分工

目前,我国行政管理干部(主要是负责职务)的选拔方式是:民主推荐,党的组织部门考核,党委集体讨论确定,行政机关履行手续。这无疑比过去个人或少数人决定人事选拔前进了一大步,但这种方式,在实践中仍存在下述弊端。

第一,不利于在最大范围内,选拔优秀的行政管理人才。因为不是所有享受民主权利的公民都能够加入党的组织,并参与人事选拔的决策过程;而民主推荐,也只能在一定范围内,依推荐者个人的意志来进行;特别是党组织主持行政机关人事选拔,往往将选拔党组织干部的标准带入行政管理干部选拔工作中,容易忽视年轻化、知识化、专业化的总标准和不同种类干部的具体标准的差别。上述种种,无形中限制了选拔行政管理干部的人才资源。各国事实证明,行政管理人员选拔系统只有向全社会开放,通过公开竞争考试,才能吸收最优秀的行政管理人才。

第二,不利于建立有效的人事行政管理系统。由于党的领导机关及其组织部门,在行政管理干部选拔的具体环节上,起着决定性的作用,便使其成为孤立的环节,从而割裂了行政首长权力的统一性和责任的完整性,也割裂了人事选拔同诸如培训、考绩、奖惩、流动等其他人事行政之间的有机联系。特别是随着社会主义现代化建设的不断发展,我国行政管理事务将越来越复杂,各类干部专业化越来越明显,单纯依靠党的组织部门考核,难以准确地选拔从事各行业行政管理的优秀人才,从而保证提高行政效率。

第三,不利于保持党提出的干部"四化"标准的长期性和统一性。党的领导机关不是权力机关和行政机关,也就不能通过它颁布法律和政令来规定人事行政管理事务,尤其是选拔工作;而权力机关和行政机关又无权干预党内活动。于是,行政管理干部选拔工作只好依靠党的会议、文件指示等灵活多变的形式来规定。这必然带来人事选拔工作的随意性和偶然性,难以使我国人事行政工作法治化、制度化。当然,党的组织部门作为行政管理干部的选拔机构,就更不能适应通过公开竞争考试,择优任用行政管理干部的考选制的需要。

基于上述原因,我国应该将政府成员的选拔同行政管理干部的选拔区分开来,使党对二者的作用方式有所不同。为此,我们应当在行政机关中,建立和健全人事机构,并由它担负起原来党的机关负责的人事选拔的行政事务。

这样做,与"党管干部"的原则是一致的。首先,政府的人事部门必须依照法律工作,必须执行党的组织路线和干部政策,它是党领导下的社会主义国家机构的组成部分;其次,党可以通过政府成员及行政机关内党的组织,监督行政管理干部选拔的实施;最后,政府人事部门能在"党管干部"原则下,发挥自己特长,按着行政管理职务特殊性的要求,为党的事业选拔更多更优秀的行政管理人才,从而保证党的各项政策迅速贯彻实行,加强党的领导,消除党政不分、以党代政的弊端。因此,我国应当在借鉴各国行政管理人员选拔制度的基础上建立有效的人事行政机构。

(二)人事选拔工作复杂化、系统化、科学化,需要专门的人事机构办理

行政管理作为社会管理职能的一种,有着管理职能的共同特点,这就是服从统一意志。"怎样才能保证意志有最严格的统一呢? 这就只有使成百成千人的意志服从于一个人的意志。"①这一原理应用于行政管理,就是古今中外的国家行政机关基本上都实行首长负责制。在首长负责制的行政管理体制

① 《列宁选集》第3卷,第521页。

下,各级行政首长对本级政府的一切活动负责和进行领导。所有副职人员和下属机构,均应服从他的意志,执行他的决策,并对他负责。为了有效地实施首长负责制,做到权责一致,各国大都赋予行政首长以决策机构的组阁权,下属机构领导人员的任命权,人事机构的领导权,机动人员的调配权,以及对下属人员的考核权、奖惩权、免职权、提升权等人事权。只有这样,才能保证行政首长挑选优秀的管理人才作为自己的部属和助手,组成高效率的行政指挥系统,以便推行政府的决策,履行自己的职责。

但是,随着科学技术的发展与应用,社会分工越来越细,行政管理的复杂化、专业化趋势日益增长。结果,行政机关越来越庞大、复杂,人员构成也越来越复杂化、专业化,使人事管理朝着统一领导、分级分工管理的方向发展。在这样条件下,政府首长不但不可能自理人事选拔,而且在层层授权、分工负责的同时,还要委托专门的人事机构,相对独立地承担人事工作,以达到人事系统统一、协调地为政府指挥系统服务的目的。

为了适应人事管理复杂化、系统化、科学化的需要,当代世界各国都设立了专门的人事行政机构。

1885 年,英国创设三人文官委员会(现为六人),并于 1919 年在财政部内设人事部(Establishment and Machinery of Government)。文官委员会的主要职责就是办理文官考试事务,其成员由首相奏请英王在国内人事行政专家中任命。设在首相担任首长的财政部内的人事部统一执掌考试以外的人事行政事务,如职位分类、培训、考核、晋升、奖惩、养老、俸给等。

1883 年,美国也成立了三人联邦文官委员会。该组织对总统及国会负责,其成员由总统提名,经参议院同意任命,其职权在 1978 年改革后大部分移给"联邦人事管理总署",一部分仲裁权转移给新成立的"功绩制保护委员会"。目前,联邦人事管理总署管理有关文官的考试、录用、考核、培训、工资、退休、福利、奖惩以及人事行政的协调、审核、监督等事务。

在第二次世界大战前的法国和德国,没有中央统一的专门人事机构。二战后,法国于 1945 年设"公职局",1959 年改建为"行政和公职总局"。德国1953 年正式成立联邦人事委员会,其成员由总统任命。法、德专门人事机构均属于部内制,其重要职责是:推行人事法律、政令,领导或掌理高级文官的考试和管理,以及其他作为政府首长领导人事行政的参谋和执行的职能。

　　日本政府1948年建立了人事院,其有许多特点。人事院的人事官,经国会两院同意,由内阁任命,并由内阁任命人事院总裁。人事院是内阁领导下的相对独立地管理人事行政的最高机关,具有广泛而重要的职权。其中包括:职位分类、考试、甄选、候补者造册、提名、考绩、培训、处分、保障、职业道德,以及关于人事行政的调查研究、改进措施等有关事务。对上述人事行政事项,人事院有权制定规则、条例或发布命令。各级行政机关均有执行之义务。

　　南斯拉夫为了适应干部公开招聘制度,设立了专门的也是临时的招聘委员会。联邦政府的处科级和一般干部的公开招聘,由使用机关的劳动共同体建立的招委会主持。应由联邦执委会任命或指派的一部分领导干部的公开招聘,则由联邦执委会建立的招委会主持。招委会的工作是独立的、公开的。

　　苏联副部级以下干部任命也由专门的“任命委员会”执行。

　　各国专门人事机构的设立,适应了日益扩大的人事行政工作的需要。1978年,美国向联邦政府询问有关文官问题的有1200万人,其中有200万人申请参加考试。地方政府则是以上数字的五倍。现在,美国文官录用考试一次,需要800个考试地点。日本从1945年至1982年3月,举行国家公务员录用考试554次,有791万人报考,合格者77万人,录用者35万人。仅1981年度,参加文官考试的就有305359人,合格者29412人,录用者15425人。

　　由专门人事机构统一负责和协调人事行政工作,使各项人事制度之间能够相互衔接,相互配合,形成系统,输出各种效能,为政府指挥系统服务,也为人事行政管理系统化、科学化提供了组织保证。譬如,日本人事院将考试合格者按成绩先后,编制成候用者名册,当行政职位发生空缺时,便由用人首长提出申请,人事院根据申请,从候补者名册中,依得分顺序,以多于申请人数四人的原则,提出名单,通知用人单位。用人首长,根据职务要求,从中选用;经过试用合格后,予以任命。美国文官任命也是如比。当发生职位空缺时,即由主管长官通知文官委员会(现为人事管理总署),提出用人请求。在请求函件中,对所需人员的数目、职位名称、所属科目、待遇等情况作出说明,供文官委员会参考。文官委员会即按请求函件要求,将考试成绩及格者名册中的前七名函送请求机关。接到复信后,行政长官或者例行公事,依次任用,或者面谈考查。如果认为不适当者,可拒绝任用,再函文官委员会。选中者,经试用合格后予以任命。

总而言之,当代人事行政管理工作数量的繁重、广大和内容的复杂化、专业化,都是从前无法比拟的,非统一的人事机构,不能胜任。

(三)改革我国现行的政府人事机构

世界各国人事行政机构的设置和职权,都有各自的特点。但是,他们的共同特点是,相对独立地行使职权,地位高于政府其他部门,贯彻人事行政事务统一领导、分工管理的原则。

由于长期的党政不分,以党代政,我国行政机关人事机构只作为办理一般干部调动手续和劳动人事管理的机构。它不能完全适应党政人事选拔分工后的工作需要,因此改革我国行政管理干部选拔制度,必须提高政府人事机构的地位,扩大它的职权,以充分发挥专门人事机构的职能作用。

1. 政府人事机构的设置。为了扭转对政府的人事机构的传统观念,有必要撤销目前不适应的机构,重新组建各级政府"人事委员会"。各级政府人事委员会应居职能部门之首,由政府第一副职担任主任,以利于协调同其他机构的关系。再由政府首长任命一名人事行政专家作为专职常务主任,主持人事委员会的业务。人事委员会的成员以五到七人为宜,任期八年,均由政府首长提名,经权力机关决定任命。

2. 政府人事机构的职权。根据各国经验,政府"人事委员会"应该有下列职权:(1)统一领导人事行政事务,包括职位分类、考试、考核、培训、晋升、调转、奖励、免职、处分、工资、待遇、退休等;(2)制定与人事行政有关的规则、条例、命令,将人事立法具体化;(3)协调、监督各部门人事机关和下级政府人事工作,检查其执行国家人事法规、人事政策的情况,查核其制定的办法和章程、提出的重要人事任免事项;(4)主持办理职能部门领导班子和工作部门负责干部的中级以上的考试、录用、培训,编制后备干部名册,为用人单位提供候选人,指导职能部门和跨部门的考试、培训、录用工作;(5)办理因行政管理干部的使用、晋升、考选、奖惩、调动、待遇等引起纠纷的申诉,保证当事人的权益;(6)配合政府工作,开展人事制度研究,领导和推动人事制度改革,向政府报告人事工作和改革措施;(7)承办权力机关和政府授权或委托的其他干部和劳动人事工作。

论人事行政的概念、特征及功能[*]

完成不同的任务需要运用不同的方法。改革对象不同,需要采取不同的改革措施。当前我国人事制度与干部制度改革之所以没有重大突破,原因之一,就是没有根据各种不同组织人事系统的特殊性来进行改革。因此有必要在理论上阐述清楚不同组织人事系统的特殊性。本文拟就什么是人事行政、人事行政与其他人事管理有什么不同,以及人事行政的特殊功能等问题进行探讨。

一、人事行政的概念

人事行政作为行政管理的重要组成部分,历来受到各行政管理学派的重视。可以说,每个学派、每个学者都对人事行政作过自己的解释。人事行政又称人事行政管理、公共人事行政。在西方,同文官制度、公务员制度混同;在社会主义国家,同干部制度、人事制度重叠。究竟什么是人事行政?

(一)传统行政管理学派的人事行政概念

传统行政管理学,是从制度与法律静态规定的角度研究行政管理现象。因此,认为人事行政就是国家人事管理的制度。如美国传统行政学代表人物魏劳毕认为:"人事行政管理系指用以达成并保持最有效能的公务员,为政府办理公务时,所需要的各种程序和方法及其有效管理与指导的制度。"日本行政学者加藤一明等人也说:"人事行政或管理,是在职位或官职上获得最有能力的职员,借以维持政府的功能,为此涉及公务员的分类、任用、待遇、服务等

---

* 本文系作者于 1985 年 2 月为吉林大学政治学系开设的专业课"比较人事行政"的导言。

规定,这就是公务员制度。"

(二)行为主义行政管理学派的人事行政概念

行为主义行政管理学派是从行政管理的实际出发,运用调查分析等行为科学方法研究行政管理的现象。这一学派认为,人事行政就是运用科学的方法,对行政组织中的人员进行管理的实际过程,以达成组织的目标。如美国行为主义学派的代表人物西蒙等人认为:"从广义言之,一切行政都是人事行政,因为行政所研讨者就是人与人的关系行为。唯普通所谓人事行政乃指狭义者言,即指组织中工作人员的选用、升迁、调转、降免、退休、训练、薪资、卫生安全及福利诸事宜。"中国台湾著名的行政管理学和政治学者张金鉴先生,受行为主义影响,对人事行政也作了类似的解释,他说:"人事行政就是团体或机关为完成既定的使命,对其工作人员作最适切的、最有效的选拔、使用、养育、维护时所需的有关知识、方法与实施,其目的在使'人尽其才',即人的现有知识能力及内在潜能的最高发挥与利用;使'事竟其功',即以最经济的手段获致最大的效果,成功地达成组织任务和目标。"

(三)人际关系行政管理学派的人事行政概念

人际关系行政管理学派是以人为核心的,主要运用心理学方法研究行政管理现象,尤其是人事行政现象。这一学派认为,人事行政不仅是对人的管理与使用,而且,是为了满足和发展组织中人的愿望与智能。行政学者狄特和黑克夫指出:"人事行政就是对机关人员的计划、指导、监督及协调,期以精诚无间的合作精神,使人的摩擦减低至最少的限度,同时顾及全体人员的幸福。"学者克洛若也说:"人事行政的目的在求人事效率。所谓人事效率乃是一种复合物。这种复合物是把脑力、健康、指导、忠贞、热诚、志趣、品格及合作力诸因素加以适当比例配合而成的结果。"

(四)我国行政管理学者和工作者提出的人事行政概念

伴随人事制度与干部制度的改革和行政管理学的发展,人事行政研究的热潮,在我国方兴未艾。虽然我国尚没有统一的人事行政的概念及人事行政学教科书,但是与人事行政相关的诸如人事制度、干部制度、人事管理等已有了一些探讨。关于什么是人事行政,我国学者的解释主要有以下几种情况。

1. 在改造西方学者人事行政概念的基础上,提出了自己的人事行政概念,如:"人事行政是指机关或团体为完成使命,对于行政工作人员作最恰当、最有效的选拔、使用、培养、保护、监督、考核、奖惩时,所必须掌握的知识、方法和实施的技巧。""人事行政的目的,乃在于谋求科学地分工与合作,人尽其才,使人的潜在能力得到最大发挥和利用,以最经济的手段达到最佳效果,共同完成行政组织的使命。"

2. 结合我国的实际情况,在行政法的意义上对人事行政进行解释,如:人事行政是国家通过人事机关对国家工作人员的选拔、使用、开发、任免和待遇等进行规范化、制度化的管理活动。又如:"人事管理,就是关于国家机关工作人员,企业、事业管理人员和各类专业技术人员的规划、编制、选拔、调整、考核、奖惩、任免、升降、培训、工资、福利、退休、退职、辞退等方面的行为规范和实施方法。"

3. 把人事行政纳入国家人事制度,并对国家人事制度作了广义和狭义的解释,即:从广义上说,人事制度是指对一个机关或团体中的工作人员如何管理的制度。从狭义上说,是指对国家工作人员的录用、选拔、培训、工资、福利、奖惩、退休、养老、抚恤等各项具体制度。

(五)人事行政的科学内涵

由上可见,人事行政是十分复杂的概念,以上的各种解释对于探讨什么是人事行政的问题是十分有益的。但各种解释均有两个弱点:其一,没有鲜明地区分人事行政与其他人事管理的界限;其二,没有从人事行政定义中反映出人事行政的主体及其特殊性。因此有必要在克服上述弱点的基础上,探讨人事行政的科学内涵,以便为人事行政学和比较人事行政学的创建和发展提供前提。

众所周知,任何社会组织都是由人组成的,都是通过社会组织中的人的行为和活动发挥功能的。这就必然产生组织中的人事管理问题。因此,人事行政具有广义和狭义两种含义。就广义而言,人事行政是指各种社会组织对其成员的管理;就狭义而言,是指国家行政机关的人事管理活动。为了概念的科学性和统一性,广义的人事行政应该使用"人事管理"的概念,人事行政仅仅限于狭义的解释。只有这样,才能给人事行政下个科学的定义。

　　人事行政是人事管理的一种,专指国家行政机关自身人事管理。行政机关是多层次、多结构的组织体系。结构包括行政机关的决策机构、职能机构、办公机构和直属机构。层次包括政府、政府职能部门(办公机构、直属机构)以及职能部门的一级、二级工作单位。行政机关的层次结构,决定了行政管理干部的层次结构。如我国中央行政机关的干部就分为国务院组成人员,各部委(局、厅)领导班子(决策层)成员,司局级领导班子成员,处室负责人员和一般工作人员这样五个层次。各层次行政管理干部的地位和作用不同,依法管理的程序与制度也不同。根据我国宪法和法律的规定,各级政府组成人员及其他某些重要职位,均由权力机关选举产生或集体决定任命。这部分行政管理干部的管理,超出了行政机关本身的人事管理范畴,实际是国家政治制度的组成部分。它类似西方政务官的管理。国家行政机关的人事管理即人事行政,是指除上述人员以外的行政干部的管理。它类似西方文官的管理。具体地说,人事行政,就是国家行政机关及其人事行政机关对国家行政公职人员的计划、编制、预测、分类、选拔、培训、考核、晋升、奖惩、调配、降免、辞退、风纪、工资、福利、退休等人事业务,进行统一的科学的调查、规划、组织、协调、监督、实施等的管理活动,其宗旨是贯彻统治阶级的人事路线、方针和政策,执行国家人事法律,提高人事行政效率,为实现统治阶级的有效统治和管理提供组织保证。这个定义,提示了人事行政的主体、客体、内容、方式和目的。

二、人事行政的特征

　　人事行政作为相对独立的人事管理现象,不同于一般社会组织的人事管理,不同于国家人事制度,不同于执政党的人事政策,不同于行政机关首长的人事领导,也不同于行政管理中的劳动管理与人才管理,人事行政有着自己的特殊性和规律性。

(一)人事行政的统一性

　　人事行政是国家行政机关自身建设的活动。国家行政机关是代表国家进行行政管理的组织。为了有效、统一地运用和行使国家行政管理权,行政机关的人事管理具有严格统一的特点,它表现为,人事行政是按照国家人事法律或人事法规规定的统一程序和标准进行的。人事行政权管辖下的公职人员,必须服从国家的统一法律和统一管理,其录用、考核、晋升、奖惩、退休、福利、工资等等,都是如此。人事行政管理权的适用范围、职责分工都有明确的划分,下级行政机关及其人事行政机构必须执行和服从上级机关和人事行政机构的行政命令,不得各自为政,各行其是,否则,就要承担法律责任和行政责任。这一点与一般社会组织的人事管理有很大区别。

　　一般社会组织的人事管理,主要指企业、事业组织的人事管理。在资本主义国家,企业、事业组织的人事与人事行政有着鲜明的界限,这是由资本主义企业私有制性质决定的。在社会主义国家曾经有一段时间将二者混为一谈,实行统一的管理和过分集中的体制,产生了许多弊端。随着社会主义经济体制和政治体制的改革,人们逐步认识了社会主义生产仍然是商品生产,社会主义的企业单位仍然是相对独立的商品生产者与经营者,有着自身的经济利益。这就提出了人事行政与人事管理的区分问题,提出了为厂长(经理)"松绑"的问题。为什么呢? 因为,企事业单位人事管理,是企业、事业单位谋求自身生存和发展活动的重要组成部分,在国家法律和政策允许的条件下,这种人事管理不能搞一刀切,应该具有相对的独立性。为了鼓励先进企业,促进落后企业,国家允许他们在法定范围内,实行各自不同的管理方式和管理标准。总之,事业和企业单位的性质、工作人员的管理体制以及有关考核、奖惩、工资、福利等都与国家行政机关工作人员有所不同,情况复杂,变化较大,不宜将他们的人事管理同人事行政混为一谈。

(二)人事行政的动态性

　　所谓人事行政的动态性,指人事行政是国家行政机关及其人事机构依法根据现实需要和可能,对所管辖范围内的职位与人员作出在什么时间,什么地点,由什么人,以及用什么方式,完成何种人事任务的决策和实施的活动过程,它同国家人事制度的静态规定不同。所谓国家人事制度,主要是指国家的人事立法和人事法律。任何法律本身都具有抽象化的特点,只有通过执法与司法的活动,法律才有生命力,才能发挥功效。"德法不能自行"就是这个意思。质言之,国家人事制度规定了人事行政的原则、制度和程序,人事行政是国家人事制度的现实化、具体化过程。人事行政更多地受人事行政工作者知识与能力、素质与品德、经历与人际关系等主观因素的影响和作用,具有灵活易变的特点。国家人事制度是通过法律性文件公开发表的明文规定,具有统一、准确、稳定的特点,所以,人事行政的动态性应该纳入法治的轨道。

人事行政的动态性,还表现为它与执政党人事政策的不同上。执政党在国家体系中居于领导地位,这种领导地位必然要反映在人事行政方面。但是,执政党对人事行政的领导是政治领导,不是行政管理,它主要是通过人事政策和行政机关的代理人来影响和作用于人事行政,它的实际组织工作,属于选举或竞选政务官员方面。人事行政是一种潜移默化地执行执政党人事政策的实际组织活动,人事行政不仅要研究执政党的人事政策,更主要的是研究达到执政党人事政策提出的目标的方法和手段。人事行政与执政党的自身组织工作也是有区别的,党的组织工作,更多依靠其成员的自觉和政治水平,依靠组织的党章与内部文件、讲话,人事行政则更多地依据政令和法规等强制性文件。

(三)人事行政的规范性

人事行政的规范性,派生于它的统一性。由于人事行政是按照国家人事法律统一进行的,是国家人事制度的现实化和具体化,因此,它的活动就纳入了法制轨道,而获得一定的遵循。它的灵活性是在一定原则下的灵活。这一点就与人事领导有很大不同。

第一,人事领导是行政领导权的运用与行使,是指行政领导在使用与组织助手和下属完成某项任务过程中协调与指导的科学与艺术。这属于领导科学的范畴。人事行政是对行政公职人员的录用、考核、晋升、工资、退休等人事业务经常性、制度化的管理工作,属于行政管理学的范畴。

第二,人事领导是与领导者的领导艺术与风格相一致的。每个领导者的领导艺术与风格是千变万化的,又是各不相同的。作为一种艺术与风格往往又是内在的、不确定的,没有也不可能作出统一的规定。人事行政多是公开进行、有章可循的。因此,它也是稳定的、连续的。

第三,人事领导的科学与艺术主要适用于较高层次的管理人员。因为机构层次越高,综合性、决策性、灵活性的人事工作越多,人事领导科学与艺术的用武之地也越广阔。相反,机构层次越低,分工就越细,人员的任务与关系就越稳定,所以规范性就越强,在那里,人事行政的必要性就越明显。

三、人事行政的功能

行政管理的构成要素有组织、效率、人、财、物、信息与时间等。其中,人是最关键、最活跃的因素。人事行政是国家行政管理成败的关键因素。

(一)人事行政是行政机关自身的人事管理

行政机关是按照宪法和法律的规定程序建立的。它依法享有国家公共事务的管理权,承担着国家行政管理的责任。但是,在现实生活中,行政机关的任务和职能,不能通过无人的组织框架和职务上的法律关系来实现,而是通过担任一定行政公职的国家行政人员的行为与活动来达到的。如果离开国家行政公职人员,离开他们的行为与活动,行政组织就是空的,行政管理就是不可想象的。什么人,适合担任何种职位,以及如何从社会上招揽优秀人才,是人事行政的重要任务。只有通过人事行政管理,才能实际地组成行政机关的各个职能部门,才能使行政机关具有生命。人事行政实际担负着建造行政机关的神圣使命。实践经验证明,无论在法律上,将行政机关的职能部门和各种职位以及它们之间的隶属关系与协作关系规定得如何合理、具体,如果担任行政公职的人员没有选配得当(如用非所学、用非所长或任人唯亲),良好的行政组织模式的设置就不能充分地发挥功能和有效地运转。因此,为了建立有效的行政机关,必须高度重视和研究人事行政管理。

(二)任何优秀的行政管理人才,只有通过卓有成效的管理,才能发挥自己现有智能和最大潜能,努力提高行政效率

行政管理要由一定的行政机关来承担,最终通过行政公职人员及其行为来实际完成。提高行政效率,就不仅需要选拔和任用优秀的行政管理人才,不仅需要依靠行政首长的命令和正式工作关系的约束,更重要的是行政公职人员的自觉性、主动性、积极性和创造性。如何才能激发和保持行政公职人员的工作热情和创造精神,努力提高行政效率呢? 这就是人事行政中的对行政人员的智力开发、考核、晋升、奖惩、工资、福利等环节的功能。

　　为了适应现代化大生产对管理提出的新要求,最近几十年中,西方发达国家兴起了所谓"行为科学"、"人际关系学"的研究。所谓"行为科学"、"人际关系学",都是以研究人为核心的,以人的心理、人的行为、人的关系等人的内在价值为对象的综合性的管理学派。在现代化大生产中,工作人员的智能的作用越来越重要,人的因素在组织与管理中的地位不断提高。这一点迫使资本家必须放弃过去习用的管理观念,如过分地监督与强迫等,转而重视激发管理者和操作者的积极性、创造性。这就是说,现代化大生产本身要求重视人员的价值与对人的管理。

　　行政管理事务大都是无法定量化的使命,公职人员是否及时、准确、努力地完成各项行政任务,往往很难确立衡量的客观尺度。行政人员提高行政效率,更多地是依靠自身的主观愿望和内在动力。一般地说,每个人都有进取心、事业心和责任心。只要运用科学、合理、公开的管理方法,实行有效的人事行政管理,就能够激发和保持公职人员的积极性和创造性,大幅度地提高行政效率。行政管理的特殊性,决定人事行政的作用和意义更加突出。

(三)任何优秀的行政人才,都是有条件的、受着自然规律作用的制约

　　只有不断地更新、调整行政人员队伍的结构,才能永葆行政机关的旺盛的生命力,不断地推进行政管理工作,适应社会经济、政治、文化的发展变化。

　　行政管理,作为国家组织的一项基本活动,是伴随国家的产生而产生的。社会主义国家将长期存在下去,国家的消亡不是一代人、几代人的使命,它需要十几代乃至几十代人的努力奋斗,才能实现。只要行政管理与行政组织存在,就必然要有承担行政职务的公职人员。作为现实的、具体的人,其生命力与精力是有条件的、有限的,也无法抗拒自然规律的作用,必然要生老病死,退出历史舞台。如何调整行政人员的年龄结构和知识结构,保持行政职位的人员的高素质、高智能、高水平呢? 如何使受自然规律作用而离开行政职位的人员能够欢度晚年呢? 这也是人事行政的重要功能。人事行政要通过退休管理、人才交流、调转辞退等一系列组织活动来促进行政人员的更新和调整,保障离职人员的政治待遇、社会活动和生活需要。

　　总而言之,人事行政是行政管理的组织保证,它在建造行政组织、提高行政效率、推进行政管理等方面具有重要功能。

西方国家政府人事行政机构的研究与借鉴*

一

现代意义的政府人事机构,是伴随西方资产阶级文官制度的建立而产生和发展起来的。

在西方,资产阶级革命后的很长时期里,资本主义国家也不曾设置专门、统一的人事机构。当时,资本主义国家的行政官僚的选拔,实行的是恩赐官职制(英国)、绅士政府(美国)、政党分赃制(英、美)等制度。在这些制度下,人事行政管理完全受政治因素或贵族势力的左右。随着近代和现代科学技术的发展和应用,西方资本主义国家的社会生产力获得了迅速增长。资产阶级为了适应新情况下阶级利益和阶级统治的需要,一反过去传统的人事行政管理方式,对行政官僚管理制度进行了改革,普遍建立了专门、统一的政府人事机构,以达到有效、稳定、统一地管理文官事务的目的。

英国于 1855 年首创资本主义国家的政府人事机构,建立了三人文官委员会(现已为六人),并于 1919 年在财政委员会内设置人事部。美国于 1883 年仿效英国进行文官制度改革,通过《彭德尔顿法》,成立三人文官委员会。1938 年,罗斯福总统又以行政命令要求在各部委内设置人事监督管理处,1949 年成立联邦人事管理局。经过 1978 年文官制度改革,取消文官委员会,联邦人事机构变为两个:联邦人事管理总署和功绩制保护委员会。第二次世界大战后,法国于 1945 年在内阁下设置"公职局",1959 年又将其改建为"行政与公职总局"。德国于 1953 年正式成立"联邦人事委员会"。早在 1927 年

---

* 本文曾发表在上海《社会科学》1986 年第 2 期,获吉林大学优秀论文评选三等奖,并全文收入中国人民大学复印资料。

6 月,瑞士就曾正式制定《联邦公务员章程法》,设立联邦人事局,主管人事工作。日本在美国督导下,借鉴战前的经验教训,于 1948 年建立别有特色的国家最高人事行政管理机构——人事院。西方其他国家亦大都如此。

政府人事机构的建立,当然不仅是资产阶级国家的普遍现象,为了适应干部管理民主化、科学化、现代化、法制化的要求,社会主义国家也都设置专门的政府人事机构。南斯拉夫为了实行公开招聘制度,设立了独立而临时性的招聘委员会。苏联对副部长以下干部的任命由专门的"任命委员会"执行。匈牙利政府人事机构还有较高的地位和较大的职权。我国粉碎"四人帮"以后,也恢复和重建了政府中的劳动人事部门。

二

西方国家人事机构有以下几个共同点:

1. 政府人事机构普遍被置于较高的地位,或居于相对独立的"超然"地位,或居于各行政部门之首,或直接受控于政府首脑。英国文官委员会自成立之日起,就不受政府各长官或各个政治党派的干涉,处于自主、独立的超然地位,以客观、统一的考试标准和考试方法,为国家选拔合格的行政管理人才。政府内的人事部设置于内阁首相兼任大臣的财政委员会之中。依《国家公务员法》的规定,日本的人事院是日本人事行政管理的最高机关,它直接受控于国会两院,并向内阁首相负责。法国认为,政府总理是人事行政管理的最高首长,所以,其"行政与公职总局"径直设置于内阁的办公机构之中。现在的美国人事管理总署既处于相对独立的自主地位,又日益受控于国家元首兼政府首脑的总统手里。德国联邦人事委员会,独立行使职权,仅受法律的制约。

2. 政府人事机构的组成人员,普遍具有严格的任用条件和任免程序,或要求政府首长提名,代议机构决定任命;或要求严格排除政治条件,由国内人事问题专家担任;或要求通过弹劾程序,才能罢免人事机构成员;或要求有一定的任期限制。日本人事官必须由内阁提名,经议会两院同意后,方正式任命。人事官任期四年,连任不得超过 12 年,而且任免条件有着极为严格的限制,如人格高洁,具有良好的民主意识,讲究效率,在人事行政方面有远见卓识,年龄在 35 岁以上。日本公务员法规定,人事官有经济上和身份上的特殊保障,规定:"人事官须领受与国务大臣同一基础的薪给,支付于人事官的薪给总额,不得少于任何国务大臣所领受的薪给总额。"人事官一旦被任命,非有法定事由不得罢免。德国联邦人事委员会依德国公务员法规定,由正副委员各七人组成。正副委员均由内政部部长和财政部部长联合提名,呈请总统任命,任期均为四年。只有具备下列情况之一者,方会失去其地位与权力:(1)任期届满;(2)在原属机关被终止职务;(3)受惩戒处分等。此外,原美国联邦文官委员会成员也由总统提名,经参议院同意后任命。本无任期规定,后曾定为六年一届。英国文官委员会的委员均由内阁首相从国内人事专家中提名,奏请英王任命。法国的行政与公职总局也是由若干人事专家和其他专家组成。

　　3. 普遍赋予较多、较大的职权,或属准立法权,或属准司法权,或属准人事行政决策和督导权。英国文官委员会的职权有:凡政府委派公务人员时,须先经其审查资格,予以证明,方能正式任用;制定关于公务员的任用标准及各种考试规程(但须经财政委员会核准后始能发生效力);办理各机关公务员的考选及分配事宜。关于公务员的考试、任用及升迁等事务也均由文官委员会负责在伦敦公报上公布。文官委员会还可以决定有关公务员任用在年龄、健康、性格与能力等方面的标准,但法院认为其不合理时,可予以撤销。

　　日本人事院作为人事行政管理的最高机关,享有的职权和管辖的范围是非常集中和广泛的。职位分类、薪给、考选、任用、升迁、调转、退职、免职、考绩、福利、培训与教育、组织纪律、人事诉讼、权利保障,以及关于政府人事行政调查研究、考察、改进等有关的一切人事行政事宜,都属于人事院的职权范围。尤其值得提出的是,人事院不仅享有广泛的管辖权和行政权,还享有准立法权和准司法权。负责制定具有约束政府各机关的效力的人事规则或发布人事院指令,并对有关人事诉讼的是非进行审查、裁定。

　　美国人事管理总署掌理主要的考试、任用活动,人事调查、人事计划评审及人员的发展、训练、退休、保险等项。此外,对劳工关系、少数民族及妇女的选用,人事管理总署具有管理上的领导地位。它还研究统筹行政部门的所有机构,以及立法与司法部门某些机关的文职人事管理政策,协助各机关实施人事政策,授权和审核各机关的人事管理事项。

　　德国联邦人事委员会和法国行政与公职总局的重要任务,就是监督和指导各机关的人事行政管理;管理高级文官考选、培训、考绩等事项;制定有关的人事规则;裁定若干种人事诉讼案件。这两国中央人事机构职权的新变化、新趋势就是改变高级文官分散由各部委管理的传统做法,实行集中、统一的领导和管理的新办法。

4. 普遍建立了体系完整、分工合理、相互配合的工作部门,以有效、及时地完成和行使自己的使命和职权。日本的人事院总裁综理院务,并代表人事院。但重要事项均应在人事院会议上议决,总裁不得单独决定。在人事院之下设置事务总局,以处理人事院的实际事务。事务总局设置总长一人为首长,其任务是受人事院总裁的监督,辅助总裁执行职务。总长下设审议室、管理局、任用局、薪给局、公平局、职员局等具体掌管人事业务的工作部门。此外,又分设八个地方事务所。其任务是受事务局总长的指挥监督,将人事院各项工作推行于各自管辖区内。英国文官委员会采取行政分工制,委员对各自掌管的事务单独负责。其中一人为主任委员,综掌公务;一人为编制官,主持委员会的行政事务;其余四人分别担任典试长,主管有关考选事宜。文官委员会内设有两个机构:考选委员会和决选委员会。考选委员会主管乡墅考试,也叫个人品能测验。决选委员会主管口试及相关事宜。财政委员会内的人事部设十个单位,其中包括七个编制处:普通处,掌薪给、待遇及工作状况等事宜;人员处,掌人员的征补、任用、晋升及退休等事宜;专门处,掌专门职业人员、科学技术人员的管理;年金处,掌养老金的管理及决策事宜;公营企业处,掌公营企事业机关人员的任用及管理事宜;各部门编制处,掌各机关的员额编制事宜;国防人事处,掌管军事人员的俸给及配给事宜。另外三个单位是:组织与方法处,训练与教育处,编制分处。人事部设次长一人,综理部务,副次长二人襄助。各处设助理次长一名,主持政务。

美国的人事管理总署除署长、副署长外,总署下设有幕僚部门和管辖部门。管辖部门有:人员配备部,管理有关考试、录用、考核等事宜;工资与退休部,管理工资、退休以及福利及奖惩等事宜;人事考核部,检查其他各部、其他人事局和所属各单位执行人事法规的情况;各局协调部,负责协调政府各部门人事管理局和总署的关系;部际人事关系部,负责处理联邦与州政府或有关地方政府相互联系的人事方面的事务。在管辖部门中,最重要的是人才发展及成效部,它负责整个政府人员配置的预测、将来人员培训的发展、如何考核人、如何能够预测每个人未来的效率等问题。幕僚部门或参谋部门有：公共事业部，专管与新闻媒介打交道；管理部和人事部，管理人事总署的人事工作；政策评价部，负责人事管理中咨询研究等事宜。

三

从西方各国人事机构四个共同特点中，我们能受到哪些启发？

1. 行政管理作为社会管理职能的一种，必须有统一的意志。"怎样才能保证意志有最严格的统一呢？这就只有使成百、成千人的意志服从于一个人的意志"①。这一原理应用于行政管理，就是古今中外的国家行政机关基本上都实行首长负责制。政府首长对本级政府的一切活动负责领导和指挥。所有下属机关与人员，均应服从于有效地实现首长负责制的功能，做到职权与责任相统一，治事与用人相统一。各国大都赋予行政首长以决策机构的组阁权，下属机构领导人员的任命权，人事机构的领导权，机动人员的调配权，以及对所属人员的考核权、提升权、奖惩权与免职权等人事大权。因为只有这样，才能保证行政首长挑选优秀的管理人才，组织步调一致、精诚合作、高效率的行政管理系统。

但是，随着国家管理职能的不断扩大，随着现代化行政管理职能和手段的发展，行政机关日益成为多层次、多结构、多功能的极其复杂的组织系统，行政机关日益庞大、众多，政府的人事行政管理活动的范围和内容也随之扩大和增加，人事行政管理活动本身进一步专业化、技术化、科学化和现代化，朝着统一领导、集中管理、分级分工执行的方向发展。在这种情况下，国家人事行政管理，不可能由政府首长亲自掌理，只有设置专门的统一的政府人事机构，作为行政首脑人事权行使与运用的咨询部门和职能部门，才能有效地保证行政首脑人事权实现统一性、专门性和有效性。

2. 西方各国政府人事机构的较高地位充分反映了人才与人才管理在现代行政管理中的核心地位。可以说，在当代世界，最严重的危机是人才危机，最激烈的竞争是人才竞争，最宝贵的资源是人才资源，最关键的管理是人才管

_____

① 《列宁选集》第 3 卷，第 521 页。

理。最充分地开发与利用人才与人才管理,是一切发达国家取得成功的最根本因素。西方学者认为:一切行政都是人事行政,"除非能获得优良而忠诚的人员为政府服务,则无论组织如何健全,财力如何充足,工作方法如何优良,均不能对公务作有效率的实际推行"。人才与干部的重要,自然就决定人才管理与干部管理的重要。因此,西方国家政府人事机构的重要地位,是具有借鉴意义的。

3. 西方各国政府人事机构享有较大职权,统一领导和协调人事行政管理工作,反映了现代人事行政管理系统化、有效化的需要。各项人事行政管理活动,是有机联系、相互作用的。由统一的人事机构负责各项人事事务的决策与实施,就使诸如职位分类、人事规划、考选、培训、考核、晋升、奖惩、工资、福利、退休等人事工作的环节之间,能够相互衔接,相互配合,形成稳定、协调的人事系统,输出最大功能,为政府指挥系统服务。同时,也为实现人事行政管理民主化、科学化、现代化、法治化,提供了组织保证。如日本人事院每年定期举行公开竞争的文官录用考试,将考试合格者按成绩先后,编制成候用者名册,一旦行政机关发生了职位空缺,机关首长便可以及时向人事院提出要人申请,人事院则可从候用者名册中,依得分顺序,以多于申请人数四人的原则,提出名单通知用人单位,供机关首长择优选用。这样一种人事系统,既保证了各机关工作的正常运行,又不割裂行政机关首长治事权与人事权的统一性、完整性。同时,还可保证任用文官的高质量和高效率。这样一种人事系统,也克服了依行政首长或其他领导人员意志和好恶选拔任用行政人员带来的人事工作的主观性、偶然性和随意性,以及任人唯亲、任人唯派等弊端,也克服了人事工作无计划、低效率的问题。

4. 西方各国政府人事机构成员的严格的任用条件,反映了现代人事行政管理活动综合化、复杂化和专业化的要求。当代行政管理业已成为一种职业、一门专业。行政管理的新变化,行政管理学的新发展,对行政管理人员的知识、能力以及各方面素质,提出了越来越高的要求,尤其对行政管理人员群体结构合理化的要求越来越高。现代人事行政管理,事实上业已成为一种职业、一门大学问,只有经过长期研究、训练有素、博才多识、品德高尚、经验丰富的人事专家或组织人才,方能胜任。因此,西方国家政府人事机构成员专家化,是现代人事行政管理活动特点的必然要求。

四

邓小平指出："我们的制度将一天天完善起来,它将吸收我们可以从世界各国吸收的进步因素,成为世界上最好的制度。"①我国政府人事机构体制,应当遵循这一方针,借他山之石,以为攻玉。

长期以来,我国政府人事机构不仅没有承担起人事行政管理的全部职责,而且往往被视为履行干部调转、任免、奖惩等人事手续和劳动人事管理的机构。其地位之低,职权之小,是公认的。在改革中,我们注意了人事权的下移,强调了分级管理、层层负责。但这只适应了人事行政管理的一种趋势——分权趋势,还不能适应人事行政管理的另一趋势:统一领导、集中管理的趋势。现代人事行政管理是在集中、统一下的分权与下放,如果只讲分权、下放,就会出现失控,出现乱提职、多任职现象。近年来,这是有教训的。目前我国人事制度和干部制度的改革之所以还没有重大突破,就是没有正确处理好集中、统一与分权、下放之间的关系,其中特别重要的原因,就是政府人事机构的地位、职权和人员配置等方面缺乏应有的科学性、统一性和权威性。因此,必须借鉴国外成功的经验,提高政府人事机构的地位,扩大它的职权,加强它的人员,健全它的工作部门,以充分发挥政府专门人事机构的职能作用。

改革的具体设想如下。

1. 政府人事机构的地位与设置。为了切实提高政府人事机构的地位,扭转人们对它的传统观念,加强它的领导功能和权威性,有必要撤销现时的劳动人事部门,重新组建各级人民政府的人事委员会。人事委员会的组成人员应由政府首长(总理、省长、市长等)依据法定条件,从国内人事与组织问题专家中提名,报请同级人民代表大会或其常务委员会决定任命。根据我国国情,任期可定为八年,得连任一届。应由国家法律规定,政府人事委员会居政府所有职能部门之首,由政府首长在其主要助手(副总理、副省长、副市长等)中任命一名担任人事委员会主任,再从委员中任命著名人事专家担任常务主任,主持和领导人事委员会日常业务。在政府人事委员会下,根据其功能和职权划分

① 《邓小平文选(一九七五——一九八二年)》,第297页。

设立若干参谋部门、职能部门和直属办公部门。各工作部门都应依法相对独立地行使职权,可以直接对其他行政部门的人事机构发布专门文件和指导工作。各工作部门首长或由人事委员会委员兼任,或由其常务主任提名,经政府首长批准任命。目前,我国政府有各种委员会,如计委、经委、教委、体委等,却没有行政管理最关键、最重要的委员会——人事委员会。这种状况已到了改变的时候了。

2. 政府"人事委员会"(主要指中央人事委员会)应该享有下列职权或具有下列功能:

(1)统一领导和协调在行政机关中贯彻执行党的干部路线、方针、政策的人事行政管理活动,其中包括职位分类、人事计划、人才预测、考试录用、考核晋升、教育训练、调转流动、奖惩、免职、工资福利、退休、抚恤、编制、人事诉讼等一切人事事务;

(2)解释和说明国家人事法律的意图和内容,制定颁布与人事行政管理有关的人事行政法规、条例、细则、办法、命令等等,使国家人事立法和人事政策具体化、现实化;

(3)协调、指导各行政业务主管部门人事机构和下级政府人事委员会的工作,监督、检查它们执行国家人事法律和政府人事法规的情况,审核、批准它们制订和提出的适用于本部门、本行政区域的人事管理措施方案,以及其他重大人事决策;

(4)负责主持和管理政府职能部门领导班子和工作部门负责干部的考试录用(或招聘录用)、教育培训、考核、晋升,编制后备干部名册,为用人单位推荐候选人等重要的人事业务;

(5)办理和裁决因干部使用、晋升、录取、培训、奖惩、工资、福利、调转等事宜引起的纠纷和诉讼,保障行政干部的合法正当的权益;

(6)配合政府指挥系统的中心任务,领导开展人事行政管理的研究和内外交流,研制人事制度改革方案,向政府首长报告人事工作和提出各项建议,推进整个行政管理的改革;

(7)做好国家的劳动人事管理工作,承办权力机关或行政首长授权或委托办理的其他事项。

论城市管理目标与原则 *

《中共中央关于经济体制改革的决定》指出："城市是我国经济、政治、科学技术、文化教育的中心，是现代工业和工人阶级集中的地方，在社会主义现代化建设中起着主导作用。"实现国家现代化，必然要实现城市现代化。研究城市管理目标与原则，对我国城市现代化进程有着重要意义。

一、现代城市管理目标——综合效益

城市管理，即城市人民政府运用人力、物力、财力、信息和时间等各种资源，规划、建设与控制城市各项事业发展，从而达到国家具体目标和总体目标的社会系统工程，其最大特征是目标性。目标是人们有意识活动所要努力达到的效果与目的。城市管理是人们有意识活动的高级形态，总是追求一定的效果和目的。目标若是不自觉的，就等于没有目标，就从根本上失去了管理的意义；目标若是错误的，管理就是负值，就会因管理决策的失误，造成巨大损失；目标若是眼前的、局部的利益，就可能损害长远的、整体的利益；目标若是模糊的，管理系统就会失去明确的努力方向，呈现出盲目状态，进而失去按一定规范促进或约束系统及其要素的能力；目标若是自相矛盾的，各个子系统与要素就会出现紊乱，甚至功能相互抵消。历史经验证明，城市管理目标决定着城市管理的主要任务、基本原则和活动方式，最终决定着城市现代化进程。

随着社会主义现代化事业的发展，人民需求的范围不断扩展、结构不断变化。人民需求系统要有相应的大社会服务系统。大社会服务系统大致包括三个子系统：经济系统、社会系统和环境系统。大社会服务系统通过三个子系统

* 本文曾发表在吉林《社会科学战线》1987 年第 3 期，获吉林大学优秀论文评选三等奖。

的相互依赖、相互作用、相互协同,形成和输出整体功能。这就是综合效益。三个子系统分别具有满足人民特定需要的功能,这就是经济效益、社会效益和环境效益。人民的需求系统只有通过大社会服务系统产生的整体功能——综合效益,才能得到最大限度的满足。城市管理就是协调城市系统内子系统的功能、地位与动作,形成和输出城市作为大社会服务系统的整体功能。

社会主义基本经济规律的要求不是自然而然地实现的。城市整体功能的发挥,需要经过认识与实践的过程。由于各种原因,我们曾自觉不自觉地把工农业生产总值,亦即城市工农业生产总值的增长速度,完成上级下达的经济指标的情况,作为城市发展和管理的目标,衡量或考核城市政府工作好坏、市长能力强弱的标准。事实表明,这一目标与标准,是城市发展与城市人民的眼前的、局部的经济利益,不能代表城市经济效益、社会效益、环境效益的统一——综合效益。它不仅在理论上为现代经济理论所否定,而且在实践中带来一系列消极后果。

现代经济理论认为,工农业总产值不能反映如下内容:(1)产品满足城乡人民物质与文化生活需要的程度,人民综合享有社会服务系统效益的程度(如闲暇时间多少、公共娱乐与自娱方式怎样、生活方便程度等);(2)城市经济结构的合理程度;(3)现时生产活动对未来城市发展的影响程度;(4)城市作为开放系统,与其他系统交流、协作的获益程度;(5)城市环境生态系统的平衡程度;(6)城市社会化服务和家务劳动对生产发展的贡献程度。

由于把工农业总产值作为城市管理目标,市政府与市长要对具体完成国家计划规定的各项产值、产量、品种、质量、利润、税收等各项经济指标全面负责,并接受上级政府或主管部门的考核,这就往往使城市工作者片面地认为城市工作的中心任务就是发展工农业生产。一谈城市性质,就是上工业项目;一提城市功能,就是增加产值。认为工业生产的速度、产值、利润是硬指标,只要生产搞好了,其他工作自然就跟着好了。这种"一俊遮百丑"的管理目标与考核标准,决定城市政府和市长的主要任务,是抓工业、抓生产、抓产值、管工厂、管厂长。有的市长感慨地说:"过去抓经济多,而且是抓具体的经济多,百分之八十的力量和时间用于抓生产。"这样,城市政府应有的一些重要职能,即城市的规划、建设与管理,或者没有去管,或者没有管好,或者没有投入主要的、足够的人力、物力、财力和其他资源去管。结果,既不利于人民物质与文化生活,又不利于城市经济的发展,妨碍了城市综合效益的实现。举例来说:上海是我国城市经济效益最好的城市,但因道路不够、车辆拥挤,上海市内货车每小时平均行驶速度由 1964 年的 30 公里,下降到现在的 20 公里左右。由此每年造成的营运损失达四亿元。天津也是经济效益最好的城市之一,但市内中心区汽车行驶平均时速是 11 公里。这项每年造成营运损失两亿元。据估算,天津市职工每天上下班乘车时间如果减少十分钟,就可多创造价值 4.4 亿元。大连、青岛、武汉都是经济效益好的城市,但前两年统计,每年因缺水,大连、青岛分别减少产值六亿元和三亿元。武汉市 1982 年 6 月和 1983 年 7 月两场暴雨冲走近五亿元。据估计,如果把城市基础设施搞上去,全国每个城市平均每年可减少一亿元损失,等于全国每年增加近 300 亿元,相当于目前全国财政收入的 14% 。

由上可见,综合效益不好,城市经济效益好,也不是最佳水平。综合效益好,必然是城市经济效益、社会效益、环境效益都好。社会主义国家城市管理的目标,是取得城市的综合效益。它的实现不仅要依靠提高城市工农业总产值,还必须依靠建设理想的现代化城市。城市学者认为,理想的现代化城市有五个标志:(1)高水平的管理工作。城市发展有战略规划,各项决策均为总目标服务,管理运行机制灵敏、高效,城市的规划、建设与管理实现现代化,并做到全部有法可依,依法办事。(2)高度社会化的分工与协作。生产、流通、服务诸方面,本市与外地的关系方面,都能扬长避短,实现社会化的分工与协作,共同取得最佳经济效益。(3)高效能的城市基础设施。信息、交通、给排水、供电、供热、供气、商业、服务业等全部充足、灵敏、畅通、优良。(4)高质量的生态环境。城市各类污染普遍得到防治,生态环境良性循环,居民生活在清洁、优美、安静、舒适的环境中。(5)高度的精神文明。教育、文化、艺术、新闻、出版、广播、电视、体育、科学技术等建设受到重视,运用各种方式培育"四有"新人和社会风尚,居民精神生活充实,社会秩序井然。

二、统一规划、统一建设、统一管理的原则——统筹原则

原则是人们为了达到特定目标而确定、遵循的基本轨道、基本方法、基本途径。城市管理原则,是取得城市综合效益的基本途径。其中第一条就是统

筹原则。

　　统筹原则就是在城市政府统一规划、统一领导下,进行城市各项事业的发展、建设与管理。反对分散主义、无政府主义、各自为政。凡是在城市新建或扩建的项目,无论工业、民用或公用设施,无论部属、省属,无论中央投资、地方投资还是利用外资,其选址、用地,必须经过所在城市规划部门的统一安排,按照城市规划的要求,分年列入相应的建设计划,逐步实施。

　　统筹原则是城市政府做好城市的规划、建设与管理,实现现代化城市管理目标的前提。在新的历史时期,城市政府应该集中力量做好城市的规划、建设与管理。党中央、国务院在《关于成立首都规划建设委员会的决定》中指出,搞好首都建设"必须要有一个统一的规划,一套保证规划得以实施的法规,一个合理的建设体制,一个协调各方面关系、具有高度权威的统一领导"。这四句话具有普遍的指导意义。

　　城市是条块关系网的主要集结点。所谓条块是相对概念。省(自治区)、市、县、乡等地方政府所辖的行政区划,相对于中央或上级政府而言,是块块。中央或上级政府的主管部门及其所属的企事业单位,相对于地方政府而言,是条条。各行政区划之间的关系、城市政府主管部门所属的企事业单位之间的关系,实质上是条块关系的一种。解决城市条块关系的是城市管理机制。这套机制应该遵循什么原则建立和运行? 一是条块分割,以条为主;一是条块结合,以块为主。前者,实践证明是不够合理的,应该转换为后者。后者,就是充分发挥城市尤其是中心城市的作用,赋予城市政府统筹安排城市各项事业发展的综合效能。我们知道,原有经济生活中,城乡分割、条块分割、生产重复、流通堵塞、运输浪费、领导多头、互相牵制等现象,都同行政管理体制和行政机构设置有关。这种情况不改变,许多合理的事情办不通,整个社会浪费很难减少。解决这个问题要着重发挥大、中城市在组织经济方面的作用。以经济比较发达的城市为中心,带动周围农村,统一组织生产和流通,逐步形成以城市为依托的各种结构和各种类型的经济区。这是改革的方向。

　　过去,我国城市管理机制是条块分割,以条为主。因此,城市发展不是被当作自然、经济、社会、文化等因素有机结合的整体来认识和安排,而是各路诸侯并驾齐驱,各自为政。城市的企事业单位,有中央各部门主管的、省各部门主管的、军事部门主管的、市各部门主管的、地区各部门主管的、市区各部门主管的,还有街道主管的。它们分别隶属于不同的上级,各有各的任务,各按各的上级指示开展活动。特别是"大机关"、"大单位"、"大企业",均由条条直接控制,市政府与市长只有服务、配合之责任,没有综合平衡的权力。有的上级主管部门或其领导,在城市建厂时,往往图自己的方便和部门利益,很少考虑选址是否符合城市的地理气候等自然环境与经济技术条件的要求,工厂是否适应城市基础设施的容量,以及工厂对城市今后发展产生什么影响。有的同志形象地说,"小政府"协调不了大企业,"市长是小丫环带钥匙——当家不做主"。这就肢解了城市发展的有机性,违背了"城市的本质就是社会化"的根本原理。

今天,在城市经济体制改革中,党中央、国务院决定由城市统一组织各种经济活动,充分发挥城市的中心作用。这就必然要求简政放权于城市。城市政府是城市系统的神经中枢,是社会化大生产的理想领导者与管理者。统筹原则正是它履行职责的必要前提,也是发达国家城市现代化的成功经验。例如,法国是一个城市一个城市地搞总体规划。哪一片作住宅,哪一片作厂房,哪一片作商业区、文化区都统筹安排,合理布局,不像我们搞建设,一个厂一个厂地搞,缺乏从整个城市的建设来考虑。因此,我国城市基本建设必须进行重大的改革。

三、经济建设、城市建设、环境保护平衡发展的原则——协同原则

城市是规模庞大、因素众多(其数量级是 10^8)、关系复杂、多目标、多功能的动态系统。经济建设、城市建设和环境保护是城市系统的最基本的子系统。三者各有相对独立的地位和功能,同时,相互依赖、相互制约、相互促进。经济建设是城市发展的动力,城市建设是城市发展的基础,环境保护是城市发展的客观条件。城市管理是城市发展各因素、各环节的综合与协调,必须把握其聚集性、整体性、复杂性与综合性的特点。只有严格按三者之间平衡发展的客观规律办事,城市才能科学、合理、协同地发展。

我国城市各项事业协同发展的关键,是正确处理经济建设同城市建设、环境保护的关系。过去,由于指导思想上的失误,城市发展存在着重生产、轻生

活,重经济建设、轻城市建设,重视生产、轻视生态,只要经济效益、不要社会效益、环境效益,只有工业观念、没有城市观念的片面认识和做法。克服这种认识和做法,是非常重要的。

　　社会主义国家的重要职能之一,是组织经济与文化建设。这一职能是通过国家行政机关管理经济的活动实现的。管理城市经济是城市政府的重要职能。我国的市长和外国的市长不同。因为,我国的经济基础是公有制,经济是全民和集体所有制为主,所以,市长还要管经济、管生产。经济是基础,只有把经济发展起来,工业发展起来,才能办其他事情。城市经济体制改革不是取消城市政府管理经济的职能,而是改善履行城市政府经济职能的方式方法。城市经济是大经济概念。大经济包括工、农、商、科、教、文等领域,以及从市场出发又回归市场的经济循环圈。城市政府要平衡发展工、农、商、科、教、文等各项经济事业,协调生产、流通、分配、消费等各经济环节,促成城市经济系统内部运行走上良性循环的轨道。应该抛弃生产即经济的狭隘观点,这是问题的一个方面。另一个方面,城市经济系统的运行受着城市自然环境与基础设施的制约。城市建设,即城市基础设施建设,包括技术基础结构和社会基础结构。前者指城市的供排水、道路、交通、供暖、供气、供电、邮政通信等。后者指人口、就业、社会化服务、体育、卫生、住宅及其他公用公益设施。只有这些建设适应经济建设的要求,才能促进城市经济的繁荣。城市自然环境,指城市发展所需要的客观条件:必要的土地、洁净的水源、丰富的矿藏、新鲜的空气、适宜的气候、足够的阳光及地形地貌等。城市有工业与人口两个集中,因而带来污染的集中。城市不仅集中人类的智慧,也集中人类的矛盾。当工业发展和人民生活产生的"三废"超出自然界的净化能力,就会产生各种环境污染,危害经济发展和人民生活。城市政府重要职能之一,就是综合整治环境污染。我们发展经济的目的是造福人民,如果经济发展了,环境也污染了,那就同社会主义基本经济规律背道而驰。因此,经济建设同城市建设与环境保护是紧密地联系在一起的,必须协同发展。为此,必须在城市发展中处理好四组关系。

　　1. 经济计划与城市规划的关系。城市规划是城市发展的蓝图,是城市建设与管理的依据。城市规划的任务,就是"根据国家城市发展和建设的方针,经济技术政策,国民经济和社会发展长远计划、区域规划,以及城市所在地区的自然条件、历史情况、现状特点和建设条件,布置城镇体系,合理确定城市规划期内经济和社会发展目标,确定城市的性质、规模和布局,统一规划、合理利用城市的土地,综合部署城市经济、文化、公共事业及战备等各项建设,保证城市有秩序地、协调地发展。"(《城市规划条例》)简单地说,经济计划是时间规划——什么时间上什么项目;城市规划主要是空间规划——在哪儿,建设什么。二者必须结合起来,要防止重经济计划,轻城市规划的倾向,要树立、强化城市规划的权威性。只有严格按照城市规划的要求进行城市各项事业建设,才能从根本上保证城市有秩序地、协调地发展。

2. 生产与生活的关系。实践证明,就生产抓生产,经济是上不去的,必须摆正生产与生活的关系。生老病死、衣食住行、吃喝拉撒睡,从生活一直到垃圾、粪便、废料,从"进口"的到"出口"的,市长都要管,都要发展相应的社会服务系统。

3. 经济建设与城市建设的关系。城市建设之所以又叫城市基础设施建设,是因为诸如交通、道路、供水、供气、供电等设施,就像高楼大厦的地基一样,支撑着城市的发展,非常重要。时任天津市市长的李瑞环在谈到城市功能时曾深有感触地说:"如果天天讲生产,不抓城市规划、建设和管理,城市道路狭窄,交通不方便,功能不具备,生产也上不去。"随着城市经济体制改革的深入发展,城市政府经济职能的最主要体现,就是为企业发展创造良好的社会环境,即建设高效能的城市基础设施。

4. 生产与生态的关系。过去我们在城市发展中,往往只有生产观点,缺乏生态观点,致使城市环境污染几乎成为所有城市的严重问题。现在相当多的城市水源不足,甚至比缺电还迫切。一位国际奥委会官员曾说,如果北京市的环境污染不能得到很好的治理,2000 年的奥运会不可能在北京举行。我们应该继续重视绿化工作,充分发挥园林绿化在城市环境保护和生态平衡方面的重要功能,对已造成污染的企业,坚决实行"谁污染,谁治理"的原则;没有条件治理的要关、停、并、转;新建扩建改建项目,要坚决执行"三同时"原则,即防治污染和其他公害的设施,必须与主体工程同时设计、同时施工、同时投产。

四、面向全国、面向世界、面向
未来的原则——开放原则

城市管理的开放原则,是指城市发展应该面向外地、外市、外省、外国和未来,发挥优势,在竞争中取胜。

面向全国。我国经济是社会主义商品经济。城市是各种商品经济活动的中心,是城乡商品经济网络的枢纽。城市的这种功能决定它不能封闭,只能开放。城市对外要开放、对内更要开放。先进城市要开放,落后城市也要开放。前一段时间,我们对外开放讲得多,对内开放讲得不够,抓得不狠。注意先进城市开放多,注意落后城市开放少。事实上对内封闭也会给经济造成很大损失。城市是社会化的商品经济的产物,需要专业化分工和综合化协作。城市内部是这样,在外部关系上也是这样。城市生产的原材料供应、商品销售,不可能只在本市内部进行。它不能像小农经济那样自给自足,必然要超出行政区划的界限,与外省、外市、外地发生广泛的经济联系。一封闭,一搞条条块块,就人为地切断了商品经济的内在联系,既不能扬长,也不能避短,更不能带来落后变先进的转化。城市政府要采取开明政策,鼓励本市企业和外地企业进行物资、产品、技术和人才等方面的交流,借他地人力、物力、财力和资源,促进本市的发展。

面向世界。这是对外开放政策的必然产物。国家对外开放主要依托城市。迄今,我们创立了深圳、珠海、厦门和汕头四个经济特区,作为对外开放的窗口,开放了大连、秦皇岛、天津、烟台、青岛、连云港、南通、上海、宁波、温州、福州、广州、湛江和北海等 14 个沿海城市作为对外开放的门户。对外开放也适于内地城市。许多城市与外国城市结成了姊妹城市(友好城市)。仅 1985 年,我国就有 20 个内地城市同外国城市建立了友好城市关系。友好城市间互派学者、代表团、参观团,并根据互惠互利的原则进行经济、技术、文化等方面的交流与协作。

面向世界,就要适应对外开放要求,搞好城市服务。服务一是基础设施建设,一是提高管理效率。几年来的实践表明,对外开放城市能否吸引外资,很重要一条,就是有没有好的投资环境。不先搞好"七通一平",国外投资者是不会来的。管理、效率、服务就是城市管理者要增强涉外能力和知识，简化办事程序，提高工作效率，讲究信誉、遵守诺言，协调好各方面关系，推动立法工作。面向世界要引进来，更要打出去，为国家产品进入世界市场提供信息。打出去，不仅要盯着发达国家市场，也要十分注意面向第三世界国家市场，还要面向苏联东欧等国市场。后两者对我们商品需求量很大，我们的产品有优势。应该说，我们把打出去的重点目标放在后两者身上比较适合。为了搞好对外贸易，国家和城市政府要加强领导与组织，切忌自相竞争、自相诋毁。要培养和树立联合起来一致对外的民族观念。

　　面向未来。城市管理质量很大程度上取决于能否妥善处理近期发展与长远规划的关系。城市发展具有动态性、延续性，现实建设的一切都对未来产生深远的影响。过去我们对城市发展的整体趋势很少预测，导致今天城市管理出现许多被动局面。如现在道路网密度过小，就难以适应城市交通发展的需要，出现拥挤。绿地面积过少，可能影响城市的生态平衡。小区开发如果对公用设施考虑得不周，将来社会服务开展后，可能缺乏用地。这都是面向未来观念淡漠的结果。新科学技术和经济的飞速进步，城市跳动的脉搏、运转的速度和频率，都是前所未有的。与之相适应，城市经济结构、社会结构、布局结构和生活结构都将发生重大变化。城市管理者必须把握城市的动态平衡，研究、预测城市的人流、物流、能源流、资金流和信息流在未来的发展变化规律，据此采取对策。可以说，城市管理如何发挥应变能力，迎接未来的挑战，指导城市发展，是百年大计的问题。如城市基础设施如何适应新兴产业和科学技术的需要，承载飞速发展的生产力；怎样发挥中心城市的作用，联合广大城镇和乡村组成经济网络；如何安排城市用地比例，为智力开发和精神文明建设服务；如何适应人民群众因生产与生活水平的提高，对城市环境的质量、基础设施提出的更高要求（如水和电耗量增加、燃料结构更新、信息传递快、交通运输流畅等）。这一切都要求城市政府在统筹安排城市建设中，予以充分考虑。

五、"人民城市人民建，人民城市人民管"的
　　原则——民主原则

　　"人民城市人民建，人民城市人民管"是社会主义国家城市管理的重要原

则,它体现着社会主义国家城市人民在城市发展、建设与管理中的地位与作用。

人民是城市的管理者。"人民城市人民建,人民城市人民管"是社会主义民主在城市管理上的具体化、现实化。应该建立健全相信人民、依靠人民、向人民负责并吸引人民参加城市管理的制度和措施。应当看到,与乡村相比,城市教育普及,居民文化水平较高,组织性、纪律性较强,居住地域集中,参政意识、议政能力较强。城市各种舆论工具(广播、电视、报纸、公共集会场所)比较发达,信息传递快,城市领导者民主意识和组织、适应能力较强。城市民主在社会主义民主体系中应居于较高层次。"市长接待日"、"市长电话"等是城市民主的体现,应当发扬光大,可扩增"局长接待日"、"局长电话"等等。

人民是城市的享有者。城市是巨额财富,城市的生活质量、生活方式一般好于乡村。社会主义城市管理是为人民服务的,必须牢固树立方便群众的观点。所谓方便群众,就是城市各项建设要尽可能设施齐全一些,配套合理一些,布局均匀一些。根据城市规划理论的要求,城市的商业、服务业、学校、文化体育设施、医疗卫生、公园绿化、托儿所幼儿园、公用电话、公共交通、车站码头、公共厕所等为群众服务的设施,既要与人口的数量保持一定比例,又要布局合理。现在有的城市,商业网点分布不均匀,小学校不设在居住区,公路、铁路穿街而过,电影院集中在一条街、一个区域,有的城市方圆几里找不到公共厕所、公用电话、体育场、汽车站、邮信筒等,这种状况应尽快改进。

人民是城市的建设者。充分调动城市人民的积极性和首创精神,是城市管理的重要使命之一。任何时候、任何地方,群众中都蕴藏着无限的创造力和潜力,只要领导者充分认识、认真组织,群众的智慧和力量得到发挥,许多城市公益事业建设就可事半功倍。不花钱能办事,少花钱能多办事,这就是管理出效益、管理出资源、管理出速度,管理就是金钱。像清洁卫生,种花种草,美化环境,修小胡同、人行道,通下水道,就可以发动群众或基层单位,通过义务劳动来进行。这一点,我们比任何国家都厉害,他们办不到的事,我们能办到。例如天津市曾动员几十万人参加引滦工程建设。这在资本主义国家是办不到的。当然,这里是指群众能办到的事情,而不是乱摊派。

六、有法可依、有法必依、执法必严、违法必究的 原则——"以法治城"原则

城市法制建设是社会主义法制建设的有机组成部分。"以法治城"是"以法治国"的体现。我们应该认真研究、总结过去的经验教训，把实践中行之有效的管理措施、管理方法制度化、法律化，使城市发展与建设走上法治轨道。

"以法治城"，首先是城市的发展、规划、建设与管理有法可依。有法可依是法制建设的第一步。目前，我国还没有专门的"城市管理法"。已有城市管理行政法规，急需修订整理。城市管理法学也没有成为法学的独立学科。完备的城市管理法规体系，包括三个相互衔接、层层深入的部分：国家最高权力机关制定的统一的、专门的法律，如我国正在起草的《市政管理法》；国家最高行政机关及其有关部门制定的行政法规，如国务院颁布的《城市规划条例》；省、市、国家权力机关与行政机关制定的地方性法规，如北京市政府颁布的《北京市城市建设规划管理暂行办法》。

有城市管理法规，不等于实现了城市管理法制化。"以法治城"的进一步含义，就是城市法规与其他管理意志相比，居于最高地位、拥有极大权威。城市的任何党派、团体、机关、单位和个人，都要在城市法律秩序范围内活动。城市总体规划按照法定程序批准实施后，就具有法律效力，是城市建设与管理的总纲，必须得到切实的遵守执行。应当克服现实生活中"规划、规划，纸上画画，墙上挂挂，不如领导一句话"的消极现象。至今，有的单位以"老大"自居，不服从规划；有的个人乘虚而入，无视规划。结果城市布局混乱、景观难看、七零八落。国家要尽快制定"城市规划法"，以法律手段，保证城市规划的实施。还要尽快制定"城市管理法"。城市管理的重要内容是城市土地管理。现在有的单位"跑马占荒"，有的个人违章占地，见缝插针，私搭乱建，城市规划很难顺利实施。解决这类问题必须运用法律武器。

"以法治城"的最后一步，是违法必究，即一切违反城市管理法规的行为必须受到法律的追究，承担相应的法律责任。不能再搞"既往不咎"和"下不为例"。违法行为不仅要纠正，还要追究法律责任。要健全群众监督、党的监

督、立法监督、司法监督、行政监督等,使各种监督相互配合,自上而下、自下而上地实施城市法制的控制与反馈系统。要有一支铁面无私的执法队伍,全面贯彻法律面前人人平等的社会主义法制原则。

下　卷
思想道德建设与伦理学

首先解决农业农村农民问题

——中国特色社会主义现代化道路 *

党的十一届三中全会召开 20 年了。纵观 20 年的发展历程,我们作出的最具划时代意义的战略抉择是:从中国实际出发,首先解决农业农村农民问题,走建设有中国特色社会主义现代化道路。

一

党的"十五大"高举邓小平理论的伟大旗帜,邓小平理论成为党的指导思想。邓小平理论深刻回答了当代中国发展的理念、模式、道路和实践的一系列重大问题。关于首先解决农业农村农民问题的战略思考和决策,是以邓小平同志为代表的中国共产党人和中国人民在新时期一切理论和实践中最成功最伟大的内容。江泽民同志指出:"改革开放以来,邓小平同志和其他老一辈革命家,根据他们丰富的实践经验,无论观察形势、研究问题,还是制定规划、作出决策,总是首先考虑农业、农村和农民问题,总是把农业、农村和农民问题放在党的工作和国家的发展战略的首位。这是很值得全党同志学习的。"①

毛泽东同志为建设有中国特色社会主义现代化道路进行了积极探索,留下了极其宝贵的精神财富。早在建国初期,他就指出,中国的主要人口是农民,革命靠了农民的援助才取得了胜利,国家工业化又要靠农民的援助才能成功。他一再提醒,全党一定要高度重视农业。农业关系国计民生极大。要注

---

* 本文主体部分曾发表在吉林《社会科学战线》1999 年第 5 期,摘要刊登在《新华文摘》1999 年第 12 期,全文分别收入中国人民大学复印资料《科学社会主义》、《农业经济》1999 年第 11 期,并获《社会科学战线》办刊 20 周年优秀论文评选一等奖。

① 江泽民在 1993 年中央农村工作会议上的讲话。

意,不抓粮食很危险。不抓粮食,总有一天要天下大乱。我国有五亿多农业人口,农民的情况如何,对于我国经济的发展和政权的巩固,关系极大。农民在中国是一个海。现在还是个农民问题。中国这个国家,离开了农民,休想干出什么事情来。这一切表明毛泽东对中国国情和中国农业农村农民问题是多么熟悉和重视。但是,面对大规模的社会主义现代化建设,由于主客观因素的影响,他在指导思想上陷入了自相矛盾的困境。邓小平评价说:"毛泽东同志是伟大的领袖,中国革命是在他的领导下取得成功的。然而他有一个重大的缺点,就是忽视发展社会生产力。不是说他不想发展生产力,但方法不都是对头的,例如搞'大跃进'、人民公社,就没有按照社会经济发展的规律办事。"①

邓小平开辟了建设有中国特色社会主义现代化的正确道路。党的十一届三中全会具有划时代意义的最显著标志和实质内容,就是作出了"全党同志目前必须集中主要精力把农业尽快搞上去"的伟大决策。会议同意向全国下发讨论和试行的两个重要文件都是关于农业农村农民问题的,即《中共中央关于加快农业发展若干问题的决定(草案)》和《农村人民公社工作条例(试行草案)》。会议决定采取一系列政策措施和经济措施,保证和促进农业和农村经济发展。从中国国情出发,首先从农村改革入手,充分调动广大农民的积极性,解放和发展农村社会生产力,在农村取得成效,取得经验,然后向城市及各行各业全面推开,这就是邓小平同志在实践中逐步提出、明确、升华的我国改革开放和现代化建设的总体设计,这就是建设有中国特色社会主义现代化的正确道路。为什么中国社会主义现代化建设要走一条类似革命的道路——首先从农村开始?为什么说首先解决农业农村农民问题是中国社会主义现代化建设的正确道路?

第一,农业是国民经济发展和社会文明进步的自然基础和前提。吃饭、穿衣是人类维持生存与发展的最基本需要,只有首先满足这个最基本需要,人类才能从事其他物质生产活动、社会政治活动和科学文化活动。这是马克思主义最起码的常识。马克思指出:"超出劳动者个人需要的农业劳动生产率,是一切社会的基础"②。"农业劳动是其他一切劳动得以独立存在的自然基础和

① 《邓小平文选》第3卷,人民出版社1993年版,第116页。
② 《马克思恩格斯全集》第25卷,人民出版社1974年版,第885页。

前提。"①毛泽东从中国历史和现实经验教训出发明确地提出了"农业是国民经济的基础"的著名论断,并系统地阐述了农业农村农民在实现中国工业化过程中的重要地位与作用。一是农业关系到亿万农村人口的吃饭问题,吃肉吃油问题,以及其他日用的非商品性农产品问题。农业搞好了,农民能自给,五亿人口就稳定了。二是关系到城市和工矿区人口的吃饭问题。商品性的农产品发展了,才能供应工业人口的需要,才能发展工业。三是轻工业原料的主要来源,农村是轻工业的重要市场。四是重工业的重要市场。比如,化学肥料,各种各样的农业机械,部分的电力、煤炭、石油,是供应农村的;铁路、公路和大型水利工程,也是为农业服务的。五是出口物资主要是农产品。六是积累的重要来源。"农业发展起来了,就可以为发展工业提供更多的资金。"②农业农村农民不仅会给改革开放和现代化建设带来各种问题、困难和障碍,而且会给它奠定基础、提供条件、创造前提,还会成为它的动力、拉力、主力。农业绝不是夕阳产业,农村绝不是只能衰落,农民也绝不是"历史的弃儿"。

　　第二,我国是发展中的大国,是农业大国,还处于社会主义初级阶段。系统论有一个原理,叫依主振荡点转移规律,即事物发展的速度、深度、广度,不决定于事物链条中最强最高最大的环节,而决定于事物链条中最薄弱的环节。事物发展过程中最容易在薄弱环节断裂、受阻、毁灭。只有充实和加强了薄弱环节,事物才能获得新的发展动力和张力。1978 年时,我国国民经济处于崩溃的边缘,农业农村农民则受损受害最重最深最大。据有关资料介绍,1952年至 1978 年的 26 年中,农民年人均纯收入累计增加 76. 57 元,年平均仅增加2. 9 元,年均增长率为 3. 3% ;而在 1965 年至 1978 年间,农民收入长期停滞不前,年增长率仅为 1. 7%。根据世界银行的估计,1978 年我国农村低于贫困线的绝对人口为 2. 6 亿,占农村人口总数的 33%。③ 农业极其薄弱,致使城市居民的农产品供应非常紧张,几乎什么东西都要凭票凭证购买,粮票、布票、肉票、油票、糖票、鸡蛋票、烟票等等,对今天的中老年人绝不陌生,甚至是记忆犹新。十一届三中全会优先解决农业农村农民问题,就是因为"农业这个国民

　　① 《马克思恩格斯全集》第 26 卷(Ⅰ),第 28—29 页。
　　② 《毛泽东文集》第 7 卷,第 199—200 页。
　　③ 陈吉元、韩俊:《邓小平的农业"两个飞跃"思想与中国农业改革》,收入《当代马克思主义研究巡礼》(中),第 907 页。

经济的基础,这些年来受了严重的破坏,目前就整体来说还十分薄弱"。只有大力恢复和加快发展农业生产,逐步实现农业现代化,才能保证整个国民经济的迅速发展,才能提高全国人民的生活水平。

邓小平指出:"耕地少,人口多特别是农民多,这种情况不是很容易改变的。这就成为中国现代化建设必须考虑的特点。"①中国是一个拥有十几亿人口的大国,但可耕地却很少,用占世界7%的土地,养活占世界22%的人口。吃饭问题始终是头等大事。国以民为本,民以食为天。农业农村农民一旦出问题,就不是小事,谁也帮不了我们。"从中国的实际出发,我们首先解决农村问题。中国有百分之八十的人口住在农村,中国稳定不稳定首先要看这百分之八十稳定不稳定。城市搞得再漂亮,没有农村这一稳定的基础是不行的。"②

第三,发展中国家现代化与发达国家现代化有着根本不同的时代背景和特点。先发达国家现代化无疑是经历了由农业和农村孕育、支持工业和城市的生成过程。这种孕育和支持表现为城乡分离和对立,工业和城市资产阶级是以开拓国际市场、掠夺殖民地资源、将产品倾销到殖民地国家等原始野蛮的办法,摆脱农业和农村对工业和城市发展的制约,在推进本国工业化进程后,再反哺农业农村和农民,全面实现现代化。但是,后发达国家开始工业化和现代化时碰到的第一个限制条件,就是国际市场分工和分割已经完成,经济增长处于一个极其不利的困难境地:一方面离不开国际一体化的经贸市场体系,处于发达国家经济、科技和市场优势的重重包围和压力之中,必须主要依赖本国市场的健康发育和成长,增强自我增长、良性循环的能力和实力;另一方面,虽然它有了采用和借鉴发达国家现代化技术和经验的有利条件和捷径,但必须严格遵循经济社会发展的客观规律,紧紧依靠自力更生、艰苦奋斗,循序渐进。那种所谓超阶段、跳跃式、大跨度实现现代化的理论和模式,那种忽视农业和农村潜在力量和作用的政策和做法,不仅欲速则不达,而且还可能造成经济危机、社会失衡、政治动荡的严重后果。对于发展中国家来说,"没有农业和农村的发展,工业的发展是不可能的,或者即使取得了成功,也会产生国内经济

---

① 《邓小平文选》第2卷,人民出版社1994年版,第164页。
② 《邓小平文选》第3卷,人民出版社1993年版,第65页。

的严重不平衡,从而使得广泛的贫困、不平等和失业问题更加尖锐、更加突出"①。正如邓小平所说的:"工业的发展,商业的和其他的经济活动,不能建立在百分之八十的人口贫困的基础之上。"②苏联东欧国家发生剧变的根本教训,东南亚金融风暴的真正诱因,我国经济社会发展深受着农业农村农民市场需求制约的现实状况,都警示人们:发展中国家在实现现代化过程中极其容易出现断层现象,必须十分注意移动不平衡,而首要问题就是"农业尚未稳固,工业比重超过农业"。

总之,中国现代化道路,"有两种办法,一种是少发展一些农业、轻工业,一种是多发展一些农业、轻工业。从长远观点来看,前一种办法会使重工业发展得少些和慢些,至少基础不那么稳固,几十年后算总账是划不来的。后一种办法会使重工业发展得多些和快些,而且由于保障了人民生活的需要,会使它发展的基础更加稳固"③。

第四,我们要实现的现代化是社会主义现代化。社会主义的本质,是解放生产力,发展生产力,消灭剥削,消除两极分化,最终达到共同富裕。判断一切的根本标准,主要应该看是否有利于发展社会主义社会的生产力,是否有利于增强社会主义国家的综合国力,是否有利于提高人民的生活水平。农业生产发展水平、农村社会进步水平和农民物质生活水平,最能够代表一个国家、一个民族和一个地区的综合实力和文明程度。如果占绝大多数的人口仍然生活在原始落后的传统农业生产方式和愚昧无知的保守僵化的小生产思维方式支配的乡村,一个国家的城市如何能够发展,工业如何能够发展,现代化如何能够实现? 这条道路对一个小国也许可以,大国绝对不行;对一个有市场依托的地区也许可以,市场统一循环的全国绝对不行;一时也许可以,长期绝对不行;在传统资本主义制度下也许可以,在社会主义制度下绝对不行。对中国来说,农业农村农民问题,归根到底,是中国共产党作为执政党为什么人的问题。邓小平讲:"我国农业现代化,不能照抄西方国家或苏联一类国家的办法,要走

---

① ［美］迈克尔·P.托达罗:《经济发展与第三世界》,中国经济出版社 1992 年版,第 260 页。
② 《邓小平文选》第 3 卷,人民出版社 1993 年版,第 117 页。
③ 《毛泽东文集》第 7 卷,人民出版社 1999 年版,第 25 页。

出一条在社会主义制度下合乎中国情况的道路。"①在社会主义中国,农业是经济发展、社会安定、国家自立的基础,农民和农村问题始终是中国革命和建设的根本问题。没有农村的稳定和全面进步,就不可能有整个社会的稳定和全面进步;没有农民的小康,就不可能有全国人民的小康;没有农业的现代化,就不可能有整个国民经济的现代化。②

二

20 年来,在邓小平理论指引下,党中央、国务院年年召开农业农村农民问题专门会议,下发了一系列重要文件,及时有效地解决事关农村改革发展稳定的重点、难点和热点问题。我国之所以能够经受住 1989 年春夏之交政治风波的考验,经受住 20 世纪 80 年代末 90 年代初苏联东欧社会主义国家发生剧变的考验,经受住亚洲金融风暴冲击的考验,关键在于党的十一届三中全会选择了首先解决农业农村农民问题这样一条建设有中国特色社会主义现代化的成功道路,保证了国民经济健康持续快速发展,大大改善了人民群众生活,为妥善处理各种社会矛盾和克服经济困难奠定了坚实可靠的物质基础和社会基础。

第一,主要农产品产量持续稳定增长,基本满足了十几亿人吃饭穿衣等日益增长的物质生活需要。根据统计分析,我国八大类主要农产品产量 20 年来始终保持着比较稳定增长的发展态势,每类产品产量都有很大幅度的增加,其中产量最高年份比起初产量增加的情况是:粮食增加了近 1.7 倍,棉花增加了 2.6 倍多,水果增加了近 7.7 倍,肉类增加了三倍多,牛奶增加了 7.5 倍,禽蛋增加了 3.9 倍,水产品增加了 7.6 倍多,油料增加了 4.3 倍。

第二,乡镇企业异军突起,经济总量大幅增长,成为农业和农村经济乃至整个国民经济的重要支柱。1994 年时,全国乡镇企业总数达 2495 万个,是 1978 年 152 万个的 16.4 倍;职工 1.2 亿人,是 1978 年 2826 万人的 4.2 倍;创造产值 42588 亿元,是 1978 年 493 亿元的 86 倍;创造的国内生产总值 11500

---

① 《邓小平文选》第 2 卷,人民出版社 1994 年版,第 362 页。
② 参见《中共中央关于进一步加强农业和农村工作的决定》。

亿元,是 1978 年 133 亿元的 86 倍;利润总额 2572 亿元,上缴国家税金 1591
亿元,利税总额是 1978 年 110 亿元的 37.8 倍;出口商品交货值 3398 亿元,出
口创汇 399 亿美元,是 1985 年的 87 倍。1995 年,全国乡镇企业从业人员
1.28 亿人,实现营业收入 57299 亿元,增加值 14595 亿元,占全国农村社会增
加值和国内生产总值的 56% 和 25%;实现利润总额 3697 亿元,上交国家税金
1280 亿元,占全国税收的 25%;出口交货值 5395 亿元,占全国出口总额的
34%。① 另据统计,"六五"、"七五"期间,乡镇企业税后利润用于补农、建农
和支农的资金达 1000 亿元,农民净增收入的一半来自乡镇企业。截至 20 世
纪 80 年代末,乡镇企业的产品在全国同行中占的比重分别为:原煤 32%,水
泥 25%,砖瓦和中小农具 90%,机制纸及纸板 33%,各类服装 46%;乡镇建筑
队占全社会建筑职工的 57%,竣工面积占全社会竣工面积的 43%。② 1998
年,在全国经济压力比较大的形势下,乡镇企业仍然保持平稳运行。据国家农
业部乡镇企业局统计,1998 年上半年,全国乡镇企业累计增加值 10163 亿元,
比上年同期增长 14.34%,累计完成工业增加值 7206 亿元,比上年同期增
长 12%。③

　　第三,农民收入大幅增长,80% 农村家庭接近小康目标,我们党为人民服
务宗旨和在农村的方针政策落到实处,农民得到了实惠。20 年来,特别是近
些年,我国农民人均收入增长较多。1990 年农民人均纯收入是 686 元,1991
年为 708 元,1992 年为 783 元,1993 年为 921 元,1994 年为 1220 元,1995 年
为 1577 元。扣除物价上涨因素,1990 年至 1995 年农民人均纯收入年均递增
5.7%。1996 年为 1926 元,扣除物价上涨因素,增长 9%,创"八五"以来最高
纪录。④ 1997 年为 2090 元,比 1996 年实际增长 4.6%。令人欣慰的是从
1995 年开始,农民纯收入增长幅度超过城镇居民消费收入增长幅度,1995 年
超 0.7 个百分点,1996 年超 5.7 个百分点,1997 年超 1.1 个百分点。

　　根据测算,1997 年我国农村居民整体生活水平的小康综合评分已达到
81.5 分,农村居民生活消费的各个方面都发生了显著的变化:食物消费质量

---

① 《农民日报》1996 年 5 月 7 日《托起希望的太阳》。
② 刘占昌、贺耀敏:《跨世纪的农业》,中共中央党校出版社 1994 年版,第 337—338 页。
③ 《人民日报》1998 年 7 月 25 日。
④ 张根生:《增加农民收入,真正达到小康》,《农村经济研究参考》1998 年第 3 期,第 1 页。

提高,1997年农村居民人均食物消费支出为895元,比1992年增加516元;人均住房面积由1992年的18.8平方米增加到1997年的22.5平方米;衣着消费向成衣化、高档化发展,1997年人均购买成衣达1.6件,比1992年增长80.7%;作为"老四件"的自行车、缝纫机、钟表、收音机已成为农村居民日常生活用品,1997年平均每百户农村家庭拥有电视机93台,收录机32台,电风扇106台,洗衣机22台。全国41.5%的乡镇建立了农村社会保险网络,参加农村社会养老保险的达7035万人。

第四,农业农村农民问题的逐步解决保证和带动了工业和整个国民经济高速增长,为全面推进我国改革开放和现代化建设事业发挥了先导和示范作用。据透露,在全国GDP增量的比重中,1992年为14.2%,其中农村占的份额为64.16%,城市占35.84%;1995年为10.5%,农村占88.5%,城市占11.5%;1996年为9.5%,农村占85.88%,而城市占14.12%。由此可见,1992年以来,我国经济保持在两位数左右的增长率,农村的贡献是主要的。[1]诺贝尔和平奖得主、美国著名农业专家博拉格博士1974年第一次访华,1998年7月第八次来到中国,目睹了中国在各个方面发生的巨大变化,特别是1978年以后,人民生活更是发生了日新月异的变化。他认为,这些变化如果不是农业首先发生巨大变化,那是不可想象的。中国农业的进步带动了工业、商业及其他行业的进步,尤其是农村乡镇企业的发展更是推动了农业生产的进步,所有这些因素使中国成为世界作物产量最大的国家,这是一个了不起的成就。今天的中国已经是一个和1974年完全不同的国家。[2]

邓小平曾在著名的南方谈话中对20世纪80年代我国高速增长的情景作了精彩的描述:"我们真正干起来是一九八○年,一九八一、一九八二、一九八三这三年,改革主要在农村进行。一九八四年重点转入城市改革。经济发展比较快的是一九八四年至一九八八年。这五年,首先是农村改革带来许多新的变化,农作物大幅度增产,农民收入大幅度增加,乡镇企业异军突起。广大农民购买力增加了,不仅盖了大批新房子,而且自行车、缝纫机、收音机、手表'四大件'和一些高档消费品进入普通农民家庭。农副产品的增加,农村市场

---

[1]　《经济日报》1998年8月10日第5版《农村劳动力分化:生产力大解放》。
[2]　《光明日报》1998年7月22日第3版。

的扩大,农村剩余劳动力的转移,又强有力地推动了工业的发展。这五年,共创造工业总产值六万多亿元,平均每年增长百分之二十一点七。吃、穿、住、行、用等各方面的工业品,包括彩电、冰箱、洗衣机,都大幅度增长。钢材、水泥等生产资料也大幅度增长。农业和工业,农村和城市,就是这样相互影响,相互促进。这是一个非常生动、非常有说服力的发展过程。可以说,这个期间我国财富有了巨额增加,整个国民经济上了一个新的台阶。"①

　　1997年以来,我国国民经济出现了前所未有的"高增长、低通胀"的良好发展态势,也应首先归功于这些年农产品生产总量不断增长,而农产品价格平稳甚至出现了负增长。可以这么说,"国民经济高增长,农业提供了轻工原料和工业品市场;低通胀,农业提供了'米袋子'和'菜篮子'"②。

三

　　我国现代化建设正处于关键时刻,改革开放也进入攻坚阶段,面临着错综复杂的国际国内挑战和选择,能否始终如一地把解决农业农村农民方面出现的新问题、新矛盾放在一切工作的首位,坚定不移地走建设有中国特色社会主义现代化道路,是我们迎接挑战、攻克难关、开辟美好未来的关键所在。为此,全党特别是各级领导干部必须重新进一步提高对农业农村农民问题的认识。中国的事情就是这样,认识解决了,思路就明确了,思路决定出路;认识解决了,行动就到位了,行动决定未来。

　　第一,深刻认识农业农村农民问题的紧迫性。十一届三中全会以来,我国农业农村农民的形势一年比一年好,但是,20年里我国农业农村农民走过的历程并不总是一帆风顺,一路坦途。1982年至1984年、1989年至1992年、1996年三次出现全国较大范围的农产品卖难问题,直接引起了国民经济和人民生活特别是农业农村农民的波动。今天,"农业发展滞后的矛盾仍很突出,与人口增长、人民生活水平提高和经济发展对农产品日益增长的需求不相适应,农业仍然是国民经济的薄弱环节"③。对此,相当一部分领导干部思想认

---

①　《邓小平文选》第3卷,第376页。
②　《农民日报》1998年1月24日,崔世安文。
③　《十四大以来重要文献选编》(中),第1651页。

识还没有真正统一到党中央的决策精神上来,口头上讲的多,行动上落实的少,"口号农业"的问题并未完全解决。早在1993中央农村工作会议上,江泽民同志就指出:"我们必须牢记建国以来几次由于农业大起大落而导致国民经济大上大下的教训。在建立社会主义市场经济体制的过程中,要继续坚定不移地贯彻以农业为基础的方针,坚定不移地把农业放在经济工作的首位。越是加快改革开放,越要重视农业、保护农业、加强农业。要真正地而不是表面地,实际地而不是口头地,全心全意地而不是半心半意地加强农业。"

当前农业农村农民问题的严重性和紧迫性突出表现在一个"减"字。一是市场拉力减弱:1997年商品零售物价指数几个月出现负增长,仅以1997年12月份为例,和1996年同期相比,粮食类市场价格下降了13%,肉禽下降了6%,水产品下降了3%,水果下降了6.5%,蔬菜下降了9%。二是收入增幅减慢:1997年农民人均收入增长4.6%,比1996年增幅减少了近五个百分点;纯增长额1997年174元,比1996年减少了175元;1998年上半年扣除物价因素,农民收入基本与去年同期持平。三是转移速度减缓:乡镇企业新吸纳农村劳动力1995年844万人,1996年647万人,1997年仅为400万人,与上一年相比,1996年减少了23.3%,1997年减少了38.2%。① 四是乡镇企业效益减少:1997年全国乡镇企业亏损额达806亿元,比1995年激增了70%,年均递增30%。②

第二,深刻认识农业农村农民问题的长期性。实现跨世纪的宏伟目标,首要的是加快农业发展,强化农业基础。江泽民同志指出:"把农业放在发展国民经济的首位,不是一个短期的方针,而是一个必须长期坚持的方针;不是一个局部的方针,而是一个全局性的方针;不仅是农业战线的任务,而且是对全党全国工作提出的要求。"③全党同志务必保持清醒头脑,对农业农村农民问题的紧迫性和严重性不能低估,对农业农村农民问题的复杂性和艰巨性不能低估,对农业农村农民问题的反复性和长期性不能低估。正如有的同志指出的那样,虽然连续丰收,还不能说农业过关了;虽然市场丰富,还不能说农产品过剩了;虽然生产能力增加,还不能说投入过多了;虽然取得了显著成绩,还不

---

① 《农民日报》1998年1月24日,崔世安文。
② 《农民日报》1998年1月24日,崔世安文。
③ 转引自姜春云在1996年中央农村工作会议上的讲话。

能说领导重视过分了。历史经验证明,农业和农村经济一旦步入徘徊,会几年
走不出来。1979 年以后是三年,1984 年以后是五年,1990 年以后是四年。因
此,解决农业农村农民问题必须做到:精力不转换,工作不松懈,投入不减少,
政策不动摇。①

　　第三,深刻认识开拓农村市场对扩大内需的拉动性。为了减轻下岗、就业
和困难职工的社会压力、社会震荡,我国必须保持一定的增长速度。这既是重
大经济问题,也是重大政治问题。但是东南亚金融危机的爆发,由于我们经济
结构不合理,加上市场需求疲软,直接影响了我国经济增长速度,导致各种工
业品及其生产能力相对过剩的状况。我们一方面要深化企业改革,调整经济
结构;另一方面要想方设法开拓国内市场,增加内部需求,实现国内经济的良
性循环和自我增长。而国内最大的市场在农村,最大的需求在农民,开拓农村
市场是扩大内需的当务之急,如我国农村有两亿多个家庭,只要家电普及率提
高一个百分点,就会增加 200 万台的需求。

　　经过多年来的积累和发展,农村居民消费已由以吃、穿、住为消费重心,开
始逐渐转向用和行。据专家们分析预测,农民收入水平目前已经大体达到家
用电器普及化要求的收入价格比水平,农村家电消费热行将出现。以彩电为
例,我国城镇居民普及彩电最快的时期是 1988 年至 1990 年,在这三年当中,
城镇居民彩电普及率从 34% 一跃而达到 59% ,并且超过了黑白电视机的普及
程度。在此期间,城镇居民人均收入与彩电价格的比率平均为 1∶1.8 左右,
即彩电的购买力系数为 0.56,而农村居民人均年纯收入与 21 英寸彩电平均
价格之比,1994 年为 1∶1.72,1995 年为 1∶1.34,1996 年为 1∶0.96,即购买力
系数分别为 0.58、0.75、1.04,已经大大高于城镇加速普及彩电时期的比值。
但问题是,眼下许多家电产品的设计与配套服务适合城市,而不适合农村。正
因为农村消费市场没有打开,才在相当程度上制约了我国工业生产的发展,才
在相当程度上表现为工业品特别是日用工业品过剩。

　　第四,深刻认识增加农业投入、农民收入的关键性。农业农村农民问题的
核心,是采取什么措施,如何确保近几年大幅度增加农民收入,提高农民购买
力,开拓农村市场,从而扩大内需,拉动和牵引全国市场,刺激工业生产,促进

---

① 《农民日报》1998 年 1 月 24 日,崔世安文。

国民经济发展,保持社会政治稳定。增加农民收入,最关键的是解决社会资源配置结构问题,增加国家对农业和农村经济的投入。国家投入,包括领导投入、政策投入、资金投入、科教投入和社会投入。

我国农业基础从总体上看还比较脆弱,究其根本原因是投入严重不足,近年又出现了下降势头,对此,必须引起我们的高度重视。1978 年,国家农业投入占总投入的 10.69%,1984 年降到 6.21%,1993 年降到 2.2%,1994 年降到 1.9%,1995 年和 1996 年略有增加。① 据统计,1963 年至 1965 年国家对农机基本建设投资 5.89 亿元,"三五"时期为 2.64 亿元,"四五"期间为 2.33 亿元,"五五"期间为 6.50 亿元,"六五"期间为 1.51 亿元,"七五"期间为 1.73 亿元,"八五"期间为 1.86 亿元。由此可见,国家对农机基本建设投资,从"六五"计划开始,明显呈减少趋势,"六五"比"五五"时期减少 76%,比"三五"至"五五"的平均投资额也减少 60%,而"八五"的投资额比"六五"和"七五"只分别增加了 23% 和 7.5%。②

从农民收入状况来看,一是与市民收入相比差距有拉大的迹象。1990 年农村居民人均纯收入 686.3 元,到 1996 年人均纯收入达 1926.1 元,增长 1.81 倍;同期城镇居民人均收入从 1990 年的 1387.3 元增长到 1996 年的 4337.0 元,增长 2.13 倍。③ 二是农民收入增幅有缩小的趋势。1998 年上半年,农村居民人均现金收入为 977 元,扣除价格因素,与上年同期基本持平。如果农民收入特别是现金收入不能大幅度增加,开发和利用农村市场就是一句空话,农民拥有的庞大的消费潜力和欲望就无法变成有效需求和拉动力量,国民经济增长的良性循环就难以实现。三是农民负担有进一步增加的趋势。1996 年江泽民同志在河南考察农业和农村工作时指出:"当前,一些地区农民负担过重的问题,已经成为影响党同农民的关系,影响农村稳定的一大因素。随意加重农民负担,是与中央一再强调保护农民的合法权益,调动农民的积极性的精神背道而驰的。减轻还是加重农民负担,绝不是少拿多拿几个钱的问题,而是

---

① 郭作玉:《我国农业现代化问题再认识》,《农村经济研究参考》1998 年第 6 期,第 20 页。

② 缪建平:《中国农业机械化发展的扶持政策研究》,《农村经济研究参考》1998 年第 6 期,第 16 页。

③ 杨力明:《近期我国主要农产品供求现状分析》,《农村经济研究参考》1998 年第 2 期,第 22 页。

保护还是挫伤农民积极性的问题,是促进还是阻碍农村生产力发展的问题,是增长还是丧失农民群众信任和拥护的问题。必须把减轻农民负担问题,提到这样的政治高度来认识,提到我们党的宗旨和农村政权稳定的高度来认识。"1998年中共中央办公厅和国务院办公厅又联合发出了《关于切实做好当前减轻农民负担工作的通知》,要求大力加强对减轻农民负担工作的领导,严格控制和执行现有的提留统筹费标准,坚决把向农民乱收费、乱集资、乱罚款和各种摊派全部停下来。

我们相信,只要全党特别是各级领导干部充分认识农业农村农民问题的战略地位和关键作用,认真落实中央一贯强调的方针政策和措施,就一定能够保证农业增产、农民增收和农村稳定,就一定能够实现国民经济增长8%的奋斗目标。

周恩来在"文化大革命"中的政治家品格[*]

——为纪念周恩来诞辰 100 周年而作

周恩来,是 20 世纪中国与世界最伟大、最杰出的政治家之一。他在半个多世纪的政治旅程中,经历过两种性质不同的历史时期,经受了两次性质不同的政治检验和考验。一是新民主主义革命时期,战争生与死的考验;一是社会主义建设时期,"文化大革命"正与邪的考验。前者,周恩来受到了国内外、敌我友的普遍认同和高度评价;后者,则因极其特殊的背景、特殊的情势和特殊的结局而导致一些人对周恩来的疑虑、误解和悬念。如何看待给中国共产党和中国人民带来灾难的"文化大革命"中的周恩来? 如何看待"文化大革命"中周恩来与毛泽东所犯严重错误之间的关系? 如何看待"文化大革命"中周恩来一直在领导岗位,而许多战友被打倒、被迫害的现象? 在毛泽东发动"文化大革命"给党和人民造成巨大损失的情况下,为什么周恩来没有公开站出来予以纠正、阻止、谴责? 这样,是不是贬损了周恩来的政治家品格? 周恩来到底是不是胆小怕事、忍气吞声、软弱可欺? 是不是盲目愚忠、明知故犯、推波助澜? 是不是留恋名位、自私自利、明哲保身? 笔者认为,这些问题只有从周恩来作为政治家及其所处的社会政治结构和所负的社会政治责任的角度加以理解,才能作出科学、恰当的回答。周恩来,作为中国共产党第一代领导集体的主要成员,历经中华民族和人民中国解放和建设的伟大时代和"文化大革命"的特殊历史时期,处于十分鲜明而独特的地位,发挥着鲜明而独特的作用,表现出鲜明而独特的风格,从而树立了鲜明而独特的政治家形象。周恩来的政治生涯赋予政治家以极为凝重、深厚、丰富的内涵和品格,是一部常读常

    * 本文为中直系统纪念周恩来诞辰 100 周年征文优秀论文,主体部分曾发表在中共党史研究室《中共党史研究》1998 年第 1 期,全文收入中国人民大学复印资料《中国现代史》1998 年第 7 期。

新的不朽之作。本文仅是探讨其精髓的粗浅尝试。

一、政治家品格的实质与特征

政治家,是政治舞台上表演出色、贡献卓著、为民众与民族接受与公认的政治人物,是政治舞台上的最高荣誉称号,是政治角色扮演者应该努力追求和达到的理想境界。政治家实质上就是政治领袖。据最新统计,"领袖"一词有130种定义。世界著名的纽约公立图书馆有成千上万种介绍政界领导人的传记、专著和报刊剪辑,但是,有关"政治领袖"一栏却只有一条目录。① 政治家的政治品格,就其结构而言,是一个由硬核与保护层组成的完整体系。所谓硬核,就是政治家追求、信奉、遵循的最高价值理想和终极目标,是政治家的精神与灵魂所在。所谓保护层,就是在特定历史时期为完成特定历史任务而提出的价值目标及其实现原则和方法。硬核决定着保护层的价值目标及其实现原则和方法。为了实现最高价值目标,政治家可以改变和放弃保护层的价值目标及其实现原则和方法,大胆发展和创造全新的价值目标及其实现原则和方法。当然,如果政治家品格的硬核发生变化或转移,就意味他的阶级属性发生了变化或转移。政治家品格就功能而言,是一个实践化的过程和社会化的过程,贯穿于从个人行为动机的产生到最终社会结果出现的整个过程。只有理想、目标、动机,而无现实的行为和结果,那最多是理想主义者或道德主义者。现在到了"在概念上将领导者与群众统一起来,并把对领袖科学的研究从一般的轶事叙述与歌功颂德的窠臼中提升出来,将其直接置于人类发展及政治行为结构和过程之中的时候了。人们将领导的过程看作是部分展示冲突与强权的原动力;如果不与集体目的相联系,领导将一事无成;领袖的作用并非由报纸剪辑,而是由社会的实际变化来判定的,后者又是以动机及对人们的需求和渴望的满足为尺度来加以衡量的;政治型领袖还需仰赖下述长期的政治锁链——生物与社会演变进程,政治机遇与过失交替结构上的相互作用,道德呼

---

① ［美］詹姆斯·麦格雷格·伯恩斯:《领袖论》,刘李胜、郑明哲、陆震纶等译,中国社会科学出版社1996年版,第2页。

唤与获得认可的必要权力行使的相互影响"①。

政治品格具体地表现在如何认识权力的性质与作用,获得权力的根据与途径,运用权力的方向与动机,放弃权力的理由与程序,即如何对待权力的价值与目的。如何对待权力又最集中地体现在如何对待人民的地位与作用,如何对待组织的目标与任务,如何对待职务的责任与权力,如何处理公共利益与私人利益的关系,领袖作用与人民作用的关系,自我角色与工作角色的关系,普通行为与政治行为的关系,归根到底,即如何处理个人权力、地位、名利、荣誉、待遇和前程与人民的地位、作用、利益、幸福和前途命运的关系。相对当代中国政治生活而言,掌握一定权力,占据一定位置,具备一定影响的领导干部特别是高级干部,如何对待人民群众,如何对待国家与党组织,如何对待上级,如何对待下级,如何对待同事与战友,如何对待朋友,如何对待家人与亲戚,如何对待自己身边的人,如何对待敌人,如何对待工作,如何对待成绩,如何对待错误等等,这一切就构成了当代中国政治家的政治品格的内涵与外延。如果从这样全新的角度来思考、研究周恩来的政治生命和行为,我们就能够更加深刻地理解和把握周恩来为我们示范的许多可歌可泣、可敬可学的极其优秀的政治家品格,我们就会为自己一丝一毫的自私自利、非分之想而感到惭愧,就会为那些想方设法追名逐位、跑官要官的行为而感到耻辱,更会对那些明目张胆地贪赃枉法、奢侈荒淫的腐败分子感到愤慨。

政治家的品格,必定是以阶级、人民、民族、人类的发展与进步为核心价值理念的,必定是高瞻远瞩、胸怀博大、顾全大局的,必定是反对个人利益、小团体利益、宗派利益的。"领袖是有道德目的的。所有的领袖都是有目标趋向的。没有设定明确的目标是领袖畏缩不前的标志。成功的领袖都有明确的方向,他们按着这一方向去实现自己的目标。"②罗伯特·麦克纳马拉任美国国防部部长时曾力图以理智去解决政策问题,他总结说:"管理终归是所有艺术中最有创造性的,它的媒介就是人类的才能。"优秀的行政首脑是"在驾驶",更确切的说法是"在航行"。冲力早就具备了,行政首脑的职责是指引方向,

---

　　①　[美]詹姆斯·麦格雷格·伯恩斯:《领袖论》,刘李胜、郑明哲、陆震纶等译,中国社会科学出版社 1996 年版,第 4 页。

　　②　[美]詹姆斯·麦格雷格·伯恩斯:《领袖论》,刘李胜、郑明哲、陆震纶等译,中国社会科学出版社 1996 年版,第 534—535 页。

将冲力导入人的控制系统而不是导入盲目的、受命运摆布的系统,使冲力为人的主观目标服务。①

　　人们评价政治家一般有四种心理定式:一是对那些言行一致,既有系统理论,又有宏伟目标;既有善良动机,又有正确途径;既有成功实践,又能达到期望效果的政治家,给予崇敬和爱戴。二是对那些讷于言而敏于行,没有侃侃而谈的理论,没有惊天动地的誓言,但善于组织领导,善于协同行动,并达到实际效果的政治家,给予尊重和拥护。三是对于那些言行脱节,有善良动机,有理想目标,有原则指导,但缺乏有效方法,缺乏正确道路,没有达到预期目的的政治家,给予理解和原谅。四是对那些既无善良动机又无宏图大志,既没有实际行动又没有正确方法,既缺乏领导天才又缺乏包容精神的言行不一的名义上的政治家,给予嘲弄和反感。

　　《戈尔巴乔夫沉浮录》的作者瓦·博尔金在分析苏联为什么由良好的改革意图实际上变成了国家的崩溃和毁灭,社会生产力的瓦解,科学、文化、教育的退化以及流血冲突时指出,我认为造成这种结果的一个主要原因是戈尔巴乔夫的世界观和性格,是他的优柔寡断和热衷于他年轻时就形成的那些公式。实质上戈尔巴乔夫依然是自己那个时代的产物,是培养他并把他推上权力顶峰的那个结构的产物。一方面他看到了现存制度的缺点,想给社会生活带来一些变化;另一方面他又忠实于旧模式和旧方法。作者接着作了如下剖析:戈尔巴乔夫高喊民主化并谴责自己战友的斯大林主义,但实际上他独揽党和国家大权,独断人们的命运,根据自己的偏见、好恶决定中央委员和政治局组成、各共和国共产党中央及各州和边疆区委第一书记的人选。他大谈集体通过决定、遵守协商原则,但却独断专行,一人作出或发布国家重要决定,排斥异己,并清除自己的竞争者。他主张扩大公开性,但却不仅对党和人民,而且对自己的战友隐瞒关于政治局活动的重要消息,以撤职威胁那些在报刊上发表不利于他的东西的主编。他多次同外国政治活动家谈判,却从不向安全会议和最高苏维埃成员通报谈判结果。他宣布司法机关独立,却常就某些案件的审理对总检察长指手画脚。戈尔巴乔夫要求取消行政命令式的管理方法,但却紧

---

　　① 〔美〕哈林·克里夫兰:《未来的行政首脑》,李卓立译,清华大学出版社 1984 年 6 月版,第 66 页。

紧抓住各部委不放,由中央决定所有经济政策。他口头上给地方放权,但却将无限的权力集中在自己手中。他既是苏共中央总书记,领导强大的、人数众多的党;又是苏联总统、国家首脑,主持内阁会议,实际上使总理有名无实。他还是苏联武装力量最高总司令、国防委员会主席,是克格勃、国防部、内务部、外交部、军工委员会等的直接的和唯一的主管人。戈尔巴乔夫口头上拥护精简管理机构的原则,实际上却不断扩充自己身边的官僚随从,千方百计利用他们的才能去反对政治对手。他认为自己是秩序和法律的化身,但是却不惜以任何方法窥探自己的政治对手、战友及身边的人,监视他们的行动。他主张俭朴并以反对特权而闻名,但是却为自己保留停滞时期的全部免费的和优惠的待遇。戈尔巴乔夫的这种两面性行为数不胜数。就是因为这个原因,改革才如此艰难、曲折并发生倒退,实质上是遭到失败。社会生活的急剧变革不能在犹豫不决和没有信心的领袖的领导下进行。

政治家之所以能够有大作为、有大贡献,之所以令人钦佩、令人称颂,之所以名垂千古、为百代之师,是因为他们有超凡脱俗、大智大勇的杰出品格,最核心、最重要的是因为他们有信念、有理想、有抱负、有原则、有精神。西方哲人黑格尔曾透彻地指出:政治家的天才在于能够把自己的行为与一定的原则联系起来。信念,是理想、信仰、理念、原则等内化的精神因素,又是通过行为外化为可以识别的客观形象。信念不是,也不应该纯粹是内在的精神因素。是否已成为政治家、是否能够成为政治家,最根本的一条,就是有无明确、坚定的政治信念。古今中外政治家、特别是大政治家,无不具有极其坚定的、适应本阶级本时代要求和特点的政治信念。政治领导人因有无政治信念而区分为政治家、野心家和政客,又因政治信念的异同而区分为不同阶级、不同时代和不同民族的政治家。政治信念凝结着政治家的全部政治智慧、政治经验、政治知识,集中反映着政治家的世界观、方法论、价值观和人生观,代表着政治家的利益观、政治观、权力观,决定、指导着政治家的政治行为及其选择方向、内容、重点和方式。政治信念是政治家与非政治家的分水岭,是政治家的形象与标志,也是衡量政治角色属性和品格的重要标准和水准的高低。离开或没有这个标准,政治角色就会失去努力方向和奋斗目标。"如果我们没有评价过去、现在和未来领导人的标准会怎样呢?没有一个强有力的现代哲学标准,没有理论和经验上的积淀,没有起指导作用的概念,并且没有经过深思熟虑的实践经验,我们就失去了了解和认识领袖这一存在于艺术、学术、科学、政治、各行各业,以及战争等牵涉和影响我们生活各个领域现象的基础。离开这些标准和认识,我们就无从区别领导人的类型,就不能把领袖从统治者、权力行使者及暴君中区分开来。领袖和暴君是根本对立的两个概念。"①

政治家与野心家不同。野心家最本质和最突出的特征是,以自我的、私利的价值、个人感情和动机为文化指令和信条,一味追求自我保存和发展、自我中心和自我膨胀。"野心家对待他人的态度本质上就是利用他们。这个人对我有什么用处? 或者反过来说,他对我的利益有什么威胁? 他对我是中立的、有害的,还是有利的?"霍金森指出:"在这里,人们可以看到公众利益是怎样被经常地、不知不觉地解释成个人利益的;在破产或失败的事件中,同僚和下属又是怎样地遭到无情的抛弃和出卖。"他们渴望权力,渴望权力的增加。信奉"强权即公理"。权力的价值被提高到了令人崇拜的地步,因为权力不仅明显地决定享受的可能性,甚至能够规定人们该做什么,不该做什么。权力规定着如何分配奖赏的游戏。他们更多关心的是个人的权力和私欲,所谓的个人的元价值:角色保障、角色擢升、权力、权威、尊敬、地位、职务津贴等等。对他来说,自尊的捍卫是至关重要的,如果必要,他会运用所有的权术。②

政治家与当权者不同。"所有的领袖都拥有实际或潜在的权力,但并非所有拥有权力的人都是领袖。"③政治家是以政治信念、政治作为、政治贡献、政治成就为尺度界定与衡量政治人物、政治角色的。当权者是以在政治组织、国家机构中的职位高低和权力大小为尺度界定和衡量政治人物、政治角色的。政治家必然是某种形式或名义的当权者,但当权者无论地位或权力多高多大都未必是或能够成为政治家,政治家是公众对为国家或民族事业作出重要贡献的当权者的赞誉和认可,并将其铭记心里的意思表示;纯粹的当权者则因权力、职位和组织的失去而销声匿迹,凡当权者境界未达到政治家水平的政治人

① [美]詹姆斯·麦格雷格·伯恩斯:《领袖论》,刘李胜、郑明哲、陆震纶等译,中国社会科学出版社1996年版,第3—4页。
② [加]克里斯托弗·霍金森:《领导哲学》,刘林平、方向东、张龙跃译,云南人民出版社1987年8月版,第136—144页。
③ [美]詹姆斯·麦格雷格·伯恩斯:《领袖论》,刘李胜、郑明哲、陆震纶等译,中国社会科学出版社1996年版,第20页。

物,人们称之为政客或官僚或庸人。哈罗德·拉斯韦尔对当权者有个精辟的描述:权力行使者是"把个人动机放在公众的利益上,并使之合法的人"①。"权力的两个必备条件就是动机和资源,二者是相互联系的。缺少动机,资源的力量就会减少;缺少资源,动机就会成为空谈。二者缺少任何一个,权力就会崩溃。因为资源和动机都是必需的,要是两者都缺乏,权力就会变成虚无缥缈和受限制的东西。"②领袖与赤裸裸地行使权力者的不同之处在于,前者是与追随者的需求和目标紧密相连的。"领袖与追随者的关系的实质,是具有不同动机和权力(包括技能)的人们之间进行相互影响以寻求一个共同的目标。"③"在全面的社会变革时期,只有那些目的明确、善始善终的人才配做领袖。生活——这不是演戏,就是在戏剧中也不适合由乔装男角的女演员扮演统帅的角色,不然就会砸锅。"④"如果全民族的思想被抛到一边,代之以小贩们'发财吧'的口号,那么从这个时候起,一切都将被毁坏……要想使国家站起来,需要天才的组织者,这些人必须具备坚强的性格,德高望重,两袖清风。"⑤

政治家与思想家和鼓动家不同,更不是"骗子"。政治家不仅是某种政治组织和事业的领导者和管理者,而且应该是组织成员和事业追随者以至全体人民的思想导师、精神领袖,还应该是言行一致、表里如一、情真意切、诚实守信、正大光明的道德典范。阳奉阴违、口是心非、言行不一、虚情假意等,绝不是真正政治家的所作所为。李瑞环于1997年6月10日同德国总理科尔会谈时指出:"作为一个国家的领导人,特别是在世界上具有重要影响国家的领导人,承担着重大的历史责任。当然作为领导人首先要看到人民群众创造历史的作用,但也不能忽视自己的特殊地位和重要作用。历史给领导者提供了充分施展才智的机会,而领导者的所作所为又影响着历史的发展,或给人类带来

---

①　[美]詹姆斯·麦格雷格·伯恩斯:《领袖论》,刘李胜、郑明哲、陆震纶等译,中国社会科学出版社1996年版,第15页。

②　[美]詹姆斯·麦格雷格·伯恩斯:《领袖论》,刘李胜、郑明哲、陆震纶等译,中国社会科学出版社1996年版,第13页。

③　[美]詹姆斯·麦格雷格·伯恩斯:《领袖论》,刘李胜、郑明哲、陆震纶等译,中国社会科学出版社1996年版,第21页。

④　[俄]瓦·博尔金:《戈尔巴乔夫沉浮录》,李永全等译,中央编译出版社1996年5月版,第412—413页。

⑤　[俄]瓦·博尔金:《戈尔巴乔夫沉浮录》,李永全等译,中央编译出版社1996年5月版,第290—291页。

福音,或给人类造成灾难。历史将无情地对每个领导人作出评判。正是因此,许多领导人,都十分审慎地对待自己的言行和决策,抓紧时间为人类社会做出更多的贡献。"①这就是说,政治家品格不是靠宣言、口号,也不是靠理论、思想来支撑、反映和鉴别的。"因为对头脑正常的人说来,判断一个人当然不是看他的声明,而是看他的行动;不是看他自称如何如何,而是看他做些什么和实际是怎样一个人。"②"在评判人们的时候,不应当根据他们的言论,而要根据他们的行动。"③"为大众的动机和被大众欢迎的效果,是分不开的,必须使二者统一起来。为个人的和狭隘集团的动机是不好的,有为大众的动机但无被大众欢迎、对大众有益的效果,也是不好的。检验一个作家的主观愿望即其动机是否正确,是否善良,不是看他的宣言,而是看他的行为(主要是作品)在社会大众中产生的效果。社会实践及其效果是检验主观愿望或动机的标准。"④"天才领导人和平庸之辈的区别不是看他怎么说和说什么,而是要看他如何实现自己的话。能够达到预定目标、被人民铭记在心的,只能是伟大的组织者,而不是那些演说家,正是这些组织者才能够实现最宏伟的思想。"⑤"评价一位国家领袖的政策和活动不能只看他的良好动机或个别事件,要看有无有效的政治方针和积极结果。"⑥

二、信念坚定、身体力行,是周恩来政治家品格的核心

实现民族独立、国家富强、人民幸福、最终进入大同世界,是近百年中华民族仁人志士、英雄豪杰的共同理想和奋斗目标。周恩来正是其中最杰出的代表人物之一。周恩来是真正有政治信念和抱负的政治家,而且是信念坚定不移、始终如一,是以终身实际行动实践政治信念的伟大政治家,是当代中国每个共

---

① 《人民日报》1997 年 6 月 11 日。
② 《马克思恩格斯选集》第 2 版,第 1 卷,第 560 页。
③ 《列宁全集》中文第 2 版,第 27 卷,第 321 页。
④ 《毛泽东选集》第 2 版,第 3 卷,第 868 页。
⑤ [俄]瓦·博尔金:《戈尔巴乔夫沉浮录》,李永全等译,中央编译出版社 1996 年 5 月版,第 290—291 页。
⑥ [俄]瓦·博尔金:《戈尔巴乔夫沉浮录》,李永全等译,中央编译出版社 1996 年 5 月版,第 407 页。

产党员、党的干部特别是领导干部学习的光辉典范。早在青少年时代,他,像毛泽东一样,就立下了强国富民兴邦的宏图大志。周恩来中学时的同班同学张龙原说道:"恩来的心中总是想的国家大事,他把中国的命运当作我们每个人的责任。"

他19岁时给同学留下的临别赠言是:"愿相会于中华腾飞世界之时"。并写下了气吞山河的诗篇:大江歌罢掉头东,邃密群科济世穷;面壁十年图破壁,难酬蹈海亦英雄。

他认为中国之所以衰弱,全是因为不能图新,又不能保旧,又不能改良的缘故。

他在日本留学时在日记中写道:第一,想要想比现在还新的思想;第二,做要做现在最新的事情;第三,学要学离现在最近的学问。思想要自由,做事要实在,学问要真切。

1922年,周恩来在致觉悟社社员的信中表示:"现在再郑重声明一句,便是我们当信共产主义的原理和阶级革命与无产阶级专政两大原则,而实行的手段则当因时制宜!"在另一封信中又明确表示:"我认的主义一定是不变了,并且很坚决地要为他宣传奔走。"

《周恩来生平》的作者周卫、周平的研究表明,周恩来确立自己的共产主义信仰,前后经历了三年多时间。他在日本留学时对马克思主义开始有所接触,以后经过五四运动和狱中的沉思,又到欧洲实际考察并对各种社会思潮比较推求,才最后作出这个他一生中最重要的抉择。从此,他把自己的精力和才华全部献给了伟大的共产主义事业,直至生命的最后一刻。

周恩来的政治理想、思想、道德、精神、品格、信念,不仅仅是体现在宣言、说教和议论上,而是凝结在他的行为、工作的实践之中。"周恩来做事总能得心应手。他循循善诱,待人诚恳,推心置腹。他想要做的,人们总是抢着去做。但他总是以身作则,从不发号施令。"他是用无声的语言、行为、工作、实践,树立了一个伟大政治家的形象和发挥榜样作用的。埃德加·斯诺曾十分激动地说过:"周恩来是所有人中最杰出的一个,是一个真正的知识分子,他的知识和信仰都充分融合在他的行动之中。"[①]

----

① [英]韩素音:《周恩来与他的世纪》,中央文献出版社1992年11月版,1996年4月第4次印刷,第205页。

　　周恩来长期担任党和国家的重要领导职务,拥有大权。但他始终把手中的权力看作是人民赋予的,是组织委托的,是为人民服务的,是受限制、受监督的,是用来履行职责的。他从不为自己的荣辱进退而明争暗斗,从不为维护自己的地位名利而滥用权力,更不为自己的尊严、气派、享受与方便而煞费心机。他对亲人、对朋友、对身边的人从不炫耀地位、权力和影响,从不忘记严格要求、严格管理、严格监督,从不给予机会和资格利用自己拥有的公共权力、组织权力和职务权力而谋取私利。他对信仰坚定不移,对人民无限热爱,对组织无限忠诚,对领袖无限拥戴,对同志无限信任,对下属无限关怀,对朋友始终如一,对工作极端负责,对成绩从不自满,对错误从不推诿。

　　周恩来信奉天下为公的理念。因此,他在实际政治生活中,在自己的政治行为中,始终坚持大公无私、公而忘私、廉洁奉公、勤政爱民、两袖清风、公私分明,坚决反对任何形式的特殊化,反对滥用权力,反对以权谋私、假公济私,反对讲排场、摆阔气、奢侈浪费。他为自己及亲属定下的"十条家规",就是一个非常典型的事例。这"十条家规"是:

　　1. 晚辈不准丢下工作专程去看望他,只能在出差顺路时去看看。

　　2. 来者一律住国务院招待所。

　　3. 一律到食堂排队买饭菜,有工作的自己买饭票,没工作的总理代付伙食费。

　　4. 看戏以家属身份买票入场,不得用招待券。

　　5. 不许请客送礼。

　　6. 不许动用公家的汽车。

　　7. 凡个人生活上能做的事,不要别人来办。

　　8. 生活要艰苦朴素。

　　9. 在任何场合下,都不要说出与总理的关系,不要炫耀自己。

　　10. 不谋私利,不搞特殊化。①

---

　　① 袁守芳、胡家模:《周恩来的风格》,中央文献出版社 1995 年 1 月第 1 版,1996 年 3 月第 2 次印刷,第 222—223 页。

三、识大体、顾大局、担大任，是周恩来
政治家品格的最大特征

谈论周恩来的政治品格，不能不涉及如何看待给中国共产党和中国人民带来灾难的"文化大革命"这个复杂问题，不能不涉及如何看待"文化大革命"中周恩来的作为与表现的问题，不能不涉及如何看待"文化大革命"中周恩来与毛泽东的关系、周恩来对毛泽东的态度的问题，不能不涉及如何看待"文化大革命"中周恩来与许多战友被打倒的责任之间的关系问题。

对此，我们应该理智、客观、全面、历史地进行分析。试想，当时周恩来处于什么境况？有几种选择的可能？各种选择会产生怎样的后果？要科学地、正确地回答这些问题，又有一个站在什么立场、持有什么观点、采用什么方法的问题。如果把政治仅仅理解为残酷斗争、无情打击，阴谋诡计、心毒手辣，人不为己、天诛地灭，仅仅理解为争权夺利、升官发财、作威作福、尔虞我诈、阳奉阴违，仅仅理解为唯我独尊、顺我则昌、逆我则亡，一朝君子一朝臣，那么，任何政治行为与现象，都不能依据客观、科学、公正的标准进行理性思考、认识和评价，得出正确的结论与答案；那么，政治的科学性、艺术性，就是不存在的，政治家品格的研究、探讨，就是没有任何价值的、毫无意义的；那么，人、人类，人的行为，人类的实践的本质、特征、规律就是不存在的，就是似是而非、模棱两可、随心所欲的。这是一种绝对的虚无主义和唯心史观。运用马克思主义的立场、观点和方法来认识和解决问题，我们就要站在人民和党的一边，站在国家和民族的一边，站在政治科学和艺术的一边。也就是，评价与分析一切政党、人物和行为，都要以是否符合人民的愿望与要求，是否有利于党的事业和目标，是否维护国家的统一与团结，是否确保民族的发展与振兴，是否从人民、党、国家和民族的整体利益和长远利益这个全局和大局出发，作为标准和尺度。据此，我认为，周恩来在"文化大革命"中的表现恰恰是最集中、最生动、最高度地反映了他作为伟大政治家识大体、顾大局、担大任的杰出品格。

周恩来的政治品格，是不能仅仅从个人的修养、性格、心理和道德来理解和阐释的。周恩来的所思所想、所作所为，都不是个人思想、感情、行为的简单直接的反映。研究周恩来，不能离开中华民族的悠久历史文化传统的深刻影

响,不能离开近现代中国百年沧桑,不能离开中国共产党诞生、成长和发展壮大的现实背景、历史过程和时代特征,不能离开中国共产党第一代领袖集团之间的互动关系和组织结构及各自个性与作用。人们只应该要求政治家做他们自己能够做的事情,政治家也只能够按照分配的角色,来确立自己的角色期望和扮演好角色。我们不应该对"演员"提出超越时代、超越舞台、超越位置规定的过分的表演标准和要求。政治家与其他政治角色明显不同的地方是:他懂得如何把自己能够做的事情做好,应该扮演的角色扮演好。忍耐,不是软弱可欺;尊重,不是阿谀奉承;理解,不是投机取巧;忠诚,不是言听计从。艾格妮丝·史沫特莱曾热情洋溢地赞美周恩来:"他是一个最务实的、能干的和高效率的人,是一个知识和文化渊博的人,他的判断没有任何宗派的偏执。"①

第一,毛泽东发动"文化大革命"的动机与他的人民和党的领袖地位、威望,是解开这个难题的钥匙。对于"文化大革命"这一全局性的、长时间的"左"倾严重错误,毛泽东负有主要责任。但是,毛泽东的错误终究是一个伟大的无产阶级革命家所犯的错误。他晚年仍然警觉地注意维护我国的安全,顶住了社会帝国主义的压力,执行正确的对外政策,坚决支援各国人民的正义斗争,并且提出了划分三个世界的正确战略和我国永远不称霸的重要思想。在"文化大革命"中,我们党没有被摧毁并且还能维持统一,我国社会主义制度的根基仍然保存着,社会主义经济建设还在进行,我们的国家仍然保持统一并且在国际上发挥重要影响。这些重要事实都同毛泽东的巨大作用分不开。因为这一切,特别是因为他对革命事业长期的伟大贡献,中国人民始终把毛泽东看作是自己敬爱的伟大领袖和导师。从内心深处,周恩来对毛泽东有着无比敬仰之情、长期共事之谊。他同毛泽东在半个多世纪的革命生涯中建立了两个伟人相互信赖、相互理解、相互吸纳的关系和境界,这是任何常人无法达到和认知的。早在建国前夕召开的中华全国青年第一次代表大会上,周恩来就明确而响亮地提出了"学习毛泽东"的口号。他指出:"三十年革命运动的实践使中国人民有了自己的领袖,就是毛泽东。"我们要学习毛泽东,因为他是最能坚持原则又最能灵活运用的领袖。中国的革命自从毛泽东参加领导以

---

① ［英］韩素音:《周恩来与他的世纪》,第205页。

后,"方向就一天天地端正起来。毛主席在中国革命的四个阶段都是正确的,都是代表中国人民的正确方向。……所以毛主席的方向就是中国人民正确的方向。他不断地指出真理,坚持真理。……在中国革命三十年中的许多历史关键时刻,他的方向都是正确的。"①正因为这一切,只要毛泽东为人民着想,为党的利益着想,为共产主义事业着想,无论犯什么错误,周恩来都不可能,也不应该像对待敌人那样,针锋相对、拍案而起、分道扬镳,只能以大局为重,同舟共济、忍辱负重、担当大任、苦撑危局。

第二,在上述情况下,周恩来只能在既不伤害毛泽东作为党和人民的领袖的地位与威望,又要尽可能减少、挽回错误造成的损失的困境与矛盾中作出选择。"周恩来之所以选择了不同于其他老同志的抗争方式,在很大程度上是因为他深知自己地位和作用的极端重要,形势极端复杂。这集中表现在他同'中央文革小组'之间既对峙、又共事的十分复杂、微妙的关系,这就迫使他不能不极其慎重地处置每一件事情,权衡每一言行所带来的种种后果。如果周恩来拍案而起,无非两种可能:一是被打倒的人更多,党和人民的利益损失更大;二是极而言之,也有引起党的分裂、国家的分裂的可能。因此,正是为着党和人民的最高利益,才迫使他选择了一条比直言不讳、牺牲自己更为艰难和痛苦的道路,这也正是一种'我不入苦海谁入苦海'的高度自觉的牺牲精神。"②"文化大革命"本身注定了当时任何人的任何选择的悲剧性质和色彩。而周恩来把这幕悲剧推向了高潮,成为剧中的主角。他不得不承受着来自各方面的压力,生的渴望、死的痛苦、离别的哀伤、申冤的呐喊、委屈的沉默,还有那阴险的诡计、狡猾的栽赃、狰狞的表情、小人的献媚、泼妇的取闹。他有口不辩,相忍为党、相忍为国、相忍为民。正如韩素音女士所作的深刻剖析那样:"现在,有些不甚了解这段历史的人提出了这样的疑问:'周为什么不顶住毛?党员和人民会跟着周走的……'

"不,他们不会跟着周走的。周是个知识分子,非常受人尊重和爱戴。但他不是工人,也不是农民。毛在基层群众中间有着巨大的魅力,而这些人都是

---

①　《周恩来选集》上卷,人民出版社 1980 年版,第 331—335 页。

②　金春明、崔久恒:《周恩来在"文革"中的思想与活动研究述评》,载李海文主编:《周恩来研究述评》,中央文献出版社 1997 年 3 月版。

农民出身。"①

第三,周恩来在"文化大革命"中的抉择,实践证明是唯一正确的抉择。中国共产党是领导几亿人民进行民族解放与振兴事业的执政党,是历经数十年革命风雨考验而证明坚强、伟大、光荣、正确的党。它不是一般的群众团体,不是什么交易场所,更不是什么民间帮派组织,它的党员,特别是作为领袖集团的重要成员怎么能够意气用事,怎么能够不合自己的心意就拂袖而去,又怎么能够仅仅以个人进退为依归? 邓小平于1980年8月回答意大利记者法拉奇提问时深刻指出:"'文化大革命'时,我们这些人都下去了,幸好保住了他。在'文化大革命'中,他所处的地位十分困难,也说了好多违心的话,做了好多违心的事。但人民原谅他。因为他不做这些事,不说这些话,他自己也保不住,也不能在其中起中和作用,起减少损失的作用。他保护了相当一批人。""周恩来是毛泽东的左膀右臂,毛泽东离不开周恩来。周恩来与毛泽东和而不同的高效率协作从一定程度上决定了党的历史。"②如果没有毛泽东与周恩来在"文化大革命"中的团结、合作、默契,中国与美国、中国与日本的外交关系的突破,有利于我国的国际环境的建造,就不可能实现;"文化大革命"后期国民经济和科学文化的恢复与发展,就不可能实现;四届人大确定的以周恩来、邓小平为主要人选而组成新的国务院领导集体,一批老一代无产阶级革命家重新出来工作,并担任重要职务,就不可能实现;在"文革"期间,粉碎林彪、"四人帮"反党集团,并保持国家稳定、党的统一、社会秩序安定、民族团结,就不可能实现;"文革"后,邓小平领导我们迅速拨乱反正,走出迷津,把党的工作重点转移到经济建设上来,全面开创改革开放和现代化建设的新局面,就不可能实现;改革开放格局的形成,经济政治文化的巨大成就,政治权力交替的成功进行,国家保持健康发展的良好态势、胜利跨入21世纪,就不可能实现。

"'文化大革命'是党的历史上的极其特殊的时期,而正是在特殊的条件和环境下,每个人党性的修养和特殊品格,才会有极其鲜明的表现。周恩来也是如此。'文革'十年无疑是他坎坷生涯中最为艰难、最为复杂,同时也是最

① [英]韩素音:《周恩来与他的世纪》,中央文献出版社1992年11月版,1996年4月第4次印刷,第205页。

② 曹兴旺:《周恩来与四个现代化研究述评》,载《周恩来研究述评》,第397页。

能体现他毕生的信念、智慧和忠诚的岁月。'文革'是共和国历史上灾难性的一章,也是周恩来一生中悲剧性的一页。但也正是在这场全民族的大悲剧中,周恩来在党和人民中的威望达到了光辉的顶点。"①正是因为这样,几乎所有参加"二月抗争"的老同志在他们的回忆录、传记、纪念文章中都认为,周恩来是同他们站在一起的,不仅认识基础是一致的,思想感情是相通的,对于各自采取的不同的斗争方式,也是最终能理解的。正是因为这样,他的逝世才引起了全党和全国各族人民的无限悲痛,才出现了百万群众泪洒十里长街的令人断肠裂肺的场面,才有了同年 4 月在全国范围内掀起的以"天安门事件"为代表的悼念周总理、反对"四人帮"的强大抗议运动。

四、学习周恩来,努力成为忠诚于马克思主义的社会主义政治家

世界正处于世纪之交的不同寻常的特殊时代,中国正处于现代化建设和改革开放大业承前启后、继往开来的关键时期。特殊时代需要伟大人物,关键时期需要伟大人物。而最伟大的人物是为人类和平、发展和进步指明方向,驾驭时代航船驶向彼岸的政治家。毛泽东、周恩来等第一代无产阶级政治家领导中国人民取得了民族独立、翻身解放和建立社会主义新制度的伟大胜利。邓小平等第二代无产阶级政治家领导中国人民取得了改革开放和现代化建设的巨大成功。今天,领导中国人民跨向 21 世纪,建成富强、民主、文明的社会主义的现代化国家,实现中华民族的伟大复兴的神圣使命历史地落在了当代中国共产党人身上。跨世纪宏伟目标的实现、社会主义制度的完善、人民民主专政国家政权的巩固、人民幸福健康和祖国最终统一,都寄希望于我们的党,寄希望于我们党的全体党员和各级干部,寄希望于我们党培养、造就和选拔的政治家的数量、质量。现在,我国社会关系急剧变化,利益格局不断重组,利害矛盾层出不穷,价值冲突不可避免,贫富差距日益扩大,一些家庭生活荡困难,心理失衡、精神紧张、情绪抑郁、思想斗争,可能导致社会骚动与不安。国

---

① 金春明、崔久恒:《周恩来在"文革"中的思想与活动研究述评》,载《周恩来研究述评》,第 559 页。

际竞争越来越激烈,世界并未太平无事。权力更迭需要政治家的风度,平衡关系需要政治家的智慧,协调矛盾需要政治家的艺术,处理冲突需要政治家的胆识,规划未来需要政治家的眼光,面向国际关系需要政治家的气质,开展反腐败斗争需要政治家的决心。特殊时代、关键时期、神圣使命、复杂问题、严峻挑战,向中国共产党人提出了全新的课题和更高的要求。"我们这一代人正处在我国发展的重要时期,肩负着重大的历史责任。我们这一代人也是历史发展过程中的一段,也有一个上对祖先、下对子孙交代的问题。今天我们评价历史,将来历史也会评价我们。只要我们多想想这些,还有什么一己私利不可以割舍,还有什么个人恩怨不可以超越,还有什么缺点毛病不可以抛弃!我们完全应该同心同德,团结奋斗,共同创造更加美好的未来。"①

　　以江泽民为核心的第三代领导集体站在政治家的战略高度,极其重视培养、选拔和教育干部特别是领导干部,发出了努力成为马克思主义的社会主义政治家的伟大号召。党的十四届四中全会明确要求,党的高级干部不仅要努力成为有知识、懂业务、胜任本职工作的内行,而且首先要成为忠诚于马克思主义、坚持走有中国特色社会主义道路、会治党治国的政治家。十四届五中全会上,江泽民再次提醒全党和全国人民:"我们的高级干部,首先是省委书记、省长和部长,中央委员和中央政治局委员,一定要讲政治。""在政治问题上,一定要头脑清醒。""我们的党员领导干部首先是高级干部,应该思想境界更高一些,坚持党的事业第一,坚持人民的利益第一,为国家、为民族奋不顾身地工作。有了这样的精神支柱,站得就高了,眼界就宽了,心胸就开阔了,对个人的名利待遇,等等,就能够正确处理。只有这样,人生才有意义,生活才充实。领导干部首先要堂堂正正做人。"在纪念中国共产党成立75周年座谈会上的重要讲话《努力建设高素质的干部队伍》中,江泽民又明确提出:"我们要建设的高素质干部队伍,就是由具有社会主义政治家素质的领导骨干带领的德才兼备的干部队伍。"

　　当代中国的忠诚于马克思主义的社会主义政治家,就是要高举邓小平理论伟大旗帜,最紧密地团结在以江泽民为核心的党中央周围,牢固坚持党的

---

①　《李瑞环在全国政协八届五次会议闭幕会上的讲话》,转引自1997年3月13日《人民日报》。

"一个中心、两个基本点"的基本路线,全心全意为人民服务;大胆解放思想、实事求是,一切从实际出发,勇于并善于开拓前进;勤政廉洁、艰苦奋斗,同一切不正派、不合理、不合法的现象作不妥协的政治斗争;勤奋学习,丰富思想,增长才干,开阔视野,博大胸怀,积极工作,顾大体、识大局、担大任,坚决维护党的威信和形象,维护各民族的团结和统一,维护国家的稳定和安宁,为实现中华民族的全面振兴,为实现中国现代化的宏伟目标,为实现祖国的最终统一,为实现世界的和平、发展与进步,为实现人类更加美好的明天而努力奋斗。只要各级领导干部首先是高级领导干部都能够以周恩来为榜样,努力成为忠诚于马克思主义的、具有坚定的建设有中国特色社会主义的政治理想和共同信念、会治党治国的政治家,我们的党就有了坚强有力的领导核心和骨干力量,就能够在政治上保持纯洁性,在斗争中保持战斗力,在组织上保持凝聚力,在前进中保持创造力,在社会上保持生命力,党就会是强大统一的,就会是团结一致的,就会是不可战胜的。只要我们的党是不可战胜的,那么,中华民族就有了主心骨,就有了脊梁,中国人民就有了信心,我们的国家就坚不可摧,建设有中国特色社会主义的伟大事业就必定会从胜利走向胜利。

中国共产党理性思维的新飞跃

——论江泽民"十五大"报告的时代精神与哲学特征*

党的"十五大"是在世纪之交召开的极为重要的大会,是一次承前启后、继往开来的大会,是一次具有划时代意义的大会。江泽民在大会所作的报告,可以说,是中国共产党和中国人民近一个世纪为实现国家富强、民主、文明而奋斗的伟大实践和伟大智慧的光辉结晶。它完全不同于一般的会议文件,也不同于一般的会议讲话,它的时代精神和哲学特征值得我们认真、深入地挖掘和阐述。

一

马克思主义的生命力在于唯物辩证法和唯物史观这一认识世界和改造世界的世界观与方法论,而不在于对那些具体问题的认识和结论。这是马克思主义创始人和后来继承人反复强调并提醒人们的。毛泽东认为,是由于马克思和恩格斯创造了辩证唯物论和历史唯物论这个伟大的理论,才在人类认识史上出现了一个空前的大革命,指出:"马克思主义有几门学问:马克思主义的哲学,马克思主义的经济学,马克思主义的社会主义——阶级斗争学说,但基础的东西是马克思主义哲学。"邓小平、陈云等老一代无产阶级革命家生前也反复多次提倡并要求全党特别是领导干部一定要注意学习,特别是注意学习哲学,学习唯物辩证法。唯物辩证法和唯物史观,反映了近现代大工业和科学技术发展的最新成果,是马克思恩格斯作为无产阶级革命导师在汲取前人

* 本文曾发表在吉林《社会科学战线》1998 年第 1 期,收入中国人民大学复印资料《中国共产党》1998 年第 4 期。

一切思想之大成的基础上获得的伟大认识,是人类思想发展史上的一次革命性飞跃,是我们认识世界和改造世界的强大思想武器。只有坚持、运用和发展唯物辩证法和唯物史观,才能谈得上坚持、运用和发展马克思主义,才能不断适应时代变化和社会发展的要求,从事创造性、开拓性的实践,才能掌握分析问题和解决问题的正确方法和高超本领。

江泽民所作的"十五大"报告(以下简称"报告")自始至终贯穿着马克思主义唯物辩证法和唯物史观。从对中国近代历史,特别是1900年以来百年历史的回顾与概括,到对近二十年特别是"十四大"以来五年改革开放和现代化建设进程的总结和分析,到对未来中国五十年发展前景的预测和展望;从对邓小平理论形成过程和历史命运的认识和把握,到对社会主义初级阶段的基本国情、主要矛盾、基本路线、基本方针和基本纲领的认识和把握,到对国际关系、世界局势与我国外交方针的认识和把握;从对经济体制改革的理论突破、经济所有制结构的战略性调整,到对政治体制改革和文化事业发展的正确分析和策略选择,以及对党的领导和建设的重要地位的认识和根本任务的具体部署,都充满了马克思主义哲学的理性思维的光辉。通篇报告既贯彻着一分为二的方法论,又贯彻着合二而一的方法论,既体现着质量转换、发展变化的思想,又体现着牢牢把握"度"的思想;既散发着一切依时间、地点、条件而转移的观点,又散发着对立统一的观点、联系的观点、全面的观点等一系列基本观点和基本方法。其中最根本的观点和方法,是一切从实际出发、理论联系实际、具体问题具体分析、解放思想、实事求是这一马克思主义的活的灵魂。"实事求是是马克思列宁主义的精髓,是毛泽东思想的精髓,也是邓小平理论的精髓。"江泽民的报告自始至终贯穿着实事求是的科学态度。

学习"十五大"、宣传"十五大"、贯彻"十五大"、落实"十五大"必须首先坚持实事求是、解放思想这一马克思主义的思想路线。针对我国发展面临的新问题和新形势,报告揭示了一系列重大任务和完成这些任务的理论、路线、方针、政策。这些理论路线方针政策是一个完整的、统一的体系,它们相互依赖、相互作用、相互促进。列宁曾经指出:"马克思主义的全部精神,它的整个体系,要求对每个原理(1)都要历史地,(2)都要联系其他原理,(3)都要联系历史的经验加以考察。"我们要把这些理论、路线、方针、政策融会贯通,全面、准确、深入地理解把握"十五大"的精神实质。由于我国发展极不平衡,各地各单位都有自己特殊情况、特殊问题和特殊任务,要把"十五大"精神与本地本单位具体实际情况和实际工作结合起来,具体问题具体分析,从"三个有利于"根本标准出发,解放思想,实事求是。我们既不能照抄历史的经验,也不能照抄他人的经验,必须真正依靠和发挥广大干部群众的主动性和创造性,大胆地试,大胆地闯。怎样符合本地本单位实际情况,就怎么干;怎样符合本地本单位发展的客观要求,就怎么干;怎样符合广大群众脱贫致富奔小康的热烈愿望,就怎么干;怎样符合国家改革开放和现代化建设的大局,就怎么干。

二

坚持历史的观点、发展的观点、实践的观点,克服和反对封闭狭隘的观点、静止的观点、僵化的观点,这是报告的第一个时代特点。中国是历史的中国,中国是世界的中国,中国早已成为世界近代化、现代化潮流中的一股巨波狂澜。忘记历史就意味着背叛,不懂世界就意味着无知。背叛和无知,不可能正确地面对现实,更不可能成功地走向未来。1840 年,记录着中华民族的屈辱,也是中华民族重新崛起的开始。报告以现代大时空观,回顾 100 年,从八国联军占领北京开始,前瞻 50 年,到中国基本实现现代化为止,纵深上下 150 年的时间跨度,横贯世界东西南北的空间跨度。百年沧桑,百年嬗变,中华民族产生三位站在时代前列的伟大人物:孙中山、毛泽东、邓小平,发生三次历史性巨变和飞跃。展望新世纪,规划五十年,中华民族将描绘更加宏伟美好的未来。这样的时空跨度,这样的历史概括,表明了中国共产党的宽广视野,博大胸怀;表明了中华民族的自强不息、前赴后继,走向富强民主文明、实现全面振兴的强大生命力;表明了中国经济政治文化社会发展血脉相通,一脉相承,一以贯之的历史辩证法;表明了伟大的中国共产党和伟大的历史人物所具有的非凡智慧和领导作用。我们不能割断民族发展的历史,不能割断世界发展的历史,不能割断人类思想发展的历史。

人类即将告别 20 世纪,跨入 21 世纪,世纪之交是人类实现革命性变革与飞跃的伟大时刻。人类发展到今天,已经进入一个思想指导、设计先行、自我控制、自觉奋斗的新时代,那种听天由命,屈从于自然摆布,被迫适应社会发展规律的驱策时代已经过去。不同时代,不同使命,需要不同的思想,不同的设计。没有思想指导,发展就没有方向;没有设计先行,建设就没有目标。当代中国发展用什么思想指导? 当代中国建设按照什么设计进行? 报告郑重宣告,马克思列宁主义、毛泽东思想、邓小平理论是中国共产党的指导思想和行动指南。党的"十五大"的灵魂,就是高举邓小平理论的伟大旗帜;大会的主题,是高举邓小平理论伟大旗帜,把建设有中国特色社会主义事业全面推向21世纪。这就解决了中国发展的最大问题——旗帜问题。"旗帜问题至关紧要。旗帜就是方向,旗帜就是形象。"邓小平理论,这是一面善于创造、大胆革新、不断夺取胜利的旗帜;这是一面人民利益高于一切,实现民族振兴、祖国最终统一的旗帜;这是一面开创人类社会主义新时代的旗帜。

邓小平之所以伟大,就在于他把马克思主义的基本原理与当今中国实际和时代特征相结合,大胆突破传统资本主义与社会主义两大意识形态的人为的极端界限,超越形而上学的非此即彼的二值逻辑的思想束缚,在不断摆脱和排除"左"的或右的错误主张的严重干扰的实践中,开辟出一条建设有中国特色社会主义现代化的道路。这是一条崭新的路,前无古人的路;是一条探索的路,实验的路;是一条改革的路,开放的路;是一条共同发展的路,共同富裕的路;是一条胜利的路,成功的路;也是一条不平坦的路,不轻松的路。这条路我们刚刚开辟,刚刚踏上,前面的路程还很长很长。在未来的行进中,我们还会面临无数的艰难险阻,面临大量新情况、新问题、新矛盾、新形势,完全照抄照搬以往的马克思主义结论,是不可能的,也是不会成功的。我们一定要以我国改革开放和现代化建设的实际问题、以我们正在做的事情为中心,着眼于马克思主义的运用,着眼于对实际问题的理论思考,着眼于新的实践和新的发展。离开本国实际和时代发展来谈马克思主义,没有意义。静止地孤立地研究马克思主义,把马克思主义同它在现实生活中的生动发展割裂开来、对立起来,没有出路。离开人民日益增长的物质文化需要的不断满足,离开对社会大量涌现的各种各样问题和矛盾的有效处理,离开排除各种干扰和阻力、大力推进我国改革开放和现代化建设的成功实践,不论谈论马克思列宁主义、毛泽东思想,还是谈论邓小平理论,都没有载体,没有生命,没有前途。这是马克思主义认识论的首要的和基本的观点即实践的观点的最彻底、最充分的体现。

报告指出:"坚持邓小平理论,在实践中继续丰富和创造性地发展这个理论,这是党中央集体和全党同志的庄严历史责任。"这是我们党以马克思主义科学态度对待马克思主义的最新成果和最新典范。毛泽东在《实践论》中认为,客观世界的变化运动永远没有完结,人们在实践中对于真理的认识也就永远没有完结。马克思列宁主义并没有结束真理,而是在不断地开辟认识真理的道路。报告则进一步深刻指出:"马克思主义是科学,它始终严格地以客观事实为根据。而实际生活总是在不停的变动中,这种变动的剧烈和深刻,近一百多年来达到了前人难以想象的程度。因此马克思主义必定随着时代、实践和科学的发展而不断发展,不可能一成不变。"历史在前进,实践在发展。人类进步绝不会停止,人类思想绝不该僵化。

三

我们国家改革开放和社会主义现代化建设事业,正处在继往开来、承前启后的重要历史时期,这是一个大变革、大转折、条件具备、环境有利的时期,这是一个充满矛盾、充满挑战、充满风险的时期。报告指出:"能否抓住机遇,历来是关系革命和建设兴衰成败的大问题。过去我们抓住了重要历史机遇,也丧失过某些机遇。现在全党一定要高度自觉,牢牢抓住世纪之交的历史机遇,迈出新的步伐。"这是可能性与现实性的高度统一,这是我们党成熟、冷静、清醒、理智的标志。"从和平和秩序的角度看,最无希望的民族不是灾难深重和侵略成性的民族,而是为沸腾、急躁的激情折磨的民族。"①曾几何时,我们往往看到取得的成就和进步多,看到工作中缺点和不足少;看到有利条件和机遇多,看到存在的各种矛盾和困难少,头脑发热,盲目乐观,结果,"大跃进"变成了大灾难。个别时候,我们看到工作中缺点和不足多,看到取得的成就和进步少;看到存在着的各种矛盾和困难多,看到有利条件和机遇少,畏缩不前,求稳怕变,结果,险些丧失机遇,误国误民。

今天,我们要坚持两点论的重点论,反对一点论的片面论。首先,要看到已经取得的伟大成就和进步,为以后的发展奠定了坚实可靠的基础和优势;看到面对着的前所未有的有利条件和大好机遇,满怀信心地把建设有中国特色社会主义的伟大事业全面推向 21 世纪。其次,要看到工作中的缺点和不足,

---

① [美]罗斯:《社会控制》,第 23 页。

看到在前进道路上存在着不少风险和困难。虽然我们已经走出了一条光明大道,但前面的路并不都是平坦的,还会有各种困难和风险,包括可以预料的和难以预料的,来自国内的和来自国际的,经济生活中的和社会政治生活中的。我国还处在社会主义初级阶段,还是由农业人口占很大比重、主要依靠手工劳动的农业国,其特点是自然经济、半自然经济占很大比重,文盲半文盲人口占很大比重,贫困人口占很大比重,人民生活水平比较低,地区经济文化很不平衡。要改变这种状态,任务是十分艰巨的,情况是错综复杂的,困难是长期存在的。再次,在未来发展过程中,我们始终需要保持清醒的头脑,牢牢把握如下特征:在困境中开辟道路,在实践中探索前进,在压力中奋发有为,在矛盾中谋求协调,在冲突中求同存异,在动态中把握平衡,在困难中艰苦创业。这是一个漫长的历史进程。

总之,我们要面向未来,又要埋头苦干;要面向世界,又要首先把自己的事情办好;要面向经济现代化,又要实现全面社会进步;要大胆开拓,又要小心谨慎;要勇往直前,又来不得一丝一毫的疏忽;要充满信心,又来不得一点一滴的骄傲。

四

坚持联系的、全面的、系统的观点,反对孤立的、片面的、简单化的观点。社会主义改革开放和现代化建设,是一个由众多因素、众多层次、众多结构构成的复杂而巨型的社会系统工程。作为社会系统工程,它的各个要素、各个层次、各个结构之间,是相互联系、相互作用、相互制约的。这种相互联系、相互作用和相互制约本身产生并形成了各种关系。系统内部的任何因素、任何层次、任何结构,都是这一巨型系统工程的组成部分或实施过程的一个环节。离开与其他构成或环节的相互联系和相互作用,绝对孤立地存在和发展的因素、层次和结构,是没有的。这是任何系统所固有的本质属性和特征,也是马克思主义唯物辩证法最基本的观点:普遍的联系的观点,全面的观点。"辩证法是关于普遍联系的科学。"(恩格斯)把相互关联的因素、层次和结构割裂开来、对立起来的认识和做法是错误的,甚至是危险的。但是,联系的观点、全面的观点、系统的观点,决不是否认事物发展运动的波浪性、多层次性和不平衡性,决不是否认各种因素、各种层次、各种结构、各种关系在事物存在和发展中必然具有不同的性质和意义,处于不同的地位和角色,发挥不同的功能和作用这一事实。马克思主义唯物辩证法正是因为坚持和运用了这一观点和方法,才科学地揭示了事物的对立统一规律和矛盾的普遍性,提出了主要矛盾和矛盾主要方面等思想,阐明了人类社会基本矛盾运动规律的原理。

报告根据上述观点和原理,观察、分析和回答了什么是初级阶段的社会主义,如何建设初级阶段的社会主义等当代中国发展的一系列重大问题。(1)根据生产关系一定要适应生产力发展状况的原理,重申了对中国基本国情所作的科学论断:我国社会主义社会仍然处在初级阶段,即不发达的社会主义社会。(2)根据基本国情,对社会矛盾和主要矛盾作出正确分析:我国经济、政治、文化和社会生活各方面存在着种种矛盾,但社会的主要矛盾是人民日益增长的物质文化需要同落后的社会生产之间的矛盾,这个主要矛盾贯穿我国社会主义初级阶段的整个过程和社会生活的各个方面。(3)根据社会主义初级阶段的基本国情和主要矛盾明确要求:必须把经济建设作为全党和全国的中心,各项工作都要服从服务于这个中心。强调指出:"只有牢牢抓住这个主要矛盾和工作中心,才能清醒地观察和把握社会矛盾的全局,有效地促进各种社会矛盾的解决。发展是硬道理,中国解决所有问题的关键在于依靠自己的发展。"(4)根据基本国情、主要矛盾和工作中心,郑重指出:全党要毫不动摇地坚持党在社会主义初级阶段的基本路线,把以经济建设为中心同四项基本原则、改革开放这两个基本点统一于建设有中国特色社会主义的伟大实践。这是近二十年来我们党最可宝贵的经验,是我们事业胜利前进最可靠的保证。强调指出:"必须把改革的力度、发展的速度和社会可以承受的程度统一起来,在社会政治稳定中推进改革、发展,在改革、发展中实现社会政治稳定。"(5)把邓小平理论和党的基本路线进一步深化和展开,第一次明确提出了社会主义初级阶段的基本目标和基本政策,即坚持和完善社会主义公有制为主体、多种所有制经济共同发展的基本经济制度;在中国共产党领导下,发展民主,健全法制,依法治国,建设社会主义法治国家;以马克思主义为指导,以培养"四有"公民为目标,发展面向现代化、面向世界、面向未来的,民族的科学的大众的社会主义文化。强调指出:"上述建设有中国特色社会主义的经济、政治、文化的基本目标和基本政策,有机统一,不可分割,构成党在社会主义初级阶段的基本纲领。"只有经济、政治、文化协调发展,只有两个文明都搞好,才是有中国特色社会主义。

由上可见,基本国情、基本理论、基本路线、基本方针和基本纲领之间有着内在的逻辑联系。只有坚持联系的观点、全面的观点、系统的观点,才能在动态的实践中,在对立统一中正确把握各项工作在改革开放和社会主义现代化建设事业中的地位主次、分量轻重、作用大小、时间先后和相互关系,才能排除各种各样干扰,准确把握当代中国改革、发展和稳定的大局和全局。

五

坚持多样化,反对唯一性;坚持包容性,反对排他性;坚持过渡性,反对直线性。中华民族优秀文化传统之一,就是"百家争鸣",就是博采众长,兼容并蓄,海纳百川。现代社会则更加复杂化、丰富化和多样化,客观上必然要求人们以一种全新的思想方法和思维方式,以一种深层次、多角度、全方位、大视野的思想方法和思维方式分析问题和解决问题。那种唯我独尊、包打天下、纯而又纯的思维定式和思想方法已经不能适应新时代、新环境和新潮流的要求。纵览报告,我们发现多处使用这种由"一"到"多"的思想方法和思维方式,包括前面已经写到的一些内容。其中最为鲜明、最具创造性的,是关于公有制经济为主体的科学解释和关于多种所有制经济共同发展、公有制实现形式多样化的阐述。多年来,我们对公有制经济的认识和实践存在着越公越好、越大越好、越纯越好的思维定式和倾向,甚至形成了一些僵化的固定的概念。这种单一的、排他的、直线性的思想观点和习惯势力,成为我国进一步改革和发展的障碍和阻力。现实生活证明,公有制经济的含义是非常丰富的。公有制经济不仅包括国有经济和集体经济,还包括混合所有制经济中的国有成分和集体成分。公有制的主体地位既体现在公有资产在社会总资产中占优势,也体现在国有经济控制国民经济命脉,对经济发展起主导作用。这是就全国而言,有的地方、有的产业还可以有差别。公有资产占优势,要有量的优势,更要注重质的提高。国有经济起主导作用,主要体现在控制力上。公有制实现形式可以而且应当多样化。一切反映社会化生产规律的经营方式和组织形式都可以大胆利用。要努力寻找能够极大促进生产力发展的公有制实现形式。股份制是现代企业的一种资本组织形式,有利于所有权和经营权的分离,有利于提高企业和资本的运作效率,资本主义可以用,社会主义也可以用。不能笼统地说股份制是公有还是私有,关键看控股权掌握在谁手中。

报告在谈到有中国特色社会主义文化建设时也充分体现了思想方法与思维方式的时代特征。我们是社会主义国家,必须大力提倡共产主义思想道德,同时要把先进性要求和广泛性要求结合起来,鼓励一切有利于国家统一、民族团结、经济发展、社会进步的思想道德。在发展与繁荣文学艺术和学术事业方面,要贯彻百花齐放、百家争鸣的方针,弘扬主旋律,提倡多样化,要坚持以我为主、为我所用的原则,开展多种形式的对外文化交流,博采各国文化之长。在分析国际形势时,报告深刻指出:和平与发展是当今时代的主题。多极化趋势在全球或地区范围内,在政治、经济等领域都有新的发展。多极化趋势的发展有利于世界的和平、稳定和繁荣。当今世界是丰富多彩的,我国外交方针之一,就是要尊重世界的多样性。

上述这些观点,都是在新的时代背景下把马克思主义唯物辩证法和唯物史观应用于我们必然需要进行的一场思想方法和思维方式变革的有力体现,也是马克思主义社会观、历史观、发展观和价值观应用于社会主义实践的又一次飞跃和升华。

六

"外因是变化的条件,内因是变化的根据,外因是通过内因而起作用的。"马克思主义哲学的理性思维要求我们,在认识和分析事物发展变化的动力与条件时,必须紧紧抓住事物内部的主要的和根本的原因,在促进和推动事业发展时,必须高度重视开发、利用内部动力和资源,在面临着各种各样矛盾和问题、挑战和风险时,必须集中精力、集中力量处理解决具有决定性意义的内部矛盾和问题,首先迎接内部的挑战和风险。历史学家汤因比在分析文明兴衰的根本原因和根本动力时这样指出:"挑战并不是外部来的,而是从内部涌现的,胜利的应战也不以克服外来的障碍或外部敌人这种形式出现,而是以内部的自行调剂或自决的形式出现。"①

中华民族的未来属于中国人民,也决定于中国人民。中国各族人民的领导核心是中国共产党。这个领导地位是由党的工人阶级先锋队性质决定的,是经过长期斗争的考验形成的,是中国人民经过无数次选择的历史产物。只有中国共产党才能领导中国人民取得民族独立、人民解放和社会主义的胜利,才能开创建设有中国特色社会主义的道路,实现民族振兴、国家富强和人民幸福。中国共产党的前途与命运同中华民族的前途与命运,紧紧相连,密不可分。历史把重大责任赋予中国共产党,人民对我们党寄予厚望。正如邓小平指出的那样:"在中国这样的大国,要把几亿人口的思想和力量统一起来建设社会主义,没有一个由具有高度觉悟性、纪律性和自我牺牲精神的党员组成的能够真正代表和团结人民群众的党,没有这样一个党的统一领导,是不可能设想的,那就只会四分五裂,一事无成。这是全国各族人民在长期的奋斗实践中深刻认识到的真理。我们人民的团结,社会的安定,民主的发展,国家的统一,都要靠党的领导。坚持四项基本原则的核心,就是坚持党的领导。问题是党要善于领导;要不断地改善领导,才能加强领导。"②高举邓小平理论伟大旗帜,实现"十五大"确定的各项战略任务,把改革开放和社会主义现代化建设事业全面推向 21 世纪,关键还是在于坚持、加强和改善党的领导,进一步把党建设好。因此,我们一定"要把党建设成为用邓小平理论武装起来、全心全意为人民服务、思想上政治上组织上完全巩固、能够经受住各种风险、始终走在时代前列、领导全国人民建设有中国特色社会主义的马克思主义政党"。建设这样的一个党,必须同党自身存在的各种不健康的、具腐蚀性的东西作坚决的斗争。否则,党的前途与命运是无法确定的。报告针对党内存在的各种不良倾向和行为,特别是腐败现象的严重危害,强调指出:"反对腐败是关系到党和国家生死存亡的严重政治斗争。我们党是任何敌人都压不倒、摧不垮的。堡垒最容易从内部攻破,绝不能自己毁掉自己。如果腐败得不到有效惩治,党就会丧失人民群众的信任和支持。"这充分反映了我们党运用马克思主义唯物辩证法内因论、能动性原理分析问题、指导工作、把握未来的高度自觉性和

---

① ［英］汤因比:《历史研究》上册,第 251 页。

② 《邓小平文选》第 2 卷,第 341—342 页。

鲜明阶级性。

中国共产党的前途和命运,中华民族的前途和命运,从根本上说,又决定于党的干部队伍特别是领导干部队伍的整体素质,决定于他们的知识结构、能力结构和思想结构。党的领导干部能否成为忠诚于马克思主义的、会治党治国的社会主义政治家,能否适应跨向新世纪的错综复杂的形势和任务的要求,能否不断提高领导水平和执政水平,将最终决定着我国改革开放和社会主义现代化建设进程的快慢和成败。邓小平曾尖锐地指出:"中国的事情能不能办好,社会主义和改革开放能不能坚持,经济能不能快一点发展起来,国家能不能长治久安,从一定意义上说,关键在人。"又指出:"中国要出问题,还是出在共产党内部。对这个问题要清醒,要注意培养人,要按照'革命化、年轻化、知识化、专业化'的标准,选拔德才兼备的人进班子。我们说党的基本路线要管一百年,要长治久安,就要靠这一条。真正关系到大局的是这个事。"①江泽民也从关系党的生死存亡的高度深刻指出:"从严治党,首先要治理好领导班子和领导干部。一个执政党,如果管不住、治理不好领导班子和领导干部,后果不堪设想。"为此,报告向全体党员和领导干部提出了全面的、严格的要求,提出了加强党的思想建设、组织建设、作风建设等各方面建设的根本任务和措施。

总之,我们的事业,关键在党;我们的前途,关键在人。这是马克思主义能动反映论的重要体现,是我们党对国家和民族高度负责、对历史和未来高度负责的重要体现,是全心全意为人民服务的这一党的根本宗旨的重要体现。

---

① 《邓小平文选》第 3 卷,第 380 页。

必须进一步落实用邓小平理论武装
全党教育人民的任务[*]

做好"十五大"提出的各项工作,坚持、加强和改善党的领导,进一步把党建设好,关键在于从严治党。从严治党,首要的和根本的任务是切实加强党的思想理论建设,坚定不移地用邓小平理论武装全党。

人类即将告别 20 世纪,跨入 21 世纪。世纪之交,是人类社会实现革命性飞跃和历史性巨变的伟大时刻。我们已经进入一个思想引导、设计先行、自我控制、自觉奋斗的新时代。那种听天由命,屈从于自然摆布的时代已经过去。不同的时代,不同的使命,需要不同的思想,不同的设计。没有思想引导,实践就没有方向;没有设计先行,行动就没有目标。当代中国发展,用什么思想引导? 当代中国建设,按照什么设计进行? 党的"十五大"明确提出,要高举邓小平理论的伟大旗帜,坚定不移地用邓小平理论武装全党。这就解决了当代中国发展的最大问题——旗帜问题。旗帜问题至关紧要。旗帜就是方向,旗帜就是形象,旗帜就是力量。

理论成熟,是一个政党成熟的首要标志;理论修养,是一个党员党性修养的基本内涵。我们党历来十分重视理论指导和思想建设。历史经验证明,没有正确的理论,就没有成功的实践。什么时候,党创建了正确理论,并用这个理论武装起来,什么时候,党就能克服困难,完成使命,从胜利走向胜利。反之,就遭受挫折和失败。当代中国信仰什么理论,用什么理论来武装全党,是关系到在社会主义改革开放和现代化建设条件下建设一个什么样的党、怎样建设党、党以何种姿态跨入 21 世纪的重大问题。实现跨世纪宏伟目标的伟大实践,需要高举邓小平理论伟大旗帜。统一全党的思想和行动,需要用邓小平

---

* 本文曾发表在中宣部《党建》1998 年第 1 期。

理论武装全党。各级领导干部提高政治素质,需要认真学习邓小平理论。必须看到,党的理论武装的任务是长期的,艰巨的。随着社会主义市场经济和改革开放的不断深入,随着科学技术和文化教育的不断进步,随着现代化建设进程的不断发展,我们党面临着越来越错综复杂的形势、情况、任务,越来越要求广大党员特别是各级领导干部具备理论修养、理论思维和理论水平。因此,"重要的问题是教育干部"。

坚持邓小平理论,用邓小平理论武装全党,是把我们党建设成为始终走在时代前列、领导全国人民建设有中国特色社会主义的马克思主义政党的重要条件。邓小平理论是当代中国的马克思主义,是马克思主义在中国发展的新阶段。在社会主义改革开放和现代化建设的新时期,在跨越世纪的新征途上,一定要高举邓小平理论的伟大旗帜,用邓小平理论来指导我们整个事业和各项工作。这是党从历史和现实中得出的不可动摇的结论。在当代中国,只有邓小平理论,而没有别的理论能够解决社会主义的前途和命运问题。

第一,解放思想、实事求是,是邓小平理论的精神实质。邓小平始终高度自觉地坚持一切从实际出发,理论联系实际,具体问题具体分析这一马克思列宁主义、毛泽东思想的活的灵魂。"实事求是是马克思列宁主义的精髓,是毛泽东思想的精髓,也是邓小平理论的精髓。"把马克思列宁主义、毛泽东思想的基本原理与当今中国实际和时代特征相结合,超越形而上学的非此即彼的思维模式,在不断排除"左"的和右的错误主张的严重干扰的实践中,开辟出一条建设有中国特色社会主义现代化的道路,这是邓小平对中华民族和中国人民作出的最伟大的贡献。

第二,邓小平理论第一次比较系统地回答了什么是初级阶段社会主义,怎样建设初级阶段社会主义这一首要的和基本的理论问题,形成了新的建设有中国特色社会主义理论的科学体系。邓小平理论深刻揭示了社会主义的本质,是解放生产力、发展生产力、消灭剥削、消除两极分化、最终达到共同富裕;回答了中国社会主义的发展道路、发展阶段、根本任务、发展动力、外部条件、政治保证、战略步骤、党的领导和依靠力量以及祖国统一等一系列基本问题,指导我们党制定了社会主义初级阶段的基本路线。邓小平理论是贯通哲学、政治经济学、科学社会主义等领域,涵盖经济、政治、科技、教育、文化、民族、军事、外交、统一战线、党的建设等各个方面比较完备的科学体系。关于社会主义初级阶段的科学判断,关于"以经济建设为中心,坚持改革开放,坚持四项基本原则"的基本路线,关于"三个有利于"的根本标准,关于社会主义市场经济体制,关于"两手抓,两手都要硬"的战略方针,关于科学技术是第一生产力,关于和平与发展是时代主题,关于"一个国家、两种制度"的构想,关于坚持、加强和改善党的领导,都是邓小平理论具有强烈时代特征和鲜明针对性的思想观点,是对马克思列宁主义、毛泽东思想的杰出贡献。

第三,社会主义初级阶段理论是邓小平理论的基石,是对我国生产力发展状况和社会发展阶段的科学认识和判断,是我们党选择正确理论路线方针政策的基本前提。邓小平明确指出,我国社会主义仍然处于初级阶段,即不发达阶段。我国经济、政治、文化和社会生活各方面存在着种种矛盾,但社会的主要矛盾是人民日益增长的物质文化需要同落后的社会生产之间的矛盾,这个主要矛盾贯穿我国社会主义初级阶段的整个过程和社会生活的各个方面。社会主义制度建立后,全党全国工作必须实现从以阶级斗争为纲到以经济建设为中心的历史性转变,各项工作都要服从服务于经济建设这个中心。发展才是硬道理,中国解决所有问题的关键在于依靠自己的发展。一切都要以是否有利于发展社会主义社会的生产力、有利于增强社会主义国家的综合国力、有利于提高人民的生活水平这"三个有利于"为根本判断标准。

第四,社会主义市场经济理论是邓小平理论的伟大创造。如何在社会主义制度和激烈竞争的国际环境下,加快发展生产力,迅速增强国家综合国力,实现民族的全面振兴,是革命胜利后中国共产党人面临的一场新的严重挑战。毛泽东在领导人民建设社会主义的实践过程中,作出了有益的探索,积累了最可宝贵的精神财富。邓小平以巨大的理论勇气、政治勇气和实践勇气,继承前人又突破陈规,创造性地提出了社会主义市场经济理论,为大力促进社会主义社会生产力的发展,指明了一条无比正确的道路,指导我国实现了由计划经济体制走向市场经济体制、由封闭半封闭状态走向改革开放的经济发展模式的根本性转变。把社会主义基本制度与现代市场经济有机结合起来,从根本上说,是我们党一切为了群众、一切相信群众、一切依靠群众的群众路线在经济领域的具体体现,是充分调动和发挥广大人民群众积极性、创造性和主动性的全新体制和全新理念。实践证明,社会主义市场经济不仅是可行的,而且是成功的,具有强大的生命力和广阔的前途。

第五,协调发展,全面进步,共同富裕,是邓小平理论的真谛。社会主义经济、政治、文化、社会、外交等各项事业,相互联系、相互作用、相互促进,要协调发展,全面进步;东部、中部和西部等各个地区,各有优势,相互依赖,相互制约,要共同发展,共同进步;工人、农民、知识分子、干部及其他劳动者等各个阶层,都是人民的重要组成部分,根本利益是一致的,要互相关心,互相帮助,共同富裕。协调发展,全面进步,共同富裕,不是什么都等量齐观,齐头并进;不是什么都相提并论,四平八稳;不是什么都平均主义。要允许并鼓励一部分地区、一部分人先富起来,但反对地方保护主义,反对极端个人主义。先富的地区和个人要带动落后地区的发展,并且有责任、有义务帮助贫困地区和贫困人口发展。建设有中国特色社会主义,高举邓小平理论伟大旗帜,老祖宗没有丢,共产党宗旨没有丢,共产主义理想信念没有丢。丢了,就会丧失根本,偏离方向,走上邪路。在当代中国,马克思列宁主义、毛泽东思想和邓小平理论是一脉相承的科学体系。把它们割裂开来,对立起来,是不符合实际的,是没有根据的,也是十分危险的。

如何切实加强用邓小平理论武装全党的工作?

第一,党的"十五大"极其庄重地作出了把邓小平理论确定为党的指导思想和行动指南的重大决策,并写入党章,提出了坚定不移地用邓小平理论武装全党的战略任务,号召全党要重视学习,善于学习,兴起一个学习马列主义、毛泽东思想特别是邓小平理论的新高潮。各级领导干部尤其是高级领导干部首先要带头学好邓小平理论,完整、准确地把握理论的科学体系,从总体上领会理论的基本观点和基本精神,又要从各自工作的领域对理论的有关内容进行系统钻研和理解。大力提高各级领导干部特别是高级干部对用邓小平理论武装全党的重大理论意义和实践意义的认识,克服和反对工作实、学习虚,重实务、轻理论的片面认识和做法。事实反复证明,无论做好什么工作,认识都是前提。提高认识的关键和重点是领导干部。只有领导干部高度重视和切实加强了对这项工作的领导和指导,才能谈得上把理论武装的任务摆上重要的工作日程,带动和促进全党认识的提高,并把这个任务落到实处。要把理论武装工作的质量作为衡量领导干部党性强不强、纪律严不严、修养高不高、本领大不大、政绩实不实的重要尺度。

第二,坚持理论联系实际,学以致用,在实践中提高马克思主义的理论水平,提高解决实际问题的能力。联系实际,就是要联系思想实际,联系工作实际,联系问题实际,加强学习的针对性和有效性。学以致用,就是要运用邓小平理论的观点、方法和勇气,克服工作中的各种困难,解决经济发展中的各种问题,不断改善人民生活。我国发展很不平衡,各地各行各业各单位都有自己的特殊情况、特殊矛盾、特殊问题,只能从实际出发,因地制宜,大胆地试,大胆地闯,坚持真理,修正错误,开拓前进。

第三,坚持和探索学习邓小平理论的正确方法和科学途径。要做到五个结合,即把学邓小平理论与学马克思列宁主义、毛泽东思想结合起来,把学原著和学党章结合起来,把学邓小平理论与学党的路线方针政策结合起来,把学理论与解决思想问题结合起来,把自己学和组织学结合起来。要造成四股风气,即在党内造成一股认真学习的风气,一股民主讨论的风气,一股积极探索的风气,一股求真务实的风气。

毛泽东、邓小平、江泽民关于社会主义道德建设的重要论述*

　　我们党历来重视社会主义思想道德建设,把它作为建设社会主义伟大事业的重要组成部分。毛泽东、邓小平、江泽民作为党的三代领导集体的核心,都十分关注人民的思想觉悟和道德水平的提高,从关系社会主义兴衰成败的历史高度,论述了社会主义道德建设问题。

　　毛泽东从实现社会主义、共产主义的政治高度,深刻论述了社会主义道德建设的重要性、必要性,以及应该注意把握的重大理论和实践问题。毛泽东指出:道德是人们经济生活与其他社会生活的要求的反映,不同阶级有不同的道德观,这就是我们的善恶论。一个崭新的社会制度要从旧制度的基础上建立起来,它就必须清除这个基础。反映旧制度的旧思想的残余,总是长期地留在人们的头脑里,不愿意轻易地退走的。我们说"永久奋斗",就是要奋斗到死。这个永久奋斗是非常要紧的,如要讲道德就应该讲这一条道德。这样的道德,才算真正的政治道德。有一些人,他们嘴上道德、气节乱喊一阵,但在政治上是不坚定的,中途变节的,这是无道无德。要学习白求恩毫无自私自利之心的精神。一个人的能力有大小,但只要有这点精神,就是一个高尚的人,一个纯粹的人,一个有道德的人,一个脱离了低级趣味的人,一个有益于人民的人。没有正确的政治观点,就等于没有灵魂。我们的教育方针,应该使受教育者在德育、智育、体育几方面都得到发展,成为有社会主义觉悟的有文化的劳动者。要提倡勤俭建国。社会主义制度的建立给我们开辟了一条到达理想境界的道路,而理想境界的实现还要靠我们的辛勤劳动。根本的是我们要提倡艰苦奋斗,艰苦奋斗是我们的政治本色。我们保持过去革命战争时期的那么一股劲,

---

* 本文整理于 2001 年 9 月党中央印发《公民道德建设实施纲要》时。

那么一股革命热情,那么一股拼命精神,把革命工作做到底。共产党员无论何时何地都不应把个人利益放在第一位,而应以个人利益服从于民族的和人民群众的利益。因此,自私自利、消极怠工、贪污腐化、风头主义等等,是最可鄙视的;而大公无私、积极努力、克己奉公、埋头苦干的精神,才是可尊敬的。一切空话都是无用的,必须给人民以看得见的物质福利。提高劳动生产率,一靠物质技术,二靠文化教育,三靠思想政治工作。后两者都是精神作用。掌握思想领导是掌握一切领导的第一位。

邓小平从改革开放之初,就把社会主义思想道德建设作为社会主义现代化建设的重要任务和重要保证,反复提醒全党全社会要高度重视,并作出一系列重要的科学论述。邓小平理论是当代中国的马克思主义,是毛泽东思想的继承和发展,包含着极为深刻的社会主义道德建设思想。早在改革开放之初,他就提出,我们一定要在全党和全国范围内有领导、有计划地大力提倡社会主义道德风尚,热爱社会主义祖国,提高民族自尊心,还要进行坚持社会主义道路、反对资本主义腐蚀的革命品质教育。现在有一部分青年忽视政治的倾向,全党必须看到这个问题的严重性,一定要分析原因,找出办法,认真有效地加以解决。不仅经济要上去,社会秩序、社会风气也要搞好,两个文明建设都搞好,才是有中国特色的社会主义。搞社会主义精神文明,主要是使我们的各族人民都成为有理想、讲道德、有文化、守纪律的人民。抓精神文明建设,抓党风、社会风气,必须狠狠地抓,一天不放松地抓,从具体事件抓起。思想文化教育卫生部门,都要以社会效益为一切活动的唯一准则,它们所属的企业也要以社会效益为最高准则。实行开放政策必然会带来一些坏的东西,影响我们的人民。要说有风险,这是最大的风险。我们用法律和教育这两个手段来解决问题。最重要的是人的团结,要团结就要有共同的理想和坚定的信念。我们过去几十年艰苦奋斗,就是靠用坚定的信念把人民团结起来,为人民自身的利益而奋斗。没有这样的信念,就没有凝聚力,没有这样的信念,就没有一切。艰苦奋斗是我们的传统,艰苦朴素的教育今后要抓紧,一直抓 60 至 70 年。我们的国家越发展,越要抓艰苦创业。要加强各级学校的政治教育、形势教育、思想教育,包括人生观教育、道德教育。搞精神文明,关键是以身作则。没有这种精神文明,没有共产主义思想,没有共产主义道德,怎么能建设社会主义?党和政府愈是实行各项经济改革和对外开放的政策,党员尤其是党的高级负责干部,就愈要高度重视、愈要身体力行共产主义思想和共产主义道德。所有经济活动和行政司法工作,都要坚持信誉高于一切。十年最大的失误是教育,这里主要是讲思想政治教育,不单纯是对学校、青年学生,是泛指对人民的教育。

江泽民从跨世纪的历史高度和时代高度,高举邓小平理论伟大旗帜,始终坚持两手抓、两手硬的战略方针,多次强调社会主义道德建设问题,把我们党对这一问题的认识不断推向新阶段、新境界。江泽民反复强调,越是改革开放,越要加强思想政治工作,越要抓爱国主义、集体主义、社会主义教育,越要提高民族自尊心、自信心,越要强调增强自力更生的能力。思想政治工作加强了,人的思想素质、道德素质、文化素质、业务素质提高了,改革开放就可以搞得更好、更有成效。搞社会主义市场经济,有利于人们开阔眼界、活跃思想、增长才干、开拓创新。同时也应清醒地看到,市场活动中出现和存在的东西,并不都是积极的、健康的、合理的。对于错误的、丑恶的东西,必须予以抑制、批评和纠正,不能漠然视之,更不能任其泛滥,让它们去腐蚀人们的思想和灵魂。一个民族、一个国家,如果没有自己的精神支柱,就等于没有灵魂,就会失去凝聚力和生命力。有没有高昂的民族精神,是衡量一个国家综合国力强弱的一个重要尺度。综合国力,主要是经济实力、技术实力,这种物质力量是基础,但也离不开民族精神、民族凝聚力,精神力量也是综合国力的重要组成部分。1999 年以来,江泽民从党和国家的长治久安,从全面推进有中国特色社会主义大业的战略高度,反复强调加强道德建设的重要性,把道德建设提高到了治国方略的位置,为我们在新时期加强道德建设指明了方向。在不到两年的时间里,江泽民先后五次集中讲到道德建设问题。第一次是在 1999 年底,在向中央政治局通报政治局常委会“三讲”情况时,讲到研究若干重大战略问题时,提出要积极建设社会主义道德体系问题。第二次是在 2000 年 6 月中央思想政治工作会议上,第一次比较系统地对社会主义道德进行了阐述,指出,社会主义道德建设要以马列主义、毛泽东思想、邓小平理论为指导,要以为人民服务为中心,以集体主义为原则,以爱祖国、爱人民、爱劳动、爱科学、爱社会主义为基础,以社会公德、职业道德、家庭美德为落脚点,要求全党同志共同努力,把这些内容具体化、规范化,使之成为全国人民普遍认同和自觉遵守的行为规范。第三次是在 2000 年 11 月中央经济工作会议上,再次强调,要积极建立适应社会主义市场经济的思想道德体系,指出,发展社会主义市场经济,不仅要求建立与之相适应的法律和法规体系,而且要求建立与之相适应的思想道德体系,要坚持以马列主义、毛泽东思想、邓小平理论为指导,围绕树立有中国特色的社会主义共同理想和世界观、人生观,实行继承优良传统和弘扬时代精神相结合,尊重个人合法权益与承担社会责任相统一,注重效率与维护社会公平相协调,把先进性要求和广泛性要求结合起来,努力形成与经济和社会发展相适应的健康和谐、积极向上的思想道德规范。同时,还专门要求在全社会强化信用意识,加强诚实守信的道德教育。第四次是在 2001 年年初全国宣传部长会议上,明确指出,我们在建设有中国特色社会主义,发展社会主义市场经济的过程中,要坚持不懈地加强社会主义法制建设,依法治国;同时也要坚持不懈地加强社会主义道德建设,以德治国,要把法制建设和道德建设、依法治国和以德治国紧密地结合起来。这样,就在原来的基础上,把依法治国和以德治国并列起来,把以德治国提到了治国方略的战略高度,这在我们党的历史上还是第一次。第五次是在庆祝建党八十周年大会上,又一次突出强调加强社会主义道德建设是发展社会主义先进文化的重要内容和中心环节,要把依法治国和以德治国结合起来,为社会保持良好的秩序和风尚营造高尚的思想道德基础。这是江泽民从"三个代表"重要思想方面提出的要求,我们必须认真体会"重要内容、中心环节"八个字。这八个字,足以说明道德建设在我们党的工作或者说精神文明建设中的重要地位和巨大作用。

总之,我们党的三代领导集体核心,从毛泽东、邓小平到江泽民,对加强道德建设的高度重视是一以贯之的,但是在不同历史时期,特别随着社会和经济的进步,道德建设方面的思想更趋深刻、成熟、完善。江泽民的一系列重要讲话精神,不仅对道德建设的重要意义和指导原则作了深刻的论述,而且对具体操作办法作出了明确指示,标志着我们党对社会主义道德建设的认识提升到了一个新的高度。

马克思主义道德观的新境界

——学习江泽民关于社会主义道德建设的重要思想*

江泽民,作为中国共产党第三代中央领导集体的核心,从全局和战略的高度,运用马列主义、毛泽东思想和邓小平理论的立场、观点和方法,紧密结合人们思想道德的实际状况,紧密结合实践和时代的发展变化,对新时期道德建设的重要性和紧迫性、建立与发展社会主义市场经济相适应的道德体系、依法治国与以德治国紧密结合等一系列重大理论和实践问题,作出了全面、系统、深刻的阐述。这些阐述是"三个代表"重要思想的有机组成部分,是马克思主义道德观在当代中国的新发展、新境界。

一、道德建设与发展先进文化的重要内容和中心环节

江泽民在庆祝中国共产党成立八十周年大会上的重要讲话中明确指出:"加强社会主义思想道德建设,是发展先进文化的重要内容和中心环节。""重要内容和中心环节"这八个字高度概括了道德建设在发展社会主义先进文化中的重要地位和作用,深刻揭示了道德建设在改革开放和社会主义现代化建设全局中的重要地位和作用。

道德的地位和作用,归根到底,取决于社会生产力发展水平。当人类生存与发展较多地依赖于地理位置、矿藏资源、气候条件、健康状况等自然物质因素时,人们的社会属性与自然属性,物质生活与精神生活,理性世界与情感世界,行为动机与行为效果,往往相互交织,融为一体,道德在社会生存和发展的地位和作用是极为有限的。随着近代工业革命、城市革命和科技革命的发生

---

* 本文系为 2003 年中直系统纪念《公民道德建设实施纲要》印发两周年征文活动而作。

发展,特别是20世纪以来在科学技术推动下,人类迎来了知识时代,跨入了信息社会,社会实践的性质、结构和水平发生了根本变化,即由驱策转变为控制,由自发转变为自觉,由自在转变为自为,由盲目顺从、被迫适应转变为思想领先、设计先行。在这一伟大历史进程中,道德——人类精神的自律获得了前所未有的发展和提升,成为社会文明进步的重要内容、重要标志、重要动力和重要保证。美国著名法学家罗·庞德曾敏锐地指出:"文明是人类力量不断的更加完善的发展,是人类对外在的或物质自然界和对人类目前能加以控制的内在的或人类本性的最大限度的控制。文明的这两个方面是相互依赖的。如果不是由于人们所已达到的对内在本性的控制,他们就难以征服外在的自然界。"①

我国正处于社会转型时期,即由传统的农业社会向现代社会转变的历史时期。传统与现代的本质区别,是人们社会实践活动的自觉意识和能动程度的不同。增强社会实践的自觉性、能动性,关键在于发展先进文化,普及先进文化,用先进文化武装全体人民。先进文化顺应历史潮流,反映时代精神,代表未来方向,是人类文明进步的结晶,是推动社会前进的精神动力。它包括先进的思想道德和先进的科学文化两个部分。而思想道德规定着整个文化的性质和方向,是先进文化的核心内容。思想道德在人类社会发展进程中所显示出的力量和作用,不仅是一种行为规范,约束和控制人们的思想行为;也不仅是一种良好愿望,诱导和激发人们的想象力。对一个民族、一个国家来说,道德是一种精神支柱,一种精神状态,一种精神动力,一种精神力量。江泽民深刻指出:"一个民族、一个国家,如果没有自己的精神支柱,就等于没有灵魂,就会失去凝聚力和生命力。有没有高昂的民族精神,是衡量一个国家综合国力强弱的一个重要尺度。综合国力,主要是经济实力、技术实力,这种物质力量是基础,但也离不开民族精神、民族凝聚力,精神力量也是综合国力的重要组成部分。"

中华民族几千年来之所以始终生生不息、绵延不断,保持蓬勃生机与活力,除因为必需的地理、资源、环境、物质等技术经济因素外,更重要的是她拥有源远流长、博大精深、一以贯之的文化传统和道德精神,不断顺应历史发展

---

① [美]罗·庞德:《通过法律的社会控制:法律的任务》,商务印书馆1984年版,第9页。

潮流和时代发展趋势的要求,不断实现价值观念、道德观念的突破和跨越,不断推动经济、政治、社会、文化的全面变革和进步。回顾改革开放以来的历史进程,我们深切地体会到,在大变动、大发展的时代,人们的思维方式、思想路线、价值观念和行为习惯,不仅属于哲学范畴、社会学范畴,而且属于伦理学范畴,属于重大的道德问题。二十多年来,我国无论经济改革、政治改革,还是社会改革、文化改革,都是以伦理创新和价值创新为先导的。没有一次次的思想解放,没有一次次的价值突破,就不可能实现改革开放的一次次跨越,一次次提升,就不可能顺利达到现代化建设的第一步和第二步战略目标。

新的世纪,我国已进入全面建设小康社会,加快推进社会主义现代化建设的新的发展阶段,党和人民面临着前所未有的机遇和挑战。世界科技革命方兴未艾,知识经济初露端倪,全球化趋势迅猛发展,国际竞争更加激烈,文化因素首先是精神因素、道德因素在社会发展进程中的地位和作用迅速提升。"道德不昌,天下不宁"。没有坚强精神的民族,是没有前途的。建设有中国特色社会主义事业,是一项充满艰辛、充满创造的壮丽事业。伟大的事业需要并将产生崇高的精神,崇高的精神支撑和推动着伟大的事业。面对新形势、新任务,要在全党和全社会大力宣传和弘扬为实现社会主义现代化而不懈奋斗的精神,大力宣传和弘扬解放思想、实事求是,紧跟时代、勇于创新,知难而进、一往无前,艰苦奋斗、务求实效,淡泊名利、无私奉献的时代精神。日复一日、年复一年地用这些精神武装全党和全国各族人民,使之成为人们的自觉追求,成为抓住机遇、加快发展,实现社会主义现代化、实现中华民族伟大复兴的巨大精神动力。

要全面推进以为人民服务为核心,以集体主义为原则,以爱祖国、爱人民、爱劳动、爱科学、爱社会主义为基本要求,以社会公德、职业道德、家庭美德为着力点的社会主义道德建设,在全民族牢固树立建设有中国特色社会主义的共同理想和正确的世界观、人生观、价值观,在全社会大力倡导"爱国守法、明礼诚信、团结友善、勤俭自强、敬业奉献"的基本道德规范,真正做到人人皆知、人人皆懂、人人皆信、人人皆行。用全体社会成员普遍认同、理解一致的辨别是非曲直的道德标准,引导人们正确处理各种利益关系,约束和激励自己的思想行为,树立把国家和人民利益放在首位而又充分尊重公民个人合法利益的社会主义义利观,在遵守基本道德规范的基础上,不断追求更高层次的道德目标,为社会保持良好的秩序和风尚营造高尚的思想道德基础。

二、道德建设与促进社会主义市场经济的健康发展

"为了在发展社会主义市场的条件下更好地建设有中国特色社会主义,我们必须建立与之相应的社会主义法律体系,同时也必须在全社会形成与之相应的社会主义思想道德体系。"这是江泽民把马克思主义道德观与当代中国发展市场经济新实际紧密结合得出的正确结论,是当前和今后一个时期思想道德建设的战略任务。道德的发展,无论是个人的道德,还是社会的道德,都离不开社会生产力发展这一决定因素,离不开生产关系社会性质这一关键因素,离不开国家政治权力结构体制这一直接因素,离不开科学文化教育这一制约因素。当代中国的道德建设首先与社会主义市场经济密切相关。社会主义市场经济体制,是社会主义基本制度与现代市场经济有机结合的产物,其伦理精神的实质是,最大限度地调动、发挥和保护国家、集体、个人的主动性、积极性和创造性,最大限度地解放和发展生产力,早日实现中华民族的伟大复兴。江泽民指出:"搞社会主义市场经济,有利于人们开阔眼界、活跃思想、增长才干、开拓创新。同时也应清醒地看到,市场活动中出现和存在的东西,并不都是积极的、健康的、合理的。对于错误的、丑恶的东西,必须予以抑制、批评和纠正,不能漠然视之,更不能任其泛滥,让它们去腐蚀人们的思想和灵魂。"

市场经济是效益经济、法治经济,也是德治经济、信用经济。在市场经济条件下,经济主体只有为社会提供有效产品和服务,才能达到逐利的目的;只有遵循等价交换的价值规律,才能找到最佳投资机会和项目;只有切实加强管理、改进创新,才能降低生产成本,研制新产品,提高劳动生产率;只有履行社会义务,服从政府管理,才能得到广大公众的支持和公共权力的保护。这就决定了任何经济主体在逐利过程中,都应该遵循市场经济固有的、内在的秩序、价值、伦理和道德。市场经济的法治和德治,法律规范和道德规范,正是在这样的历史和现实逻辑背景下必然产生并结合起来、统一发挥作用的价值观念体系和行为规范体系。由于市场经济发展是通过经济主体的经济实践这一中介环节获得生命、化为现实的,在这个过程中,极容易因具体的、个别的经济主

体思想和行为的不当,使市场经济机制发生扭曲、变形和走样。必须认识到,市场经济活动中存在的不道德、不文明现象,是人们对市场经济发生误会、曲解、偏差造成的,是极端个人主义分子无视公共利益、私欲极度膨胀、破坏法制与道德造成的,而不是市场经济的必然产物。市场经济模式如果不能产生和构造自身需要的、适应和促进生产力发展的道德体系,就犯了自相矛盾的逻辑错误,就丧失了自身的合理性和必然性。

市场经济伦理是现代社会伦理体系的基石。加强社会主义道德建设,必须把市场经济道德建设摆在十分突出的位置,坚持社会主义道德建设与社会主义市场经济相适应、继承优良传统与弘扬时代精神相结合、尊重个人合法权益与承担社会责任相统一、注重效率与维护社会公平相协调、坚持把先进性要求与广泛性要求结合起来、道德教育与社会管理相配合的社会主义道德建设原则,引导和教育人们正确认识和处理各种利益关系,坚持个人利益服从集体利益,局部利益服从整体利益,当前利益服从长远利益,不断增强主体意识、竞争意识、效率意识、信用意识、民主法制意识和开拓创新精神。没有信用,就没有秩序,市场经济就不可能健康发展。当前和今后一个时期,要特别注意在全社会强化信用意识,加强公民诚实守信的道德教育。建立严格的信用制度,规范各种契约关系,保证各类经济主体守法经营。要引导人们充分认识到,在市场经济条件下,如果只讲物质利益,只讲金钱,不讲理想,不讲道德,人们就会失去共同的奋斗目标,失去行为的正确规范。正所谓,为物生贪欲,贪欲生妄念,妄念即祸根,祸根生大乱。

三、道德建设与建立社会主义法治国家的奋斗目标

人是社会的主体,实践的主体。人的社会实践主要是由主观和客观两方面因素规定的,一是个人觉悟、知识、能力和素质,一是社会体制、机制、制度和法制。由于我国长期处于封建社会,体制、机制、制度、法制单一、稳定,成为人们日常思想行为的既定前提。在这种历史背景下,中国传统思维中存在两种倾向:一方面过于强调主观因素,强调个人品德、修养、经验和能力,把社会行为简单地归因于个人,试图以教人管人整人治人达到维护秩序的目的,即所谓的"人治";另一方面过于强调客观因素,强调体制、机制、制度、法制,把社会

行为简单地归因于制度,试图通过造反革命、严刑峻罚实现良好秩序,即所谓的"法制"。这种极端的思维模式往往导致错误的政治判断、政治抉择和政治过程,造成社会动荡不安和经济停滞不前。根据马克思主义国家学说,总结古今中外治国经验,展望世界各国发展趋势,江泽民鲜明地提出了"把依法治国与以德治国紧密结合"的重要思想。"我们在建设有中国特色社会主义,发展社会主义市场经济的过程中,要坚持不懈地加强社会主义法制建设,依法治国,同时也要坚持不懈地加强社会主义道德建设,以德治国。要把法制建设与道德建设紧密结合起来,把依法治国与以德治国紧密结合起来。"

加强社会主义法制,建立社会主义法治国家,是推进政治体制改革的重要目标,是实现国家政治权力运行现代化的重要保证,也是人们政治伦理观念发生深刻变化的重要体现,是我们党领导人民进行体制创新的重大成果。只有从制度与伦理相结合、相统一的角度,深刻认识和把握"法治国家"这一口号的时代背景和科学内涵,才能正确理解和全面推进社会主义法制建设。法制不仅是对人们社会行为过程作出的外化的、硬性的规定,而且是一种文化、一种精神、一种价值、一种伦理、一种道德的体现,是对人们思想行为进行科学规范和正确引导的道德载体和实现途径。同时,法治毕竟是伦理道德的外化形式,只有社会主体的道德自觉,才能为它提供强有力的心理支撑。没有被规定对象内化了的道德自觉,法治就不可能深入人心,就不可能得到严格的遵守和执行。江泽民指出:"有了比较健全和完善的法律和制度,如果人们的法律意识法制观念淡薄,思想素质低,再好的法律和制度也会因为得不到遵守而不起作用,甚至会形同虚设。"

法律和道德,都是维护社会秩序、规范人们思想和行为的重要手段,它们相互联系、相互补充。法治以其权威性和强制手段规范社会成员的行为,德治以其说服力和劝导力提高社会成员的思想认识和道德觉悟。法治属于政治建设,属于政治文明;德治属于思想建设,属于精神文明。二者范畴不同,但其地位和功能都是非常重要的。对一个国家的治理来说,法治与德治,从来都是相辅相成、相互促进的。二者缺一不可,也不可偏废。道德规范与法律规范只有相互结合、统一发挥作用,才能收到事半功倍的效果。无论是党风廉政建设、反腐败斗争,还是纠正行业不正之风、形成良好社会风气,都必须教育和管理、德治和法治双管齐下,缺一不可。教育抓好了,德治加强了,干部的思想政治素质和精神境界提高了,就可以有力地防范和减少违法乱纪问题的发生。管理抓好了,法治加强了,就可以堵住引发违法犯罪的漏洞,依照法纪惩处违法乱纪分子,对广大干部和群众又可以起到警戒和教育作用。只要我们始终坚持把法制建设与道德建设紧密结合起来,把依法治国与以德治国紧密结合起来,从提高个人修养和强化社会控制两个方面作出努力,就一定能够维护社会稳定,促进经济发展,确保党和国家的长治久安。

四、道德建设与推进党的建设新的伟大工程

中国的事情要办好,关键在于我们党。加强社会主义道德建设,更离不开党,离不开党的领导,离不开党的建设。我们党不仅居于政治权力体系的核心地位,发挥着"依法治国"的主导作用,而且也居于社会道德建设体系的核心位置,发挥着"以德治国"的主导作用。作为执政党,党不仅能够凭借自己高尚的道德思想和出色的道德实践,树立道德形象,在全社会发挥示范作用,而且能够凭借制定和实施一系列正确的路线、方针、政策和措施,倡导和推行符合人类发展规律和趋势、符合"三个代表"思想内涵的道德精神、道德原则和道德规范,凭借执政行为和领导行为,推动物质、政治和精神等三大文明领域建设,为社会主义道德建设提供坚实的物质基础、政治基础和文化基础。加强社会主义道德建设,最重要的是我们党要大大增强执政意识、道德意识,大大提高道德素质、道德水平,学习、贯彻、落实"三个代表"的重要思想。这是马克思主义的大道大德,大仁大义。江泽民指出:"只要我们党始终成为中国先进社会生产力的发展要求、中国先进文化的前进方向、中国最广大人民的根本利益的忠实代表,我们党就能永远立于不败之地,永远得到全国各族人民的衷心拥护并带领人民不断前进。"

迄今为止,政治统治、政治领导、执政过程,离开或放弃暴力机器和强制手段是不行的,而完全依赖使用暴力机器和强制手段也是不行的。暴力机器和强制手段,适于一定历史条件下夺取政权的行动,适于一定社会背景下特殊事件的处理,适于尖锐矛盾和激烈冲突的解决,适于各种违法犯罪行为的处罚;绝不适于领导和治理日常公共事务,绝不适于调节统治阶级内部矛盾,绝不适于提倡和推行一种道德理想、道德原则和道德规范。当今时代,任何一个对国

家、民族、人民和自己前途命运负责的执政党,都要想方设法树立道德形象,扩大道德影响,发挥道德力量,大力宣传和推行有利于经济发展、社会进步、政治稳定的伦理道德,为自己执政奠定思想基础,争取舆论支持,拓展心理空间,努力赢得全社会的政治认同和政治参与。一个执政党如果不讲道德,不负责任,不树正气,就会大面积腐化堕落,就会无所作为,就会丧失党心、民心,最终不得不退出历史舞台。

"三个代表",是新世纪中国共产党自律精神和执政理念的集中体现,是我们党向全国各族人民作出的庄严承诺,是我们党应该自觉践行的政治信念和道德准则,是治国必先治党、治党务必从严的理论依据和行动纲领。要把"三个代表"的要求落实到推进党的建设新的伟大工程中去,落实到加快改革开放和现代化建设的各项工作中去,并努力实现两者的有机结合和相互促进。要始终代表中国社会先进生产力的发展要求,使党的一切奋斗和工作,有利于解放和发展生产力,促进国家经济实力的不断增强;始终代表中国先进文化的前进方向,牢固坚持马克思主义为指导,努力继承和发展中华民族的一切优秀文化传统,努力学习和吸收一切外国的优秀文化成果,加快建设具有中国特色的时代的、科学的、大众的、民族的社会主义文化,促进两个文明协调发展、经济社会全面进步;始终代表中国最广大人民的根本利益,是党的一切工作实践——全心全意为人民服务的根本宗旨,实现好、发展好和维护好最广大人民的根本利益,绝不允许任何脱离群众、任何违反群众意愿和危害群众利益的思想行为。要以身作则、率先垂范,讲学习、讲政治、讲正气,身体力行社会主义、共产主义道德,立党为公,勤政为民,依法行使和运用手中的权力,为全党全社会作出表率,带领广大干部群众再铸社会主义道德风尚的新辉煌。

中国社会全面进步的科学指南

——论"以德治国"的时代背景和重大意义*

"以德治国"思想,具有极其丰富而深刻的内涵和外延,是以江泽民为核心的党中央高举邓小平理论伟大旗帜,进行理论创新获得的重大成果,是紧密结合我国社会主义改革开放和现代化建设新实际,进行战略性思考获得的崭新认识。它揭示了道德在现代社会生活特别是国家治理中的重要地位和作用,指明了新世纪中国社会全面发展进步的重要任务和方法。我们要站在人类进入新世纪、新千年的历史高度,站在世界发展大趋势、大潮流的时代高度,站在我国进入新阶段、面临新形势的全局高度,站在两手抓、两手都要硬的战略高度,认识"以德治国"方略,推行"以德治国"方略。

"以德治国":唤醒和提升中华民族
道德自律精神的一面旗帜

什么是"德"?"道德的基础是人类精神的自律"。这是马克思主义经典作家对道德本质的深刻揭示和最高概括。笔者理解,这句话至少包含以下几层含义:一是人类具有自律精神,即具有一种向上、求进、致善的本性和品质。这是社会道德产生、发展、变化的基础,是人类区别于其他动物的重要标志。二是自律精神,顾名思义,是人类自我约束、自我组织、自我发展的意识和能力,也是对错误和不当思想行为进行自我反省、自我觉醒、自我修正的意识和能力。三是人类自律精神不仅反映在以自然人为主体的个体道德精神、道德

---

* 本文曾收入《"以德治国"学习读本》,中央文献出版社 2001 年 4 月版,副标题为这次出版时加的。

思想、道德观念、道德意识、道德行为上,而且反映在以组织为主体的团体道德理念、道德文化、道德风尚、道德规范、道德实践上。四是自律精神既适用于个人的修身、养性、齐家等私人生活领域的道德活动,也适用于职业活动、公共生活等社会领域的道德活动。五是一个人的道德水平,一个团体的道德水平,一个民族的道德水平,主要标志是自律精神的强弱和认知程度的深浅。

"以德治国",就是要最大限度地培养、弘扬和依靠人类自律精神,通过道德传承、道德舆论、道德文化、道德机制,提高全体社会成员的道德素质、道德修养、道德觉悟,自我约束不当思想行为,自我激励积极健康向上的思想行为,自我调整利益关系和互动过程,保持正常秩序,形成良好社会风尚,促进民族团结、国家统一、经济发展、政治稳定和社会进步,不断增强国家管理、国家发展的自觉性、公正性、科学性。

人类社会是由客观和主观两个世界构成的。人类的主观世界是一个丰富多彩、错综复杂、变化万端的现象系统,包括诸如素质、能力、意识、信仰、思想、观念、知识、修养、心理、感情、性格等各种意识形态。在这个系统中,世界观、人生观、价值观居于核心位置,起着主导作用。也就是说,道德是人类区别于一般动物的重要标志,是人类社会具有的特殊属性。所谓道德,是指生活在一定历史条件下的人们,对实践活动过程中必然产生和形成的人际关系、利益分配、法律制度和思想行为等进行价值判断、价值追求、价值选择、价值实现的总和。这是一个多要素、多层次、多结构的复杂而庞大的道德系统,覆盖社会生活的各个领域、各个层次、各个环节。道德,从道德精神,作为世界观、人生观、价值观的集中体现,到道德规范,作为直接指挥和支配思想行为的文化指令,具有多方面的社会功能和社会价值。道德在人类社会发展进程中所显示出的力量和价值,不仅仅是作为一种行为规范,约束和控制人们的思想行为,建立和维护社会秩序;也不仅仅是作为一种良好愿望,诱导和激发人们的想象力,憧憬和设计大同世界。道德远远比人们通常所理解的内涵要深刻得多,外延要广泛得多,价值要重大得多。对一个人、一个民族、一个国家来说,道德,是一种理想信念,一种思想境界,一种精神支柱,一种内在力量。

道德不完全是"通过主体内心感悟而自觉奉行的行为规范总和",还是人类社会实践活动所蕴涵、赋予、创造的富有积极、健康、向上意义的精神价值和思想意义。内心感悟而自觉奉行只是道德规范与其他规范相比所具有的特点和属性。人类社会的所有规范都与伦理道德有关,甚至可以说都源于人类对伦理道德的理解和阐释,都贯穿着伦理道德的精神和原则。人类社会的本质和内容、特点和规律,只能从人类社会运动本身来考察和说明,只能从人类社会运动的本质特征来考察和说明。人类社会运动的本质特征集中体现和反映在人的思想行为上,思想行为的本质特征集中体现和反映在伦理道德上,伦理道德的本质特征集中体现和反映在人类对自我的存在、价值、权利、责任、义务的自觉意识和认知程度上。"以德治国"的提出,是中华民族道德精神的新觉醒、新弘扬、新发展、新境界。

"以德治国":中国社会由传统向现代转型的必然要求

道德,从本质上讲,是人类意志的自由表达和自由实现。人们的一切社会实践活动,都反映和附着着一种世界观、人生观、价值观,反映和附着着一种对社会实践活动认识、评价和判断的价值标准,反映和附着着一种伦理精神、道德观念、社会正义,反映和附着着人们伦理道德的层次性、差别性、程度性,反映和附着着一定伦理道德所带来的社会作用和社会后果。但是,道德在人类社会发展的不同历史阶段有着完全不同的时代特征和表现形式。在传统社会,人类实践活动处于自发阶段,以"驱策"为特征,即人类被迫地服从、顺应社会发展和自然发展的现实要求,在失败与挫折中缓慢而艰难曲折地行进,在同一较低的起点和水平上反复从头开始、周期性地循环,思维方式、价值目标、思想逻辑、行动路线等实践活动及其各要素、各环节呈现出极大的自发性、被动性、消极性、盲目性、徘徊性。在现代社会,人类实践活动处于自为阶段,以"控制"为特征,也就是说,人类开始从幼稚走向成熟,产生并逐步确立了最基本、最重要、最核心的价值追求、理性思维、思想方法、行动路线,实践活动及其各要素、各环节呈现出极大的自觉性、方向性、主动性、开放性、选择性。在自发阶段,道德只是反映人们的良好愿望、善良动机、理想追求,适应和服从社会生活的实际需要与实践活动本身,只会为后者作说明、注解和论证。在自为阶段,道德相对独立于社会主体实际需要和实践活动本身,成为后者的目的地、方向盘、发动机、行路标和交通警。

一个人只有获得主体地位和主体资格,成为自己命运的主宰,才能具备履行道德责任和道德义务的自觉意识,才能使道德成为自己从事各种社会活动所必需的内在素质。一个人介入社会组织、社会关系、社会活动的机会越多、越深,他的思想行为选择就越经常、大量地发生,他的精神生活就越丰富多彩、错综复杂,他的道德意识就越容易形成,并越来越明确、越来越强烈。换句话说,当每个人或大多数人发育、成长为自主选择、自主决定自己思想行为、价值标准和价值取向的社会主体时,道德就会日益趋于社会化、大众化、普遍化,就会显示出越来越重要、越来越必需的地位和作用,就会越来越获得独立、重要的意义和功能,就会真正发挥出本身所固有的思想和价值导向作用。伦理道德的地位与作用,是伴随人类社会物质文明和精神文明的发展进步而不断提高和上升的。道德自觉意识的增强,就是人们在从事各种社会行为时,不仅知道自己是谁,在干什么,而且懂得自己为什么这样,怎么才能干好。在这方面,一个人理解得越全面、越深刻、越清晰,道德意识、道德责任就越强烈、越自觉、越明确。

　　道德属于人的精神世界,属于人的主观世界,但不仅仅属于哪一部分人,更不仅仅属于极少数精英的精神世界、主观世界。无论是个人的道德,还是社会的道德,都离不开社会生产力发展状况这一决定性因素,离不开生产关系社会性质这一关键性因素,离不开国家政治权力结构体制这一直接性因素,离不开科学文化教育事业普及水平这一制约性因素。离开这些因素,就无法解读个人或社会道德的内在规定性,客观必然性,过程长期性,实施复杂性,结果多样性。

　　作为调整人与自然,人与社会,人与人,人与自我等相互关系的目标追求、价值尺度和行为准则,伦理道德的地位和作用,是与人的思想、观念、知识、能力、素质等主观因素在社会发展进程中的地位、作用和价值的确立、增长有着密不可分的关系。人的思想、观念、知识、能力、素质等主观因素的地位、作用、价值如何,归根到底,决定于社会生产力发展的水平与性质。当人类社会生活和社会发展,较多地依赖于地理位置、矿藏资源、气候条件、健康状况等自然物质因素,个人往往无力获得必需的生产资料和生活资料,只有依靠集体力量和劳动,才能维持生存与发展时,在这种历史条件下,人的主观世界处于极不发达状态,人的思想、观念、知识、能力、素质等主观因素的地位、作用、价值,是十分有限的,人类物质生产和精神生产过程是相互交织、相互融合的。在生产力有了一定发展以后,阶级社会出现了。在当时历史条件下,精神生活、道德生活只是少数人的特权,只是极少数特权人物的需要,大多数人具备自觉、明确、完整的道德意识是根本不可能的。此时人类在整体上处于原始的、本能的理智与情感阶段。

在传统社会,道德是与其他社会现象融为一体的,与现代社会的地位与作用是根本不同的。传统社会被称之为伦理社会、泛道德化社会,这是一种夸张、一种误解。这是因为把观察道德的视野仅仅局限于少数人身上的结果,是因为整个社会经济文化生活被政治伦理和家庭伦理充斥、覆盖造成的假象。古代社会有两种伦理道德最重要、最发达、最普及,这就是政治伦理和家庭伦理。传统社会是整体性社会,是政治经济文化融为一体,处于没有分化、没有分工的状态。政权组织即国家是社会有形组织的集中表现,占据社会生活的中心位置,是最有力量的社会组织和社会集团,决定和支配社会的经济生活、文化生活和其他社会生活。家庭既是社会细胞,也是社会单位,担负着物质生产与人的生产两种生产功能,是社会关系、社会生活、社会实践最集中的寓所。在这样的历史时代,对绝大多数人来说,社会属性与自然属性难以区分,物质与精神难以区分,理智与情感难以区分,动机与效果难以区分,理想与现实难以区分。社会处于自发阶段,人类处于蒙昧时期,实践处于盲目状态,道德被融化在人类社会实践的过程之中,究竟处于什么实质地位和发挥着什么具体作用是不言而喻的,当然也是十分模糊的。

随着近代工业革命、城市革命和科技革命的发生,人类的实践结构、组织形式和思维方式实现了根本性的进步。特别是在近现代科学技术的推动下,人类迎来了知识经济时代,跨入了信息社会,人类社会的生产方式、生活方式、思维方式、行为方式、交往方式正经历着一场前所未有的最为深刻的革命。这一革命和时代的显著特征,就是人类实践结构和实践过程由"驱策"转变为"控制",即由自发转变为自觉,由自在转变为自为,由盲目顺从、被迫适应转变为思想领先、设计先行。这也使伦理道德在现代社会生活和社会发展中的地位与作用发生了最为深刻的变化。长期以来,道德是属于上层建筑的范畴,是经济基础的反映,受生产方式和社会存在的制约,对经济发展和社会进步具有巨大反作用。这种认识反映了古代社会和近代初期道德现象的基本特征。但是,在当代世界,道德已经成为一个民族立足于世界民族之林的精神支柱和本质特征,成为现代化进程中十分重要的相对独立的领域,获得了极其丰富的全新内涵和外延,是一个社会、一个国家文明程度的重要标志,是一个国家综合实力的重要组成部分,是发展中国家由传统走向现代的思想先导和内在动力,受到各国人民和政府的普遍关注和高度重视。可以说,人类近现代社会文明发展史,也是一部近现代道德精神创造、成熟、普及的历史。

从文艺复兴到启蒙运动,从马克思主义的传播到新儒学风行全球,从资产阶级工业革命到十月社会主义革命,从亚非拉民族独立解放运动到和平与发展成为当代世界的主题,从苏联列宁时期实行的新经济政策到中国改革开放的浪潮,从西方实现现代化到亚洲四小龙的出现,是经济、政治、科技、军事现代化的过程,是人、人性、人文精神现代化的过程,是人类伦理道德的价值地位和重要作用在思想观念领域实现现代化的过程。纵观世界各国近现代发展的历史潮流和普遍趋势,才能深刻理解近现代人类社会发展过程中物质文明与精神文明是如何既相互区别、相互独立,又相互依赖、相互作用,进而相互渗透、相互转化这一历史辩证法。

我国正处于社会转型时期,即由传统社会向现代社会转变的重要历史时期。社会转型无疑是全方位的,包括经济的、政治的、文化的,包括物质的、精神的、中介的,也包括世界观、人生观、价值观、伦理观、道德观等。但是,传统与现代之间的最大标志是人类社会实践的自觉程度,具体表现在社会实践活动的性质、内容、结构、过程、效果等各个方面、各个环节、各个要素。"以德治国"就是要大力继承和发扬中华民族道德文化的优良传统,正确学习和借鉴世界各国道德发展的优秀成果,唤醒全民族新时代的道德意识,创造出适应社会主义市场经济发展要求的道德体系。

"以德治国":新世纪中国现代化的思想保证和精神动力

道德贯穿于人类社会各个领域,并按照社会现象性质区分为社会伦理、制度伦理、政治伦理、经济伦理、科技伦理、生态伦理和家庭伦理等。人类社会的发展史,也是人类精神的成长史,也是人类道德的进步史。"以德治国",必然要求在大力加强社会主义物质文明建设的同时,大力加强社会主义精神文明建设,按照人类道德精神的要求,实现经济、政治、文化的协调发展,实现人、社会、自然的协调发展,实现我国东、中、西部的协调发展,全面推进国家现代化建设。

第二次世界大战后,人类在社会经济和科学技术方面取得了令人瞩目的巨大进步,伴随这一历史进程,人类在社会道德和价值观念方面也取得了长足的进步,特别是在发展观的问题上发生了积极而深刻的变化,为人类社会全面发展提供了科学的价值支持和有力的思想保证。早在20世纪五六十年代,人们奉行的是"经济中心的发展观",把发展视为单纯的经济增长,以国民生产总值作为衡量文明的唯一标准,从而带来了大量"有增长而无发展"的严重社会问题。进入70年代后,经过反省,开始逐步形成的是"社会中心型"的发展观,它既要经济增长,又要社会公正,强调把精神文明纳入社会发展内容之中。这是人类发展观的一个巨大进步。80年代以来,人们又针对人类与自然界的尖锐矛盾,提出了"可持续发展观"。

可持续发展观不仅对经济发展、社会发展和人类发展几者之间合理性关系问题给予了科学回答,而且前所未有地突出了发展中的文化价值和伦理价值。这是发展观史上的一次狂飙突进,集中体现在价值取向的重大转折,即由单向度的经济增长转向全面的社会发展和人类进步,转向集体主义和人道主义的道德精神。正如有的学者所指出的那样,离开全面的价值设计,发展目标就可能偏离正确的方向,误入歧途而不自觉;若无文化价值的引导,经济发展目标的设计难免片面化。实施"以德治国"方略,必将动员全社会力量,不断推进各个领域的道德建设,把改革开放和现代化建设过程中必然需要并在实践中又必然会创造出来的价值体系、伦理精神、道德理念、行为规范深深扎根于人们的头脑中,实实在在地体现于人们的行动上。实施"以德治国"方略,就要全面推进社会主义伦理道德建设。

第一,要大力弘扬人类的伦理精神,使人们端正对待伦理道德的态度,形成崇尚道德、维护道德、遵守道德的自觉意识和心理素质。第二,要大力宣传伦理思想,使人们广泛接受最基本的道德观念和伦理观点,形成全社会普遍认同、理解一致的辨别和判断是非曲直的价值标准。第三,要大力推行伦理原则,使人们在处理或发生社会关系时严格体现和遵守公认的价值取向,形成全社会共同奉行的基本行为准则。第四,要制定颁布道德规范,使人们在各种场合、处理各种问题时能够有所遵循,形成社会各个领域、各个环节、各个主体在各个场合应该履行的道德责任和道德义务。第五,要大力推进道德实践,使人们按照道德精神、道德思想、道德原则、道德规范的要求约束和激励自己的思想和行为,正确处理各种利益关系,做到人与人之间的良性互动,努力形成正常的社会秩序和良好的社会风尚。

"以德治国"与"三个代表"

——论中国共产党执政理念的创新与发展*

作为执政党,中国共产党的党德政德建设,是"以德治国"思想最重要的组成部分,也是实施"以德治国"方略最根本的政治保证。我们党在长期领导全国各族人民进行伟大革命、建设和改革实践的过程中,创造和积累了十分丰富、十分宝贵的革命道德和政治道德。这是不断推进党的道德建设的坚实基础和有利条件。"三个代表"是以江泽民为核心的党中央站在世纪之交的历史高度,结合党所面临的新阶段、新形势、新任务,对党的性质、根本宗旨、历史任务和时代特征作出的新概括、新发展,也是对我们党执政道德、执政理念作出的新概括、新发展。深入研究和阐述"以德治国"与"三个代表"之间的内在联系,不论对全面、准确理解和把握"以德治国"重要思想的精神实质,还是对全面、准确理解和把握"三个代表"重要思想的精神实质,都具有重大意义。

一、"以德治国"是新世纪中华民族 伦理道德创新的重要标志

道德建设,道德创新,道德力量,无论是对一个人,还是对一个组织,对一个民族、一个国家,特别是对一个执政党,是事关自身形象、前途、命运的大事,是凝聚力、战斗力、竞争力的源泉,是克服困难、勇往直前、争取胜利的重要因素。道德变革与创新,即精神革命,心灵革命,价值革命,思想革命,从来都是一个民族、一个国家、一个政党实现重大历史转折的重要前奏、重要标志、重要

---

* 本文曾收入《"以德治国"学习读本》,中央文献出版社 2001 年 4 月版,副标题为这次出版时加的。

内容、重要动力和重要保证。

人类社会已进入 21 世纪,我们国家已进入全面建设小康社会,加快推进社会主义现代化建设的新的发展阶段。中国共产党及其领导下的中国人民面临着新的世纪、新的形势、新的任务、新的机遇、新的挑战。科技革命方兴未艾,知识经济初露端倪,全球化趋势日益明显,国际竞争更加激烈,文化因素影响正在迅速扩大,西方敌对势力加紧对我实施"西化"、"分化"的政治图谋。同时,我国经济社会多样化趋势更加明显,人们精神文化需求更加迫切,价值冲突、道德问题更加突出。面对这一切,我们的国家应该怎么办,我们的民族应该怎么办,我们的人民应该怎么办,被历史地提到全中国人民面前。正是在这历史重大转折的紧要关头,江泽民旗帜鲜明地提出并深刻阐述了"以德治国"的重要思想。

"以德治国",集中展示了中华民族的优秀文化传统和人类道德自律精神,深刻指出了伦理道德在维护国家改革发展稳定大局中的基础地位和重要作用,及时反映了亿万人民群众的强烈呼声和共同愿望。这一治国方略的提出,必将推动我国伦理道德建设开始又一次变革,又一次突破,又一次创新,对于坚定坚持建设有中国特色社会主义的正确方向,为改革开放和现代化建设提供强大精神动力、智力支持和思想保证,确保在 21 世纪中叶把我国基本建成富强、民主、文明的社会主义现代化国家,实现中华民族的伟大复兴,具有极其重大的现实意义和深远的历史意义。

二、"三个代表"是中国共产党道德自律 精神的集中体现和最高准绳

一个人,一个团体,一个民族,一个国家,其政治前途和命运固然离不开自身的历史条件、客观环境和物质基础,但是,归根到底,取决于内因,取决于认识世界和改造世界的知识和能力,取决于主观态度、伦理精神、道德理念和创新能力。同样,一个执政党的前途命运,归根到底,取决于自己的执政能力和执政水平。而执政能力和执政水平,说到底,取决于党的自律精神和创新精神,取决于党的执政道德和执政理念。执政道德、执政理念,属于政治伦理、精神文明范畴,是全社会包括执政党或者说执政者关于谁应该执政、为什么由他

执政、他怎么样执政等一系列政治伦理、政治道德、政治价值问题的总的认识和总体看法。任何一个国家的执政党,都要想方设法树立自己的道德形象,扩大自己的道德影响,发挥自己的道德力量,都要想方设法在全社会大力宣传和推广有利于社会政治稳定和自己执政的伦理道德,奠定执政的思想基础,争取执政的舆论支持,拓展执政的心理空间,努力达成社会的高度政治认知和政治共识。

江泽民"三个代表"的重要思想,即中国共产党要始终代表中国社会先进生产力的发展要求、中国先进文化的前进方向、中国最广大人民的根本利益,是中国共产党领导全国各族人民翻身解放、当家做主的大道大德,是中国共产党领导全国各族人民改革开放、加快发展的大道大德,是中国共产党领导全国各族人民全面建设小康社会、创造幸福生活的大道大德,是中国共产党领导全国各族人民实现国家现代化、实现中华民族伟大复兴的大道大德。"三个代表",高度概括了人类社会有史以来三大文明领域及其发展成果,高度概括了我们党在新的世纪、新的时代担负的历史使命和神圣职责。中国共产党在新的重大历史转折时刻,赋予政治以新的内涵、执政以新的理念、治国以新的方略、党性以新的境界。

人类文明按照性质可以划分为物质文明、精神文明、政治文明。物质文明是以社会生产力发展水平为标志,解决的核心问题是人与自然的关系,反映着人类了解自然、利用自然、开发自然、改造自然的认识水平和实践能力,显示着人类创造和拥有的物质财富的数量和质量,体现着一个国家、一个民族经济技术发展程度和人民物质生活水平。精神文明是以社会文化发展水平为标志,解决的核心问题是人与社会的关系,反映着人类了解社会、改造社会、服务社会、发展社会的认识水平和实践能力,显示着人类创造和拥有的精神财富的数量和质量,体现着一个国家、一个民族文化艺术发展程度和人民精神生活水平。政治文明,也可以叫制度文明,是以社会制度、社会体制、社会机制为标志,解决的核心问题是人与人的关系,反映着人类自我意识、自我改造、自我调整、自我提高的认识水平和实践能力,显示着人类创造和拥有的制度财富的数量和质量,体现着一个国家、一个民族民主法制发展程度和人民政治生活水平。

人类社会三大文明之间总是相互联系、相互作用、相互促进的,不可偏废,更缺一不可。在人类社会文明体系中,社会先进生产力的发展能够为精神文明和政治文明提供坚实可靠的物质基础、物质前提,推动精神文明和政治文明的发展和进步;社会先进文化的繁荣,能够为物质文明和政治文明提供坚实可靠的精神动力、道德支持,促进物质文明和政治文明的发展和进步;最广大人民利益的满足能够为物质文明和精神文明提供坚实可靠的社会力量、制度资源,保证物质文明和精神文明的发展和进步。三大文明之间当然不是均衡发展、齐头并进的,也不完全是界限分明、一清二楚的。一般地说,物质文明是基础,精神文明是动力,政治文明是保证。"三个代表"从人类三大文明领域及其历史成果的发展、转化与应用的高度,从新世纪党要完成的三大历史任务的高度,从全面实现第三步战略目标的高度,深刻揭示了当代中国改革发展的成功方向,集中表达了我们党的执政责任、执政决心和执政信心,充分体现了我们党对历史、现实和未来高度负责的精神,对国家、民族和人民高度负责的精神,对事业、组织和党员高度负责的精神。

无数事实证明,一个对自己的历史、现实、未来了解得非常透彻的党,一个对面临的形势、任务、机遇、挑战分析得非常清晰的党,一个对自己制定的路线、方针、政策、措施把握得非常深刻的党,绝对不会被大众所反对,绝对不会被历史所抛弃,绝对不会被时代所淘汰,绝对不会被堕落所葬送。相反,一个丧失起码道德自觉的党,一个缺乏崇高政治追求的党,一个没有现代执政理念的党,如何能够凝聚内部力量,吸引外部力量呢?如何能够取得执政地位和执政资格呢?即使已经成为执政党又如何能够长期担负起管理国家、领导人民、振兴民族的重大历史责任呢?又怎么能够谈什么前途、什么威信、什么希望呢?又怎么能够不丧失自己的政治前程和政治生命呢?

总之,"三个代表"与"以德治国"之间存在着内在的本质联系。"三个代表"重要思想是"以德治国"方略提出的理论根据和思想前提,"以德治国"思想是"三个代表"重要思想的深化和拓展;实施"以德治国"方略是"三个代表"重要思想的必然要求,党始终做到"三个代表"是实施"以德治国"方略的政治基础和根本保证。也可以说,"三个代表"实际上是社会主义道德价值目标的高度概括,"以德治国"方略是实现"三个代表"的重要途径。

三、始终坚持"三个代表",确保"以德治国"方略的贯彻落实

要把中国的事情办好,关键取决于我们党,取决于党的思想、作风、组织、纪律状况和战斗力、领导水平。实施"以德治国"方略,更离不开党的领导,特别是离不开加强和改进党德党性党风建设,离不开党始终坚持"三个代表"、实践"三个代表"、做到"三个代表"这一根本前提。

中国共产党不仅居于政治权力体系的核心地位,发挥治国的主导作用,而且也居于社会道德建设体系的核心位置,发挥着价值的主导作用。作为执政党,我们党可以凭借自己高尚的道德思想和出色的道德实践树立道德形象,影响和带动广大人民群众;也可以凭借自己制定和实施的一系列正确路线、方针、政策和措施,倡导和推行符合人类自律精神的道德原则和道德规范;还可以凭借自己的执政过程和领导过程,推动和促进整个社会的道德建设。因此,"以德治国",必须首先提高全党的道德素质,增强全党的道德意识,充分发挥党的主导作用。这是推进全社会道德建设的关键所在。只要党的风气搞好了,党员特别是领导干部带头奉行社会主义道德原则和道德规范,依法行使和运用手中的权力,全心全意为人民服务,就可以为全社会作出榜样、作出表率,广大人民群众就会向党学,跟党走,遵守社会道德规范,维护正常社会秩序,形成良好社会风气。只有这样,"以德治国"的方略才能真正落到基层,变为现实。当前和今后一个时期,正确认识和处理"以德治国"与"三个代表"的关系,关键是要深刻理解和准确把握"三个代表"对我们党创新执政理念、强化执政道德、履行执政责任的重大指导意义,切实严格按照"三个代表"的要求,把党建设好、管理好、发展好。

1. 实施"以德治国"方略,我们党必须始终坚持和做到"三个代表"。这是认真总结党和国家发展历史经验而得出的正确结论。我们党已经走过八十年的光辉历程,赢得了全国各族人民的衷心爱戴和坚决拥护。回顾和总结这一不平凡的奋斗历史,我们党为什么能够赢得人民的拥护,赢得执政的地位,赢得事业的发展,就在于我们党作为中国工人阶级的先锋队,在革命、建设、改革的各个历史时期,总是代表着中国先进社会生产力的发展要求,代表着中国

先进文化的前进方向,代表着中国最广大人民的根本利益,并通过制定一系列正确的路线方针政策,为实现国家和民族的根本利益不懈奋斗。

以毛泽东为代表的第一代中国共产党人,把马克思主义与中国革命实践相结合,开辟了农村包围城市,最终夺取城市、占领城市的武装革命的正确道路,胜利完成了民族独立、人民解放、建立共和国的民族民主革命使命,大大解放了中国社会生产力,赢得了全国各族人民的热烈拥护和衷心爱戴。以邓小平为代表的第二代中国共产党人认真总结历史经验,把马克思主义与中国建设实践和时代特征相结合,开辟了建设有中国特色社会主义现代化道路,成功实行了改革开放和建立社会主义市场经济体制的正确政策,顺利实现了国家现代化建设的第一步和第二步战略目标,大大解放和发展了中国社会生产力,赢得了全国各族人民的热烈拥护和衷心爱戴。正如江泽民所指出的那样:没有邓小平同志领导我们党坚持贯彻解放思想、实事求是的思想路线,坚持改革,锐意创新,就没有今天我们党和国家事业发展的大好局面。以江泽民为核心的党的第三代中央领导集体,高举邓小平理论伟大旗帜,把马克思主义与当代中国社会主义现代化建设新阶段和世界科技革命发展新趋势相结合,提出了"三个代表"和"以德治国"的重要思想,带领全国各族人民正在向第三步战略目标大踏步地迈进,已经并将继续大大解放和发展中国社会生产力,赢得全国各族人民的热烈拥护和衷心爱戴。当然,在新的历史条件下,我们党如何更好地代表中国先进社会生产力的发展要求,如何更好地代表中国先进文化的前进方向,如何更好地代表中国最广大人民的根本利益,是需要全党同志继续思考、深入研究、科学回答的重大而紧迫的政治课题。

2. 实施"以德治国"方略,我们党必须始终按照"三个代表"的要求,大胆创新执政理念。江泽民指出:"始终代表中国先进社会生产力的发展要求、代表中国先进文化的前进方向、代表中国最广大人民的根本利益,是我们党的立党之本、执政之基、力量之源。"这是我们党紧密结合国内外形势的新变化,紧密结合我国社会生产力的新发展,紧密结合经济体制深刻变革的新实际,紧密结合人民群众对物质文化生活质量提出的新要求,紧密结合我们党员干部队伍发生重大变化的新情况,进行战略思考得出的重大结论,是对 21 世纪我们党执政理念的高度概括。"以德治国",最重要的是全党同志特别是高级领导干部要认真学习和深刻领会"三个代表"重要思想的精神实质,自觉贯彻落实

"三个代表"重要思想包含的全部要求,把建设有中国特色社会主义伟大事业不断推向前进。

一个政党怎么样才能取得并长期保持执政地位?归根到底,靠的是自身的凝聚力、战斗力、影响力,靠的是正确的路线、方针、政策,靠的是先进、公正、合理的政治形象,靠的是对民族利益、人民幸福、国家强盛作出的贡献。一句话,靠的是人心向背、符合趋势、顺应潮流。而不是靠组织形式、政治权力、强制手段、暴力机器。迄今为止,政治统治、政治领导,离开或放弃暴力机器和强制手段是不行的,而完全依赖使用暴力机器和强制手段也是不行的。暴力机器和强制手段适用于一定历史条件下夺取政权的革命行动,适用于一定社会背景下发生的特殊政治事件的处理过程,适用于尖锐的阶级矛盾、激烈的社会冲突发生之际,适用于处罚各种违法犯罪行为,而绝不适用于领导和治理国家的大量的、经常的、普遍的公共事务,绝不适用于统治阶级和统治集团的内部矛盾。一个执政党如果缺乏各类人才,缺乏创新能力,缺乏政治信誉,缺乏决策程序,缺乏完善体制,缺乏监督机制,就会无所作为,整体腐化堕落,就会丧失党心、丧失民心,就会自动退出历史舞台。没有哪一个党在完全背离人类社会历史前进方向,违反当代世界发展潮流的状态下,还能够长期稳定地执政下去,领导下去。

一个政党要想长期领导和执政下去,还必须适应形势发展变化的要求,及时调整原有政策,正确制定新的政策,不断开拓进取,勇于创新,研究新情况,解决新问题,探索新方法,总结新经验,创造新业绩,而绝不能思想僵化、因循守旧、固步自封、夜郎自大。江泽民指出:"在新的历史条件下,我国社会生活发生了广泛而深刻的变化,社会经济成分、组织形式、利益分配和就业方式等的多样化将进一步发展。这必然会给我国政治、经济、社会、文化生活带来深刻影响,给我们党执政和领导各项事业提出新的更高要求。充分认识和准确把握我国社会已经和正在发生的深刻变化,对加强新时期党的建设具有重大意义。"在新的历史条件下,我们党必须按照"三个代表"的要求,进一步增强党的凝聚力和战斗力,进一步解决党内存在的突出问题,进一步提高执政水平和领导水平,进一步创新执政理念和执政道德。这样,我们党就能在错综复杂的局势面前,保证中国社会主义现代化建设的顺利进行,就能在激烈的国际竞争中始终立于不败之地,就能在多样化的价值选择中永远得到全国各族人民的衷心拥护并带领人民不断前进。

3. 实施"以德治国"方略,我们党必须始终坚持做到以"三个代表"为根本指导思想,保证和促进各项工作任务的完成。在迈向新世纪的伟大征程中,我们党面临的和可能遇到的矛盾、困难和问题很多很多,而且往往错综复杂、相互交织,但归根到底,是要正确认识和处理新的历史条件下解放和发展社会生产力与调整完善生产关系,根据经济基础发生的深刻而广泛的变化,自觉改革和调整上层建筑中不相适应的部分。各级党组织和党员干部在贯彻执行党的理论、路线和方针政策时,在从事的各项事业和工作中,务必牢记并认真落实"三个代表"的要求,时刻以"三个代表"为标准,衡量和检验我们所制定的政策、采取的措施、所做的工作,是不是符合"三个代表"的要求,是不是体现了"三个代表"的精神。凡是符合的,就毫不动摇地坚持;凡是不完全符合、需要调整补充的,就要积极调整补充;凡是不符合的,甚至是背离的,就要勇于实事求是地加以纠正。

什么是"三个代表"的标准?如何以"三个代表"重要思想为指导推动党的建设理论和实践的深入发展?怎样以"三个代表"要求为准绳,严格约束和激励每个党员的思想和行为?江泽民在视察广东时发表的"三个代表"的重要讲话中作了全面而准确的精辟阐述。他指出:"因为我们党是代表先进生产力的发展要求的,所以全党同志的一切奋斗,归根到底都是为了解放和发展社会生产力,党的一切方针政策都要最终促进社会生产力的不断发展,促进国家经济实力的不断增强;因为我们是代表先进文化的前进方向的,所以全党同志必须始终坚持马克思主义为指导,努力继承和发展中华民族的一切优秀文化传统,努力学习和吸收一切外国的优秀文化成果,从而不断地创造和推进有中国特色社会主义文化,使社会主义物质文明和精神文明协调发展,使社会全面进步;因为我们是代表最广大人民群众的根本利益的,所以全党同志的一切工作都是全心全意为人民服务的,都是为了实现好、发展好和维护好人民的利益,任何脱离群众、任何违反群众意愿和危害群众利益的行为,都是不允许的。"江泽民的这一论述,是对"三个代表"重要思想内涵和外延的科学表述,也是全党全国学习贯彻"三个代表"重要思想的理论根据和行为准绳。

全党同志特别是高级领导干部一定要用"三个代表"的重要思想指导自己的思想和行动。党的各项工作一定要坚持、体现和贯彻"三个代表"的全面要求。全党一定要按照江泽民的重要讲话精神,切实把"三个代表"的要求落实到坚定正确地执行党的路线方针政策中去,落实到党的各项工作中去,落实到建设一支高素质干部队伍中去,落实到从严治党中去。只要我们党始终不渝地这样做下去,就一定能够解决不断提高领导水平和执政水平、增强拒腐防变和抵御风险能力两大历史性课题;就一定能够在切实加强社会主义法制建设、"依法治国"的同时,大力推进社会主义道德建设、"以德治国",保证物质文明与精神文明的协调发展;就一定能够带领全国各族人民艰苦奋斗、开拓进取,战胜前进道路上可能遇到的各种风险和困难;就一定能够达到国家现代化建设的第三步战略目标,把我国建设成为繁荣、民主、富强的社会主义现代化国家,最终实现中华民族的伟大复兴。

推进公民道德建设的纲领性文件

——《公民道德建设实施纲要》十问*

一、党中央印发《公民道德建设实施纲要》的 时代背景和重大意义是什么?

最近,党中央印发了《公民道德建设实施纲要》(以下简称《纲要》)。这是全国人民精神生活的一件大事,是思想道德建设的一件大事,是宣传思想战线的一件大事,标志着我国社会主义道德建设伴随新世纪的脚步进入了一个更加成熟、更加理性、更加自觉的发展时期。

《纲要》的颁布实施,是贯彻落实"三个代表"重要思想和"依法治国同以德治国紧密结合起来"基本治国方略的重大举措,是党中央适应形势发展要求专门就加强和改进道德建设工作作出的重大决策,是建立与发展社会主义市场经济相适应的社会主义道德体系的基础性工程,必将极大地动员全党全社会各方面力量,关心、支持、参与道德建设,加快社会主义道德建设的历史进程,为社会主义改革开放和现代化建设提供强大精神动力和思想保证。

《纲要》共八个部分,四十条,八千多字,系统总结了党的十一届三中全会特别是党的"十四大"以来社会主义道德建设的新经验、好做法,客观分析了公民道德建设面临的新情况、新问题,深刻阐述了加强和改进公民道德建设的重要性和紧迫性,明确提出了公民道德建设的指导思想和方针原则,对公民道德建设的主要内容、方法途径、组织领导等方面作出了切合实际的具体规定。

《纲要》回答了当前和今后一个时期公民道德建设迫切需要解决的重大

---

* 本文曾发表在中宣部《时事报告》2001 年第 11 期,全文转载于中央国家机关工委宣传部编《学习参考资料》2001 年第 24 期。

理论和实践问题,反映了广大人民群众对建立社会主义新型人际关系的强烈愿望,体现了我们党代表中国先进文化前进方向的根本要求,既继承中华民族传统美德和革命传统道德,又顺应时代发展趋势和世界发展潮流;既总结新时期党领导人民进行道德建设的成功经验,又借鉴各国道德建设的有益经验和文明成果,初步勾画和描绘了社会主义初级阶段道德建设体系的主要内容,是党和人民在伦理道德领域进行理论创新与实践创新取得的重要成果,是新世纪全面推进社会主义道德建设的纲领性文件。

我们党历来重视社会主义思想道德建设,始终把它作为社会主义建设事业的重要组成部分。毛泽东、邓小平、江泽民,作为党的三代中央领导集体的核心,对道德建设问题作过大量论述,深刻阐述了道德建设的重要地位和作用、指导思想、方针原则、主要内容和基本途径,构成了我们党一脉相承、一以贯之,与时俱进、开拓创新的道德思想体系。江泽民高举邓小平理论伟大旗帜,不断进行理论创新和实践创新,把我们党对这一问题的认识推向新的高度,明确提出了"依法治国同以德治国紧密结合起来"的基本治国方略,为制定、颁布和实施《纲要》指明了正确方向。1999 年以来,江泽民先后多次集中阐述道德建设问题,反复强调加强社会主义道德建设的重要性。

党的十一届三中全会特别是"十四大"以来,党中央始终坚持两手抓、两手硬,采取一系列重大措施,不断加强和改进精神文明建设、思想政治工作和思想道德建设。1986 年党的十二届六中全会通过了《中共中央关于社会主义精神文明建设指导方针的决议》,1994 年中共中央批转了《爱国主义教育实施纲要》,1996 年十四届六中全会通过了《中共中央关于加强社会主义精神文明建设若干重要问题的决议》,1999 年下发了《中共中央关于加强和改进思想政治工作的若干意见》。在这些文件中,关于道德建设的内容、要求占着十分重要的分量,有力推动和促进了社会主义道德建设,使全国各族人民的精神面貌和思想道德呈现出积极健康向上的发展态势。爱国主义、集体主义、社会主义思想日益深入人心,为人民服务精神不断发扬光大,崇尚先进、学习先进蔚然成风,追求科学、文明、健康生活方式已成为人民群众的自觉行动,社会道德风尚发生了可喜变化,中华民族的传统美德与体现时代要求的新的道德观念相融合,成为我国公民道德建设发展的主流。

当然,我们必须清醒看到,由于各种因素的影响,道德建设领域还存在不少问题,有的还相当严重,必须引起全党全社会的高度重视。这主要是指:个别地方、部门和单位的领导工作中,忽视思想道德建设,忽视精神文明建设,"一手比较硬、一手比较软"的问题还没有得到根本解决。一些领域道德失范,是非、善恶、美丑、荣辱界限混淆,拜金主义、享乐主义、极端个人主义有所滋长,见利忘义、损公肥私行为时有发生,不讲信用、欺诈活动成为社会公害。封建迷信活动和黄赌毒等社会丑恶现象沉渣泛起,直接危害青少年身心健康的东西屡禁不止,腐败现象在一些地方蔓延,党风、政风受到很大损害。个别人国家观念淡薄,对社会主义前途发生困惑和动摇,丧失国格、人格,出卖国家和民族利益。对这些问题,人民群众有意见,党员干部有意见,社会各界有意见,国际友人有意见,如果不及时给予高度重视并采取切实有效措施加以解决,必然会损害正常的经济秩序、社会秩序和法律秩序,损害国家改革发展稳定的根本大局。《纲要》的颁布实施,是党中央巩固和发展已有成果,针对道德领域新情况、新问题,专门就加强和改进道德建设采取的重大措施、作出的总体部署。这是非常及时的,非常必要的。

发展社会主义市场经济是一场深刻的社会变革,已经和正在引起人们精神的深刻变化。随着人们思想行为独立性、选择性、多变性、差异性的明显增强,意识形态领域异常活跃,各种观念大量涌现,正确的思想与错误的思想相互交织,进步的观念与落后的观念相互影响,这是不可避免的。但是,作为社会、国家、执政党来说,我们必须牢牢把握正确导向,扬善惩恶,扶正祛邪,奖勤罚懒,激浊扬清,保证和促进社会主义市场经济的健康发展,积极推进与发展社会主义市场经济相适应的社会主义道德体系建设。

当今世界,国际竞争日趋激烈,科学技术日新月异,我们面临难得的历史机遇,也面临严峻的挑战。一个国家和民族的发展,不仅取决于经济发展水平,而且取决人民综合素质。道德是一个民族素质的灵魂和核心。颁布实施《纲要》,不仅能够更好地引导人们的思想,规范人们的行为,而且能够更好地在全社会大力倡导自立意识、竞争意识、效率意识、民主法制意识和开拓创新精神,提高全民素质,增强民族凝聚力、创造力和战斗力,激励人们为实现中华民族的伟大复兴而奋斗。

二、《纲要》的主要特点是什么?

形成与发展社会主义市场经济相适应的社会主义道德体系,是一个长期、复杂、艰巨的历史过程。在计划经济向市场经济转变的过渡时期,一些旧的道德观念和道德规范已经不合时宜,成为经济发展、社会进步的障碍;一些新的道德观念和道德规范显示了强大生命力,但尚未成为人们普遍奉行的行为准则;随着社会实践的发展,还会不断产生新的道德观念和道德规范,还会不断碰到新旧道德的矛盾和冲突。《纲要》涵盖了社会生活的各个领域,又没有刻意构造完美无缺的道德体系,也没有试图通过一个文件解决道德建设的所有问题。《纲要》的着眼点和着力点,是如何加强和改进道德建设工作,推动和促进社会主义道德体系的建立、完善和发展,具有鲜明的时代特征和内容特点。

第一,体现了继承与创新的统一。道德是一个历史范畴,具有继承和兼容的特性。中华民族拥有五千年文明历史,积累了丰富的伦理思想和价值观念,形成了具有独特内容和风格的传统美德。这是中华民族绵延不衰、自强不息、团结统一的强大精神纽带和精神动力,是中国人民最为宝贵的精神财富和文化遗产,我们必须倍加珍重,认真继承,大力弘扬。同时,伴随着世界格局和国际形势的变化,伴随着新科技革命和信息社会的到来,伴随着我国改革开放和现代化建设的发展,人们的价值观念、道德意识、思想认识、行为方式已经或正在发生深刻变化,只有与时俱进,研究新情况,解决新问题,创造新经验,吸收世界一切有益的文明成果,公民道德建设才能有所作为,有所前进。《纲要》既要求继承中华民族几千年形成的传统美德,发扬我们党和人民在长期革命斗争与建设实践中形成的优良传统道德,积极借鉴世界各国道德建设的成功经验;又要求在全社会大力宣传和弘扬解放思想、实事求是,紧跟时代、勇于创新,知难而进、一往无前,艰苦奋斗、务求实效,淡泊名利、无私奉献的时代精神,使公民道德建设既体现优良传统,又反映时代特点,始终充满生机与活力。

第二,体现了理想与现实的统一。理想与现实的关系,理论与实践的关系,目标与过程的关系,是道德建设必须正确认识和解决的基本矛盾。这个问题解决不好,非常容易脱离实际,非常容易犯错误。江泽民指出:全党同志既要树立共产主义的远大理想,坚定信念,以高尚的思想道德要求和鞭策自己,更要脚踏实地地为实现党在现阶段的基本纲领而不懈努力,扎扎实实地做好现阶段的每一项工作。忘记远大理想而只顾眼前,就会失去前进方向;离开现实工作而空谈远大理想,就会脱离实际。《纲要》正是以这一重要思想为指导,坚持最低纲领与最高纲领的统一,明确指出,公民道德建设要把先进性要求与广泛性要求结合起来,从实际出发,区分层次,着眼多数,鼓励先进,循序渐进。积极鼓励一切有利于国家统一、民族团结、经济发展、社会进步的思想道德,大力倡导共产党员和各级干部带头实践社会主义、共产主义道德,引导人们在遵守基本行为准则的基础上,不断追求更高层次的道德目标。

第三,体现了原则与规范的统一。道德原则和道德规范,是道德内容的层次划分。道德原则是道德的价值取向,道德规范是道德的具体体现。只有原则,道德就会成为一般号召;只有规范,道德就会迷失方向。《纲要》注意把握道德原则与道德规范之间的内在联系,既阐明了现阶段我国公民道德建设的指导思想和方针原则,又提出了现阶段我国公民道德建设中必须大力倡导的基本道德规范和主要道德规范。《纲要》用八十个字概括了当前和今后一个时期在全社会大力提倡的道德规范。这就是二十字基本道德规范即"爱国守法、明礼诚信、团结友善、勤俭自强、敬业奉献",以"文明礼貌、助人为乐、爱护公物、保护环境、遵纪守法"为主要内容的二十字社会公德规范,以"爱岗敬业、诚实守信、办事公道、服务群众、奉献社会"为主要内容的二十字职业道德规范,以"尊老爱幼、男女平等、夫妻和睦、勤俭持家、邻里团结"为主要内容的二十字家庭美德规范。

第四,体现了自律与他律的统一。道德包含着主观和客观两个方面的内容,推进公民道德建设,需要公民个人和社会的共同努力。加强公民道德建设,既要注意引导公民加强道德修养,从我做起,从现在做起,从点滴做起,自觉履行公民的权利和义务,养成良好的道德习惯;又要注意依靠乡规民约、公众舆论、社会监督、行政手段、政策措施和法律制度,形成规范和约束人们思想行为的有效机制;特别是要注意把道德自律与道德他律有机结合起来,不断促进他律向自律的转化。《纲要》指出:必须综合运用各种手段,把提倡与反对、引导与约束结合起来,通过严格科学的管理,培养文明行为,抵制消极现象,促进扶正祛邪、扬善惩恶社会风气的形成、巩固和发展。逐步建立和完善社会管理与道德教育,他律与自律相互补充、相互促进的运行机制,更有效地引导人们的思想,规范人们的行为。

第五,体现了任务与方法的统一。《纲要》从我国历史和现实国情出发,概括了当前和今后一个时期我国道德建设的主要内容,即社会主义道德建设要坚持以为人民服务为核心,以集体主义为原则,以爱祖国、爱人民、爱劳动、爱科学、爱社会主义为基本要求,以社会公德、职业道德、家庭美德为落脚点。在公民道德建设中,应当把这些主要内容具体化、规范化,使之成为全体公民普遍认同和自觉遵守的行为准则。这一表述充分体现了社会主义道德建设的本质要求,是我们党所一贯坚持和提倡的道德观、人生观、价值观,关键在于如何抓好落实,如何把工作引向深入。《纲要》在明确公民道德建设的指导思想、方针原则和主要内容的基础上,重点放在"实施"上,放在"工作"上,放在增强工作针对性和实效性,增强工作感染力、影响力、渗透力、说服力上。在教育方面,强调充分发挥家庭、学校、机关、企事业单位和社会各方面的不同优势和作用。在实践方面,强调在各项创建活动中突出道德内涵,强化道德要求。在阵地方面,强调充分发挥大众传媒和文学艺术的感染力、渗透力、影响力、说服力。在条件方面,强调从法制建设、政策引导、规章制度三个层面,为公民道德建设提供社会保障。在领导方面,强调把公民道德建设放在各级党委重要议事日程,狠狠地抓,一天不放松地抓,从具体事件抓起。

三、公民道德建设的指导思想是什么?

《纲要》根据党在社会主义初级阶段的历史任务,适应改革开放和社会主义现代化建设的新形势、新要求,从理论与实践相结合、理想与现实相结合、历史与未来相结合的高度,明确阐述了道德建设必须始终坚持的指导思想和方针原则,首次提出"爱国守法、明礼诚信、团结友善、勤俭自强、敬业奉献"的公民基本道德规范。

一个指导思想。以马克思列宁主义、毛泽东思想、邓小平理论和"三个代表"重要思想为指导,是公民道德建设始终保持正确政治方向的根本保证,是全面加强和改进各项工作的科学依据。"三个代表"重要思想,是马克思列宁主义、毛泽东思想、邓小平理论的继承和发展,是当代中国一切事业取得成功的根本指导,也是公民道德建设的根本指导。在任何时候任何情况下绝不能搞指导思想的多元化。

一个建设方针。坚持党的基本路线、基本纲领,重在建设,以人为本,是公民道德建设服从服务于经济建设这一中心和改革发展稳定这一大局,适应时代发展潮流的内在要求。这一方针也充分体现了江泽民在 2001 年纪念建党 80 周年的"七一"重要讲话中阐述的"推进人的全面发展"的重要思想。人是建设的主体,是道德建设的受益者,又是道德建设的参与者。道德建设只有以人为对象,以人为目的,才能增强针对性和实效性。

一个牢固树立。建设有中国特色社会主义的共同理想和正确的世界观、人生观、价值观,是中华民族团结奋斗的共同思想基础和精神支柱,是现阶段统一人们思想、凝聚各方力量的强大思想武器。建设有中国特色社会主义的共同理想,是共产主义远大理想和目标在当代中国的具体体现,是最高纲领与最低纲领的有机统一。

一个大力倡导。"爱国守法、明礼诚信、团结友善、勤俭自强、敬业奉献"的基本道德规范,是《纲要》的突出特点和重点。

一个根本目标。培养一代又一代有理想、有道德、有文化、有纪律的社会主义公民,是发展建设有中国特色社会主义文化的根本任务,也是社会主义精神文明建设的根本目标。

四、公民道德建设的重要原则是什么?

《纲要》提出公民道德建设的原则有六个坚持:坚持社会主义道德建设与发展社会主义市场经济相适应,坚持继承优良传统与弘扬时代精神相结合,坚持尊重个人合法权益与承担社会责任相一致,坚持注重效率与维护社会公平相协调,坚持把先进性要求和广泛性要求结合起来,坚持道德教育与社会管理相配合。这六项原则既充分体现了社会主义道德的本质和特征,又努力反映了发展社会主义市场经济对道德建设提出的新内容和新要求,具有鲜明的时代精神和时代特色。

马克思主义认为,一定的生产方式必然产生并要求与之相适应的经济体制,一定的经济体制必然产生并要求与之相适应的法律结构和道德结构。道德不仅是经济体制的反映,而且是经济体制建立、发展和完善不可或缺的精神条件和重要因素。没有与之相适应的道德体系,市场经济不可能健康发展。因此,要充分认识社会主义市场经济体制的积极作用,不断增强人们的自立意识、竞争意识、效率意识、民主法制意识和开拓创新精神,在实践中逐步确立与社会主义市场经济相适应的道德观念和道德规范。社会主义市场经济,不是极端个人主义经济,也不是纯粹物质利益关系。为社会提供有效产品和服务,经济主体才能达到逐利的目的;履行社会义务,服从政府管理,才能得到社会的欢迎和公共权力的保护。这就决定任何经济主体在逐利过程中,必然具有社会属性、社会内容,必然纳入社会互动、社会分享的客观过程。这也是道德产生的客观基础和主观前提。《纲要》就如何认识和处理人与人、人与社会的关系提出了原则要求。这就是:要保障公民依法享有政治、经济、文化、社会生活等各方面的民主权利,鼓励人们通过诚实劳动和合法经营获取正当物质利益,又要引导每个公民自觉履行宪法和法律规定的各项义务,树立把国家和人民利益放在首位而又充分尊重公民个人合法利益的社会主义义利观。既要注重效率,又要维护社会公平,使每个社会成员既有平等参与机会又能充分发挥自身潜力。

　　随着世界格局和国际形势的变化,随着新科技革命和信息社会的到来,随着我国改革开放和现代化建设的深入发展,道德建设的条件、环境、对象、内容、方式、手段已经或正在发生变化。与时俱进,研究新情况,解决新问题,创造新经验,公民道德建设才能有所作为,有所前进。《纲要》既明确要求继承中华民族几千年形成的传统美德,发扬我们党和人民在长期革命斗争与建设实践中形成的优良传统道德,积极借鉴世界各国道德建设的成功经验,又要求在全社会大力宣传和弘扬解放思想、实事求是,紧跟时代、勇于创新,知难而进、一往无前,艰苦奋斗、务求实效,淡泊名利、无私奉献的时代精神。既要体现优良传统,又要反映时代特点,始终充满生机与活力。

　　公民道德建设,是做人的工作。人们所处的地位、环境的不同和性格、经历等方面的差异,各自的理想、观念、道德、感情和心理,也必然呈现出层次性、多样性和复杂性,并且随着客观环境、条件的发展变化而不断发展变化,尤其是在改革开放和发展社会主义市场经济的新形势下;人们的思想空前活跃,不同的价值观念相互碰撞。从社会主义初级阶段的实际出发,把先进性要求与广泛性要求结合起来,长远任务与阶段任务结合起来,集体目标与个人目标结合起来,区分层次,有的放矢,循序渐进,逐步提高,才能不断增强针对性和实效性。要大力提倡社会主义、共产主义思想道德,又要鼓励一切有利于国家统一、民族团结、经济发展、社会进步的思想道德,团结和带领不同觉悟程度的人们共同进步。

五、《纲要》提出公民基本道德规范的重要价值和科学内涵是什么?

提出"爱国守法、明礼诚信、团结友善、勤俭自强、敬业奉献"二十字,作为每个公民都应该遵守的基本道德规范,是《纲要》的一个突出特点。提出这一基本道德规范,对于普及道德规范、加强社会主义道德建设,具有十分重要的现实意义。二十字基本道德规范贯彻了以德治国与依法治国相结合的重要思想,提炼了人与自然、人与社会、人与人之间的重要关系,高度概括了社会主义道德规范的主要内容和基本要求,体现了为人民服务道德观、集体主义价值观的基本内涵,贯穿了爱祖国、爱人民、爱劳动、爱科学、爱社会主义的基本要求,涵盖了社会生活的各个方面,是中华民族传统美德、革命优良传统道德和时代精神的高度统一,具有鲜明的时代感和普遍的适用性。二十字基本道德规范符合道德建设的一般规律和特点,使规范简明易行。道德是全体社会成员的内心体验和自觉实践。经验证明,在全社会要倡导一种道德必须以能够为大多数人所理解和接受的方式,进行宣传和推广,做到家喻户晓,人人皆知。这就要求道德规范必须明确、具体、精练,通俗易懂,简明可行。二十个字基本道德规范,正是这方面的典范。提出二十字基本道德规范有利于集中概括社会主义道德的基本精神和基本原则,有利于在全社会大力倡导和推行基本道德要求和道德规范,有利于广大群众理解和掌握每个公民都应该遵循的基本行为准则,有利于营造浓厚社会氛围和进行舆论监督。

"爱国守法、明礼诚信、团结友善、勤俭自强、敬业奉献",作为基本道德规范,具有极为丰富的思想内涵和十分明确的规范内容。全面理解二十字基本道德规范,是学习贯彻《纲要》的重中之重。"爱国",就是热爱祖国,报效人民,维护国家统一,捍卫民族尊严。"守法",就是学法、知法、用法,有法必依,执法必严,违法必究,维护宪法和法律权威。"明礼",就是讲文明,懂礼貌,重礼仪,知廉耻,尊老爱幼,保护环境,遵守秩序。"诚信",就是说老实话、办老实事、做老实人,言行一致,讲信用,守承诺,公平竞争。"团结",就是顾全大局,同心协力,同事和谐,邻里和气,家庭和美,民族和睦。"友善",就是心胸开阔,严于律己,宽以待人,互谅互让,扶危济困,助人为乐,见义勇为。"勤俭",就是艰苦创业,劳动致富,勤俭节约,移风易俗,建设美好家园。"自强",就是志存高远,刻苦学习,提高素质,崇尚先进,不怕困难,积极向上。"敬业",就是干一行,爱一行,钻研业务,增强技能,忠于职守,尽心尽力,形成良好职业习惯。"奉献",就是不计个人得失,承担社会责任,履行公民义务,为社会为人民多做好事。

六、公民道德建设的主要内容是什么?

《纲要》深刻揭示了社会主义思想道德内容的本质特征,指出了社会主义思想道德建设的发展方向,勾画了以为人民服务为核心,以集体主义为原则,以爱祖国、爱人民、爱劳动、爱科学、爱社会主义为基本要求,以社会公德、职业道德、家庭美德为着力点的社会主义道德建设的主要内容。

以"为人民服务"为核心。这是社会主义道德本质的体现,是社会主义制度性质决定的。以为人民服务为核心,就是树立相信人民,依靠人民,为了人民,人民利益高于一切的道德观。有人认为,在市场经济条件下,为人民服务是对党员、干部的要求,不能推广到全体人民,这是一种误解。在我们的社会里,人人都是服务对象,人人又都为他人服务。不论何种岗位,不论能力大小,不论职务高低,都能够而且应该实践为人民服务的道德。

以集体主义为原则。在社会主义社会中,国家、集体和个人的利益在根本上是一致的,如果有矛盾,个人的利益要服从国家和集体的利益。为了国家和集体的利益,为了人民大众的利益,一切有觉悟的先进分子必要时应当牺牲自己个人的利益。这就是集体主义的本质内涵。集体主义是调节各种利益关系的道德原则。如果牺牲集体利益而追求个人利益,牺牲整体利益而追求局部利益,牺牲长远利益而追求暂时利益,结果只能是两败俱伤。

以"五爱"为基本要求。爱祖国、爱人民、爱劳动、爱科学、爱社会主义,是宪法提出的全体中国公民都应该遵守的最基本的道德要求。"五爱"首要的是爱国。中国人民有自己的民族自尊心、自信心、自豪感,以热爱祖国、贡献全部力量建设社会主义祖国为最大光荣,以损害社会主义祖国利益、尊严和荣誉为最大耻辱。爱国主义历来是动员和鼓舞中国人民团结奋斗的一面旗帜,是推动我国社会历史前进的巨大精神动力,是全国各族人民共同的精神支柱。在当代中国,爱国主义与社会主义在本质上是统一的,热爱中国共产党领导下的社会主义中国,是爱国主义的核心。只要一个公民热爱自己的祖国,就会产生博爱人民的高尚情怀,就会产生吃苦耐劳的崇高品质,就会产生学习科学文化的强大动力,就会产生国家认同感和归属感。

以"三德"为着力点。社会、职业、家庭是人们活动的三大空间,社会公德、职业道德、家庭美德,是道德的三大领域。社会主义道德精神和道德原则只有通过"三德"建设,才能具体化、操作化,成为行为准则和道德规范,约束和激励人们的思想行为。"三德"是社会主义道德规范的载体,以"三德"为着力点,符合道德建设的规律和特点,深化了适合不同社会领域的道德建设的内容和要求,使"三德"成为人们在社会公共生活、职业生活、家庭生活中普遍接受和严格遵守的行为准则。

七、如何广泛开展公民道德教育?

要紧紧抓住影响人们道德观念形成和发展的重要环节,坚持不懈地在全体公民中进行道德教育,大力普及道德知识,把建设有中国特色社会主义的思想观念和道德要求不断灌输到全体党员和干部群众的头脑之中,使人们懂得什么是对的,什么是错的;什么是可以做的,什么是不能做的;什么是应该提倡的,什么是坚决反对的。要充分发挥家庭、学校、机关、企事业单位和社会在道德教育方面的不同优势,把家庭教育、学校教育、单位教育和社会教育紧密结合起来,相互配合,相互促进。要特别注意通过加强社会教育,巩固家庭教育、学校教育、单位教育的成果,促进公民道德教育的深化。

八、如何深入开展公民道德实践活动？

要坚持在各种类型的群众性精神文明创建活动中突出道德内涵,强化道德要求,使人们充分认识到每个公民既是道德建设成果的受益者,也是道德建设过程的参与者,从而不断增强自己的责任感,在自觉参与中使思想感情得到熏陶,精神生活得到充实,道德境界得到升华。要广泛深入地开展以"讲文明、树新风"为主题的三大创建活动,党政机关开展的"争先创优、做人民满意公务员"活动以及社会各界组织的"希望工程"、"送温暖"、"志愿者"等公益活动,学习先进典型活动,群众性纪念、庆祝活动,必要的礼仪、礼貌、礼节活动等,有针对性地把社会公德、职业道德、家庭美德的内容细化分解为各项群众性精神文明建设活动的具体标准和条件,引导人们身体力行,通过实践形成人们良好的道德习惯和行为习惯。

九、如何大力营造有利于公民道德建设的社会氛围？

一切思想文化阵地、一切精神文化产品和一切基层文化活动,都要牢牢把握正确导向,充分发挥自身优势,大力宣传代表社会进步、时代发展方向的道德行为和高尚品质,激励人们积极向上,追求真善美;坚决批评各种不道德行为和错误观念,帮助人们辨别是非,抵制假恶丑,为推进公民道德建设创造良好的舆论文化氛围。广播、电视、报纸、刊物等大众媒体,要坚持"团结稳定鼓劲、正面宣传为主"的方针,满腔热情地宣传两个文明建设中涌现出来的、反映新时期道德要求的新事物、新典型。要利用群众喜爱的名牌栏目,加强对社会普遍关注的道德建设热点问题的引导,积极开展舆论监督,针砭时弊。要加大网上正面宣传和管理工作的力度,鼓励发布进步、健康、有益的信息,防止反动、迷信、黄色的内容,引导网络机构和广大网民增强网络道德意识,共同建设网络文明。电影、电视剧、戏曲、音乐、舞蹈、美术、摄影、小说、诗歌、散文等各类文艺作品的创作,要积极反映改革开放和现代化建设的火热生活,热情讴歌人民群众的开拓进取精神和良好道德风貌,以其独特形式和艺术魅力,给人以鼓舞、启迪、欢乐和美的享受。要在各种文艺评论、评介、评奖中,把是否合乎社会主义道德作为一条重要标准,加强对人们审美观念的引导,提倡高雅、健康的审美情趣。坚决制止出版、播映、演出格调低下的作品和节目,依法打击反动、淫秽及各种非法出版物,让健康的文化产品占领阵地。切实加强对娱乐服务场所的监督管理,严厉打击卖淫嫖娼、赌博、吸毒等社会丑恶现象。大力提倡各种形式的社会公益广告,感化人们心灵,优化人文环境。

十、如何为公民道德建设提供法律支持和政策保障?

要按照建设社会主义法治国家的要求,把社会主义道德的有关规范纳入法律、法规,认真抓好全民普法教育,加大执法力度,严厉打击危害社会的各种违法犯罪活动,为公民道德建设提供强有力的法律支持。各地各部门在制定政策时,要体现社会主义精神文明和公民道德建设的要求,保护和支持所有通过正当、合法手段获取个人和团体利益的行为,表彰和奖励有奉献精神、道德高尚的人,努力为公民道德建设提供正确的政策导向。要从实际出发,结合业务工作、事业发展、队伍建设,建立健全各项规章制度,把思想引导与利益调节、精神鼓励与物质奖励统一起来,严格检查,严格考核,严格奖惩,为公民道德建设提供有效的制度保障。总之,各级党委和政府必须始终不渝地坚持"两手抓、两手都要硬"的方针,充分认识新形势下加强公民道德建设的重要性、紧迫性、长期性、艰巨性、复杂性,从基础工作抓起,下决心狠狠地抓,一天不放松地抓。

道德伴你同行[*]

道德,既不高深,也不神秘,更离我们不远。道德,可以说,与人人相关,与事事相随,无处不在,无时不有。每个公民的工作、学习、生活的各个层面、各个环节都贯穿着道德意识、贯穿着价值观念。爱祖国、守法纪,是道德;懂礼貌、讲诚信,是道德;能吃苦、求上进,是道德;好学习、肯动脑,是道德;助人为乐、见义勇为,是道德;尊老爱幼、扶危济困,是道德;团结友爱、善解人意,是道德;崇尚真情、珍视友谊,是道德。总之,道德与你同在,道德与你同行。

道德,是你前进的"目的地"。人生的目的是什么,人活着为什么,这是每个人都必须面对的首要道德问题。现在,我们国家实行市场经济,社会上出现了大量不道德、不健康的思想和行为,并渗透到了家庭、学校和单位中。有的人由于忽视道德品质的培养,往往受这些不良倾向和现象的影响,滋长了个人主义,常常表现得自私自利、心胸狭隘,有的甚至打架骂人、侮辱他人,这是极其有害的,不仅不符合社会要求,也不符合做人的起码准则。人是具有追求真、善、美天性和良心的高级动物。道德是真、善、美的高度浓缩,是人们认识世界、改造世界的强大思想武器。只有拥有道德精神和道德原则,才能不断深化对社会、对人生、对事业、对爱情、对自然的理解,正确把握社会产生、发展、变化的一般规律和特殊规律,自觉地朝着人类理性勾画出的理想世界前进,为国家富强和人民幸福而奋斗。

道德,是你前进的"发动机"。在社会历史环境和物质技术条件完全相同的前提下,一个人能不能发展、怎样去发展、发展得如何,最终取决于内在的主观能动性、积极性、创造性,取决于你的精神支柱、精神状态、精神面貌。要想在事业上取得成功,就必须培养一种积极健康向上乐观的心态,培养一种不卑

* 本文于 2004 年 5 月修改完成,未曾发表。

不亢不屈不挠的品格,培养一种开拓进取勇于创新的精神。中国有句古训,叫"行百里者半九十",意思是一个人做事情只有不畏挫折、始终如一、持之以恒,才能取得最后的成功。否则,就会前功尽弃,半途而废。

道德,是你前进的"行路标"。一个人生活在社会当中,总要与他人相处、交往和沟通,总要涉及人与人、人与社会、人与自然的关系。在这个过程中,如何摆正自己的位置,如何处理个人与社会的关系,如何实现自己的价值,这些都是道德问题。人类通过长期社会实践的积累和沉淀,形成了各个领域、各个层次、各个环节、各个阶段上的人生目标、标准、规范和轨迹。这是规划和控制人们思想和行为,促进社会和谐发展的重要保证。一个城市没有交通规划,就会混乱不堪,无法进行正常生活;一个司机或一个市民,不懂交通规则,就可能发生交通事故,造成他人和自己的财产损失,甚至危及自己和他人的生命。因此,一个人要在工作学习生活中全面了解道德规则,自觉遵守道德规则,勇敢捍卫道德规则。道德不仅不会使你失去什么,而且使社会更加和谐健康,也使人获得更多的权利和利益保障。

道德,是你前进的"方向盘"。一位哲人曾经说过,道德是人们心灵的秩序。人们要不断根据自己人生行进过程及其产生的效果、碰到的障碍、出现的问题,及时调整和选择自己的行进方向、行进路线、行进速度,为最终建设公正合理的社会而不懈奋斗,为最终培养心智平衡、言行统一的理想人格不懈努力。在现实中,有的人十分注意自己的人格修养,遇到问题三思而后行,不急不躁,具有很强的适应力、调节力,在集体中树立了良好形象,赢得了他人的信赖和拥护,成为广大公民学习的榜样。也有的人不注意自己言行和修养,心中无数,缺乏定力,遇到一点小事或困难,就怨天尤人,紧张急躁,无所适从,丧失信心,放弃努力,最终一事无成。

道德,是你前进的"交通警"。无论社会生活,还是家庭生活、学校生活,都处在变化之中,都是纷繁复杂的。与之相适应,道德原则、道德规范和道德知识,也是多层次、多结构、多样化的。在社会中,每个人的生活条件、成长经历、出身背景、教育程度和性格状况差别很大,每个人对所有事物的理解和反应往往不尽一致,这就可能发生心理冲撞、感情冲撞、行为冲撞,就可能发生违反道德、违反规则、违反良心的现象和情景。为此,社会就要建立必需的规章制度,就要加强教育引导,必要时,政府和集体还要采取纪律手段和行政手段,对违规的人做出处理。否则,社会生活秩序无法维持,单位工作秩序无法维持,必将妨碍每个人的工作、学习和生活,影响每个人的健康成长和发展前途。每个人都应积极掌握道德武器,通过交流、舆论、氛围、批评、斗争等媒介,让大家都做到扬长避短、扬善惩恶,形成和巩固良好的市风和民风。

只要人人都自觉遵守道德准则,养成良好行为习惯,共同维护社会公共行为准则;只要人人都献出一点爱,多一点同情心,长一点维护高尚道德的勇气,我们就可以创造一个宽松、和谐、向上的社会环境和气氛,最终促进人人全面发展,促进社会协调发展,实现个人的人生理想和价值。

积极关注和培植新理念 *

    理念是启动、指导和支配人们思想行为的深层思想动机和道德力量,理念是在社会实践中产生、形成、发展起来,又长期、稳定、紧紧附着于新的实践活动,在意识形态领域居于十分突出位置的价值观念。与社会实践相对应,社会理念是一种多层次、多结构、多要素构成的复杂精神现象。对这一精神现象的认识,人们还处于探索阶段。但是,通过二十多年来改革开放,建设有中国特色社会主义的伟大实践,我国人民对中国现代化建设的特点和规律,已形成了一些基本看法和基本态度,建立了必要的共识和认同,达到理念的深度和境界。这里,我们把它概括为六大理念:发展理念、信用理念、创新理念、主体理念、生态理念、共赢理念。这些理念的形成和普及将对我国国民素质的提高、民族凝聚力的增强产生深远的影响。精神文明建设必须积极对此加以关注。

    发展理念   发展理念内涵可以理解为:"发展是主题"、"发展是硬道理"、"解决中国所有问题的关键是发展"。当今世界各国之间的竞争,实质是综合国力的竞争。综合国力的竞争,关键在经济,核心在科技,基础在教育,根本在人才。增强综合国力的根本途径是发展,首先是依靠科技发展经济,这是时代潮流,是大势所趋。当代中国,发展是全面发展,是经济、政治、文化共同发展,是东、中、西部均衡发展,是人类社会与生态环境和谐发展。发展与坐而论道、夸夸其谈、搞无谓争论是截然不同的,发展坚持的是实践第一,实践标准,实践过程。我国二十多年的历史经验充分证明,问题只有在实践发展中才能找到解决的答案,认识只有在实践发展中才能奠定统一的基础,国家只有在实践发展中才能积累增强实力。邓小平指出:"不搞争论,是我的一大发明。不争论是为了争取时间干。一争论就复杂了,把时间都争掉了,什么也干不成。不争

---

    * 本文曾发表在辽宁《精神文明建设》2001 年第 5 期。

论,大胆地试,大胆地闯。"他说:"人民,是看实践。人民一看,还是社会主义好,还是改革开放好,我们的事业就会万古长青!"

信用理念　江泽民指出:"没有信用,就没有秩序,市场经济就不可能健康发展。要在全社会强化信用意识,加强公民诚实守信的道德教育。建立严格的信用制度,规范契约关系。各类经济主体都要守法经营。依法严厉打击制假售假、偷税骗税、经济欺诈、恶意逃避债务等行为,创造良好的市场秩序。"讲究诚信,践行诺言,遵守游戏规则,是公众的强烈呼声和共同愿望,这就足以说明大力弘扬信用理念的必要性、重要性和紧迫性。信用是同背信弃义、见利忘义、坑蒙拐骗、假冒伪劣等思想行为根本对立的,是道德范畴,也是法律范畴。提高信用,必须坚持把德治与法治紧密结合起来,把扬善与惩恶紧密结合起来。通过扬善,以其说服力和劝导力,提高社会成员的思想认识和道德觉悟。通过惩恶,以其权威性和强制手段,规范社会成员的行为。

创新理念　"创新是一个民族进步的灵魂,是一个国家兴旺发达的不竭动力。"创新根源于实践的本质属性。特别是在现代社会生活节奏不断加快的背景下,人们随时随地都经受着新事物、新情况、新问题的考验,人类已进入新的世纪,我国已进入全面建设小康社会和加快社会主义现代化进程的新的发展阶段,尤其需要鼓励人们研究新情况,解决新问题,总结新经验,开创新局面;要在理论、体制、科技等各方面积极探索,大胆创新,跟上实践步伐,走在时代前列。创新最重要的是观念创新。观念创新主要包括:由计划经济观念转变为市场经济观念,由单纯经济观念转变为两个文明协调发展观念,由纵向化权力观念转变为网络化权力观念,由约束型道德观念转变为激励型道德观念。

主体理念　所谓主体理念,就是我国古代社会的"以民为本",就是当代社会的"以人为本",尊重人、理解人、关心人,就是人格平等、思想自由、行为自主、责任自负。在市场经济条件下,主体性是个人和组织生存发展的基本要素,是微观社会结构的根本属性。这实质上也是公民生存权和发展权的延伸和转化,是整个社会高效运行的基础和前提,是当代社会价值理念在微观领域的集中体现。主体理念,内含深刻的社会辩证法,是对立面的统一,即个人与社会的统一,个人与集体的统一,自主与监督的统一,权利与义务的统一,权力与责任的统一,它与主观主义、个人主义、无政府主义没有任何共同之处。

生态理念　1972 年,联合国首次召开了旨在保护人类生态环境的世界大会,并在大会通过的《斯德哥尔摩人类环境宣言》中指出:"为了在自然界里取得自由,人类必须利用知识在与自然合作的情况下建设一个良好的环境。"强调:"维护和改善人类环境,已经成为人类的一个紧迫的目标。"号召世界各国政府和人民关怀地球这个小小的行星,保护和改善这一代和将来世世代代的环境,这是人类庄严的责任。如今,热爱环境、保护环境、美化环境,已经成为现代人伦理道德的重要内容,蓝天、碧水、绿地,已经成为积极、健康、向上、文明、科学生活方式的重要指标。随着我国经济和社会的不断发展,越来越多的人们认识到生态环境问题的严重性、紧迫性。生态理念是对环境污染、生态破坏的彻底否定。人改造环境,环境改造人。丰富的自然资源和优美的生态环境,不仅有利于吸引人才和外资,开发旅游,发展经济,增强竞争力,实施可持续发展战略,而且有益于人们身心健康,延年益寿,引导人们陶冶思想情操,升华精神境界。

共赢理念　这一理念是基于效率在现代社会中的特殊地位和作用提出的。效率(效益)是一切社会组织实施行为过程中投入和产出之间的比例关系,投入越少、产出越多,效率越高。高效率是一切社会组织追求的目标,是一切经济社会组织保持强大生命力的关键。但是,任何社会主体在追求效率、提高效率的问题上,都拥有平等的权利和自由。一个组织、一个人的效率,只有与其他组织和个人进行交换才能实现,只有与其他组织和个人改善交换关系才能提高。交换是社会主体为拥有各自所需要的价值或使用价值而从事的互惠互利互助行为,这就是共赢理念产生的现实基础。等价交换、平等交换、公平交换,是对现代交换行为性质的高度概括,是现代交换关系本质的深刻揭示,是现代交换伦理精神的集中体现。竞争对象和交换对象,恰恰是竞争主体和交换主体生存和发展的必要条件,是竞争主体和交换主体增强素质、完善机制、加强管理、改进工作的强大压力。市场经济就是依靠这一机制,使社会主体源源不断地生成追求效率、实现效率、提高效率的内在动力,使经济发展和社会进步始终保持旺盛的生机与活力。共赢理念是发展社会主义市场经济的伦理基础和道德前提。人们在经济交换和社会交换过程中必然会发育、培养和成长出宽怀、包容、理解、原谅、吸纳的社会态度和伦理精神。共赢理念是共同富裕理想在现实精神生活领域的具体化、引申化和通俗化。共赢同嫉贤妒能、盲目攀比、相互拆台的思想行为,是根本不相容的。

为人民服务

——社会主义道德建设的核心*

　　党中央印发的《公民道德建设实施纲要》(以下简称《纲要》)明确提出："从我国历史和现实国情出发,社会主义道德建设要坚持以为人民服务为核心,以集体主义为原则,以爱祖国、爱人民、爱劳动、爱科学、爱社会主义为基本要求,以社会公德、职业道德、家庭美德为着力点。"市场经济条件下还要不要"为人民服务",社会主义道德建设为什么必须坚持"以为人民服务为核心",怎样才能做到"以为人民服务为核心",正确认识和回答这些问题,关系到如何深入学习领会《纲要》的中心思想和精神实质,如何全面准确地把握社会主义公民道德建设的特点和规律,如何建立、巩固和发展社会主义改革开放和现代化建设的道德基础和价值导向等一系列重大理论和实践问题,具有十分重要的现实意义和深远的历史意义。

为人民服务—— 一个意义重大、与时俱进的道德命题

　　众所周知,毛泽东早在半个多世纪以前发表了"为人民服务"这一光辉著作,把"为人民服务"明确作为共产党人的道德准则提到全党面前。随后,在他撰写的《论联合政府》中深刻阐述了"为人民服务"的主要内涵。指出:"全心全意地为人民服务,一刻也不脱离群众;一切从人民的利益出发,而不是从个人或小集团的利益出发;向人民负责和向党的领导机关负责的一致性,这些就是我们的出发点。共产党人必须随时准备坚持真理,因为任何真理都是符合人民利益的;共产党人必须随时准备修正错误,因为任何错误都是不符合人

＊　本文曾发表在江苏《群众》2002 年第 2 期。

民利益的。"也是在这个时候,我们党郑重地把"为人民服务"作为根本宗旨写进了自己的章程,使之成为所有中国共产党人的道德思想和行为准则。这一道德思想和行为准则一提出,就以其强大的精神动力和鲜明的价值导向,激励和鼓舞无数仁人志士为着民族的解放和人民的利益奋斗牺牲,激励和鼓舞无数普通党员群众在工作岗位上默默无闻地辛勤耕耘、无私奉献,雷锋、王进喜、时传祥、张秉贵等都是他们中的杰出代表。

邓小平在领导全国各族人民进行改革开放和现代化建设的历史进程中,高举毛泽东思想的伟大旗帜,继承毛泽东"为人民服务"的光辉思想,反复强调和重申"全心全意为人民服务"问题,并结合新时期道德建设的特点,创造性地提出:每个共产党员不仅要身体力行"为人民服务",而且还要大声疾呼和以身作则地把这种精神推广到全体人民、全体青少年中间去,使之成为中华人民共和国的精神文明的主要支柱,为世界上一切要求革命、要求进步的人们所向往,也为世界上许多精神空虚、思想苦闷的人们所羡慕。他指出:"我们提倡按劳分配,承认物质利益,是要为全体人民的物质利益奋斗。每个人都应该有他一定的物质利益,但是这决不是提倡个人抛开国家、集体和别人,专门为自己的物质利益奋斗,决不是提倡个人都向'钱'看。要是那样,社会主义和资本主义还有什么区别?我们从来主张,在社会主义社会中,国家、集体、个人的利益在根本上是一致的,如果有矛盾,个人的利益要服从国家和集体的利益。为了国家和集体的利益,为了人民大众的利益,一切有革命觉悟的先进分子必要时都应当牺牲自己的利益。我们要向全体人民、全体青少年努力宣传这种高尚的道德。"在邓小平看来,社会主义的本质是解放和发展生产力,实现全体人民的共同富裕。世界观的重要表现是为谁服务,"为人民服务"集中反映了我们党一贯倡导的正确的世界观、人生观、价值观和道德观。在改革开放和发展社会主义市场经济的新形势下,"为人民服务"被注入了新的时代内涵,并迫切需要把这一核心价值观向全社会推广开来。一切思想行为都应以人民利益为最高准则,以"人民拥护不拥护"、"人民赞成不赞成"、"人民高兴不高兴"、"人民答应不答应"作为道德价值的衡量尺度和标准。

以江泽民为核心的党中央,高举毛泽东思想和邓小平理论的伟大旗帜,继承和发展"为人民服务"的光辉思想,并赋予它新的时代内涵和时代精神。特别是"三个代表"重要思想的提出,把"为人民服务"的理论和实践推向了一个新的高度。全心全意为人民服务,立党为公,执政为民,是我们党同一切剥削阶级政党的根本区别。在任何时候,党都必须坚持尊重社会发展规律与尊重人民历史主体地位的一致性,坚持为崇高理想奋斗与为最广大人民谋利益的一致性,坚持完成党的各项工作与实现人民利益的一致性。"三个代表",归根到底是代表中国最广大人民的根本利益,归根到底是"为人民服务"。人民群众是先进生产力和先进文化的创造主体,也是实现自身利益的根本力量。不断发展先进生产力和先进文化,归根到底都是为了满足人民群众日益增长的物质文化生活需要,不断实现最广大人民的根本利益。

我们党的历史,就是全心全意为人民服务的历史。江泽民指出:"八十年来我们党的一切奋斗,归根到底都是为了最广大人民的利益。"在革命战争年代,党号召全党同志不怕牺牲、前赴后继地为革命的胜利而英勇斗争。新中国成立后,党告诫全党同志谦虚谨慎,戒骄戒躁,永远保持艰苦奋斗的革命精神。在新的历史时期,党要求全党同志必须经得起改革开放和执政的考验,带领人民群众为实现社会主义现代化而勤奋工作。所有这些,都是为了不断实现好、维护好和发展好最广大人民的利益,始终保持党同人民群众的血肉联系。因此,我们党在任何时候任何情况下,与人民群众同呼吸共命运的立场不能变,全心全意为人民服务的宗旨不能变,坚信群众是真正英雄的历史唯物主义观点不能丢。

在相当长的时间里,"为人民服务"主要是作为中国共产党人的道德观和行为观,没有被明确为社会主义道德建设的核心。党的十四届六中全会第一次提出了"社会主义道德建设要以为人民服务为核心"这一重要命题。江泽民在党的"十五大"报告和一系列重要讲话中都反复强调了社会主义道德建设和道德教育必须"以为人民服务为核心"的要求。这次党中央印发的《纲要》又一次强调,"社会主义道德建设要坚持以为人民服务为核心","为人民服务作为道德建设的核心,是社会主义道德区别和优越于其他社会形态道德的显著标志"。社会主义道德建设要坚持"以为人民服务为核心",这一表述科学回答了社会主义道德建设的"核心"问题,深刻揭示了社会主义道德的本质和特征,明确指出了社会主义市场经济条件下道德建设的目标任务和正确方向,是把"为人民服务"思想向全社会推广开来的行动口号,是我们党运用马列主义、毛泽东思想、邓小平理论认识和解决当代中国问题,在社会主义道德建设方面不断进行理论创新和实践创新取得的重大成果,完全符合社会主义初级阶段思想道德发展的现实状况和客观要求。从毛泽东提出为人民服务思想,到邓小平提出人民群众标准,再到江泽民完整提出"三个代表"重要思想,是一脉相承、一以贯之的思想体系,同时反映了我们党解放思想、实事求是,与时俱进、开拓创新,不断发展、不断深化"为人民服务"认识与实践的历史过程。

以为人民服务为核心——社会主义道德建设的本质特征

核心,是任何事物所具备的根本属性,是指一个事物最主要最关键的位置和功能,体现着该事物的本质和特征。任何社会都必然产生和存在贯穿于道德生活各个领域和各个环节的核心价值观,即道德理念、道德精神。核心价值观是道德的本质和灵魂,是一种道德区别于另一种道德的主要标志。道德领域的所有现象,包括道德目标、道德原则、道德内容、道德规范、道德实践、道德意识、道德机制等,都源于核心价值观,决定于核心价值观,体现和反映核心价值观的内在要求。

道德的核心,是为什么人的问题,是如何恰当认识和处理人与人、人与社会、人与自然关系的问题。毛泽东曾经深刻指出:"为什么人的问题,是一个根本的问题,原则的问题。"一个社会的统治阶级必然要利用政治的、法律的、经济的、道德的等种种手段,维护和发展自己的统治地位和阶级利益。道德是一种通过教育和引导,使社会成员形成的自觉自愿为统治阶级服务、为社会和他人服务、为崇高理想和事业服务的献身精神,体现为一种为社会着想、为他人做事、为人类服务的崇高思想动机和实际行动。这是衡量和评价一个人思想行为是否符合道德标准的最根本的标准。所谓不道德,就是一个人无论想什么、做什么,总是从私利出发,替自己打算,向社会索取,侵犯和伤害他人利益,破坏统治阶级的政治秩序、经济秩序、社会秩序和文化秩序。正是从这个意义上,德国著名哲学家、伦理学家康德深刻指出:道德之所以有如此崇高和美好的名声,就是因为它总是伴随着巨大牺牲。

当然,道德的本质意义并不是个人主观愿望和行为选择的结果,更不是脱离了社会经济政治文化完全独立的精神王国。道德首先是社会经济、政治、文化的反映,归根到底,是由社会生产方式和经济基础决定的。社会主义本质上是实现、维护和发展最广大人民根本利益的社会制度。在社会主义社会,人民当家做主,国家利益、集体利益和个人利益的根本一致性,为把"为人民服务"作为调整人与人、人与社会、人与自然等各种关系的社会主义道德建设的核心奠定了客观前提和主观基础,使全体人民和整个社会信仰、奉行"为人民服务"具备了现实可能性。"以为人民服务为核心",是社会主义制度本质和特征在思想道德领域的具体表现,体现了新型社会主义人际关系的特殊属性,体现了社会主义道德建设的最高原则,体现了社会主义道德发展的正确方向。"以为人民服务为核心",就是从社会公共领域,到职业活动领域,到家庭生活领域,都要坚持把全体人民的根本利益放在首位,一切为了人民,一切相信人民,一切依靠人民。这是衡量人们思想行为是否符合社会主义道德要求的根本依据和根本标准。也可以说,"以为人民服务为核心"是社会主义道德最本质、最重要的内涵和特征,把它作为社会主义道德建设的核心,不仅具有深刻的历史背景和时代内涵,而且具有极强的感召力、渗透力、说服力和影响力,必将激励和鼓舞亿万人民为实现中华民族的崇高理想和伟大复兴而不懈奋斗。现在,有人认为,在市场经济条件下,"为人民服务"是对党员、干部的要求,不能推广到全体人民,这种认识是十分幼稚而有害的。在社会主义市场经济条件下,我们不仅不能否认、放弃、贬低"为人民服务"的时代精神和现实价值,而且还要大张旗鼓、旗帜鲜明地宣传、倡导和实行"为人民服务"的世界观、人生观、价值观、道德观,全面自觉地推进"以为人民服务为核心"的社会主义公民道德建设,坚持把人民的根本利益作为出发点和归宿,在社会不断发展进步的基础上,使最广大人民群众不断获得切实的经济、政治、文化利益。只有这样,才能充分发挥和保护人民群众的积极性、主动性、创造性,才能增强社会主义道德建设的吸引力、说服力、影响力,才能为社会主义改革开放和现代化建设提供源源不断的精神动力和强有力的思想保证。

人民群众,作为社会主义道德建设的主体,既是社会主义道德建设的参与者,又是社会主义道德建设的受益者。社会主义道德建设要坚持"以为人民服务为核心",高度浓缩了社会主义道德的各项内容,科学规划了社会主义道德建设的总体格局,贯彻了"三个代表"重要思想的内在要求,继承了中华民族几千年形成的优秀文化传统,发扬了我们党领导中国人民在长期革命和建设实践中创造的优良思想作风,吸收了世界各国在道德发展过程中积累的一切积极成果,反映了社会主义道德建设的特点和规律,展示了新社会、新时代中国人民崭新的道德风貌和精神状态,是社会主义公民道德建设指导思想、方针原则、主要内容的集中体现,是社会公德、职业道德和家庭美德的集中体现,是社会主义公民道德建设的统帅和灵魂。

　　"为人民服务",不仅是一个伦理学的命题,而且是一个社会学的命题,一个政治学的命题,一个历史学的命题。"为人民服务",既是社会主义制度建立、巩固和发展的伦理根据,也是社会主义公民思想行为的道德基础;既是社会主义社会大力倡导的价值导向,也是社会主义公民应该具备的道德品质;既是共产党人追求的崇高境界,也是社会主义公民普遍的行为准则;既是社会主义社会实践活动的道德评价标准,也是激励社会主义公民向着更高目标奋进的强大精神动力。能否在社会主义社会坚持不懈地宣传、倡导和实行"为人民服务"的道德观、世界观、人生观和价值观,关系到社会主义公民道德建设的性质和方向,关系到社会主义市场经济发展的性质和方向,关系到社会主义民主政治发展的性质和方向,关系到社会主义制度发展的性质和方向,关系到个人人生旅程的前途命运,关系到中华民族的前途命运。因为社会主义是人类改造自然、改造社会、改造自身的自觉运动和历史过程。没有坚定正确的政治方向,没有团结奋斗的思想基础,没有追求崇高的精神状态,选择这一伟大运动的民族和国家就难以在长期的历史进程中始终如一、一以贯之地坚持下去,更难以在复杂的形势变化下顺利抵达胜利和成功的彼岸。

为人民服务——社会主义公民应该遵守的行为准则

　　党中央印发的《纲要》明确提出:为人民服务作为道德建设的核心,不仅是对共产党员和领导干部的要求,也是对广大群众的要求。每个公民不论职务高低、能力大小,都能够在不同岗位,通过不同形式做到为人民服务。在新的形势下,必须继续大张旗鼓地倡导为人民服务的道德观,把为人民服务的思想贯穿于各种具体道德规范之中。要引导人们正确处理个人与社会、竞争与协作、先富与共富、经济效益与社会效益等关系,提倡尊重人、理解人、关心人,发扬社会主义人道主义精神,为人民为社会多做好事,反对拜金主义、享乐主义和极端个人主义,形成体现社会主义制度优越性、促进市场经济健康有序发展的良好道德风尚。

宣传贯彻实行"为人民服务"的道德观,要始终坚持社会主义道德建设与发展社会主义市场经济相适应,坚持继承优良传统与弘扬时代精神相结合,坚持尊重个人合法权益与承担社会责任相一致,坚持注重效率与维护社会公平相协调,坚持把先进性要求和广泛性要求结合起来,坚持道德教育与社会管理相配合等六项原则。注意正确理解和处理为人民服务与个人正当利益的关系,为人民服务与无私奉献的关系,为人民服务与职业行为的关系,为人民服务与党德政德示范的关系;为人民服务核心与整个道德建设的关系等等,让"为人民服务"成为富有层次性、多样性、结构性的系统概念。

在我们的社会里,人人都是服务对象,人人又都为他人服务。对于不同利益群体和不同觉悟的人们,为人民服务可以通过不同层次、不同形式表现出来。不论何种岗位,不论能力大小,不论职务高低,都能够而且应该实践为人民服务的道德。毫不利己,专门利人,无私奉献是为人民服务;干一行,爱一行,兢兢业业做好本职工作是为人民服务;热心公益,助人为乐,扶贫济困也是为人民服务。党员干部尤其是各级领导干部坚持倡导并忠实地实践为人民服务的思想,就会对广大人民群众起到巨大的教育、引导和渗透作用,对社会进步产生巨大的影响、促进和推动作用。为人民服务的道德观,过去是、现在是、将来也永远是我国改革开放和社会主义现代化建设的强大精神动力和有力思想保证。总之,"为人民服务",既伟大又平凡,既崇高又普通,既非高不可攀也非轻而易举,社会主义社会的每个公民都可以通过不同层次、不同形式表现出来,是全民应该遵守奉行的普遍行为准则。

未来我国伦理道德发展的特点和趋势 *

　　我国正处于并将长期处于社会主义初级阶段,这是一个由农业向工业,由封闭向开放,由计划经济向市场经济,即由传统向现代全面过渡、转型的特殊历史时期,也是中华民族建设社会主义现代化强国、实现伟大民族复兴的关键历史时期。如何认识和把握这一时期社会伦理道德发展的特点和规律,不断加强和改进思想道德建设、精神文明建设、思想政治工作,提高全民族整体素质和文明水平,关系我国改革发展稳定的大局,关系我国在国际激烈竞争中的胜败,关系党、国家和人民的命运。

　　现代社会与传统社会相比具有以下几个特点:一是以市场经济为取向的现代化发展道路和发展模式;二是以信息科技与生命科技为代表的当代新兴科学技术;三是以分工化、专业化、职业化、网络化为特征的社会组织管理结构;四是以普选、法治、人权为标志的民主政治;五是以普及教育、大众传播、自娱自乐、注重质量为要求的世俗文化。在新的经济、政治、社会、文化变革推动下,人类伦理道德结构也发生了重大变化,出现许多新领域、新特点、新趋势。现代道德与传统道德之间最大的区别表现在人类社会实践价值追求的自觉程度极为不同,并且贯穿于社会实践活动的性质、内容、结构、过程、效果等各个方面、各个环节、各个要素。贯彻《公民道德建设实施纲要》,加强社会主义思想道德建设,既要大力继承和发扬中华民族道德文化的优秀传统,也要正确学习和借鉴世界各国道德发展的优秀成果,还要唤醒和激发人们与时俱进、开拓创新的民族精神和时代精神,创造出适应社会主义市场经济发展要求的新道德、新观念。道德附着和作用于人类社会生产与生活的各个领域,按照事物的

　　* 本文曾发表在黑龙江《文明向导》2002 年第 2 期,全文收入人大复印资料伦理学 2002 年第 12 期。

性质,道德可以区分为:经济伦理、科技伦理、公共伦理、制度伦理、生态伦理、政治伦理和家庭伦理等。在新的世纪,我国伦理道德发展将呈现以下特点和趋势:

第一,经济伦理凸显化。在传统社会,经济伦理的地位和作用是潜在的、弱小的、偶然的。无论原始社会,还是奴隶社会、封建社会,都是自然经济、农业经济、产品经济,这种生产方式使社会经济生活具有相当的稳定性、延续性和重复性,在此基础上产生和形成的君主制、宗族制、分封制、世袭制、土地制等成为现实的、具体的人们利害关系的主要因素。经济行为、经济关系、经济利益相对来说是简单的、明确的,调整社会种种利益关系的手段主要是权力。因此,在传统社会,政治伦理实际上是社会伦理体系的核心,起着主导作用。现代社会经济利益和经济行为在人们日常生活中的地位和作用明显增强,经济组织和经济关系在整个社会结构中的地位和作用明显增强,经济实力和经济发展在综合国力竞争中的地位和作用明显增强。这一趋势,一方面促进人们对经济利益和经济发展给予高度重视和极大关注,另一方面决定社会意识形态结构发生深刻变化,经济伦理的地位和作用被大大提升。经济关系在社会结构中处于基础地位,发挥着基础作用,经济伦理是经济关系的集中反映,是意识化、观念化的表现形态,在社会伦理体系中处于核心或基础的位置,发挥先导和主导的作用。

第二,科技伦理社会化。科学的社会化和社会的科学化,这两种趋势正推动人类社会的全面改革、发展和进步。科学技术是第一生产力,已经不是理论观点问题,而是活生生的现实,为人们所普遍认识。以信息科技和生命科技为代表的当代科学技术,正在迅速、全面、深刻地改变着宇宙的自然面貌、社会的经济面貌和人类的精神面貌。科学知识、科学方法、科学思想和科学精神,不再仅仅是科学家、科学界的"专利"、"美德",而是正在成为整个社会大力普及、倡导、传播、宣传的宝贵财富,正在成为全体社会成员给予尊重、崇尚,积极追求、向往的社会价值和有利资源,正在成为现代人伦理道德观念中十分重要的有机组成部分,并日益为人们普遍接受和身体力行。这一趋势的发展和强化,必将极大地提高人们思想行为的理性因素和自觉程度,增强社会实践活动的科学性、现实性、系统性和前瞻性,提高社会实践活动的成功率、实效性,降低社会成本,实现社会公正。

　　第三，公共伦理大众化。工业化、城市化、社会化使公共生活领域不断扩大，人们在公共场所、公共设施、公共服务等公共区域活动的机会越来越多，传统的私人概念、家庭概念、单位概念、社会概念受到了前所未有的冲击和挑战。传统农民活动的空间是十分有限的，来往的范围是十分有限的，交流的方式也是十分有限的。这种历史和现实的局限性，使农民远离公共生活领域，当他们进入现代公共生活时不知道如何往来，如何相处，如何交流，如何互动，不仅不熟悉公认的行为规则，而且极容易把陈规陋习使用到公共生活领域。在这方面，一个突出的例子就是成千上万的农民进城务工、经商时，首先或经常碰到的是传统价值观、道德观与现代公共伦理的冲突和摩擦。随着我国城市化、现代化、社会化的迅速发展，公共伦理将越来越渗透到改革开放后的城乡各个角落，成为全体社会成员普遍遵守的行为准则和必备的基本道德素质。

　　第四，制度伦理科学化。一个人为什么这样做，而不是那样做？一群人为什么这样做，而不是那样做？对这个问题的解释，要从客观和主观两个方面进行：一方面是从体制、机制、制度对人的思想行为的影响和作用角度进行反思，另一方面要从觉悟、修养、品质对人的思想行为的影响和作用角度进行反思。在传统社会里，体制、机制、制度，往往是单一、稳定的，是人们日常思想行为的既定前提。在这种情况下，人们对思想行为的反思往往把着眼点放在人的主观因素上，放在个人思想品德修养上。体制、机制、制度的深远影响和重要作用被掩盖和忽略了，进而建立、健全、改革和完善制度的使命也容易被人遗忘。"法治国家"，是政治体制改革的现实需要，是国家政治权力运行的现代形态，也是人们伦理道德观念进步的必然结论，也是政治伦理变革与创新的巨大成果。只有从制度与伦理相结合、相统一的角度深刻认识和把握这一口号的时代背景和战略意义，才能真正清醒理解和推进"法治国家"的历史进程。制度不仅是对人们社会行为过程做出的外化的、硬性的规定，而且是一种文化、一种精神、一种价值、一种伦理的主观反映，也是对人们思想行为进行科学规范和正确导向的道德载体和实现途径。制度不再是不可侵犯、永恒不变的既定前提，而是人们对社会行为、社会现象、社会弊端进行反思和改革的重要对象。面对社会腐败现象和严重问题，人们反复提出：为什么腐败分子如此胆大妄为，肆无忌惮，能够得逞？为什么种种腐败行为和丑恶现象屡禁不止，甚至愈演愈烈，大有蔓延之势？为什么制定的大量、详细、具体、严格的规章制度在实际工作中没有被执行,无法被落实? 深入分析一下,除了制度不够完善外,还有什么东西我们没有注意到? 制度是一种伦理的外在体现,伦理是一种制度的内在支持。有制度,没有被规定对象的内化了的道德观念的形成和确立,制度就会形同虚设,不可能得到普遍遵守和执行;当然,有道德观念,没有外化了的制度规定的形成和确立,道德就会失去强有力的物质力量的支撑,就不可能得到全社会的普遍认可和接受。把"依法治国"与"以德治国"紧密结合起来,正是我们党对马克思主义国家学说的新发展,对古今中外治国经验的深刻总结,对世界政治发展趋势的前瞻性预测。因此,"以德治国",必须着眼于制度伦理的研究、宣传和实践。

第五,生态伦理普遍化。人类文明进步正在走向另一个相反的发展历程。在传统社会,文明意味着摆脱自然界的控制和束缚,赋予物质生产和精神生产以人文痕迹;在现代社会,文明意味着接近自然界本身和属性,赋予物质生产和精神生产以自然感觉。什么事情与人的生活、思想、行为关系密切,影响到人的生活、思想、行为的价值意义,什么事情就会被纳入伦理道德范畴,就会产生伦理道德规则,就会开辟伦理道德的新领域。在现代社会里,环境污染、环境破坏、生态失衡,已经成为世界各国经济发展普遍引起关注的热点难点问题;环境卫生、环境绿化、环境质量,已经成为城乡社会文明程度的重要标志;珍惜环境、保护环境、美化环境,已经成为世界各国人民的共同呼声和心愿。

第六,政治伦理民主化。传统社会生活和社会过程是依托国家行政系统组织起来的,具有行政组织、行政方式、行政过程等行政范式的特点。行政范式就是自上而下运作的权力系统和权力体制,下级服从上级、百姓服从官员。在这种社会形态下,政治伦理的首要任务是保持和维护行政权力系统的统一性和稳定性。现代政治生活和政治过程主要是受市场经济范式的重要影响,政治伦理的重要任务是建立和维持经济主体独立、平等、自由地从事经济活动的政治秩序、法律秩序、经济秩序和社会秩序,保证契约双方或多方自觉信守和履行自己的承诺。在我国,政治的核心是我们党作为执政党与群众的关系问题。政治伦理民主化就是发扬社会主义人道主义精神,尊重人、理解人、关心人,保障人的基本权利,促进人的全面发展。江泽民提出的"三个代表"重要思想,归根到底,是全心全意为人民服务,代表、维护和发展好人民的根本利益,充分发挥人民群众建设中国特色社会主义现代化的主动性、积极性和创造性。

　　第七,家庭伦理个性化。在传统社会,家庭不仅是社会的细胞,而且是物质生产和精神生产最基本的单位,也是政治生活、经济生活、文化生活、社会生活的中心。家庭出身、家庭关系、家庭婚姻、家庭生活、家庭状况、家庭风气,不仅是家庭问题、个人问题,也是社会问题、经济问题,有的甚至是严重的政治问题、国际问题。因此,家庭伦理自然在社会伦理体系中占有十分重要的位置。在现代社会,家庭的功能、规模、结构、地位,都发生了深刻变化。家庭不再是主要的生产单位,不再是主要的社会场所,不再是主要的教育组织。在社会分工化、专业化、职业化趋势作用下,家庭将越来越成为核心结构,即主要是以父母与子女两代人建立和组织的家庭,越来越成为单一的私人生活领域和爱情生活载体。现在我国家庭生活方式呈现出多样化的色彩,有的双方财产分而治之,有的按协议管理,有的长期两地分居,有的不准备要孩子,由于各种各样因素的影响,随着我国人口文明素质的提高和社会文明程度的提高,除法律规定外,伦理道德将逐步减少对家庭领域和私人关系、私人感情的干预,使它们成为纯粹私人生活领域,成为自组织和自调节范畴。

弘扬和培育民族精神要把握"三个结合"*

一、弘扬和培育民族精神,必须继往开来、与时俱进, 把继承优良传统与体现时代特征结合起来

民族精神是历史的产物、时代的产物,是随着社会的发展进步而发展进步的。弘扬和培育民族精神,必须把握历史方位,具有世界眼光,反映时代特征,把中华民族的优秀传统和新时期创造的时代精神结合起来。对我国在几千年形成和发展起来的优秀文化传统,对我们党领导全国各族人民在长期革命斗争中形成和发展起来的光荣革命传统,要十分珍视,十分爱护,并结合新的形势认真加以继承和发扬。同时,要根据新的实践和时代的要求,根据人民群众精神文化生活需求的深刻变化,积极进行文化创新,实现民族精神的继往开来、与时俱进。

弘扬和培育民族精神,必须以实现全面建设小康社会奋斗目标和中华民族伟大复兴为出发点和落脚点,贯穿到加快推进改革开放和现代化建设的伟大历程中去,贯穿到繁荣和发展社会主义先进文化的伟大历程中去,贯穿到积极建设社会主义政治文明的伟大历程中去,始终把全国各族人民紧紧团结和凝聚在既继承传统文化之精华又体现时代精神之特征的伟大民族精神的旗帜下。

当前,弘扬和培育民族精神,就要紧密联系抗击"非典"、大力宣传和弘扬各条战线在迎战这场突如其来的重大疫病灾害的斗争中展示出来的"万众一心、众志成城,团结互助、和衷共济,迎难而上、夺取胜利"的伟大民族精神,激

---

* 本文曾发表在中宣部《时事报告》2003 年第 6 期。

励和鼓舞举国上下齐心协力,英勇奋斗,坚决打赢抗击"非典"的攻坚战,确保
实现今年我国经济与社会发展的各项目标。

二、弘扬和培育民族精神,必须从每个人做起、
从现在做起、从点滴做起,把热爱祖国的
豪情壮志与报效祖国的实际行动结合起来

　　人民,是民族精神的孕育者和创造者,也是民族精神的继承者和弘扬者。
只有人民群众的社会实践,才能赋予民族精神强大的生命力和勃勃生机。以
实践活动为载体,吸引群众广泛参与,是新形势下社会主义精神文明建设的成
功经验,也是把弘扬和培育民族精神各项任务落实到城乡基层的基本途径。
要按照贴近实际、贴近生活、贴近群众的要求,在社会实践活动中,推动民族精
神的宣传教育向广度推进,向深度拓展。

　　民族精神是一个多层次、多结构、多要素的系统概念。在现实生活中,民
族精神在不同领域表现为不同内容和不同要求。危难时刻,舍己救人,见义勇
为,需要践行民族精神;攀登理论高峰,攻克科技难关,需要践行民族精神;工
人做好工、农民种好地、战士站好岗,同样需要践行民族精神。干好任何一个
行业,做好任何一项工作,都包含着民族精神,都体现着民族精神,都需要培育
和弘扬民族精神。可以说,每一个炎黄子孙都应该成为民族精神的传播者和
弘扬者,民族精神的建设者和培育者。如果每一个中华儿女都能在自己的日
常工作、学习、生活中身体力行民族精神的要求,任何艰难险阻都无法挡住我
们实现民族复兴的前进脚步。

　　各行各业都应该从自己的实际出发,把弘扬和培育民族精神与事业发展、
行业管理结合起来,开展具有针对性、特色鲜明的实践活动,为广大群众实践
民族精神提供广阔的舞台和参与的机会。要通过开展送温暖、献爱心等社会
公益活动,大力弘扬中华民族团结友善、扶危济困的传统美德,使受助者在活
动中感到民族大家庭的关爱和温暖,使参与者在活动中受到民族精神的教育
和启迪。总之,要把弘扬和培育民族精神贯穿到各行各业、各个部门的实际工
作之中,贯穿到人们日常的工作、学习、生活之中,教育和引导人们增强加快发
展的紧迫感,做好工作的责任感,实现民族复兴的使命感,让以爱国主义为核

心的团结统一、爱好和平、勤劳勇敢、自强不息的伟大民族精神深深扎根于人民大众的心中,并转化为自觉投身改革开放和现代化建设伟大事业的精神动力和实际行动。

三、弘扬和培育民族精神,必须充分发挥各种教育资源的优势和特点,把集中宣传与日常宣传结合起来

弘扬和培育民族精神是一项极为宏大的系统工程。只有坚持发挥和运用各种资源、载体、方式、方法和手段,才能真正弘扬和培育起伟大的民族精神,才能真正发挥伟大民族精神在教育人、激励人、鼓舞人、塑造人方面的重大作用。传播、讴歌民族精神是弘扬和培育民族精神的基础性工作,是宣传思想工作担负的重要使命。一切思想文化阵地、一切精神文化产品,各类主题宣传教育、各类精神文明创建活动,都肩负着宣传教育的任务和责任,必须贯穿民族精神,体现民族精神,弘扬和培育民族精神。

要大力加强中国历史知识的宣传教育,使全体人民了解祖国悠久的历史和灿烂的文化,尤其是近代以来中国人民为争取独立解放、实现民族振兴的奋斗业绩,从民族英雄、仁人志士、革命先烈的高尚品格和感人事迹中汲取力量、陶冶情操。要大力加强基本国情、时事政策、改革开放和现代化建设辉煌成就的宣传教育,引导人们认识到发展是硬道理,是执政兴国的第一要务,坚定走中国特色社会主义道路的信心和决心,解放思想、实事求是,与时俱进、开拓创新,抓住机遇、加快发展,为完成"十六大"提出的各项任务而不懈奋斗。

论伦理道德由传统向现代的历史性跨越[*]

党的十一届三中全会以来,伴随改革开放和社会主义现代化建设事业的不断推进,以及社会主义经济体制、政治体制、社会体制和文化体制改革的不断深化,我国公民道德面貌发生了深刻变化,取得了伟大进步,正在实现着由传统向现代的历史性跨越。

深刻理解伦理道德对于社会发展的重大意义

伦理道德是调整和规范人与自然、人与人、人与社会相互之间关系的价值标准和行为规则。伦理道德在人类社会发展进步中的地位和作用,早就引起中外著名思想家的极大关注,成为历史最悠久、内容最丰富、地位最崇高、影响最深远的精神领域和思想领域。思想家、理论家、科学家,可以说,首先都是伦理学家、道德家。伦理学家、道德家的社会功能和历史使命,就是秉承人类伦理、道德、正义、理想的心灵指令,研究如何增进人类安全、健康、幸福、文明,如何增进社会稳定、和谐、发展、进步。从中国的孔子、老子,到古希腊的柏拉图、亚里士多德等中西思想大师,对人类社会的和平、秩序、正义、公平、信誉、诚实、勤俭、谦逊、良心、宽容、友谊、智慧、耐性、毅力、真、善、美、扶危济困等高尚、理想、永恒的道德主题和伦理价值,给予过大力褒扬和憧憬,对人类社会存在的战争、动乱、虚伪、狭隘、妒忌、偏见、猜疑、粗暴、恃强凌弱、贪赃枉法、愚弄百姓、自私自利、霸道、奸诈、谎言、欺骗、残忍、专横、假、恶、丑等伪道德、反道德现象和思想行为,进行过无情鞭笞和批判。中国古代社会被称之为伦理社会、道德社会。孔孟创立的儒家思想,作为中国古代社会的主流文化,留给中

* 本文曾发表在《深圳大学学报》哲学社会科学版 2005 年第 1 期。

华民族和人类世界最宝贵、最重要的精神遗产,也是关于社会伦理、社会道德
的深邃思想和精辟阐述。在西方,从古希腊大思想家到近代启蒙思想家,无不
因对社会伦理、社会道德的执著追求和深刻揭示而令后人赞叹、敬仰和尊重。
马克思主义的诞生,使人类社会伦理道德领域发生了深刻革命,实现了由唯心
主义向唯物主义、由形而上学向辩证法、由主观愿望向客观现实转变的历史性
跨越,开辟了伦理道德理论与实践的新时代。自从有了马克思主义,人们对道
德的认识和研究就存在着马克思主义与非马克思主义两种不同的立场、观点
和方法。这种不同是根本上的、全方位的,从对道德产生的根源、阶级的性质、
内容的结构和历史的作用等定性分析,到对道德主体的特征、动机的形成、行
为的选择、实施的过程、评价的尺度、进步的机制等实证分析,马克思主义与非
马克思主义都有着完全不同的答案。而两者最大的区别则在于对待人民群众
道德的态度,在于是否承认人民群众的实践活动及其道德意义对推动人类社
会道德进步所具有的决定性地位和作用。马克思恩格斯创立了自己的学说,
而无产阶级相信马克思恩格斯的学说,是因为马克思主义的精神实质,她的永
恒的灵魂,她的终极的关怀、奋斗的目标,是解放无产阶级及广大劳苦群众,进
而解放全人类,建立一个以个人自由发展为基础的人的全面发展的共产主义
社会。她所提倡和追求的是无产阶级的伦理道德,是劳苦大众的伦理道德,是
大多数人的伦理道德,因而,也是真正现实的伦理道德,理想的伦理道德,人类
的伦理道德,是科学的世界观、人生观、价值观、伦理观、道德观、行为观。人
民,只有人民,才是世界历史发展的创造者和推进者。人民,只有人民,才是人
类社会伦理道德进步的创造者和推进者。人民群众的道德思想和道德实践,
是任何社会、任何时代的主体道德、主导道德,代表和反映着一个社会、一个时
代道德的整体面貌。古今中外,任何现实的价值尺度和道德准则都扎根于人
民群众的实际生产生活之中,蕴藏于人民群众的灵魂深处。只有对人民群众
道德实践活动进行深入、细致的观察、体验、挖掘,才能真正认识、理解社会发
展与道德进步之间的相互关系、相互作用的性质、特点和规律,才能把握和引
导社会道德发展进步的历史进程和未来走向。离开绝大多数人道德生活的现
状,离开与绝大多数人密切相关的利益,离开对绝大多数人精神世界的关怀,
就不可能对道德现象作出科学、合理、正确的解释。一切非马克思主义道德观
的致命弱点,就是置人民群众的道德实践和道德生活于人的认识与研究的视

野之外,往往热衷于宣扬极少数人的英雄主义伦理道德,热衷于鼓吹想当然的理想主义伦理道德,热衷于编造虚幻的空想主义伦理道德。

建立符合时代发展要求的新型伦理道德

伦理道德是意识形态,是生产力与生产关系、经济基础与上层建筑、社会存在与社会意识相互联系、相互影响、相互转化的重要中介。伦理道德,一方面从根本上和长远上由生产方式和经济基础决定,反映着生产方式和经济基础的性质和要求,并伴随着生产方式和经济基础的发展变化而发展变化;另一方面通过价值导向、规范体系和社会风气等方式直接或间接地影响和作用于现实的、具体的人的思想和行为。人民群众的道德实践和道德生活是一个多因素、多层次、多结构的意识形态体系。什么是道德的,什么是不道德的,道德不道德应该以什么为根据,以什么为标准,是极其复杂的社会问题,涉及一个社会、一个时代生产方式的合理性和生命力,涉及经济制度、政治制度、法律制度、文化制度的合理性和生命力,涉及政治、经济、文化等社会生活的各个领域。但是,社会伦理道德体系大厦的支撑点则是具有鲜明时代特征的核心价值。所谓核心价值,就是一个社会、一个时代的生产方式和经济基础对人的思想行为提出的最根本、最重要,也是最普遍、最基本的要求。不同的时代具有不同的伦理道德,不同的社会具有不同的伦理道德,主要是指每个时代、每个社会,存在着与其他时代、其他社会根本不同的,具有自己特定含义、特定本质的核心价值。事实证明,从纷繁复杂的道德现象中辨别、提炼、概括出这一核心价值,是科学、准确、简明地认识、把握不同时代、不同社会道德本质和特点,正确指导和大力推进社会伦理道德建设的重要前提和逻辑起点。拨开古今中外思想行为的层层迷雾,可以说,人类伦理道德发展经历了四个不同时代和社会,孕育并创造了四种不同的核心价值。这就是原始社会的整体主义道德、古代社会的权力主义道德、近代社会的个体主义道德、现代社会的集体主义道德。把迄今为止的人类伦理道德划分为整体主义、权力主义、个体主义、集体主义这样四种历史类型,既符合马克思主义关于道德形态及其更替是社会生产方式矛盾运动的结果,是由低级向高级螺旋式上升的历史过程的基本观点,也符合马克思主义关于主要矛盾和矛盾主要方面决定事物发展变化性质与规律的基本观点。这样划分反映了人类社会有史以来发生的三次质的飞跃,即由原始社会向古代社会的转变,由古代社会向近代社会的转变,由近代社会向现代社会的转变。这样划分是与人类社会发展的四个时代所面临的不同社会主要矛盾相一致的,是与人类社会发展的四个时代所解决的不同社会发展主题相吻合的。

第一,整体主义道德,产生于原始社会,调整的主要对象是人与自然的关系,规范体系的核心价值是维持人类集体生命的生存与延续。人类社会在远古时代面临的首要问题是如何处理人与自然的关系,即如何处理人类与自然界之间发生的相互依赖、相互交流和相互作用的关系,需要面对和解决的核心问题是人作为整体在自然界的生存竞争中怎样维持人种的延续、繁衍与发展。那个时代,是人类社会发展的初始阶段,人们认识和改造自然与社会的知识能力和工具手段十分有限,人类与自然界的分化尚处于初级阶段,人类在相当程度上还依赖于大自然的恩泽与赐予。在社会生产力发展水平极低的历史条件下,对于人类来说,最基本、最重要,也是最崇高、最优先的追求目标,是保证生命的安全与延续。当时,现实的一切秩序、一切道德,都是建立在人类能够生存下来,生命能够延续下去这一根本前提之上的,任何人的任何行为只要符合这一核心价值和最高目标,就是公平的、正义的、合理的、道德的。在原始时代,人类社会完全没有个人意识,没有私人财产,没有阶级阶层,没有国家权力,没有政治统治。那是一个一切人是一切人,一切人为一切人的整体主义社会。整体主义是人类社会本质和特征最原始、最直接、最真实的体现和反映。

第二,权力主义伦理道德,生成于奴隶社会、封建社会,调整的主要对象是阶级与阶级、阶层与阶层的关系,规范体系的核心价值是维持人类社会阶级矛盾、阶级斗争、阶级统治出现以后的社会秩序和社会稳定。奴隶社会、封建社会,是阶级社会的早期,处于私有制社会的雏形,人类社会生产力有了进一步发展,但又不够充分,生产不足造成的人类生存问题已经基本解决,生产的部分剩余,使私人占有制成为可能,进而发生了第一次社会大分裂——剥削阶级和被剥削阶级、压迫阶级和被压迫阶级、统治阶级和被统治阶级,阶级矛盾和阶级斗争成为最基本、最重要、最普遍、最经常的社会关系和社会过程。国家与法律作为表面上凌驾于各阶级、各阶层、各集团之上的最高社会组织形式和管理形式诞生了。在继承和发扬了原始社会整体主义伦理道德的合理内核基础上,适应调节社会阶级关系、阶级矛盾、阶级斗争、阶级统治的需要,把伦理道德规范体系向前推进到巩固和维护阶级压迫、阶级剥削、阶级统治的新秩序上来。在这种时代背景和社会制度下,国家权力是整个社会的代表和象征,是社会有形组织的纽带和中介,是个人社会财富和地位的主要资源和根据;个人或家庭与国家权力中心的关系性质和远近成为界定自身社会地位、社会身份、社会等级的主要依据;统治阶级内部因在政治权力阶梯上占据位置的高低而划分为不同的阶层和等级,人类作为整体第一次发生了大分化,被纵向划分为若干履行不同社会职能的群体。因政治权力、行政权力在这一分化和分工中的决定性地位和影响,奴隶社会和封建社会也常常被人称为权力社会和行政社会,具有下层人为上层人存在和生活,下层人服从和服务于上层人的显著特征。权力社会的最大特征是金字塔形的社会结构,最顶端或说坐在金字塔尖位置上的是皇帝、君主、国王,是被人格化了的"真龙天子"。朕即国家,朕即法律,朕即公理,朕即一切,有权便有一切,是古代社会权力主义伦理道德的真实写照和最高概括,是广大民众接受和认同原始社会整体主义伦理道德核心价值观的客观态度的延续。

第三,个体主义伦理道德,诞生于近代资本主义社会生产关系,调整的主要对象是人与人的关系,规范体系的核心价值是确认和维护个人的地位、自由、权利和利益。进入近代社会后,人类社会面临的首要问题是处理人与人的关系,即处理自然人与自然人之间相互依赖又相互竞争的关系。近代社会,即资本主义社会,随着认识自然、改造自然的能力与经验的积累与提高,人类发明并迅速发展起机器工业生产,物质财富迅速增加,城市化进程大大加快,科学技术成为社会进步的强大动力,伦理道德由以维持人类社会生存和秩序为主题转变为以促进人类社会发展和进步为主题。在这个时期,需要对待和解决的核心问题是人作为个体在人类社会生活中的性质、地位和作用是什么。也就是说,在已经确认整体生存和国家权力的合理性的前提下,人类社会要不要承认和保证个人追求自由发展、追求幸福生活的权利,要不要解放和发展个人人性。于是,文艺复兴时代和启蒙时代的思想家、科学家提出了与扼杀人、无视人的权力主义——特权主义根本不同的崭新的伦理道德。人的解放、价值、自由、平等、幸福、感情、尊严、权利、命运,第一次成为人类社会直接面对的需优先解决的核心问题,并受到前所未有的关注。这就是个体主义伦理道德应运而生的社会基础和思想基础。民主、法治、自由、平等、人权等一系列新的思想、新的概念，其核心内涵是如何才能保证每个人都拥有同等的发财致富、幸福生活的发展机会和发展权利，如何才能建立和巩固保证实现这一理想道德的社会机制、社会体制和社会制度。人的发展，必须具备两个条件：一是内在条件，人的因素；一是外在条件，物质因素。从继承与现实的角度看，人们在这两个发展条件方面是不可能完全平等的，而且在智力因素差别不大或智力因素作用不大的情况下，外在条件，即地理条件、资源状况、个人拥有的资金和财力，就成为发展的最关键、最基本的因素。这也就是为什么马克思把资本主义社会称之为"以物的依赖性"为基础的社会的根本理由。

第四，集体主义伦理道德，孕育于现代社会，成长于社会主义社会，调整的主要对象是人与社会的关系。在摆脱等级主义、特权主义、专制主义的伦理道德对人的个性、利益与权利的扼杀和抹杀，摆脱个体主义、个人主义对社会利益与社会和谐的破坏和对抗这两个历史困境之后，人类伦理道德开始了新的历史发展进程，即创立、发展和完善以集体主义为核心价值的伦理道德。人类在现代社会面临的首要问题是如何处理人与社会的关系，即如何处理个人与社会、个人与集体之间发生的相互依赖、相互分工、相互交流和相互作用的关系，需要认识和解决的核心问题是人类作为群体在现代社会互动过程中怎样认识和处理所面临的分工与合作、竞争与协作的问题。在现代社会中，人们的任何生产生活行为，一般说来，都存在于一定组织、一定群体之中。人们无论在经济生活、政治生活，还是在社会生活、文化生活甚至在思想生活、精神生活领域，组织形式、组织活动、组织管理等方面都有了相当程度的发展，纯粹属于个人性质的思想行为在现代社会几乎不存在了。个人的命运往往与一定的组织和群体的命运紧紧地联系在一起。由个人组成的组织和群体的边界，大可以扩展到一个国家，乃至整个世界，小可以微缩到一个单位的小组、职位，乃至一对朋友、一个家庭。集体组织已经成为人的生命形式，人的存在形式，人的活动形式，人的发展形式。离开集体组织，个人就会产生一种失落感，一种无助感，一种危机感。现代人，离不开集体，离不开组织，离不开社会。于是，人与组织，人与群体，人与社会的关系，一个人应该如何恰当理解和处理这一关系，就构成了当代人类社会伦理道德发展进步的主题。集体主义担负的历史使命，就是让人人理解集体与社会，认同集体与社会，服从服务于集体与社会，同时在集体中获得成长发展的机会和权利。

集体主义是现代社会伦理道德体系的核心价值、主要支点。集体主义不同于整体主义,而是整体主义的直接对立物。集体主义与整体主义的根本区别在于,集体主义是在承认个体生存发展的权利前提下人们自觉自愿形成的富有生命力的有机群体,整体主义则根本无视个体的存在,根本不把人当人,而是当作整体的附属物、依赖物,是整体的工具,而不是整体的目的。集体主义不同于权力主义,而是权力主义的否定之否定。集体主义与权力主义的根本区别在于,集体主义侧重于人的社会功能和互动过程的自然属性,权力主义则侧重于人的社会地位和社会财富的阶级属性。集体主义不同于个体主义,而是个体主义的升华。集体主义与个体主义的根本区别在于,前者强调的是人与人之间的合作、协作、共同利益和共同发展,后者强调的是人与人之间的对立、竞争、个体利益和个体发展。

在集体主义伦理道德占主导地位和支配地位的社会里,人是社会发展的目的,也是社会发展的手段;是社会关系的主体,也是社会关系的客体。人是社会互动过程的思想形态,也是社会互动过程的实践形态,造成社会问题的直接原因是人,解决社会问题的最终使者也是人。人是一个社会的组成分子,又是相对独立的个体存在。人是多种多样的社会关系、社会实践和社会过程的富有生命的载体。只有对人所具有的不同身份和所扮演的不同角色进行科学的划分、明确的辨别、清楚的分类,才能认识和把握现代社会中人的多重属性,帮助人们建立起符合时代要求和发展的新型伦理道德体系。

当代中国伦理道德的历史性跨越

人类社会自始至终存在着人与自然的矛盾,人与人的矛盾,人与社会的矛盾,自始至终需要认识和处理好自己面对的这三种最普遍的道德关系和道德矛盾。调整和解决这三种关系和矛盾的基本道德精神、道德原则、道德规范贯穿于人类社会始终。

任何一种新型道德代替原有道德,都是以历史上形成和积累的道德为基础、为前提、为条件的。也就是说,人类只有首先解决或基本解决了人与自然的关系和矛盾这一人类社会生存与发展的最基本的前提之后,才能把解决个体与个体之间的关系和矛盾问题提到自己面前,只有在确立或基本确立了整体和个体的地位和作用之后,才能把解决个体与群体、群体与整体之间的关系和矛盾问题提到自己面前。必须指出,这种价值取向和价值核心的不同,绝不意味着新时代的道德与历史上形成的道德是截然分开的、根本对立的,更不意味着新时代的道德可以完全否定、彻底抛弃历史上形成的道德。不同的道德绝不等同于对立的道德,相互背离的道德。伴随经济发展和社会全面进步,人类日益扬弃过时的失效的道德规范,保留下人们普遍接受、认可和遵守的道德精神、道德原则和道德规范,使之成为新道德生成和发展的现实基础和前提条件,进而把道德水准提到一个新高度,并运用各种舆论工具确立、倡导、宣扬和奉行新的核心价值。当古代权力主义形成和发展的时候,并没有抛弃和否定原始的整体主义,而是把它的合理内核作为文明成果继承和保留下来。当现代集体主义形成和发展的时候,更没有抛弃和否定整体主义、权力主义和个体主义,而是把它们的合理内核作为文明成果继承和保存下来。随着改造自然、改造社会、改造自身的能力和手段的不断增强,人类社会伦理道德领域在不同发展阶段面临着不同的主要矛盾和突出问题,并且经历了由低到高、由少积多、由量到质、由浅入深的逐步形成、提高和升华核心价值的历史过程。这一历史过程的每一次飞跃都是人类伦理道德认识与实践由一种质的宏观、中观、微观,跨越到另一种质的宏观、中观、微观,不断实现着宏观、中观、微观有机结合、相互转换的历史性转折。宏观,就是人类社会的整体;微观,就是人类社会的个体;中观,就是人类社会的群体。顾名思义,中观是承上启下,承前启后,既能下达微观,上至宏观,又能作为中介把微观与宏观相互联结起来,实现宏观与微观的对接、沟通、渗透和交流。整体主义伦理道德最典型的形式就是中外古代爱国主义英雄人物和英勇壮举;个体主义伦理道德最典型的形式是资本主义上升时期提出的人权、人性、人道、人格、人情等思想主张;集体主义最典型的形式是现代社会及其各阶层、各职业形成的政党、团体、单位等种种组织创立和倡导的团队精神和团队意识。整体主义、权力主义、个体主义、集体主义这四个道德发展阶段的演变充分说明,人类伦理道德的发展是与整个人类社会发展阶段相一致的,是一个整、分、合的历史过程,是一个螺旋式上升的历史过程,是一个否定之否定的历史过程。

　　中国社会曾经塑造过完全的以整体主义为核心的传统道德。中华民族在几千年的历史长河中积淀最深、流传最广、影响最大、故事最多的是精忠报国的爱国主义英雄人物和典型事迹。可以说,中华民族的爱国主义精神源远流长,深入人心。维护中华民族的根本利益,捍卫中华民族的完全统一,保持中华民族稳定发展,实现中华民族的伟大复兴,是每一位中华儿女的共同心声和理想信念。因此,中华民族越是在危机的时候,越是在困难的时候,越是在面对种种挑战的时候,越表现出顽强不屈、坚韧不拔、前仆后继的崇高精神境界。

当代中国公民道德建设必须与建设中国特色社会主义伟大事业同时推进、融合起来。建设中国特色社会主义伟大事业的历史发展进程决定中国公民道德建设具有鲜明的时代性、复杂性、长期性和艰巨性,即当今的中国公民道德建设必须同时完成三个时代不同、性质不同的伦理道德的历史跨越。这就是:(1)继承和发扬整体主义道德传统。纠正封建主义制度对整体主义的束缚和扭曲,赋予新的时代内容,在即将跨入新世纪的伟大历史时刻,面对国内错综复杂的矛盾和国际变化万端的形势,做到这一点尤为重要。(2)弥补和确立近代个体主义道德精神,纠正资本主义制度对个体主义的夸大和歪曲,在发展社会主义市场经济的过程中,面对极端个人主义、拜金主义、享乐主义滋长、蔓延的今天,正确引导人们确立自我、认识自我、实现自我、超越自我,显得更加迫切。(3)确立和推行现代集体主义道德原则,避免错误理论和实践的导向对集体主义道德原则的攻击和诋毁,顺应当代世界主要矛盾和主要任务转移的要求,让集体主义道德原则体现鲜明时代特征,避免僵化的、过犹不及的"左"的或右的认识和实践。同时完成这三项艰巨任务,意味着我们必须正确处理整体主义所代表的爱国主义传统、权力主义所代表的秩序主义或权威主义、近代个体主义所代表的人文主义传统和现代集体主义所代表的社会主义方向这几者之间的关系,在大力继承整体主义传统,提倡集体主义精神时,切不可忘记个体主义产生的经济根源、历史地位和强大作用,切不可忘记我国在实现向现代社会历史跨越过程中未曾经历过资本主义所造成的断裂和缺陷;在弥补近代个体主义道德精神时,千万不要割裂历史的连续性和完整性,无视或忽视整体主义传承的爱国主义光荣传统、权力主义树立的秩序主义或权威主义必然性、合理性,更不能忘记或否定在现代社会经济政治文化基础上形成的集体主义原则;在大力奉行集体主义原则时,既不能盲目否定近代个体主义,也不能盲目延续古代整体主义、权力主义,始终不忘记、不否定历史上整体主义、权力主义和个体主义所处的特殊历史时代和所完成的特殊任务。

　　总之,在当代中国,社会主义伦理道德建设既要发扬整体主义精神传统,又要克服整体主义固有弊端,防止整体主义悄然复辟;既要继承个体主义精神传统,弥补个体主义传统之不足,又要克服个体主义固有弊端,防止个体主义恶性膨胀;要在取长补短、优胜劣汰的基础上创立和完善具有现代社会性质的全新的集体主义伦理道德,清醒认识和坚决防止集体主义发生变异。这就是时代对中华民族创造力、鉴别力、选择力提出的严重挑战和考验,这就是当代中国思想文化领域存在的主要矛盾和突出问题,这就是当代中国伦理道德实现历史性跨越的神圣使命。

自觉推进社会主义市场经济道德体系建设*

发展社会主义市场经济,是中国特色社会主义的重要标志,是我国走向现代化、全面建设小康社会、实现民族复兴的必由之路。党中央印发的《公民道德建设实施纲要》强调指出:"在新世纪全面建设小康社会,加快改革开放和现代化建设步伐,顺利实现第三步战略目标,必须在加强社会主义法制建设、依法治国的同时,切实加强社会主义道德建设、以德治国,把法制建设与道德建设、依法治国与以德治国紧密结合起来,通过公民道德建设的不断深化和拓展,逐步形成与发展社会主义市场经济相适应的社会主义道德体系。"这是中国共产党人把马克思主义基本原理与当代中国改革发展的基本实践相结合得出的重要结论,是全面贯彻"三个代表"重要思想和科学发展观的具体体现,是新世纪全面加强和改进社会主义思想道德建设工作的一项长期而又紧迫的战略任务,必须引起全党全社会的高度重视。

体制创新与伦理创新

马克思主义认为,一定的生产方式必然要求并产生一定的经济体制;一定的经济体制,必然要求并产生与之相适应的政治结构、法律结构、思想文化和伦理道德。政治、法律、文化、道德,不仅是经济体制的反映,而且是经济体制建立、发展和完善不可或缺的精神条件和主观因素。没有与之相适应的政治法律体系,市场经济体制不可能建立起来;没有与之相适应的思想道德体系,市场经济也不可能健康发展。特别是在信息社会和知识经济初露端倪的当今时代,伦理道德已经或正在渗透到社会生活的各个领域、各个层面和各个环

* 本文曾发表在吉林《社会科学战线》2005 年第 2 期。

节,人的精神、思想、意识、观念、知识、能力等各方面素质已经或正在成为一个国家综合实力和国际竞争力最重要、最关键、最根本的标志,在推动人类进步事业发展方面显现着越来越突出、越来越重要的作用。

我国二十多年改革开放不平凡的历史进程,既是市场经济体制创新的过程,也是伦理道德创新的过程,又是体制创新与伦理创新相互结合、相互促进、相互转化的过程。改革开放政策是如何制定的? 社会主义市场经济是如何提出的? 为什么我国在国内外形势风云变幻的情况下能够取得巨大成功? 最重要的一条,是中国共产党人始终坚持解放思想、实事求是的思想路线,与时俱进、开拓进取,不断推进体制创新和伦理创新,研究新情况,解决新问题,探索新方法,开创新局面。在社会大变动、大发展的历史时刻,思想路线、思维方式,不仅属于哲学范畴、政治范畴,而且属于伦理范畴,属于道德问题。

首先,创新需求,推动了伦理创新和体制创新的理论和实践。新中国成立后二十多年的实践证明,传统计划经济体制和思想观念,严重束缚了社会生产力发展,压抑了劳动者积极性和首创精神,致使人民群众物质生活和文化生活十分贫乏,人们思维处于僵化半僵化状态,社会丧失应有的生机与活力,国民经济和社会发展走到了崩溃的边缘。因此,必须创新,必须改革,必须发展。不发展就没有希望,不改革就没有出路,不创新就没有动力。这是历史之必然,人民之企盼,时代之呼唤。

其次,伦理创新,突破传统理论和传统观念的束缚,确立了崭新的价值理念和价值标准,形成新时期改革开放和现代化建设的指导思想、奋斗目标和行动路线,为体制创新和各项事业发展奠定了正确的思想前提和强大的理论支持,充分发挥了理论的先导作用和指导作用。没有继承基础上的思想解放,没有实践标准、生产力标准、人民群众标准的最终确立,我们党就不可能作出把全国工作重点转移到经济建设上来的重大战略决策,就不可能相继制定并不断完善一系列推动经济发展和社会进步的正确理论、路线、方针、政策,就不可能在国际共产主义发展史上独树一帜地高举起发展社会主义市场经济、建设中国特色社会主义的伟大旗帜。

再次,体制创新,突破传统计划经济体制的束缚,始终坚持以市场经济为取向的改革开放政策不动摇,采取自上而下和自下而上的实际措施,把城乡经济发展逐步引入社会主义市场经济的运行轨道,为实现中华民族的观念创新和伦理创新奠定了坚实的客观基础和可靠的制度保障,充分发挥了实践的源泉作用和动力作用。广泛而扎实的体制创新,市场经济的生动实践,有力地推动伦理创新转化为全党全社会的共识,有力地推动越来越多的人们参与解放思想、转变观念的历史进程,保证了我国现代化建设第一步和第二步战略目标的顺利实现。

最后,伦理创新与体制创新相互作用、相互促进,推动中国特色社会主义的伟大事业不断取得新进展、新成就。实践标准作为伦理创新,确立了改革开放和现代化建设的新理念,理性地指导着市场经济体制创新的实践过程。市场经济作为体制创新,开辟了发展社会主义生产力的新道路,有力地推动着伦理道德创新的历史进程。在实践过程中创造的新思想、新观念、新意识,又进一步拓宽了社会主义发展的新视野、新思路,极大地深化着市场经济体制的创新和完善。可以说,伴随经济体制、经济增长、经济发展全面步入社会主义市场经济轨道,全体人民的伦理思想、道德意识、价值观念、行为取向、评价标准,发生了广泛而深刻的积极变化。主体意识、竞争意识、公平意识、诚信意识、效率意识、开放意识、发展意识和创新意识得到大力弘扬,并日益深入人心,成为当代中国经济伦理道德发展的主流,成为实现全面建设小康社会奋斗目标、中华民族伟大复兴的强大精神动力和思想保证。

个人本位与社会本位

曾几何时,人们把市场经济与资本主义制度混为一谈,认为市场经济是资本主义经济,是私有制经济,必然造成阶级剥削、阶级压迫,必须完全排斥。现在,又有人从另一个角度把市场经济与资本主义制度混为一谈,认为实行市场经济就要实行私有化,就要走资本主义道路,这是激发人的活力、加快发展生产力不可避免的必然选择,认为社会主义市场经济与资本主义市场经济在本质上没有任何区别。究竟如何认识我们放弃计划经济体制、建立市场经济体制? 发展社会主义市场经济的历史必然性、现实合理性是什么? 社会主义市场经济与资本主义市场经济在价值理念上到底有没有根本区别?

人类社会的伦理道德,取决于生产方式的矛盾运动,取决于生产力发展的内在要求和本质属性。世界各国在走向现代化过程中之所以普遍实行市场经济这一模式，无疑是因为它能够最大限度地解放和激活人这一生产力中最活跃、最革命的要素，推动和促进生产力的快速发展和经济社会的全面进步。市场经济模式，作为一种生产方式，一种经济增长方式，第一次把人作为人，作为经济发展和经济生活的主体、目的和动力，在经济社会生活中享有崇高的地位、尊严和权利。但是，市场经济在确立人的价值理念时，首先碰到了一个人类社会固有的、迄今无法克服的内在矛盾，即人的两重性问题。人，一方面是社会化、普遍化、一般化、抽象化了的人，作为"类"的存在，即社会人；另一方面是个性化、特殊化、个别化、具体化了的人，作为"个"的存在，即自然人。"类"和"个"之间既不是也不可能是绝对对立的，又不是也不可能是完全同一的，而是历史的、辩证的、动态的、多样化的统一。从哲学意义上讲，两者之间的关系，就是一般与个别、普遍与特殊、抽象与具体的关系。"个"，即自然人，是人类社会的生命载体，是构成人类社会的细胞。离开"个"，人类组织和社会行为就会失去富有生命的主体，就会成为缺乏现实内容的抽象概念。"类"，即社会人是无数"个"的集合和抽象，是个人归属于社会、归属于集体的本质规定和共性特征，是个人生存和发展的社会生态系统，是赋予个人身份、地位、名誉，决定个人前途、命运的历史舞台。离开了"类"的存在，个人就失去社会本性和社会归属，就会成为低级、孤独、本能的自然动物，就不可能作为"人"来生存和发展。

在生产性质和历史条件这一根本前提下，人类社会的生产方式、生产关系、经济体制，从本原意义上讲，是人类与自然相互联系、相互作用的产物，是人与人之间在生产实践过程中形成的客观的、必然的、内在的经济关系。从延伸意义上讲，生产方式、生产关系、经济体制，又是协调人的"类"属性与"个"属性相互关系的产物，是人的双重属性达到和谐统一的结合点和平衡点，是维持人的"双重"属性之间相互渗透、相互转化、协调发展的制度安排和社会机制，目的是避免和防止两者之间因发生不必要的冲突、对立导致经济联系的失衡、破坏和断裂。迄今为止，任何经济体制所包含和确立的价值理念和伦理精神，都是"类"的需要与"个"的需要的对立统一，既不可能只强调"类"的普遍需要、一般价值，也不可能只强调"个"的特殊需要、个别价值。

当然，自从人类进入阶级社会以来，统治阶级总是凭借经济上的有利地位，放大人的"个"的存在和"个"的价值，企图压倒或超过人的"类"的存在和

"类"的价值,以个人的利益和意志侵害甚至企图取代人类的整体存在和整体权利,破坏人的双重属性之间的平衡和协调。这是一种异想天开,也是一种倒行逆施,是根本不现实的,也是绝对不可能长远的。资本主义社会产生和存在的自私自利、尔虞我诈的丑恶现象,是资本主义制度特别是资本主义所有制决定的,是资本家的阶级本性决定的,既不是商品经济本质特征和内在规律产生决定的,也不是市场经济运行机制产生决定的。也就是说,资本主义经济制度及其产生的非理性、非道德、非文明的现象,不能作为判断市场经济伦理道德的性质、特点、前途和命运的客观依据和价值标准。资本主义社会产生和存在的种种丑恶现象,恰恰违背了市场经济发展的本质要求和客观规律。资本家自私本性与市场经济机制的矛盾,是资本主义制度内在矛盾的具体表现。历史事实已经证明并将继续证明,纯粹的个人本位、个人主义,从来没有也不可能成为现实的普遍可行的价值理念和道德规范,从来没有也不可能成为现实的普遍可行的经济体制和经济模式的理论基础和逻辑前提。市场经济,天生是民主派、公平派、效率派,绝不是什么个人主义导向,个人主义盛行,个人主义天堂。

社会主义市场经济体制,是社会主义基本制度与现代市场经济有机结合的产物,是中国共产党和中国人民的伟大创举。计划经济不等于社会主义,资本主义也有计划;市场经济不等于资本主义,社会主义也有市场。计划和市场都是经济手段。计划多一点还是市场多一点,不是社会主义与资本主义的本质区别。邓小平的这一系列精辟论断,不仅从根本上解除了把计划经济和市场经济看作社会基本制度范畴的思想束缚,而且深刻揭示了建立社会主义市场经济体制、发展社会主义市场经济的必然性、普遍性,准确地为社会主义市场经济的伦理内涵和道德本质作了价值规定。

社会主义市场经济体制的道德精神,是在社会主义基本制度和经济基础的总体框架内,实现人的双重属性的高度统一和合理平衡,把人的双重属性统一于经济活动,统一于经济发展,统一于经济改革,统一于经济创新,从而充分调动、发挥和保护国家、集体、个人等社会系统各个因素、层次、结构的主动性、积极性和创造性,最大限度地解放和发展生产力,加快推进中国社会主义现代化建设的步伐。社会主义市场经济为摆脱人的双重属性的根本对立,及其给人思想上造成的混乱和困惑,提供了经济基础和体制保障。通过社会实践的不断推动，通过体制创新和伦理创新，必将使社会经济主体逐步找到自己在经济生活和经济发展中的准确定位和行为轨道，在全社会大力弘扬把国家和人民利益放在首位而又充分尊重公民个人合法利益的社会主义义利观、价值观、伦理观和道德观，允许和鼓励一部分地区、一分部人先富起来，最终达到全体人民的共同富裕。

法治经济与德治经济

　　市场经济是效益经济、法治经济，也是德治经济、信用经济。在市场经济条件下，经济主体只有为社会提供有效产品和服务，才能达到逐利的目的；只有遵循等价交换的价值规律，才能找到最佳投资机会和项目；只有切实加强管理、改进创新，才能降低生产成本，研制出新产品，提高劳动生产率；只有履行社会义务，服从政府管理，才能得到广大公众的支持和公共权力的保护。这就决定任何经济主体在逐利过程中，必然进入社会互动、社会交换过程，具有社会化属性、社会化本质。这就是市场经济法律观、秩序观、伦理观、道德观、价值观所固有的、内在的客观依据。市场经济的法治和德治，法律规范和道德规范，正是在这样的历史和现实逻辑背景下必然产生并结合起来、统一发挥作用的思想观念体系和行为规范体系。

　　在社会主义市场经济体制下，经济主体的经济效益、经济利益，是通过人们的经济实践、经济行为这一中介获得生命、化为现实的。在这个过程中，的确容易因经济主体的思想和行为影响发生伦理扭曲、价值变形和道德缺失。这是认识市场经济条件下为什么产生和存在种种不道德、不合理现象的症结所在之依据。社会主义市场经济条件下产生和存在的不道德、不合理、不文明的思想、意识、行为、现象，不是市场经济的必然产物，而是人们对市场经济体制下的种种现象在认识上、思想上、心理上、行为上发生偏差、误会、曲解造成的，是人的"类"与"个"双重属性矛盾的存在及其解决的长期性造成的，也是少数个人主义分子无视人类共同利益、民族共同利益和社会共同利益，私欲极度膨胀，破坏经济法制和经济道德造成的。当代世界发达国家之所以都有比较完备、非常详细的经济法律规范和经济道德规范，是因为市场经济发展必然要求并必然产生建立与之相适应的法律体系和道德体系，以调整和规范人们的经济思想和行为,纠正和防止人们在经济领域实施错误思想和不当行为,维持正常的市场经济秩序和市场经济规则。市场经济的伦理道德思维只能从这一逻辑和本质出发来立论,不能从人们经济思想和经济行为的表象、现象来立论,更不能以个别人的不当思想和行为作根据。市场经济如果不是或不能产生和构造自身需要的、适应和促进生产力发展的伦理精神和道德理念,那就发生了自相矛盾的历史错误,就会丧失产生、存在和发展的合理性、统一性、规律性。

　　法治经济与德治经济、法律规范与道德规范,作为上层建筑的重要组成部分,从来都是相辅相成、相互促进的,都是维护市场经济秩序、规范经济主体思想和行为的重要手段。法治经济是以国家的权威性和强制手段规范经济主体的经济行为,属于政治建设,属于政治文明。德治经济是以其说服力和劝导力提高经济主体的思想认识和道德觉悟,属于思想建设,属于精神文明。法治经济和德治经济虽然范畴不同,但其地位和功能都是同等重要的,两者不可偏废,更缺一不可,必须相互结合起来,统一发挥作用。法律无道德支持,就会因失去社会认同感作基础,变得不堪一击、寸步难行。道德无法律支持,就会因失去国家强制力作后盾,变得苍白无力、弱不禁风。没有法治经济,没有经济法律的支持,市场经济秩序不可能最终确立起来。没有德治经济,没有经济道德的支持,市场经济秩序也不可能最终确立起来。因此,必须在建立健全市场经济法律规范体系的同时,广泛开展经济伦理教育,推进市场经济道德建设,做到标本兼治、自律与他律并举、软约束与硬约束紧密结合,构筑人们的心理防线,营造浓厚的舆论氛围,引导和教育人们逐步理解市场经济的伦理精神,逐步奉行市场经济的道德理念,逐步达到各尽所能、各得其所,承认收入差别、反对两极分化的运行状态,确保社会主义市场经济的健康发展。

自然演进与自觉建设

　　社会主义市场经济伦理道德体系的发展,是一个实践、认识,再实践、再认识的循环往复的过程。这一过程,既是一个客观演进的过程,即市场经济的现实逻辑迫使人们体认、接受和遵从其内含的价值理念、伦理精神和道德原则的过程,也是一个主观的自觉建设的过程,即人们通过实践效果和经验积累,逐步认识、理解和把握市场经济伦理道德的性质、特点和规律,养成履行市场经济内含的道德精神、思想、原则和规范的习惯的过程。没有市场经济发展必然生成的伦理精神和道德原则,经济伦理道德建设就没有客观依据和事实基础,就是无源之水,无本之木。没有加强市场经济伦理道德建设的自觉意识和实践,市场经济发展过程中自然生成的伦理道德,就不可能得到提高、升华,走向成熟、完善,达到理性、理想、自由的彼岸,就会导致沙滩流水不到头的沉重社会后果。全党全社会都要树立从必然王国向自由王国挺进的自觉意识,积极、主动地参与经济道德建设的历史进程,学习道德知识,增强道德意识,遵守道德规范,认真解决社会主义市场经济在发育、发展、成熟过程中日益凸显、尖锐的伦理问题和道德问题。

胡锦涛总书记在全国宣传思想工作会议上强调指出:思想政治工作的核心是理想信念教育,基础是思想道德建设。要认真贯彻《公民道德建设实施纲要》,以为人民服务为核心,以集体主义为原则,以诚实守信为重点,加强职业道德、社会公德和家庭美德教育,大力推动建立与社会主义市场经济发展相适应、与社会主义法律规范相协调、与中华民族传统美德相承接的社会主义思想道德体系。《公民道德建设实施纲要》明确提出:根据党在社会主义初级阶段的历史任务,当前和今后一个时期,我国公民道德建设的指导思想是:"以马克思列宁主义、毛泽东思想、邓小平理论为指导,全面贯彻江泽民同志'三个代表'重要思想,坚持党的基本路线、基本纲领,重在建设、以人为本,在全民族牢固树立建设有中国特色社会主义的共同理想和正确的世界观、人生观、价值观,在全社会大力倡导'爱国守法、明礼诚信、团结友善、勤俭自强、敬业奉献'的基本道德规范,努力提高公民道德素质,促进人的全面发展,培养一代又一代有理想、有道德、有文化、有纪律的社会主义公民。"这些重要论述深刻揭示了社会主义思想道德的根本原则,指明了社会主义思想道德的发展方向,提出了社会主义思想道德建设的根本任务。

社会主义思想道德建设是一个多层次、多结构,并不断发展变化的社会系统工程。从层次上讲,伦理道德包括道德精神、道德思想、道德原则、道德规范、道德行为等层面;从结构上讲,伦理道德包括一般伦理、制度伦理、经济伦理、社会伦理、政治伦理、司法伦理、文化伦理、科技伦理、生态伦理、家庭伦理等内容;从过程上讲,伦理道德包括产生需求、达成共识、明确规范、实施行为、评价反馈等环节。自觉推进社会主义思想道德建设,就是积极、主动、创造性地适应时代发展变化的要求,把道德精神、道德思想、道德原则与社会各领域的生活实际紧密结合起来,使之具体化、操作化、规范化,成为人们切实可行的价值准则和行为规范。当代社会生活呈现着两个不同发展趋势,一是整合化、一体化;一是独立化、自主化。前一种趋势决定了社会宏观层次组织协调越来越重要,后一种趋势决定了社会微观层次主体生命力、多样化、个性化越来越突出。思想道德建设要顺应这两种发展趋势的要求,既注重社会组织、社会团体、社会单位等宏观伦理道德建设,又注重以自然人为主体的微观伦理道德建设,在社会主义道德建设总体框架内,逐步形成对象不同、内容具体、特质鲜明、完整无缺的伦理道德观念体系和伦理道德规范体系。

经济生活是人们社会生活体系的基础结构,经济伦理、经济道德是人类社会伦理道德体系的基础构成,对政治生活、文化生活、公共生活、家庭生活等各个领域的伦理道德都有着潜移默化、甚至是决定性的作用。在当代中国,加强社会主义思想道德建设,必须把市场经济道德建设摆在一个十分突出的位置,为早日建立和完善社会主义市场经济道德体系而努力奋斗。要坚定不移地贯彻"依法治国"与"以德治国"相结合的治国思想,积极研究和探索适应社会主义市场经济发展要求的道德精神、道德原则、道德规范、道德实践和道德机制。坚持实行社会主义道德建设与社会主义市场经济相适应、继承优良传统与弘扬时代精神相结合、尊重个人合法权益与承担社会责任相统一、注重效率与维护社会公平相协调、把先进性要求与广泛性要求结合起来、道德教育与社会管理相配合的道德原则。引导和教育人们正确认识和处理各种利益关系,个人利益服从集体利益,局部利益服从整体利益,当前利益服从长远利益。没有信用,就没有秩序,市场经济就不可能健康发展。当前和今后一个时期,要特别注意在全社会强化信用意识,加强公民诚实守信的道德教育。建立严格的信用制度,严格规范各种契约关系,确保各类经济主体守法经营。要把市场经济伦理道德的原则要求融于国家法律法规和政策措施之中,融于加强和改进社会管理之中,融于群众性精神文明创建活动之中,融于大众媒体传播的一切精神文化产品之中,使之成为经济发展、经济改革、经济创新的思想保证和道德支撑,成为人们投入建设中国特色社会主义伟大事业的自觉行动。

社会转型时期伦理道德发展的大趋势

——世纪之交的中国伦理道德变革与创新 *

　　我国是发展中国家,正处于并将长期处于由传统社会向现代社会转变的社会主义初级阶段。古往今来,伦理道德的变革与创新是一个民族、一个社会实现历史性跨越的重要标志、重要力量和重要保证。中华民族之所以能够始终保持蓬勃生机与旺盛活力,既在于她拥有源远流长、博大精深、一以贯之的优秀文化传统和道德精神,又在于每当处在重大历史转折关头,她都能够适应时代潮流和发展趋势,实现伦理道德的变革与创新,引导自己走向胜利的彼岸。不同的时代需要和产生不同的伦理道德。在由革命战争年代转向和平建设时期,由以阶级斗争为纲转向以经济建设为中心,由计划经济发展模式转向市场经济发展模式即由传统社会转向现代社会的整个历史进程中,伦理道德的变革和创新具有极其独特而重要的意义和作用,是保证和促进我国社会主义现代化建设和改革开放事业的思想先导、价值取向、精神动力、舆论环境。

一、思维视角的转换与理论前提的假设

　　人们对伦理道德的研究,因立场、观点、方法、目的的不同而不同,也因时代背景、观察视点、实际需要和资料运用的不同而不同。确定思维视角和理论前提,是任何一项成功研究的必要准备。科学绝不能像画圆圈那样,从任意一点开始。只有对思维视角和理论前提作出明确、清晰的交代,才能让人们理解和把握此项研究的真正目的和逻辑起点,才能让人们懂得和清楚此项研究与其他研究的相互联系和不同点,才能让人们了解和明白此项研究的理论意义

　　* 本文完稿于 2004 年 9 月,未曾发表。

和实践意义。否则,研究者要么人云亦云,要么不知所云。这样的理论研究是没有自身存在理由和价值的。思想的进步、学术的突破、观念的变革,往往在于对既定结论和思维前提进行反省、冲击、批判和扬弃,进而提出了新的反映时代要求、为人们广泛接受的重大命题。长期以来,我们对伦理道德的研究主要存在着以下两个缺陷:一是主体性的错置,二是具体性的错置。两种片面认识:一是精神万能论,一是主义无用论。

从事社会实践活动是人类世界与其他动物世界的本质区别。人类社会实践活动,主要指人民群众为主体的社会实践活动,是构成社会生活的主要内容和促进社会发展的主要力量。人类社会实践活动的显著特征之一,是有思维、有目的、有意识、有价值、有语言,是按照事先产生的想法、追求的目的、设计的方案进行的。一切实践活动不仅反映和代表着人类世界的物质运动和社会关系的客观内容,而且凝固和附着着人类世界的精神运动和社会关系的主观内容。人类社会实践的客观内容,是马克思主义通常所讲的生产力和生产关系相互对立、相互依赖、相互作用的矛盾运动的产物,是人类社会发展的物质层面、客观现实和必然趋势;人类社会实践活动的主观内容,是马克思主义通常所讲的上层建筑和意识形态,是社会存在与社会意识相互对立、相互依赖、相互作用的矛盾运动的产物,是人类思维对物质世界和客观现实、必然趋势作出的反映、认识、感觉、体验、评价、反作用等,是人类社会发展的精神层面、价值选择和意义世界。人们的意义世界是多层次、多结构、多要素构成的丰富多彩、错综复杂、变化多端的精神现象系统,包括意识、心理、感情、思想、价值、修养、观念、知识、能力等。其中,居于这一系统中心位置,起着主导作用的是人们的世界观、人生观、价值观,也就是伦理观、道德观。世界观、人生观、价值观、伦理观、道德观的核心内涵,是指在一定社会历史条件下,人们对现实的、具体的社会生活、经济生活、政治生活、文化生活中的利益、关系、制度、思想、行为等各种社会现象是否适应人类社会生存与发展的需要,是否符合公认的、普遍的社会原则、社会公理、社会价值、社会正义等深层次认识和看法的总和。

从人类社会实践活动的角度看伦理道德的地位和作用,必须深入澄清和回答以下几个问题。

一是伦理道德与社会实践活动主体的关系。社会是人的社会,社会实践是人的实践,人是社会的主体,人是社会实践的主体。伦理道德是社会实践主体的伦理道德,是以活生生的、现实的、具体的自然人为生命载体的伦理道德,是人生成或内化了的实际支配、影响、规范自己思想行为的伦理道德。

二是伦理道德不同于伦理道德理论。伦理道德理论是指不同政治家、思想家、理论家、专家、学者等对不同时代社会伦理道德的概括、总结、向往、号召、引导,是对象化、固态化、抽象化、升华了的伦理道德,虽然对形成社会全体成员的个性化伦理道德具有启发、导向、渗透、参照作用,但是,它绝不能代替普遍存在于人们内心的现实的具体的生动的鲜活的伦理道德。它只有在为社会大多数人所理解、承认、接受、吸纳、模仿、践行等中介转化的过程完成后,才能成为真正支配、影响和规范人们思想行为的伦理道德。

三是伦理道德与社会实践的关系。伦理道德既不是人类社会实践活动的全部,也不是人类精神意义世界的全部,不应该也不可能取代、贬低、否定人类物质世界和精神世界的其他组成部分。但是,它覆盖人类社会实践活动的每个层次、结构、要素,渗透到社会生活的各个领域,是一个时代、一个社会物质文明和精神文明发展水平的重要标志,是指导和推动人类社会实践活动发展的精神动力和思想保证。

四是社会实践、伦理道德与社会现实三者之间的关系。总的说,社会现实决定社会实践和社会伦理道德,是社会实践和社会伦理道德的物质技术基础和条件,是从事任何社会实践和产生任何伦理道德的客观前提,离开这一基础、条件和前提,人类社会实践和伦理道德就无从谈起,就会成为无源之水、无本之木,就会丧失社会发展的历史根据和根本动力。但是,在既定的前提下,在客观的基础上,在现有的条件中,人类的具体实践活动是能动的、自主的、多样的、选择的,这就决定了伦理道德不可避免地发挥着思想先导作用、意志支配作用、动机形成作用、效果评价作用和行为调整作用。

二、社会功能由顺应型向先导型转变

伦理道德在社会生活和社会发展中,究竟处于什么实际地位,发挥什么实际作用,在不同时代、不同社会是完全不同的。这种不同不仅表现为量的规定性,而且表现为质的规定性,表现为道德是不是成为具有相对独立意义的社会功能。作为调整人与自然、人与社会、人与人、人与自我等相互关系的价值尺度和行为准则,伦理道德的地位与作用是与人的思想、人的观念、人的知识、人的能力、人的素质等地位、作用、价值的确立、成长,有着密不可分的关系。人的思想、观念、知识、能力、素质的地位、作用、价值如何,归根到底,决定于社会生产力发展的性质与水平。当社会生活和社会发展较多地依赖于自然条件、矿藏资源、地理位置、气候状况的时候,当人类的主观世界处于极不发达状态,个人无力获得必需的生产资料和生活资料,依赖集体力量才能维持生存与发展的情况下,人的思想、观念、知识、能力、素质的地位、作用、价值,是十分有限的,精神生活、道德行为只能是少数人的特权,也是极少数特权人物的极少量享受。在这种历史条件下,就普遍意义而言,大多数人具备自觉、高尚的道德是根本不可能的,也是无从谈起的。人类此时处于原始的本能的理智与情感阶段。道德,从本质上讲,是人自由意志的表达和实现。人获得主体地位和主体资格,成长为自己命运的主宰,才能产生和履行真正意义上的道德责任和道德义务,道德才能成为大多数人社会生活所必需和自觉的事情。一个人介入社会组织、社会关系、社会活动的机会越多、越深,他的行为选择就越经常、大量,他的精神生活就越丰富、复杂,他的道德意识就越强烈、敏感。也就是说,当每个人即大多数人生长、发育为自主选择和决定自己的价值标准和行为方式,伦理道德才能日益社会化、大众化、普遍化,才能显得越来越重要,越来越获得独立的意义,发挥特有的作用。伦理道德是伴随人类社会物质文明和精神文明的发展进步而不断发展进步的。

传统社会向现代社会的转变是全方位的,包括经济的、政治的、文化的,包括物质的、精神的、中介的,也包括世界观、人生观、价值观、伦理观、道德观等。传统社会与现代社会柜互区别的主要标志是人类社会实践的自觉程度,具体表现在社会实践活动的性质、内容、结构、过程、效果等各个方面、各个环节、各个要素。在传统社会,人类实践活动处于自发阶段,是以"驱策"为特征,即人类被迫地服从、顺应社会发展的现实要求,在失败与挫折中缓慢而艰难曲折地行进,在同一较低的起点和水平上反复从头开始、周期性地循环,思维方式、价值目标、思想逻辑、行动路线等实践活动及其各要素、各环节呈现出极大的自发性、被动性、消极性、盲目性、徘徊性。在现代社会,人类实践活动处于自为阶段,是以"控制"为特征,也就是说,人类开始从幼稚走向成熟,产生并逐步确立了最基本、最重要、最核心的价值追求、理性思维、思想方法、行动路线,实践活动及其各要素、各环节呈现出极大的自觉性、方向性、主动性、开放性、上升性。

在传统社会,道德是与其他社会现象融为一体的,与现代社会的地位与作用是根本不同的。传统社会被称之为伦理社会、泛道德化社会,这是一种夸张、一种误解。这是因为把观察道德的视野仅仅局限于少数人身上的结果,是因为古代社会有两种伦理道德最重要、最发达、最普及,这就是政治伦理和家庭伦理。整个社会经济文化生活都被政治伦理和家庭伦理充斥、覆盖造成假象。传统社会是整体性社会,是政治经济文化融为一体,处于没有分化、没有分工的状态。政权组织即国家是社会有形组织的集中表现,占据社会生活的中心位置,是最有力量的社会组织和社会集团,决定和支配社会的经济生活、文化生活和其他社会生活。家庭既是社会细胞,也是社会单位,担负着两种生产的功能,是社会关系、社会生活、社会实践最集中的寓所。在这样的历史时代,对绝大多数人来说,社会属性与自然属性难以区分,物质与精神难以区分,理智与本能难以区分,动机与效果难以区分,理想与现实难以区分。社会处于自发阶段,人类处于蒙昧时期,实践处于盲目状态,道德被融化在人类社会实践的整体之中,发挥着什么具体作用和功能是极其模糊的。

随着近代工业革命、城市革命和科技革命的发生,人类的思维方式和实践结构实现了根本性的进步。特别是在近现代科学技术的推动下,人类迎来了知识经济时代,跨入了信息社会,人类社会的生产方式、生活方式、思维方式、行为方式、交往方式正经历着一场前所未有的最为深刻的革命。这一革命和时代的显著特征,就是人类实践结构和实践过程由驱策转变为控制,即由自发转变为自觉,由盲目顺从、被迫适应转变为思想领先、设计先行。这也使伦理道德在现代社会生活和社会发展中的地位与作用发生了深刻变化。长期以来,伦理道德是属于上层建筑的范畴,是经济基础的反映,受生产方式和社会存在的制约,对经济发展和社会进步只具有巨大反作用。这种认识反映了古代社会和近代初期伦理道德现象的基本特征。但是,在当代世界,伦理道德已经成为一个民族立足于世界民族之林的精神支柱和形象特征,成为现代化进程中十分重要的相对独立的领域,是一个社会文明程度的重要标志,是一个国家综合实力的重要组成部分,是发展中国家由传统走向现代的思想先导和内在动力,受到了各国人民和政府的高度重视和普遍关注,获得了极其丰富的全新内涵和外延。可以说,人类近现代社会文明的发展史,也是一部近现代伦理道德精神创造、成熟、普及的历史。从文艺复兴到启蒙运动,从马克思主义的传播到新儒学风行全球,从资产阶级工业革命到十月社会主义革命,从亚非拉民族独立解放运动到和平与发展成为当代世界的主题,从苏联列宁时期实行的新经济政策到中国改革开放的浪潮,从西方实现现代化到亚洲四小龙的出现,是经济、政治、科技、军事现代化的过程,也是人、人文精神现代化的过程,也是人类伦理道德观念现代化的过程。纵观世界各国近现代发展的历史潮流和普遍趋势,才能深刻理解近现代人类社会发展过程中物质文明与精神文明是如何相互依赖、相互作用、相互促进、相互转化这一历史辩证法。经济越发达,政治越民主,社会越进步,科技越昌盛,文化越繁荣,人的地位就越提高,人的作用就越扩大,人的价值就越增长,人的价值追求、伦理思想、道德素质在一国现代化建设方面的地位作用就越加显得重要,越加成为关键、成为根本。

三、主体人格由依附型向独立型转变

人在一定历史条件下为什么这样而不是那样?人是什么?什么是人?或者说人之所以为人最主要的标志是什么?人之所以为人原始的、天然的、不可剥夺的是什么?这是伦理道德最重要、最根本的问题。当人还不是独立自主的社会主体时,这个问题就是主体人格的假设,就是伦理道德指导人们思想行为的首要前提。每个时代、每个社会、每个人,都是自觉不自觉地依据对主体人格的假设构建和实施伦理道德的。人类社会伦理道德的突破,归根到底,取决于社会生产力的突破;而生产力的重大突破,必然要求并会带来伦理道德的重大突破。伦理道德的突破,往往首先表现在对历史上主体人格假设认识的反思和突破。对主体人格的假设,是一切伦理道德思想和行为的基础和前提。主体人格是社会和个人分别从宏观与微观、主观和客观等不同角度对人的社会本质、社会地位、社会价值所作的定位。人应该是独立的、自主的,还应该是依附的、驯服的,这是现代伦理道德与传统伦理道德的重大区别。

在传统社会,人,无论是皇帝,还是百姓,都不具备独立的人格,而是依附于超然力量,即所有自然人都必须依附于客观的或外化的、现实的或想象的某种权威,必须服从、顺从这种假设的权威,必须在这种权威的襁褓之中作为或不作为。这种权威或依附于上天、神仙,或依附于强力、暴力,或依附于圣人、名人,或依附于种族、家庭,或依附于组织、帮派,或依附于社会、国家,这就是传统社会传统道德的核心价值观,是维系自身生存发展的精神支柱和思想保证。

人格独立,就是每个人都是人,在人格上都是平等的,都享有人的尊严、人的权利、人的荣誉。人成为社会价值的核心,成为社会实践的主体,成为社会发展的动力,成为社会生活的目的。没有人格的独立,就没有自我发展、自我创造的原始动力和内在动力。独立人格既不是无政府主义的变种,也不是个人主义的帮凶,而是还人以应有的地位和尊严。这种地位和尊严,是人之所以为人的最根本的特征和标志,是人具有追求平等、自由、幸福权利和责任的内在根据,是现代社会伦理道德的价值基础和逻辑基础。在这一前提下,人与人在本质上是完全相同的,所不同的只是外在因素、外在特征、外在环境、成长历程、整体素质、从事职业、所处状况等,而绝不是什么人格不同、生而不同、本质不同。人格独立当然不是人格对立,不是人与人之间相互对抗、相互抵触。人格独立恰恰是人们处理相互联系、相互作用的原则,从根本上说,是人人掌握自我命运、决定自我前程、改善自我境况的权利和责任。人格独立,从个体微观角度看,唤醒的是自我、自主、自尊、自立、自信、自强、自律的意识;从社会宏观看,唤醒的是承认人、解放人、发展人、尊重人、理解人、关心人的意识。主体人格的独立性、自主性、平等性显示的是市场经济、市民社会、民主政治、自由文化的伦理道德意义。

四、规范结构由消极型向积极型转变

道德规范的性质无外有两类:一种是对人的思想行为进行约束、限制、指定的,一种是对人的思想行为给予自选、应允、鼓励的。简单地讲,前者是消极性规范,后者是积极性规范。消极性规范的主要特征是对人们应该做什么,不应该做什么;应该怎么做,不应该怎么做,都通过政治权威以一定的法律形式或舆论形式作出明确的规定或直接的导向。消极性规范,相对于人们的具体思想行为而言,是一种刚性的、排他的、单一的、外在的规范,现实、具体的个人只有遵守的义务和责任,而没有自主性、主动性的权利和选择,更没有多样性、灵活性可言。在这种道德评价标准和文化背景下,人们实施的具体行为已经被事先假设的道德性质和道德标准规定好了,要么符合既定的道德,要么不符合既定的道德,只能在两者之间做出判断,没有第三种理解和选择,更没有创立新规范的可能。积极性规范的主要特征是对人们应该做什么、不应该做什么,应该怎么做、不应该怎么做,赋予个人以更大的行为空间,更大的判断空间,更大的选择空间,具体行为的道德性质和意义因具体环境和因素不同更多地留给个人、留给社会自身去选择和判断,确确实实把道德作为人内心信念和力量的存在,并在道德文化与道德规范里就充分允许、支持和鼓励人在自我反省、自我觉悟、自我调适中养成道德意识、道德观念、道德习惯,使道德精神、道德原则深深扎根于内心世界,成为规范和指导人们从事各种行为的准则。规范结构还有一层意思,就是由以家庭伦理和政治伦理为主转化为以经济伦理和社会伦理为主。

五、进步方式由封闭型向开放型转变

道德进步是社会进步的重要组成部分,受着经济、政治、社会、文化等各方面因素的制约和影响,并最终决定于生产方式的性质和前途。生产方式的性质和前途决定着社会道德进步的性质和前途。从历史与现实来看,生产方式主要有两种:一种是传统经济,一种是现代经济。所谓传统经济,是产品经济的原始的初级水平的经济,是农业经济。所谓现代经济,就是在自然和农业经济基础上发展起来的商品经济,是市场经济。传统经济,从自身性质来说,是一种封闭经济、轮回经济,其发展动力是人类的本能需要,即人类对维持自身再生产所必需的简单的衣食住行用的要求,其发展模式是外延的扩张和延伸,是量的重复和增长,其发展特点是周期性的循环,最终必然退出历史舞台,与之相伴生的伦理道德也必然要退出历史舞台。迄今为止,市场经济是唯一的具有生命力、创造力的经济发展模式,是推动道德螺旋式上升的物质力量。道德进步方式决定着社会对道德现状的总体评价,进而决定着人们对现存道德所持的基本态度、立场、观点和方法。随着市场经济的发展,伦理道德在社会实践、对外开放中不断吸取新元素、新内容,也不断拓展新的领域、新的空间,同时不断获得新的发展手段、新的进步途径。

六、发展水平由经验型向理性型转变

与社会发展阶段一样,人类道德经历了由原始的、自发的、经验的阶段向现代的、自觉的和理性的阶段转变和发展的历史过程。道德发展阶段的划分是依据社会对道德核心价值的认知和自觉的程度。认知和自觉就是不同的人们对某一社会行为和社会现象的道德价值、道德内涵达到多少共识、认同、默契,即具有共同理解、共同选择和共同评价的性质、范围和程度。经验型与理性型最根本的区别是人们关于道德的思维内容和方式的重点不同:前者关注的核心是什么样的行为是道德的、什么样的行为是不道德的,后者关注的核心是什么样的社会更有利于人们形成道德意识、作出道德选择、进入道德境界。这就是说,前者关注的核心是具体行为的道德判断、道德性质;后者关注的核心是人们行为的社会前提、社会性质。前者把建设道德的重心和责任归因于个人,个人的修养、个人的品德;后者把建设道德的重心和责任归因于社会,社会制度、社会体制。前者是就事论事,一事一议,以先人之事论定后人之事;后者是就事论理,以理服人,以实际需要为优先、以利弊权衡为尺度。前者提供的是回答所有问题的既定答案,后者提供的是解决所有问题的正确方法。前者是以历史人物成败的事例为根据,总结出的是一些似是而非、模糊、抽象的经验性结论。后者是以大量现实生活的调查和实证分析为根据,计算出的是具有定量、明确、具体、可行的参考性思路。这样的道德发展水平和阶段,完全是以人的思想道德和科学文化知识、素质的极大普及和提高为基础的,完全是以社会的开放、交流、沟通的文化和体制为前提的,完全是以解放、调动、发挥、保护人的积极性、能动性和创造性为目标的。

经验型道德是根据继承和模仿得来的道德原则、道德规范、道德意识、道德经历来评价和选择道德行为和道德价值。理性型道德是根据创造和革新得来的道德原则、道德规范、道德意识和道德经历来评价和选择道德行为和道德价值。理性就是善于从事物相互联系中,从历史发展过程中,从权衡利弊得失中把握道德的性质、作用、特点和价值。经验只是就事论事,孤立地、静止地、片面地看问题,想当然地看待事物。理性的根据是事实,是良心,是自觉,经验的根据是记忆,是冲动,是本能。

七、实现途径由他律型向自律型转变

道德由他律向自律转变的动力是社会竞争与文明进步。竞争是推动人自我完善的外部压力,文明是推动人自我完善的内在动力。在这种内外力的作用下,人的道德素质不断提高,道德观念不断增强。传统社会是一个竞争不足和文明不高的社会,人类物质文明水平越低,精神文明水平也越低,人们对物质财富的欲望就越强烈,对物的依赖性就越强,动物性就越明显,道德就越成为虚伪乏力的东西。社会关系越松散,人与人之间越会产生不信任感、不自由感,就越会形成一套直接教化、监控机制和体制,而且表现为一对一、面对面的教化、监控,道德就越表现为他律的形式。

现代社会是一个激烈竞争、高度文明的社会。特别是市场经济体制的建立和完善,就像给人上紧了发条只能朝着确定的方向行进。社会需要是道德发展的强大动力。现代社会人们普遍受着道德状况的影响,普遍要求健康的社会风气,良好的职业道德,高尚的思想情操,丰富的精神世界,这已经像空气一样,成为人们学习、生活、工作、交往的必需品。因此,道德和遵守道德是现代社会、现代民族、现代人的重要利益、客观要求和内在素质。自律的根据、自律的基础,正是这种社会和个人的内在需要。在传统社会里,违背伦理道德往往意味着能够投机,获得利益,占着便宜。而在现代社会里,违背伦理道德,意味着破坏自己做人的声誉,失去自己进步的动力,堵塞自己成功的道路。

八、行为选择由单一型向多样型转变

一种行为是否具有几种不同的道德价值,一种道德判断是否可以适用于几种不同的道德行为？这是道德研究中一个十分奥妙的课题。当把传统社会与现代社会加以对比时,我们往往发现,在传统社会,对人的具体行为的道德价值判断是统一的、单一的答案,是依据二值逻辑、直线思维进行的,要么是、要么非,要么对、要么错,要么好、要么坏,二者必居其一。这就抹杀了现代人的道德个性,也忽视了道德行为的复杂性、选择性、多样性。无论现代,还是古代,道德都具有鲜明的个性特征,但是,当我们把道德评价的标准确定为客观标准、群众标准、生产力标准后,对什么是道德,什么是不道德,就必须作全面、具体的分析。同样的道德行为在不同的社会背景下,可以具有完全不同的社会效果,也就具有完全不同的道德价值;在相同的背景下,因不同的主体个性也可以产生完全不同的道德价值。相同的道德行为,在不同的背景下可能产生相同的社会效果,具有相同的道德价值,也可能产生不同的社会效果,具有不同的道德价值。多样性表现为人的道德行为与道德价值之间形成了多条联结路线,而不再是只有一条联结路线。现代社会在评价道德行为时要求必须充分估计各种可能性,而避免固定、僵化的思维模式和道德标准。

九、评价标准由动机型向效果型转变

什么是道德的? 什么是不道德的? 这是人类理性进行自我反思的一个极其重要的领域,是中外思想家和理论家始终热衷于研究讨论的重要课题。这里,涉及一个前提问题,就是衡量和判断道德的标准是什么。一是英雄标准,也就是少数人标准,把少数英雄人物的道德行为作为社会道德的主体构成;或者说,按照少数英雄人物的标准来要求和衡量社会成员的道德水平。二是理论标准,也就是口号化标准,政治家、道德家、思想家总结、概括、倡导的人类历史上一切有关道德的美妙词句和漂亮口号,包括他们自身的良好愿望和动机,作为社会道德的主体构成;或者说,按照理论上、思想上的抽象来衡量和要求社会成员的道德水平。三是实践标准。也就是群众标准,也就是生产力标准,这是一种客观标准,是一种马克思主义的辩证唯物主义和历史唯物主义的标准。也就是说,道德不道德要以对社会进步的作用,对社会发展的贡献为根本标准。如在当代中国,就是以是否做到"三个有利于"为根本标准。道德如果不是以客观的外化的标准来衡量,那么,就会变成鬼把戏,就会变成道德骗子,就会变成空想和废话。

十、核心价值由教化型向养成型转变

这里涉及现代社会道德修养形成的基础性、过程性、复杂性。人的道德观念、道德习惯、道德价值的形成和发展,在传统社会与现代社会是完全不同的。

这一点是马克思主义唯物论与一切唯心论的重要区别。道德的社会根源是什么，人的道德观念是怎样形成的，人的道德行为是由什么决定的？是主观认识的结果，还是客观实践的结果；是单向教育作用的结果，还是社会互动作用的结果；是直线式的结果，还是循序渐进、潜移默化的结果？马克思主义道德观显然主张和提倡的是后者。

传统社会是以教化为主，是以主体的被动服从、接受为主；现代社会是以学习为主，是以主体的主动适应、创造为主。教化的方式是单一的，给人居高临下、一厢情愿的感觉，教化导致的结果是相互模仿、思想僵化，是经验主义。教化的目的，是让人人成为完人，成为英雄，成为榜样，追求纯而又纯，高大全，成为一个模式。教化关注的对象实质是少数能够受到教育的人，忽视绝大多数平民的道德生活、精神生活；一个人违背道德的责任往往单纯归因于教育不够及个人的修养、品质等主观因素努力不够。

现代社会，人们的道德修养的提高，主要靠的是社会的氛围，靠的是人的学习习惯和学习能力，靠的是人的社会实践和社会互动，靠的是创新意识和开拓精神。这里，给予个人更多的是权利，更多的是选择。在传统社会，道德是调整人与人、人与社会、人与自然、人与自我关系的主要手段。因为那时人们的相关性是很脆弱的，很少量的，很松散的，往往是以一种地域、一种文化、一种思想、一种情感、一种认同为纽带相联结起来的。

十一、适用范围由弥漫型向角色型转变

这是由现代社会与传统社会的结构截然不同决定的。传统社会是同质社会，现代社会是异质社会。传统社会是等级社会，现代社会是分工社会。在同质社会和等级社会，人的身份就是明确划分为高低贵贱的，而且，这种身份一旦取得就稳定下来了，一般不会改变；既可以终身受用，也可以继承、世袭。这种高低贵贱不仅是对人的社会地位、社会层次、社会等级作出的划分，而且是对人的道德层次、道德水准、道德责任作出的规定。这种人与人的差别是全方位的、整体性的、完全化的，不仅体现在物质生活上，而且体现在精神生活上；不仅体现在经济地位上，而且体现在政治地位上；不仅体现在社会制度上，而且体现在主体心理上。皇帝是一国之尊，是"真龙天子"，最高尚，最智慧，最能耐,最聪明,最辛苦,什么都是最好的,最强的,最高的,是神,不是人。丞相是一人之下,万人之上。以下依次类推,到了最底层的大多数平民百姓,就几乎不是人了,当然不是变成了神,而是没有了人的尊严、人的权利、人的价值、人的生活,处于任人操纵和宰割的社会经济政治位置。

现代社会是分工的社会,也是平等的社会。全知全能、包打天下的人,不仅客观上不再可能产生和存在,而且丧失了主观上的心理基础和认知基础。任何人的权力是有限的,任何人的知识是有限的,任何人的能力是有限的,任何人的长处是有限的,任何人的财富是有限的,任何人都只能在某一方面成为精英、专家、人才,占有一定的社会位置,发挥一定的社会作用,受一定范围人群的尊重。人已由以整体的身份确定各自的等级,转化为以扮演的角色确定各自的位置。人与人之间只有分工的不同,没有等级的划分;只有角色的不同,没有人格的优劣。每个人的角色都是在特定的社会关系中即在特定的社会舞台上具有实质意义。一个政府官员只有在公务活动过程中才具有职务规定的权力、责任和利益;超出职务范围和职务活动外,他就和其他人一样,在什么性质的社会关系中处于什么样的位置,就获得什么样的角色,就具有与作为政府官员完全不同的权利、责任和利益,他可能是一个父亲,可能是一个男友,可能是一个旅客等。

十二、追求境界由神圣型向世俗型转变

传统社会把道德行为看得十分神圣、庄严、纯洁、郑重,看成是付出、奉献、牺牲,这可能是源于家庭伦理道德。家庭伦理道德是建立在无私、无悔、无怨的亲情基础上的,这是一种最原始的、最崇高的、最圣洁的道德情感、道德冲动、道德行为和道德关系。那么,是不是人与人的道德关系都可能达到这样的境界和水平? 是不是应该要求人与人的道德关系都达到这样的境界和水平? 这与人们对社会关系性质的认定有极大关系,也与人们对人的本性的认定有极大关系。自古以来,人们对这个问题的回答主要有两个对立的答案:一种是人之初性本善,人与人之间都应像兄弟姐妹那样,相互关心、相互爱护、相互帮助;另一种是人之初性本恶,人与人之间就像动物世界一样,弱肉强食、相互残杀、你死我活。由于人类对社会生活天然地存在着美好向往和善良愿望,长期

以来,人们一直为道德的纯洁性、神圣性、崇高性而奋斗。马克思主义的诞生为人们正确认识和理解人类社会各种现象提供了科学的世界观和方法论,第一次揭示了社会道德产生的历史根源和本质,道德的地位和作用,道德发展变化的规律和特点。道德和遵守道德是人类生活本质的必然产物,是社会生存与发展的现实需要,是生产方式与经济基础的客观反映。道德和遵守道德不是人们的善良愿望,也不是人们的漂亮口号;不是无私的,也不是自私的;不是庸俗的,也不是神圣的;不是万能的,也不是无所谓的。人类在创造和积累物质财富的同时创造和积累着精神财富。道德和遵守道德是深深扎根于人的社会实践之中的,是深深扎根于人的利益关系之中的,是深深扎根于人的内心世界之中的。只有这样,道德才能被还原于其社会本来面目。

传统社会把道德崇高化、神圣化、理想化,是同个人英雄主义时代密切相关的,是同道德意味着自觉牺牲、无私奉献、巨大付出、悲剧结局的历史密切相关的,是同大多数人的精神生活贫乏、道德选择简单、社会关系稳定的历史现实密切相关的。在现代社会,道德和遵守道德则是人们精神生活和社会生活的重要组成部分,是每个公民普遍应尽的社会义务和社会责任,是每个社会成员的精神需要和精神追求。

诚信:现代经济发展、社会进步的基石和动力*

  辽宁省盘锦市在新年伊始,就抓住诚信这一现代文明发展的重要价值、重要理念、重要道德、重要内容,探讨城市经济社会跨越式发展的新思路、新途径、新举措,这不仅体现了市委、市政府的决心和信心,也体现了市委、市政府的眼光和胸襟,它充分说明盘锦市委、市政府把学习贯彻"三个代表"重要思想和党的十六大精神落实到行动上,落实到实践中,真正站在时代发展的最前列,把握社会进步的最新潮流,具有远见卓识的思维,放眼全球的视野,与时俱进的精神和开拓创新的魄力。作为一名宣传干部,作为一个家乡人,我感到十分敬佩、自豪。能够同贵市领导一起探讨有关精神文明建设、思想道德建设和思想政治工作问题,汇报自己学习党的十六大报告精神的一点体会和认识,我感到十分荣幸、十分难得。什么是诚信? 为什么要建设诚信? 为什么说信用是社会主义市场经济的基石? 社会生活巨大而深刻的变化是否需要我们对诚信有新的理解? 如何建立健全社会信用体系框架? 如何从制度层面推进诚信建设? 这一系列问题,确实值得我们进行深入思考和严肃回答。

  我汇报的题目是"诚信:现代经济发展、社会进步的基石和动力"。共讲四个方面问题:一是诚信问题已经成为全党全民共同关注的重大社会问题;二是诚信是人类最原始最基本也是最重要的价值理念和道德准则;三是加强诚信建设是发展社会主义市场经济、全面建设小康社会、实现现代化和中华民族伟大复兴的迫切需要;四是诚信是需要全党全民共同施工建设的庞大复杂的社会系统工程。

---

  * 本文系 2003 年 2 月在辽宁省盘锦市委中心组集中学习时的讲座提纲。

一、诚信问题：全党全民共同关注的重大社会问题

胡锦涛总书记于 2004 年 1 月 12 日在中央纪律检查委员会第三次全体会议上发表重要讲话，强调指出：大力弘扬求真务实精神，大兴求真务实之风。在这样一个时刻，这样一个会议上，胡锦涛总书记突出强调"求真务实"问题可谓意味深长。求真务实，实质上，是共产党执政和领导的价值理念问题，是对党和政府的信任问题、信仰问题，也是一个诚信问题。这一方面说明，胡锦涛总书记高度重视这个问题，是"求真务实"的表率和模范；另一方面说明，"求真务实"，已经成为全党全社会普遍关注的重大问题，到了非强调不可、非解决不可的地步。从媒体公布的有关数字看，信用缺失造成的直接和间接损失令人触目惊心：

——全国每年由于产品质量低劣或制假售假造成的各种损失达 2000 亿元。

——全国有 16.5 万户企业应收账款占销售收入的 38%，是利润总额的 8.5 倍，达到 14827 亿元，因此增加的财务费用一年有 2000 亿元左右。

——我国从事进出口业务的公司坏账率至少在 5% 以上，每年至少有 150 亿美元左右的海外拖欠款没有收回。

——我国目前每年订立的经济合同大约有 40 亿份，但合同的履约率仅有 60% 左右。

——中科院 2002 年推出的"科学与社会"系列报告指出，在世界发达国家用一美元可办到的事，在中国需要 1.25 美元，这意味着我国进一步发展的综合成本要高于发达国家。有专家分析，由于中国市场交易缺乏信用体制，使得国内生产总值的 10% 至 20% 成为无效成本。

——老字号企业南京冠生园因"陈馅月饼"事件在全国掀起轩然大波，因而以"经营不善、管理混乱、资不抵债"为由向南京市中级人民法院申请破产。有专家一针见血地指出"南京冠生园的破产其实是信誉破产"。

——据中国消费者协会统计，2000 年消费者对于虚假广告、假冒商品、计量不足、诈骗销售等厂商失信行为的投诉达 12.5 万件。

——据 2003 年 10 月 8 日《人民日报》第 2 版报道，"十一"黄金周期间，

由于结婚的人多,南京各大商场的婚纱卖得比平常红火,然而到后来不少商家竟不敢再卖婚纱。原因是,一些买了婚纱的人,结婚当天穿上婚纱,拍拍照片,出席婚宴,婚礼结束后就拿着婚纱到商场以各种理由要求退货,商家不退货,就大闹。

——在大学里,上课无故迟到、旷课、剽窃论文、考试作弊、伪造简历等现象时有发生。这一方面折射出部分大学生诚信观念的缺失,另一方面也反映了大学中素质教育的盲点。素质教育不是一个空洞的口号,它不仅要求学生学好书本知识,更要求学生学会如何做人。

——据报载,河北某县政府招待所餐厅因吃喝白条无法兑现,两任承包人先后关门歇业。这两任承包人为了向县委办公室和县政府办公室讨回 29 万元的吃喝账,奔波五年,但除了手中攥着的近百张白条外,一无所获。

——大学生用手机“懒得交费”。联通公司向上海高校师生推出了一款非常优惠的高校网“套餐”,仅半年时间就有了大约一万名在校大学生用户,但因各种原因欠费的学生竟达几百人,其中不乏硕士、博士研究生。学生欠费最常见的理由是“学业繁忙,没时间交费”。据介绍,这些学生的欠费记录将被纳入上海市诚信系统,他们欠下的区区几百元话费将可能影响今后的就业、贷款等。

——据《中国税务报》报道,某地一企业因诚信纳税而被评为 A 级纳税户,令同行们羡慕不已,可是该企业却拒绝到税务机关领取 A 级纳税户证书。原来,该企业的一个竞争对手明明有偷税行为,却通过拉拢税务干部和弄虚作假,也被评成了 A 级。于是该企业“耻与为伍”,拒绝领证。A 级证被视同废纸,不屑一顾,恐怕是该税务机关始料未及的。显然,问题的症结还在于税务机关自身不够公正和诚信。不言而喻,作为纳税信用等级的评定者,自身的公正和诚信至关重要。

——据报载,无锡市一位女士因患胃癌到保险公司索赔。保险公司经调查发现,这位女士其实在投保前就已查出得了胃癌。近年来,有些人采用带病投保等手段,甚至与个别医生、律师相互勾结骗取保险公司保费。据中国人寿保险无锡分公司统计,2004 年以来的骗赔率已达 5%。

——据报载,成都市一位消费者在某治疗肝病产品的展销现场做了一次体检,结果是患有乙肝,展销商要他购买 1680 元的产品,但他随后到医院做了两次复查,结果并未患乙肝,原来是药品推销商与个别医院检验师联手虚造检验结果,以促销药品。

总之,我国信用紊乱的状况尚未得到根本扭转。从经济生活领域到政治生活领域,从社会生活领域到文化生活领域,从个人生活领域到集体生活领域,不讲诚信的现象和问题几乎无时不有、无处不在,已经成为社会公害。信用缺失、不讲信用、信用恶化问题广泛存在于商品交易、财产租赁、加工承揽、金融、证券、合同、广告、中介、建筑、统计等经济生活的各个领域,如假药、假酒、假油、假烟、假文凭、假学历、假简历、注水肉、假冒名牌、食品安全等等问题。有的情节触目惊心,忍无可忍,令人发指,如酱油、粉条、白酒等,用化学原料、工业原料、各种添加剂勾兑,过期食品、盗版光盘、假政绩、造假账、假数据,学校的枪手、代考,胡锦涛总书记批评的考场腐败,日常生活失约,体育界黑哨,文艺界假唱,营私舞弊,拖欠民工工资,贷款不还,三角债,银行呆账、烂账、死账等。在一个人人自危、人人不安、人人防范的社会中生活,无疑是非常难堪、非常可怕的。这种状况不改变、这种环境不改善,如何实现现代化,如何全面建设小康社会,如何实现民族振兴? 因此,我们党和国家十分重视道德建设特别是全社会的诚信建设。

江泽民曾经指出:"没有信用,就没有秩序,市场经济就不可能健康发展。要在全社会强化信用意识,加强公民诚实守信的道德教育。建立严格的信用制度,规范契约关系。各类经济主体都要守法经营。依法严厉打击制假售假、偷税骗税、经济欺诈、恶意逃避债务等行为,创造良好的市场秩序。"讲究诚信,践行诺言,遵守游戏规则,已经成为公众的强烈呼声和共同愿望,这就足以说明大力弘扬信用理念的必要性、重要性和紧迫性。信用是道德范畴,也是法律范畴,提高信用,必须坚持把德治与法治紧密结合起来,把扬善与惩恶紧密结合起来。通过扬善,以其说服力和劝导力,提高社会成员的思想认识和道德觉悟;通过惩恶,以其权威性和强制手段,规范社会成员的行为。信用是同背信弃义、见利忘义、坑蒙拐骗、假冒伪劣等思想行为根本对立的。必须大力加强社会信用建设,逐步在全社会形成诚信为本、操守为重的良好风尚,加快建立企业中介机构和个人的信用档案,让有不良行为记录者付出代价,名誉扫地,直到绳之以法。

2003年10月,党的十六届三中全会作出的《中共中央关于完善社会主义市场经济体制若干问题的决定》,对于建立健全社会信用体系问题作了明确规定:"形成以道德为支撑、产权为基础、法律为保障的社会信用制度,是建设现代市场体系的必要条件,也是规范市场经济秩序的治本之策。增强全社会的信用意识,政府、企事业单位和个人都要把诚实守信作为基本行为准则。按照完善法规、特许经营、商业运作、专业服务的方向,加快建设企业和个人信用服务体系。建立信用监督和失信惩戒制度。逐步开放信用服务市场。"这段论述高屋建瓴,深刻有力,为我们指明了今后相当长一段时期信用体系建设的原则和方向。这是我们党运用马克思主义立场观点方法分析社会主义市场经济发展现实和未来提出的科学论断,是建成完善的社会主义市场经济体制和更具活力、更加开放的经济体系的重要目标和重要保证,是全面建设小康社会、实现中华民族伟大复兴的基础性工程。

二、诚信:人类社会伦理道德的核心价值和普遍准则

在人类所有理想、价值、观念中,诚与信始终是十分重要甚至是核心的内容。在我国传统伦理文化中,"诚信"被赋予极其丰富的内涵。从语词意义来看,"诚"与"信"是相通的。在实际使用中,它们所表征的意义具有一定差别。"诚"是指道德主体内在的一种品质、信念,即所谓"内诚于心",表现为真诚、诚实、诚恳等。"信"则是指道德主体在社会生活中与他人或社会整体交往时所表现出来的具体行为及其价值指向,即所谓"外信于人",表现为讲信义、守信用、重承诺,言行一致。欲让人信,首先要诚。司马光说:"不诚于前而曰诚于后,众必疑而不信矣。"故讲信,必讲诚。诚信诚信,先诚后信,无诚不信,不诚难信,至诚至信。"言必信,诺必诚","小信诚,大信立"。"言而无信,行之不远。""诚"、"信"合起来使用,具有诚实守信、表里如一、道德行为与道德品质相统一的深刻思想内涵。

在中国传统伦理文化中,诚信被视为"立人之本"、"立政之本"、"进德修业之本"。孔子把信摆到关系国家兴亡的重要位置,认为国家的朝政得不到人民的信任是立不住脚的。孟子把"信"视为用以维系儒家"五伦"的伦常(基本伦理规范)之一。几千年来,"一诺千金"的佳话不绝于史,广为流传。据人统计,"信"字在《论语》一书中出现过38次,在《孟子》一书中出现过30次。

圣人的"人而无信,不知其可也",诗人的"三杯吐然诺,五岳倒为轻",民间的"一言既出,驷马难追",都极言诚信的重要。古代的"仁、义、礼、智、信",近代孙中山先生提出的"八德":忠、孝、仁、爱、信、义、和、平,都是当时倡导的最基本最普遍的道德规范,而诚信则是其中十分重要的内容和构成。

"诚者,天之道也;思诚者,人之道也。"将诚信上升至天道人伦,这一传统伦理文化在中国绵延千年。古人断言:"君臣不信,则百姓诽谤,社稷不宁。处官不信,则少不畏长,贵贱相轻。赏罚不信,则民易犯法,不可使令。交友不信,则离散郁怨,不能相亲。百工不信,则器械若伪,丹漆染色不贞。"而唯其讲诚信,才能"可与为始,可与为终,可与尊通,可与卑穷者"。

市场经济要求具备一定的道德基础。没有道德支撑,市场经济就必然失去社会前提和客观条件。提出"看不见的手"的英国古典经济学家亚当·斯密,同时提出了"道德情操论"。亚当·斯密说,没有公正就没有市场经济。如果追求金钱名利超出对智慧和道德的追求,整个社会便会产生道德情操的堕落,结果是公正性原则被践踏,市场经济就会趋于混乱。如今,"诚实信用"已经成为世界范围内市场经济的基本道德准则。诺贝尔经济学奖得主诺思说过,自由市场经济制度本身并不能保证效率,一个有效率的自由市场制度,除了需要有效的产权和法律制度相配合之外,还需诚实、公正、正义等方面有良好道德的人去操作这个市场。市场经济是信用经济,必须建立信用文化。无数事实证明,以诚信去聚集财富,财源会越开拓越广阔;违背诚信赚钱,最终将使财源枯竭。有的经济学家还深刻指出,有效的基于个体自由竞争基础上的市场机制,必须有一定的道德秩序予以支持。从现代社会来看,市场不仅表现为实际的特定的买卖场所,更有一套法律规则和道德伦理体系,这些构成了市场经济的前提和轨道。现代信用制度实际上就是建立在诚信基础之上的契约关系。信用度越高,经济运行就越顺畅;信用度越低,经济运行成本就越高,诚信空气稀薄的社会环境甚至会窒息经济发展的活力。

著名的现代化研究专家英克尔斯在谈论现代化建设的硬件与软件关系时,有一段十分精彩而精辟的论述。他指出:落后和不发达不仅仅是一堆统计数字,也是一种心理状态。"一个国家可以从国外引进作为现代化最显著标志的科学技术,移植先进国家卓有成效的工业管理方法、政府机构形式、教育制度以至全部课程内容……但那些完善的现代制度以及伴随而来的指导大纲,管理守则,本身是一些空的躯壳。如果一个国家的人民缺乏一种能够赋予这些制度以真实生命的广泛的现代心理基础,如果执行和运用着这些现代制度的人,自身还没有从心理、思想、态度和行为方式上都经历一个向现代化的转变,失败和畸形发展的悲剧结局是不可避免的。再完满的现代制度和管理方式,再先进的技术工艺,也会在一群传统人的手里变成废纸一堆。"①

在描述德国人的性格特点时,"严谨、诚实、守信"是经常被提到的字眼。从总体上来看,德国社会的诚信度是很高的。在德国,用以监督社会成员是否遵守社会秩序的最好途径就是社会信用记录。德国拥有一套完善的信用体系。德国中央银行设有专门掌管社会成员包括企业和个人信用信息的服务机构,从事信用评级、信用管理等业务。德国企业间的信用交付方式已占到社会经营活动的80%以上,个人消费信贷占银行贷款总额的30%以上,更有50%的德国人贷款买车买房。大量的信贷消费,需要有效的信用机制来保障,这一任务由德国的信贷信用保护协会承担。德国的各金融机构均是该协会的成员,所有银行用户的个人信用资料全都进入该协会的资料库,一旦客户出现信用问题,如恶意透支信用卡或不及时还款,都会被记入资料库。而有过不良信贷信用记录的客户在今后的生活中会碰到很多困难,如申请贷款时会被拒绝或者被要求支付高利率,要想分期付款购买大件商品也会被拒绝。

从政府的行政手段上看,比如纳税,加拿大政府首先相信每个人的申报,退税款很快就会寄达每个人。但如果几十年后查到问题,会一起清算。政府这种"信任"态度使每个公民心里舒畅。而欺骗之人则会始终心中不安,曾有一个千万富翁因为多年偷税,20年后追缴的罚款超过了他的总资产。

诚信是中华民族崛起和复兴的基础。伟大的复兴要从诚信开始。信用,以其深厚的理性色彩和强烈的实践品格,形成独具魅力的文化内涵。信用就是金钱。"诚实是最好的竞争手段"。

诚信覆盖社会各个领域,贯穿人们行为的全过程。诚信是一个多层次、多结构的思想体系,也是一个多环节、多阶段的行动过程。有的学者从不同角度概括了诚信的十大内涵和意义:一是做人准则;二是政府声誉;三是企业生命;四是民族形象;五是社会风气;六是发展动力;七是环境资源;八是物质力量;

① 谢名家主编:《信用:现代化的生命线》,人民出版社2002年版,第116页。

九是价值理想;十是进步标志。这就是说,随着社会主义现代化的发展,社会生活巨大而深刻的变化赋予诚信这一传统美德日益丰富的时代内容,也促使人们对诚信的理解从伦理道德的范畴提升到制度建设和制度创新的层面。诚信不仅是一种品行,更是一种责任;不仅是一种道义,更是一种准则;不仅是一种声誉,更是一种资源。就个人而言,诚信是高尚的人格力量;就企业而言,诚信是宝贵的无形资产;就社会而言,诚信是正常的生产生活秩序;就国家而言,诚信是良好的国际形象。诚信是道德范畴和制度范畴的统一,讲诚信有利于社会效益和经济效益的统一,加强诚信建设体现了法制建设与道德建设、依法治国与以德治国的紧密结合。

当然,诚信不是万能的,也不是绝对的,它拥有六大要件:一是以行为动机为前提;二是以言行一致为核心;三是以求真务实为灵魂;四是以社会互动为载体;五是以符合社会利益为宗旨;六是以客观效果为标准。

研究与建设诚信要注意六个不能混淆,即不能与政治谋略混为一谈,不能与做人老实混为一谈,不能与因循守旧混为一谈,不能与典型宣传混为一谈,不能与经济信用混为一谈,不能与决策失误混为一谈。

三、诚信：完善社会主义市场经济体制、全面建设小康社会、促进人的全面发展、进一步扩大对外开放、实现社会主义现代化、实现中华民族伟大复兴的迫切需要

我国正处于并将长期处于社会主义初级阶段,这是一个由农业向工业,由封闭向开放,由计划经济向市场经济,即由传统向现代全面过渡、转型的特殊历史时期,也是中华民族建设社会主义现代化强国、实现伟大复兴的关键历史时期。如何认识和把握这一时期社会伦理道德发展的特点和规律,不断加强和改进思想道德建设、精神文明建设、思想政治工作,提高全民族整体素质和文明水平,关系我国改革发展稳定的大局,关系我国在国际激烈竞争中的胜败,关系党、国家和人民的命运。

当代中国的诚信问题与传统中国的诚信问题,有着本质区别,其严重性与紧迫性因以下六大原由而显得更加突出。

　　一是由计划经济体制向市场经济体制的转变,由人治社会向法治社会的转变,最大特征就是人们行为个性化、分散化、自主化,使得经济交换、社会交往、思想交流更加广泛化、经常化、多元化,从而,维系人际关系的纽带只能越来越依赖彼此双方或多方的相互信任、相互契约和相互自律。

　　二是由乡村化走向城市化,由农业化走向工业化,由单位化走向社会化,使人们从事的是社会化大生产,参与的是社会化公共生活,进入的是社会化公共领域,社会化活动频率大大增加,空间大大扩展,内容大大丰富,特别是陌生人的交往,一次性的交往,多边性的交往,更多地依赖行为主体的做人道德。

　　三是由经验社会、感性社会向科学社会、理性社会的转变,科学技术特别是网络技术、信息技术的广泛应用,使人们的思维方式、行为方式、生产方式、交往方式发生了深刻变化,虚拟经济、虚拟社会、虚拟情景大量出现,在社会中发挥着越来越大的作用,这就对人们的诚信提出了新的更高的要求。

　　四是由温饱型社会向小康型社会的转变,由数量型社会向质量型社会的转变,人们对自己的生活质量、生存环境、发展机遇、进步条件提出了新的更高要求。如饮食的目的,原本是为了生存,延续生命;现在可能是为了健康,为了享受;今后可能是为了子孙后代,为了人类生存发展的整个地球。为生存、活命,只要吃饱就行;为健康、为享受,就不限于数量,而且需要安全、质量和口感,为子孙后代、为整个地球,为可持续发展,还需要绿色食品、节能食品等。那种愚弄百姓的做法,自作聪明的做法,都已经成为人们深恶痛绝的东西。

　　五是由封闭向开放环境的转变,国际竞争、国际市场、国际贸易的压力进一步增强。诚信问题,已经不仅是国内问题、地方问题、经济问题,而且是国际问题、政治问题、社会问题,不仅影响经济效益和经济发展,而且影响国家的形象和民族的振兴。

　　六是由单面人向全面人的转变,低素质向高素质的转变,追求更高的精神享受,尊严、人格、人权、荣誉的价值意识和思想观念大大增强。如今的人们,没有比被欺骗、被愚弄、被轻视更加难以接受和忍耐了。

　　总之,由于大众媒体的迅猛发展,由于利益关系的紧密相连,由于人们期望的日益提高,由于现代技术的广泛应用,由于社会链条的不断延长,由于人的能力素质的普遍增强,诚信问题从来没有像今天这样如此敏感、如此尖锐、如此突出、如此重要。

　　关于全球化对人们的思想方式和道德观念的影响。1995 年,欧洲委员会的"里斯本小组"在《竞争的极限:经济全球化与人类的未来》的报告中指出:"最近 15 至 20 年在如此众多的领域(金融、通信交往网络、基础设施、公司企业组织、交通运输、商业与服务业的流通、人们的消费行为、价值体系、民族国家的作用、人口增长、全球政治等)变化如此之巨大,国际化、跨国化概念对于描述目前发展,测量这些发展的意义已经变得很不合适。新的概念,如全球化的普遍流行绝对不是一种时髦现象,它反映了人们理解目前进程的需要。从这个意义上说,传统概念已经变得模糊不清或已经失去意义。"报告对全球化的基本理解是:"全球化涉及的是组成今天世界体系的众多国家和社会之间各种联系的多样性。它描述的是这样一个过程,在这个世界部分地区所发生的事件,所作出的决策和行动,可以对于遥远的世界其他地区的个人与团体产生具有巨大意义的后果。全球化包括两种不同的现象,即作用范围(或者扩大)和强烈程度(或者深化)。一方面,这个概念被解释为席卷这个星球大部分地区的,乃至在世界范围内发生影响的一系列过程。所以这个概念具有一种空间范围的内容。另一方面,它又意味着组成世界共同体的各种国家、社会彼此之间的交往和交换关系、横向联系和彼此之间相互依赖性进一步加强。这个过程在不断深化的同时,又不断向外扩展。它远远不仅仅是一个抽象的概念。全球化说的是现代生活的一个众所周知的特征。"如果历史地看,全球意识及其实现进程并不要等"全球化"概念出现后才开始。早在 150 多年前,马克思主义创始人就在《共产党宣言》中指出:"资产阶级由于开拓了世界市场,使一切国家的生产与消费都变成了世界性的了……过去那种地方和民族的自给自足的闭关自守状态被各民族的各方面的相互往来和各方面的相互信赖所代替了。物质生产如此,精神生产也是如此。"

　　商品经济是以交换为直接目的的一种经济形式。商品生产者互为对方、等价交换、平等互利的本质,决定了相互间的社会联系必须通过市场交换过程表现出来。马克思、恩格斯生动地描写道,不断扩大产品销路的需要,驱使资产阶级奔走于全球各地。它必须到处落户,到处创业,到处建立联系。正是在生产者竭力追求交换价值的过程中,商品交换的范围不断扩大,人们的社会交往和联系的范围也不断延伸,从而,伴随商品交换产生和发展的信用交易也不断地从宗族关系向市场关系扩展,从特殊性向普遍性转化,感性的道德关系向理性的契约制度发展，并在此基础上，形成了以现代信用为中介的广阔的国内市场和世界市场，彻底打破了过去那种民族和地区的狭隘性和封闭性，不断冲破各种血缘、地域、文化的隔绝。这一切都需要以诚信为重点的道德意识和道德观念作为维系和发展人与人之间的联系、交往、互动的中介、纽带、桥梁和保证。如果人人都不诚实，不守信，那么，人和人之间的一切交往就无法进行，一切活动就无法开展，整个社会就会陷入无序、混乱之中。在全社会大力开展诚信教育，提倡诚信伦理，增强诚信意识，形成诚信风尚，对我国社会主义市场经济乃至整个社会的健康、有序发展具有极其深远的影响。

四、诚信：全党全民共同施工建设的社会系统工程

现在，我国诚信建设正面临着十分有利的社会条件和难得的历史机遇：

一是各级党委和政府把诚信建设提到了议事日程。以胡锦涛为总书记的党中央高度重视诚信建设，把它作为完善社会主义市场经济体制的重要目标和重要任务，摆到十分突出的位置，正在动员行政资源和社会资源投入诚信建设，建立责任政府、实行承诺服务、开展民主评议、强调公信力等一系列措施正在出台和产生良好影响和效果。

二是社会意识和思想观念正在形成。经过二十多年改革开放和现代化建设，特别是社会主义市场经济的发展，对诚信的意义、好处的认识更加深化，人们对诚信的期待、愿望更加强烈，对是否诚信的识别能力更加增强，对改善诚信的要求更加迫切。

三是社会管理和法制建设正在完善。各地各部门都探索加强和改进诚信建设工作的新路子、新途径和新办法，如个人信誉档案、企业信用记录、任期届满审计制度等正在发挥积极有效的作用。法制建设特别是经济法制进一步健全，制定修改了银行法、保险法、行政赔偿法、行政诉讼法等。

四是社会舆论氛围正在形成。从普通百姓到政府官员，从专家学者到实业家、企业家，从国外友好人士到留学回国人员，全社会都在关注诚信问题。诚信问题已成为两会提案的重点，群众议论的热点，舆论监督的焦点，公民道德建设的亮点。

五是一批讲诚信的示范活动、示范企业、示范群体正在涌现。百城万店无

假货,同仁堂、青岛海尔、文明信用户、文明信用村、文明信用工商户、烟台承诺制等在社会上发挥着示范引导作用。

如何进一步把诚信建设推向前进? 我认为,除了认识问题必须解决以外,必须掌握正确的方法和途径。这就要把诚信建设作为一个社会系统工程来抓,不是就诚信讲诚信、就道德讲道德,要综合运用教育的、行政的、经济的、法律的、技术的等各种途径、手段和方法。根据各地实践和专家们的研究成果,当前诚信体系建设要着力抓好以下几个重要环节。

1. 加强和完善诚信法制建设。市场经济是信用经济、契约经济,也是法律经济。信用是市场经济的基础,法律是信用的保障。法律制度不健全、法律保障不力是整顿和建立信用秩序中亟待解决的问题。健全的法律体系是正常的信用关系得以维系的保障。仅靠良心、道德,不可能有效约束债权人和债务人的经济行为,必须依靠法律力量,把一切信用活动纳入法制的轨道,才能维护和培育良好的信用秩序,形成有法可依、执法必严、违法必究的法制环境,为市场经济建立必要的法制基础。加强维护信用制度的法律建设,一是要完善我国民法及有关法律中关于债权保护的法律规定,以确保债权人的权益不受侵犯,并强制债务人履行其偿债义务;二是参照发达市场经济国家的公正信用报告法,制定有关法规,严格规范涉及信用信息记录及其使用及评估活动的机构和组织的行为;三是对债务人的违约制定更加严厉的赔偿和惩罚规则,完善刑法中对欺诈和非法侵占等恶意背信弃义行为的有关规定,依法惩治此类犯罪,包括法人犯罪和政府工作人员犯罪。四是建立起开展信用管理的联合征信的法律体系,要及早制定公平使用信息法,以法律规范信用的公共信息、征信数据的取得和使用程序。充分发挥有关部门特别是公安、法院、工商、税务等,在建立失信约束机制方面的重要作用。五是应制定适合我国国情的法人及个人信用管理法律制度。经过多年改革开放的经验积累,以及科学技术水平的提高,尤其是计算机技术和网络技术的大大普及,使得建立全国范围内的法人及个人信用管理法律体制在技术和社会整体环境方面都已具备条件。建立这一制度,对理顺市场经济关系、加强社会稳定、强化纳税意识、提高精神文明程度、降低社会信用危机发生的可能和改善投资环境都有极大好处。

2. 建立诚信政府。有人讲了这样一个事例:2002 年,一个镇为落实中央有关减轻农民负担政策的精神,重新清理了农民上缴税收和公粮的情况,结果每户都多缴了农业税和公粮,镇、村干部说,退款退粮一时困难,由村组打欠条抵缴明年的税款和公粮,可第二年村民们拿欠条抵缴税款和公粮时,上面又不同意,村民们意见很大:政府为什么不讲信用? 由此,又让人想到,当前有少数基层政府对老百姓"失信"的事例:有的领导为了政绩立竿见影,不顾百姓利益大肆圈占农民养命的耕地,而给农民的补偿费往往是一份无法兑现的合同,使农民生活无着;有的领导对群众反映的问题责令限期解决,但相关部门却推三阻四,变着法儿久拖不决……少数基层政府失信造成的直接后果就是当地政府与百姓关系紧张,干群关系不和谐。这不但影响社会稳定,也不利于地方经济的发展。因此,为取信于民,为在整个社会营造一种良好的诚信的氛围,我们必须建立一个诚信政府。要规范政府的行为,确保严格履行其对社会的承诺,并接受群众和舆论的监督。执法部门要公正、廉明,保证执法的公正、公平、公开,以提高政府的公信力,成为社会诚信的表率。创建和维护信用体系,需要全社会的共同努力,特别是需要各级政府的努力。没有政府的培育和完善,没有政府的参加,信用环境不会自然形成。特别是在发展中国家和经济转轨过程中,市场办不到的事情,或市场相对不发达时,只能靠政府来弥补。

　　诚信建设要与党风廉政建设相结合。诚信是做人的基本准则,更应是领导干部的行为准则。各级领导干部应该做诚信的表率:在思想上,要忠于党,忠于祖国,忠于人民;在工作中,要说实话,办实事,不欺上瞒下,不搞形式主义,不说假话,不报假数字,不造假政绩,做到"敬事而信","不欺其民";在学习上,要有好的学风,真正静下心来读书"充电",不搞假学历、假文凭。要在干部录用、培训、考核、奖惩、升迁、调动、使用等各个环节上,把是否诚实守信作为衡量干部素质、能力和政绩的一项重要内容和重要指标。只要我们各级领导干部把信用作为执政的根基,把依法办事当做基本的规范来遵行,做到"言必信,行必果",那就一定能有效遏制社会中信用缺失现象的蔓延。

　　3. 加强企业诚信建设和管理。企业要把诚信作为一种资源来看待,对其进行培育、维护和控制,要培育企业诚信文化,就是企业要从诚信是生存之本的高度来认识诚信的重要价值,对企业的每一个组织系统、每一项活动、每一个员工进行诚信管理。企业培育诚信文化,应与企业生产与管理的每一个环节融合起来,在管理和发展中体现诚信的丰富内涵。要对企业诚信进行维护与控制。企业诚信的建立是一个漫长的过程。诚信建立起来后,需要精心维护,并要通过适当的企业制度来予以保障和控制,企业诚信要想保持持久性,必须通过相应制度的建立而得到保证。要建立与内部制度互补的企业外部诚信制度系统。企业外部诚信制度系统是诚信产生的重要外部条件和冲突解决机制。要建立全国征信系统:建立全国性的企业征信行业协会;建立失信惩罚机制;等等,使得企业倍加珍惜和爱护其诚信资源。要创建学习型企业组织。企业诚信文化和员工诚信心理的建立是逐步养成的,缺乏主动学习精神的组织即使受到外部再强大的诚信约束,也不可能建立起真正的持久的诚信理念。因此,诚信必须从自己做起,从现在做起,从一点一滴做起。

4. 建立和完善社会信用中介服务机构,大力发展征信行业。根据发达国家的经验,建设社会信用体系初级阶段的核心任务是促进征信行业的发展,只有征信行业得到全面的和健康的发展,才能形成建立失信惩罚机制的基本条件。要通过合适的管理机制和政策措施,鼓励、支持民间资金投资经营各类征信机构,通过市场化方式提供信用信息服务。定期对各个经济主体作出具体明确的信用调查评估报告,并依据报告进行评级。任何机构和个人都可以向社会信用管理机构征询任何一个准备与之交易的经济主体的信用情况,以决定是否与之交易或者以何种方式交易。

5. 建立个人信用制度。这就是社会信用中介服务机构根据相关法规,把分散的有关个人的社会信用资源集中起来,建立个人信用信息库,并向全社会开放,建立奖优罚劣的信用机制,完善对违背个人信用者的制裁措施。上海大学已率先设立"大学生信用档案"。档案内容主要包括大学生在校的信用行为记录和来自"上海市个人信用联合征信系统"中的信用信息。大学生的个人基本信息、学费交纳情况、在校期间的奖惩情况,以及教育助学贷款偿还情况、学生信用卡使用情况等都将写进"大学生信用档案",并纳入整个上海市的个人信用联合征信体系。今后,该校学生在求职时,除了个人成绩单之外,还可申请定制个人信用评估报告,作为提供给用人单位的参考资料,为其就业创造更多便利。设立"大学生信用档案",开创了个人诚信建设的一个良好范例。据介绍,个人信用征信在欧美发达资本主义国家已开展了一个半世纪,其中,美国的个人信用系统最为完备。美国信用制度的高度完善离不开社会大环境,"先买后付"的信用消费概念在美国文化中已经根深蒂固。1999年,在美国有6.8万亿美元用于分期付款和抵押贷款:全国销售了1700万辆汽车、4000万件各类用品,530万个单亲家庭购买了房屋。美国个人信用制度靠个人信用资信机构来具体实施。美国个人信用资信评估业目前由三家大型公司完全控制,其中,美国环联公司是全球最大的个人资信机构。这三家公司负责搜集1.7亿多美国人的个人信用数据,有1000多家合约代理商遍布全国,负责提供可供消费者、信贷公司、雇主、房东及其他相关商业行为参考的信用报告及评估。同时,这些个人信用资信机构也是私营部门中数据最为集中的产业,每年可销售掉十亿消费者的信用报告。目前,大多数报告都通过计算机系统来传送。信贷报告机构还开发了许多新品种以满足信贷发放者的需要,例如采用记分制来预测账户拖欠及破产的可能性,设计专门方法以追踪那些已搬家、变更姓名或有意搬家以逃避还款的消费者,等等。

建设社会信用体系是一个长期的历史过程,也是一项复杂的系统工程,关键是要端正认识,明确社会不同层面应发挥的作用、承担的责任。在不成熟的市场经济条件下,存在不少信用问题,而在市场经济发达的西方世界也屡见不鲜,像美国安然、安达信、世通等著名公司的丑闻所造成的灾难,有人认为不亚于"9·11"事件。由此我们列出诚信问题及对策的六点结论:

1. 诚信建设,不仅是我国社会主义市场经济发展过程中面临的突出问题,而且是世界各国发展市场经济、实现现代化的整个历史进程中都普遍面临的突出问题。

2. 诚信建设,不仅是现阶段需要高度重视并切实加以解决的紧迫而重要的社会问题,而且是在相当长的历史时期内都需要下力气、花功夫认真对待和解决的复杂而艰巨的社会问题。

3. 诚信建设,不仅是个人的修养、品质、观念、意识、觉悟等主观因素的改造提高问题,而且是一个企业、一个地方、一个民族的文化、精神、灵魂、素质、形象的形成完善问题。

4. 诚信建设,不仅是精神文明建设、思想道德建设、宣传思想工作的重要任务,而且是物质文明建设、政治文明建设、党的建设的重要任务。

5. 诚信建设,不仅是党和政府特别是各级领导干部承担的不可推卸的责任和义务,而且是全社会各个方面都应该承担的不可推卸的责任和义务。

6. 诚信建设,不仅是推进现代化建设、发展市场经济和扩大对外开放的氛围、条件、环境和保证,而且是全面建设小康社会、促进人的全面发展的内容、任务、目标和理念。

从全面贯彻党的"十六大"精神的政治高度,充分认识新世纪新阶段农村精神文明建设的新形势新任务新要求*

在全国上下正在兴起学习贯彻"三个代表"重要思想新高潮的重要时刻,山东省率先在农村精神文明建设方面作出了新的动员、新的部署。这在全国来说,都具有非常重要的意义,这也标志着山东省农村精神文明建设随着整个国家全面建设小康社会的步伐,进入了一个新的发展阶段。我感到,这次会议的主题就是围绕贯彻"十六大"精神,就是围绕全面建设小康社会这样一个目标,怎样把农村精神文明建设推向新水平,怎样发挥农村精神文明建设在全党、全国、全省工作大局中的推动作用,怎样不断满足农民群众日益增长的精神文化生活的需要。这样一个主题,我觉得具有很深远的意义。

在全国,我还是第一次参加这样的会议。来到我们祖国文化的诞生摇篮——济宁,昨天下午参观了农村文明一条街建设现场,晚上观看济宁农村精神文明建设文艺演出,觉得山东的整体形势,特别是济宁的总体形势,非常喜人。在下面我同大家一起聊天的时候讲到,济宁市的发展势头,非常强劲,到处都是建设工地,到处是欣欣向荣的景象,到处都看到干部群众与时俱进、开拓创新、干事创业、比学赶超的精神风貌。我到过山东几次,每一次来都受到鼓舞,都很振奋。济宁市在发展经济上思路非常清晰,昨天贾书记介绍的时候,我听了感到很清楚,也很宏伟。在农村精神文明建设方面,也闯出了一条新路。这次会议在济宁召开,重点推广济宁文明一条街创建活动的经验,对全国的工作也是一个启发。创建文明一条街,是农村精神文明建设的一个新的载体,是济宁市委、市政府在山东省委、省政府的领导下,与时俱进、开拓创新,

---

* 本文系 2003 年 7 月在山东省农村精神文明建设工作会议上的发言。

推进农村精神文明建设的一个创举。我认为它有五个好处,或者说五个特点:

一是创建文明一条街,好就好在它是一个切实可行的农村精神文明建设向更高水平发展的切入点。农村精神文明建设和我们整个的两个文明建设应该说是同步的,特别是党的十三届四中全会以来,在以江泽民为核心的党的第三代中央领导集体的坚强领导下,我们的精神文明建设、宣传思想工作、整个意识形态领域的工作、事业,都取得了很大进展。农村精神文明建设,大概经历了这么几件大事。1994年,中宣部在河南林州召开了全国农村精神文明建设工作座谈会,主要是推广林州的红旗渠创业精神。推广这个经验,就是要发扬红旗渠创业精神,那时候注重的是思想道德、理想信念这方面的教育。1996年,中宣部在湖北武汉召开全国农村精神文明建设工作座谈会,推广了竹山创建十星级文明户的经验,也就是我们把视角转移到农村经济社会的细胞——农户。这次会议把农村群众性精神文明创建活动引向了农村,并且进入了农户。1998年,中宣部、中央文明办在山东文登召开了全国农村精神文明建设工作座谈会,推广了文登市立足为民服务、建设精神文明的经验。这个经验,在全国引起了很大反响。2000年,中宣部、中央文明办在辽宁开原召开了全国农村精神文明建设工作座谈会,重点推广了辽宁铁岭开原城乡共建的经验,也就是农村精神文明建设逐步和城市接轨,努力走出一条城乡共建、以城促乡的路子。2001年,在河北廊坊召开了全国创建文明小城镇工作座谈会。2002年我们又在广西百色召开了全国农村精神文明建设工作座谈会,主要是推广百色连片创建的经验。2003年,根据中央领导的要求,我们准备2004年11月份,再召开一个农村精神文明建设工作的会议。这个会,我们想把重点放在村这一级。所以,我说济宁市把工作重点放在农村,放在基层,具有前瞻性,省委、省政府及时发现、总结推广这个经验,也符合农村精神文明建设的发展阶段。

回顾农村精神文明建设的发展历程,我们的工作不断拓展、不断创新,农村精神文明建设的地位、作用越来越突出。以前,中宣部和中央文明办每两年召开一次农村精神文明建设方面的会议,现在基本一年一次了。这可以看出,从中央到部门对农村精神文明建设的认识不断提高。从社会各界看,关心农村、农业、农民问题的人越来越多,参与、支持农村精神文明建设的社会各界也越来越多。这些都给我们提供了有利的条件和机遇,同时也提出了挑战,就是怎样把农村精神文明建设扎扎实实地推向前进，而不是停留在表面的文章上、一般的号召上，这就要在原来的基础上寻找新的载体、新的突破、新的切入点，这个切入点，它必须是很具体的、切实可行的。

济宁市从三年前，就是从跨入新世纪时，就抓住了这么一个机遇，创造了这么一种新的形式。昨天看了以后，我觉得它虽然现在水平不是很高，但是它确确实实落到了农村的实处，找到了一个从具体的、实实在在的方面加强农村精神文明建设的途径。当然，这种形式还要不断地深化、不断地拓展，但却是一种具体可行的好方式。

二是创建农村文明一条街，好就好在它能够让农民群众热情参与，积极投入。创建文明一条街与农民的切身利益，与农民生活环境的改善、生活质量的提高、生活方式的改进息息相关。我们看了几个村，改水、改厕、改灶、改厨，成效很大；这是农民在生活方式上走向健康文明的标志。环境改善、道路美化，是我们祖祖辈辈几千年来农村面貌从根本上的改变。精神文明建设，要与建设的主体——农民群众自身紧密联系起来，你要假大空、高大全，落不到农民身上，那你不可能扎下根来，不可能持久地发展下去。昨天我们参观，听到有很多农民自觉捐款、义务出工，而且我们在街上看到农民群众喜气洋洋，我们支部书记讲起来也很自豪。这些都反映了我们这些活动确实让农民群众得到了实惠，得到了农民群众的接受和认可。

三是创建文明一条街，好就好在它把农村的物质文明建设、政治文明建设和精神文明建设有机结合起来，落到村这一级——我们国家最基层的社会组织上。看了兖州、曲阜、邹城的几个文明一条街，我看这一条街不光是精神文明创建的一条街，它实际上在某种程度上，已经和城市化进程、工业化进程，甚至是信息化的进程紧紧结合起来，公告栏、阅报栏、科普宣传栏，这些东西不仅仅是一个思想教育的问题。路面硬化就跟道德观念密切相关，科技信息的传播就和农民致富的要求、求知的渴望联系起来了。这样使得文明一条街实际上就代表着一个新的希望。这一条街，是多功能的、集成化的，是农民群众创造美好生活、美好未来的一种途径、一种实践、一种创造。

四是创建文明一条街，它好就好在成长性，也就是说它的发展空间非常广阔。为什么这样说？长期以来，宣传思想工作、思想道德工作、精神文明建设这一系列的词汇，这些都是我们这个领域里面不同角度的概括，它往往灌输的比较多,要求的东西比较多。要求农民要知道这个,要了解那个,要按照这个要求,要按照那个要求,都要执行,也就是说自上而下地对农民进行教育比较多。现在,我们把很多脱离实际的教育方式,脱离群众思想状况的内容,回归到实际,回归到农民这个主体上。通过一条街的创建,让农民在参与当中受到教育,得到熏陶,得到提高。这样农民群众就不仅仅是被动地、消极地来接受教育,而是成为农村精神文明建设的主体。他们既是农村精神文明的建设者,也是农村精神文明成果的享受者,这样就实实在在地使农民感受到了这种文明、文化、道德、理想对他们前途命运的影响。我们有了这样一个载体,就可以在这样一个起点上,逐步地拓展领域、充实内容,提高质量。我们现在就是一条街,从发展的趋势上就可以是整个村,再发展下去,就可以是一个乡、一个市,就像摊煎饼一样,直到把这个面逐步打开。另外,我们已经有了最基本的农村精神文明建设的各种要素的雏形,就可以随着我们整个国家经济社会的发展、地区经济社会发展水平的提高,来提高我们的每条街的水平,进而提高农民群众的文明素质、整个社会的文明程度。也就是说事物抓到了本质,有了一个符合规律的这样一种途径,就可以由小到大、由近到远、由低到高、由点到面,逐步把农村精神文明建设推向新的阶段、推向新的水平。

五是创建文明一条街,好就好在它具有一定的普遍性、广泛性。这次来之前,4月份的时候,我们就想到济宁开展这方面的调研,就是了解济宁创建文明一条街的情况、总结经验。这次"非典"给我们治了很多毛病,也影响了很多工作,所以从4月份到现在,几个月过去了都未能成行。这次山东省委及时决策,召开这个会,我也就有机会来看看。昨天王书记给了我一个任务,回去要认真落实,就是要把农村创建文明一条街的经验宣传好、推广好。从山东看是这样,我认为推广到全国,也是很必要的。为什么呢? 因为农村如果按城市发展的轨迹要求,那就脱离了农村实际。而我国还是农业大国,人口的主体还是农民。几个亿的农民,他们居住地是农村,包括相当一批乡镇,虽然它有一定的城市的雏形,但毕竟属于过渡的形态,大部分还是农民在活动。乡镇也有所在地,一般来说,现在有的叫街道,叫什么各种各样名目,但我觉得总体的性质,还是农村的性质,或者说是一种过渡的状态。据统计,我们国家有七十多万个行政村,这个数字就很大啦,比我们的县、小城镇要多得多,人也多得多。农村精神文明建设不能落在村这一级,不能落在农民身上,不总结在这方面有价值的经验，那说明我们工作还没落在实处，没落在基层。通过这次参观学习，我觉得这个经验给我们提供了一个新的思路，提供了一个新的启示，就是要把农村精神文明建设的重点放在村这一级。从空间上来说，城市在搞社区，实际上农村的这种村，也是社区，只是水平低一点，简单一点。社区被认为是城市精神文明建设，包括思想政治工作的一个重要阵地或者叫做重要的组织载体，通过社区来做我们这个领域的工作。对农村来说，就是把它放在村这一级。

这次抗击"非典"斗争，我们有一个深切的体会：农村出了问题，就是大问题，实际上从中央领导到普通百姓，都十分关注农村。农村的文化、卫生设施、条件比较简陋，现在农民的素质、生活习惯也还有些陋习。一旦出了问题，那就很麻烦。所以当时抗击"非典"，指挥部里边专门有个指挥组，我们也专门下发了在农村宣传抗"非典"知识的通知。那么反过来再看看我们的农民、农村是怎么应对"非典"这场灾害的呢？那就是村自为战、人自为战。农民在基层党组织、村委会的组织下，自己行动起来，进行自我保护。单从这点来说，农村的这种组织性、农民的这种自我保护和自卫意识是很强的。文明一条街建设的形式，将来在农村扎下根来，就可以使得农村的发展进入一种良性的、文明的轨道，使他们更具有组织性、科学性、合理性。我作为一项任务领回去，向部领导、局领导汇报，也作为2004年年底全国农村精神文明建设会议的一个重点来考虑。这是我学习考察济宁文明一条街建设经验后，认为有这么几个特点，也不一定很准确，都是有感而发的。

现在我们整个国家进入了新世纪，农村精神文明建设也进入了一个新的发展阶段。这种新的发展阶段，农民现在需求的结构、消费的结构、生活的结构都在发生着新的变化。从长期来看，可能就是一个历史性的、深刻的变化。这种变化的首要标志，就是农民的自主意识、民主意识、市场经济意识不断增长。这就使得原来的计划经济体制下，原来的自然经济生产方式的农民的依附性逐渐摆脱，开始作为一个独立的、自主的人格确立下来。农民对各级政府、各级官员，也包括城里人，很多不恰当的行政措施、政策，一些不公正的待遇，越来越不满。这是个好事，在这个过程当中，我们不是鼓励农民去造反、去上访。农民的自主意识的增强，是一个历史性的进步。中国的发展，包括我们改革开放以来的发展，农民对中国的贡献最大，但农民的状况改善最小，农民现在是要依靠我们党的领导,也要依靠农民自己改变自己、发展自己,成为自己命运的主宰。农民的自主性增强以后,我们就要进行正确的引导,还有一个理性的培养。盲目的自主,就容易导致个人主义,甚至是非理性的、非正当的行为的出现。所以,精神文明建设、思想政治工作,面对的是新型的农民,他们有新的要求,我们也必须不断地改进和创新工作。我想这是农民当中的一个价值观念的变化,那种一般的教育,僵化的老框框、老套套、老调调,已经很难适应了。

　　第二个新的变化就是农民对求知、求富、求乐、求美的要求在不断地增长。这也是农村精神文明建设需要解决的问题。从前一个问题就引出来我们宣传思想工作、思想政治工作必须坚持以人为本的新的理念。从这一点出发,就需要我们的思想政治工作、精神文明建设工作为农民提供更多的服务,进一步探讨如何满足农民日益增长的精神文化生活需求。这种新的精神文化需求,我们也是切身体会到的,就发生在我们身边、发生在现在。我们全面建设小康社会的科学的判断在农村也是一样。农村的文化、生活方式、内容与城市也开始接近了。昨天我们看的几个村打腰鼓、文化广场,包括男女分厕以及改厕中很多现代科技的应用等,都是过去农村所没有的。现在农民的上网人数也在不断增加,去年到百色开会的时候,一看,网上交易、订单农业,通过网络来发布自己产品的销售信息,正在成为现实,被越来越多的人所使用。农民通过学习科技知识来致富的愿望,通过美化自己的生活环境来提高生活品位的意识,我们也可以看见了。几年前,还不那么明显,那时候还主要是集中在农业,主要还是农业的发展和产业结构的调整。现在农村不一样了,恩格尔系数降至50%以下了,那就是说农村的消费结构要有相当一部分的消费是文化,包括体育、教育、科学、学习知识。当然我们要看到相当一部分农村,可能还没进入这个发展阶段和发展水平,但从山东来讲,大部分达到了小康这个整体水平。这就对我们农村精神文明建设怎样凸显服务的功能,怎样满足农民的需求提出了新的要求。必须适应这种新的形势变化,探讨新的载体,包括文明小城镇创建、城乡共建、连片创建和信用户的建设。像东营,还有几个材料已经介绍了,它实际上也是农村道德建设的一个新的亮点、新的载体,它把物质文明和精神文明有机地结合起来了,这个我们要认真地总结。诚信问题不仅仅是城市的问题、行业的问题,农村也有,虽然我们村风、民风总的来说是比较朴素的。

第三个新的变化，就是农村的政治、经济、文化的一体化。过去我们简单地划分物质、精神，经济基础、上层建筑，现在看起来我们要提高到一个新的高度来认识生产力、生产关系这样一些关系和矛盾，就是怎样更加辩证地、更加深刻地，也就是从统一于现实、统一于实践的角度来理解精神文明建设工作。济宁的经济强市和文化名市就密不可分。如果你单纯靠传统的产业结构去支撑城市的发展，这个空间是有限的。我们所谓的第三产业甚至第四产业，它基本上就是知识和经济的一体化。所谓知识经济、信息时代，它的文化的成分、科技的含量，都越来越突出了、增加了，也就是所谓的"高增加值"、"高附加值"。产业结构调整，也包括文化产业，特别像济宁这样一个历史文化名城，怎样发展旅游经济？这个旅游，你说它是什么？和传统的物质生产领域是不一样的。所以我个人的体会就是，农村和城市现在正在打通，原来的二元经济结构正逐步地打破。

我们党和政府在今年确定的工作重点里面，就是把农业和农村工作放在全党全国工作大局的重中之重的位置。这是今年年初农村工作会议确定的，已经把它摆在了全面建设小康社会的重要位置、重中之重。我想，这不是一年的方针，是长期的方针。这次抗击"非典"以后，针对国家卫生的投入，包括建立公共卫生医疗体系，重在农村。现在的教育也是重在农村，应该说我们的科普工作，也是重在农村。之所以重在农村，不是说农村多么强，而是说农村很大，还很薄弱，需要我们各级党委和政府来加大这方面的工作力度，支持农村、农业的发展。同时也是为了实践"三个代表"重要思想，代表最广大人民的根本利益，最广大人民中最重要的部分就是农民。

农村地区和农村组织要抓住国家经济发展的新高潮，抓住政策调整的新机遇，加快农村的发展，解决农民问题，推动农业进步，同时也使得农村精神文明建设跨上一个新的台阶。胡锦涛总书记在2003年"七一"讲话里，明确指出"三个代表"重要思想的本质就是立党为公、执政为民，新一届中央领导集体的形象就是亲民、爱民、富民、乐民，从而赢得了广大干部群众的拥护。我们相信，随着整个国家的发展，随着学习贯彻"三个代表"重要思想的深入，随着各地在实践中创造出来的实践经验的日益丰富，农村会有大进步、大发展、大变革，必将成为中国实现现代化进程中的一股新的强大的推动力。

辉煌的历程　科学的结论

——电视专题片《伟大的创造——
创建文明村镇巡礼》创作体会*

　　中央文明办、中央电视台联合拍摄的《伟大的创造——创建文明村镇巡礼》，终于赶在党的"十六大"召开前，在中央电视台第一频道与广大观众见面了。我作为具体参与策划、组织、协调、实施全过程的工作人员，看到该片播出，心里既有一种创作成功的喜悦之感，也有一种"如释重负"的轻松之感。"伟大的创造"，这是对在人类社会发展和进步过程中具有首创性、突破性，甚至是革命性地位的实践成果给予的概括和评价，是对伟大事业取得成功作出历史性贡献、发挥关键性作用的思想行为所作的最高赞誉和颂扬。创建文明村镇，是谁的"伟大的创造"，是什么"伟大的创造"，为什么要进行这项"伟大的创造"，又是如何实现这一"伟大的创造"的等等，都不是简单、轻松的话题。而通过电视反映这些重大话题，就更加不是一件容易的事情。仅从内容角度讲，只有准确把握我国改革开放和社会主义现代化建设的历史进程，特别是党的十三届四中全会以来的历史进程，站在社会主义精神文明建设的崭新视角、崭新思维、崭新实践的高度，从中国农业、农村、农民的实际出发，才能真正科学地回答和解释这些话题，才能真正把握这部电视专题片的思想内涵和艺术价值，才能真正抱着浓郁的兴趣和深厚的感情投入思考与创作，把这部反映亿万农民群众在中国共产党领导下实现的伟大创造——创建文明村镇的专题电视片拍好，使人们通过该片对中国农村的历史与现实、农民的物质与精神、社会主义精神文明建设的地位与作用，有所感悟、有所认识、有所收获。这里，自己仅从十三届四中全会以来农村精神文明建设的历史进程的角度，谈谈参与

---

　　* 本文曾收入《伟大的创造——创建文明村镇巡礼》，中央文明办、中央电视台编，学习出版社2003年3月版。

这部电视专题片创作过程的一点体会,并试图通过这个体会,为人们观看、理解本片,熟悉农村精神文明建设提供思维线路。

《伟大的创造——创建文明村镇巡礼》,作为一部电视专题片,时间跨度是十三届四中全会以来的十三年,空间范围几乎覆盖了全国的各个角落,涉及领域是农村精神文明建设的各项内容。为什么作如此选择?这是因为十三届四中全会以来,以江泽民为核心的党中央,认真吸取一个时期存在的"一手硬、一手软"的教训,多方面采取措施,大力加强精神文明建设。特别是十四届六中全会以后,各地各部门普遍加大工作力度,使精神文明建设进入了蓬勃发展的新阶段。伴随这一实践进程,农村精神文明建设始终保持积极、健康、向上的良好态势,取得了长足进步和巨大成就。可以说,十三届四中全会以来的十三年,是农村精神文明建设由点到面、由面到片、由浅入深的十三年,是与时俱进、开拓创新、勇于探索、大胆实践的十三年,是农民思想观念大更新、精神面貌大改观、整体素质大提高的十三年,是农村社会事业日益发展、科教文卫日益普及、居住环境日益改善的十三年,是值得回味、总结,并发扬光大的十三年。

一、农村精神文明建设的地位不断提高

十三年来,党中央高度重视农业农村农民问题,把农村精神文明建设纳入精神文明建设和农村工作的全局,摆上重要位置,作出战略部署。特别是十四届六中全会明确提出:"要以提高农民素质、奔小康和建设社会主义新农村为目标,开展创建文明村镇活动。要以集镇为重点,以镇带村,制定规划,逐步推进。"中央的一系列重要指示,为全面推进农村精神文明建设指明了前进方向。中宣部、中央文明办坚决贯彻中央要求,从1994年开始,每两年召开一次全国性工作座谈会,专门研究部署农村精神文明建设工作,先后总结推广了河南林州发扬红旗渠精神,进行艰苦创业;湖北竹山创建十星级文明户;山东文登为农民服务,为农民办实事;辽宁开原以城带乡、城乡共建,以及河北衡水"三下乡、三扎根"等先进经验,推出了二百个全国创建文明村镇活动示范点。2000年,中央下发《关于促进小城镇健康发展的若干意见》后,中宣部、中央文明办又会同建设部、农业部和国家环保总局于2001年10月在河北廊坊召开

座谈会,部署和推动创建文明小城镇活动在全国的广泛开展,推广河北省廊坊市燕郊镇开展"四优一满意"创建文明小城镇的经验,并推出115个全国创建文明小城镇示范点。为贯彻十四届六中全会精神,满足农民群众日益增长的精神文化需求,从1996年起,中宣部、中央文明办联合有关部门开展了持续不断的文化科技卫生"三下乡"活动。七年来,这项活动参与部门越来越多,工作效果越来越实,社会影响越来越大。各地认真按照中央要求和中宣部、中央文明办的部署,坚持把农村精神文明建设工作摆上各级党委和政府的重要日程,积极探索适合本地情况的途径和方式,推动创建文明村镇活动步步深入。

现在,各级党政领导深入农村实际调查研究、指导农村精神文明建设的越来越多,定期召开会议研究解决农村精神文明建设遇到的困难和问题的越来越多,制定农村精神文明建设中长期发展规划和年度计划的越来越多,社会各界通过各种渠道和方式关心、支持和参与农村精神文明建设的越来越多。农村精神文明建设初步形成了党委统一领导、部门组织实施、各界热情支持、农民广泛参与的良好格局。

二、农村精神文明建设的思路不断明确

十三年来,农村精神文明建设紧紧围绕农民脱贫致富奔小康这一主题,始终从维护农村改革发展稳定大局出发,积极适应农村经济和社会发展变化的新要求,千方百计地为农民群众排忧解难,办实事、办好事,扎扎实实地推进各项工作,年年都有新举措,年年都有新进展,年年都有新成效。回顾这十三年的实践,农村精神文明建设经过了一个从创建文明农户抓起,到抓创建文明村、文明小城镇,再到以城带乡、城乡共建,进而发展到整合力量、连片创建的历史过程,逐步形成了一套卓有成效、切实可行的工作思路。这就是:以农户为基础,以小城镇特别是县城为重点,以加强思想道德建设、改善村镇环境、普及科技知识、活跃文化生活、倡导移风易俗、搞好社会治安为主要内容,以城带乡、城乡共建、连片创建、以点带面、循序渐进,稳步提高农村社会文明程度和农民文明素质。

三、农村精神文明建设的内容不断拓展

十三年来,各地在推进农村精神文明建设过程中,始终把培养有理想、有道德、有文化、有纪律的社会主义新型农民作为根本目标和根本任务,在抓好基础设施建设、村容镇貌改善、文化活动开展、治安秩序整治等工作的同时,切实加大思想道德建设的力度,不断增强各类创建活动的思想内涵和道德内涵。2000 年 9 月,党中央印发《公民道德建设实施纲要》后,各地在广大农村掀起了学习、宣传、贯彻《纲要》,加强公民道德建设的热潮。许多农村运用文艺演出、板报、宣传画、大篷车、演讲比赛、知识竞赛等多种形式,大力宣传、倡导"爱国守法、明礼诚信、勤俭自强、团结友善、敬业奉献"二十字公民基本道德规范,营造道德氛围,强化道德意识,推动道德实践。各地还结合重要节日、重要纪念日和重要庆典活动,在农村组织开展了多种多样的主题教育活动,努力为农村改革开放和现代化建设提供精神动力和思想保证。江苏、浙江、山东、福建、广东等发达地区,根据新形势、新任务的要求,组织开展了"致富思源、富而思进"教育和"现代农民教育",极大地激发了农民群众热爱祖国、建设家乡的热情。农村科普宣传工作不断加强,农民科技意识、科技素养进一步增强。各地利用科技活动周、活动日等形式,组织开展了科普宣传,大力普及适合农村特点和农民需要的科学技术知识和市场经济知识。在第二届全国科技活动周期间,中宣部会同有关部门在云南大理组织了集中示范活动,融文化、科技、卫生为一体,为少数民族地区农民群众送上一份厚礼。中央文明办同有关部门一起开办科普大篷车和科普列车,举办科普展览,使中西部地区农村干部群众受到了现代科技的教育和熏陶。时事政策教育和民主法制教育取得了新的进展和成效,农民群众依法维护自身权益的意识和能力大大增强。

四、农村精神文明建设的载体不断创新

十三年来,各地从自身实际出发,探索出一系列创建文明村镇的新载体、新方式和新途径。文明户、文明村创建活动在巩固中发展、在发展中创新。湖北竹山在评选"十星级文明户"的基础上开展了创建十星级文明村活动,广西

柳州组织了科普文明示范村、文化文明示范村、卫生文明示范村、计生文明示范村、安全文明示范村等"五村创建"活动,海南在全省有计划、有步骤地推行创建生态文明村。江苏省张家港市根据当地人生活习惯和要求,在集镇开设了"科技早市、文化夜市、文化书市、服务街市"等,融宣传教育、文化娱乐、便民服务为一体,受到农村干部群众的普遍称赞。创建文明小城镇活动蓬勃兴起,迅猛发展。一批批高标准、高质量、高水平文明小城镇的崛起和建成,在农村两个文明建设中发挥着不可替代的重要作用。以城带乡、城乡共建方兴未艾、势不可挡。湖南在实践中形成了四种城乡结对共建的模式,即大型厂矿、高校与周边村镇结对共建;省、市、县机关与对口扶贫村结对共建;城市文明单位与文明村镇结对共建;文明村镇与贫困村镇结对共建。山东省滨州市组织全市306个省、市文明单位分别与306个村结成了共建对子。文化科技卫生"三下乡"扎实推进、逐步深化。"三下乡"正在由集中时间、集中行动走向经常化、制度化、普遍化,由"三下乡"走向"五下乡"、"八下乡"、"十进村",由党政机关组织实施走向政府倡导、社会各方面力量广泛参与的自觉行动,成为群众性精神文明创建活动的名牌,成为推动农村精神文明建设的强大外部力量。以整合力量、整体推进为特征的连片创建,不仅为农村精神文明建设注入了新的动力,而且成为整个精神文明建设的新亮点、新潮流、新趋势。据了解,现在已有25个省、自治区和直辖市开展了规模不等、内容不同、形式不一的连片创建活动。其他形式的创建活动层出不穷、丰富多彩。山东肥城开展的创建"人口文化大院",陕西商洛在乡镇"七站八所"开展的创建文明行业活动,河北廊坊开展的以理想信念教育为核心、以"读书兴农"为载体、以农户为切入点、以行政村为基础、以建制镇为重点的农村精神文明建设,新疆和田开展的国旗宣传、大喇叭宣传、标语牌宣传、报纸宣传、文艺队宣传、电影宣传"六进村"等等,都从不同侧面,以不同方式推进着农村精神文明建设,绘制着农村精神文明建设多姿多彩的时代画卷。

五、农村精神文明建设的效果不断增强

农村精神文明建设的投入不断增加。十三年来,各地各有关部门克服经费紧张的困难,想方设法拨出专款用于农村精神文明建设,用于中西部精神文

明建设。天津市自 2000 年开始,以每个建制镇建设一个培训中心、一个文体中心、一个广场花园、一个规范化集贸市场、一条文明示范路为主要内容,开展创建文明小城镇"五个一"活动,新建、扩建和完善了一大批思想文化阵地,在实际生活中发挥了重要作用。中宣部等 12 部委组织开展的文化科技卫生"三下乡",据不完全统计,截至 2002 年底,共送图书下乡 5.25 亿册,送戏 843 万多场,送电影 2186 万多场;下乡科技人员 1000 多万人次,举办科技培训班 272 万多次,3.9 亿人次农民参加了培训;下乡医疗队 20 万多支,培训乡村医务人员 765 万人次,给 1.45 亿农民看了病。中宣部、中央文明办、文化部从 1998 年开始组织实施"百县千乡宣传文化工程",已在 21 个中西部省、区、市和新疆生产建设兵团投资 2.6 个亿,建设 164 个县级宣传文化中心和 1351 个乡镇宣传文化站。中宣部、中央文明办、教育部从 2000 年开始实施"西部开发助学工程",如今已资助品学兼优、家庭困难的本科生 4380 名,高中生 2100 名。这两项工程在西部乃至全国产生了强烈反响,广大干部群众普遍认为,它们是动员全社会关心、支持、开发、建设西部的示范工程,是立足当代、着眼未来、惠及后人的德政工程,一句话,是实践"三个代表"重要思想、维护最广大人民根本利益的民心工程。

　　总之,党的十三届四中全会以来的十三年,亿万农民群众的精神生活日益充实,思想道德素质和科学文化素质不断提高,广大农村的面貌逐步改观,一些地方已经展现出社会主义新农村的崭新风貌。在实践中涌现出来的一大批创建文明村镇的先进典型,成为全国或地方精神文明建设的学习榜样和示范力量。中央文明委于 1999 年建国 50 周年前夕和 2002 年 10 月党的"十六大"召开前夕,分别表彰了 500 个创建文明村镇先进单位。这些先进单位创造的好经验、好做法,经中央或地方新闻媒体集中宣传报道后,在全国产生良好反响,有力地推动了农村经济与社会的发展进步。由于创建文明村镇活动改善社会环境,提高生活质量,解决实际问题,农民群众受教育、得实惠,激发了他们参与农村精神文明建设的热情和积极性。农村精神文明建设在促进农业产业结构调整、维护农村社会稳定方面的作用日益突出,在提高农村社会文明程度和农民文明素质方面的作用日益突出,在服务农民群众,密切党群关系、干群关系方面的作用日益突出。

　　《伟大的创造——创建文明村镇巡礼》以电视专题片的形式真实记录了

十三届四中全会以来农村精神文明建设的历史过程,充分展现了这一历史画卷。可以相信,这部电视专题片的推出,必将帮助人们进一步了解我国农村形势变化,跟上时代前进步伐,增强改革发展信心,积极投身创建活动实践,为创造祖国美好未来、自己幸福生活、人类和平进步作出新的更大贡献。

建立健全六大机制，全面
推进文明小城镇建设[*]

为认真贯彻落实党中央、国务院关于加快实施城镇化战略的一系列重要指示精神，推动农村精神文明建设深入发展，中宣部、中央文明办、建设部、农业部、国家环保总局于 2001 年 10 月在河北廊坊召开了创建文明小城镇工作座谈会，对创建文明小城镇工作作出全面部署，提出了"五加强、五促进"的总体思路，推出了河北燕郊镇等 115 个全国创建文明小城镇示范点。会后，五部门协商联合摄制一部宣传介绍创建文明小城镇先进经验的电视专题片。2002 年 10 月下旬，中央电视台第七频道"文化与生活"栏目正式播出了十集电视专题片《话说文明小城镇——全国创建文明小城镇活动纪实》。这部专题片的创作，前后历经一年时间，作为参与该片策划、设计、组织和实施的工作人员，笔者在工作中，接触了一些有关城市、小城镇和农村的情况，接触了一些有关精神文明创建工作的情况，接触了一些有关方面的专家学者的理论研究成果，有了一些心得体会。这里，仅就如何建立健全长效机制、促进文明小城镇创建工作深入发展，谈一点体会。

机制，是事物产生、发展、变化一般规律和特点的反映，是人们在长期从事某一领域实践活动积累、形成的认识成果和经验成果，是引导和约束人们思想行为的意识、规范、制度、程序等。机制，以其公认性、操作性和自动化的力量和优势，使人们在社会实践活动过程中沿着科学化、理性化的轨迹进行，并逐步走上与时俱进、不断创新的成功道路。不注重机制的重要作用，不注重机制的建设工作，精神文明建设工作就不会实现可持续发展，已经取得的成果就随

---

* 本文曾收入《话说文明小城镇》，中共中央宣传部宣传教育局编，学习出版社 2003 年 3 月版。

时有可能丧失。因此,创建文明小城镇要向新的深度和广度发展,必须全面推进机制建设。机制建设,包括制度建设、体制建设,就是把文明小城镇创建过程获得的规律性认识成果转化为稳定的、自动化的工作流程、工作标准、工作规章。它大体可以分为六类:决策机制、规划机制、投入机制、运行机制、评价机制和创新机制。全面推进机制建设,就是要系统研究和大力加强这六大机制的建立、完善和发展。这次电视专题片推介的十个创建文明小城镇的先进经验,都在机制方面进行了有益探索和尝试,并在实践中取得了显著成效,值得各地学习借鉴。实践证明,创建文明小城镇工作要想达到预想的目的,必须从建设机制、体制、制度着手。

一、要建立健全决策机制,确保创建领导到位

创建文明小城镇,是人民群众在党的领导下移风易俗、改造社会、建设美好生活的伟大创造。这是一个复杂的社会系统工程,也是一个自觉的社会实践活动。能否把创建文明小城镇引向深入,关键在于各级党委和政府是否重视,是否摆上位置,是否列入日程,一句话,是否认识到位、领导到位。因此,必须把建立健全党委统一领导、党政主要领导亲自抓、负总责,其他领导协助抓、分工负责的决策机制,作为确保创建文明小城镇工作领导到位的首要任务。完善的领导决策机制,一是要有明确的领导职责,就是哪一级领导担负什么任务和职责清清楚楚,不完成任务、不履行职责会产生什么后果、会承担什么责任清清楚楚;二是要有明确的领导日程,就是多长时间、以什么方式,在什么范围讨论、研究、部署一次这方面工作清清楚楚;三是要有明确的领导分工,就是党政一把手统揽全局,担负提出目标任务、作出重大决策、解决重点难点、督促检查落实、保障资金投入等主要责任;分管领导要切实担负起指导、组织、协调、检查工作,亲自挂帅、亲临一线,具体指挥、抓好落实;其他领导要在分工范围内切实承担起应负的责任,尽职尽责地做好配合、协助、推动工作。只有领导到位,及时研究解决工作中遇到的困难和问题,才能确保创建文明小城镇活动顺利推进、健康发展。

二、要建立健全规划机制，确保创建目标到位

精神文明建设一定要有目标、有规划。有了目标、有了规划，工作才有方向，落实才有依据，检查才有标准。认真研究创建文明小城镇已经遇到或可能遇到的重大理论和实际问题，增强工作的系统性、科学性和预见性，是提高创建文明小城镇水平的迫切需要。各省、地、县都要从省情、市情和县情出发，研究制定创建文明小城镇的总体规划和年度计划，特别是要主动帮助基层单位制定具体实施计划，保证创建文明小城镇上下结合、左右联动、同步推进。制定规划和计划，要有目标、有措施、有要求，重点突出，布局合理。要把创建文明小城镇规划同经济与社会发展规划、精神文明建设整体规划联系起来、协调起来，把长期目标与近期目标、战略性任务与战役性任务结合起来，做到规划统一，项目分解，步骤明确，措施具体。就是说，创建文明小城镇既要有空间规划，还要有时间计划；不仅要有奋斗目标，还要有达成目标的方法；不仅要有硬件建设规划，还要有软件建设规划。每年要建多少个文明小城镇，每个文明小城镇需要建设什么项目，建设这些项目的物力、财力、人力如何保证、如何配置，都应有明确的设想和合理的安排。制定规划和计划，无论是设计活动，还是提出要求，都要尊重客观规律，尊重群众意愿，切合实际，量力而行，重在效果。既要有紧迫感，又不能急于求成；既要有高起点，又不能盲目攀比；既要有力度，又要为群众所接受；既要统一部署，又不能搞一刀切。绝不能超出自身财力、物力、人力，加重群众负担，搞形式主义，做表面文章。

三、要建立健全投入机制，确保创建资金到位

"巧妇难为无米之炊。"要按照社会主义市场经济的要求和"量力而行、尽力而为"的原则，建立一个以财政投入为主渠道，社会集资、群众捐资、吸引外资相结合的多层次、多渠道的精神文明建设投入机制。要严格执行国务院《关于完善文化经济政策的若干规定》，切实保证各级文化事业建设费征收上来，用于精神文明建设，用于思想道德和文化建设以及群众性精神文明创建活动方面的重点开支。凡纳入经济与社会发展计划的科、教、文、卫、体和宣传、

新闻、出版等基础设施建设资金,要保证足额及时到位,避免由于资金周转困难而挤掉创建所必需的资金。要针对不同类别的阵地,制定不同的投入办法,注意在政策、资金和人才上,对西部地区或其他欠发达地区给予必要的倾斜。要坚持勤俭建国、勤俭节约、勤俭办一切事业的原则,统筹安排创建项目,提高资金使用效率,防止低水平重复建设或发生建成后闲置无用的问题。

四、要建立健全运行机制,确保创建工作到位

创建文明小城镇是全社会的任务,只有通过一定的方式和载体形成有效的运行机制,方方面面力量共同努力才能使参与创建的各个方面相互配合、相互协作,做到各项工作一起研究、一起部署、一起落实、一起考核。要通过强有力的约束机制,保证上级部署的各项任务能够落实下去,有始有终,避免"上面热下面冷"或虎头蛇尾。各级宣传部、文明办和农业、建设、城管、环保等有关部门要协调配合,发挥各自优势,经常沟通信息,研究协商,努力形成条块结合、各负其责、齐抓共管、同创共建的工作格局。要突出重点、以点带面。创建文明小城镇作为一项长期任务和探索性很强的工作,必须运用典型引路的方法,加强具体指导,充分发挥先进典型的示范引导和带动辐射作用。要充分考虑现有创建小城镇的发展水平、区位优势和资源条件,集中精力,重点抓好具有较好工作基础和较大社会影响的县城创建工作,精心打造一批两个文明建设协调发展的文明小城镇精品。全国要抓一批示范点,省、地也要抓一批示范点。要抓好基层,夯实基础,一件事情一件事地做,一个问题一个问题地解决,一个层面一个层面地拓展,推动创建工作稳步发展。对认准的事情,受农民群众欢迎的事情,要主题不变,狠狠地抓,一天不放松地抓,抓出结果,抓出成效。

五、要建立健全评价机制,确保创建考核到位

干和不干不一样,干多和干少不一样,干好和干坏不一样,才能充分调动各地各部门特别是基层组织开展创建文明小城镇的积极性、自觉性和创造性,增强做好工作的内在动力和压力。要加强检查、督促、考核、奖惩等制度建设,

形成法律、行政、群众、舆论等相互补充、相互促进的监督网络，充分发挥人大、政协的职能作用，通过集中检查、明察暗访、群众测评等手段，对各项创建工作的落实进行督促检查。要定期开展评选表彰先进活动，对作出贡献和成绩的先进城市、村镇、行业、单位和个人给予必要的精神奖励与物质奖励。要把创建工作的考核结果作为评价党委和政府工作以及领导干部德才表现的重要依据。不愿意或不善于领导精神文明建设工作的干部，不应得到重用或提拔；不愿意或不善于开展精神文明建设工作的干部，不应得到表彰和奖励。

六、要建立健全创新机制，确保创建动力到位

创新是一个民族进步的灵魂，是一个国家兴旺发达的不竭动力。改革开放以来，精神文明建设的过程就是一个不断创新的过程。评"十星级"文明户，创"十星级"文明村，文化科技卫生"三下乡"，以城带乡、城乡共建和区域性连片创建等很多做法，都是创新的成果。实践无止境，认识无止境，创新无止境。创建文明小城镇，是群众性精神文明创建的重要组成部分，同时是精神文明建设的新生事物，是精神文明建设的崭新课题。它有着自己的内涵、特点和规律，既不同于创建文明城市、文明行业，也不同于以城带乡、城乡共建。随着实践的发展，创建文明小城镇必将显示出更加强大的优势和生命力，同时必然会遇到大量新情况、新问题。我们一定要紧跟时代步伐，在继承好传统、好做法的基础上，不断改进创新。既要探索创建文明小城镇活动自身的特点和规律，又要借鉴其他创建活动的成功范例；既要参照我们自己创造的先进经验，又要借鉴国外一切行之有效的做法，在内容、形式、方法、手段和机制等方面不断改进创新，使创建文明小城镇工作在加强中改进，在改进中创新，在创新中发展，永葆蓬勃的生机与旺盛的活力。

纵观世界历史，城镇化是经济社会发展的必然趋势，是社会文明进步的重要标志。一个国家实现现代化的过程，在一定意义上，是城市文明和现代文明向农村延伸、辐射的过程，是农村城市化、现代化、城乡一体化的过程。创建文明小城镇，既适应了我国这一客观历史进程的发展要求，又强化了这一客观历史进程的积极因素，提升了这一客观历史进程的发展阶段。我们相信，创建文

明小城镇,必将对农村经济结构的战略性调整、加快现代农业建设步伐、大幅度提高农民收入作出历史性贡献,必将对中国特色社会主义工业化、信息化、城市化、现代化作出历史性贡献,必将对实现中华民族的伟大复兴作出历史性贡献。

助农增收，优质服务

——新世纪供销合作社改革发展的基本走势 *

当前和今后一个时期，包括供销合作社系统在内的农民各种合作经济组织都将面临四大挑战和机遇：一是社会主义市场经济体制的不断确立和完善；二是我国加入世界贸易组织后经济全球化、国际化进程的影响进一步扩大；三是农业和农村经济发展进入一个新阶段，小康社会农民群众物质文化生活需求日益增长；四是科学技术特别是农业高科技在农村经济社会进步中的地位越来越高、作用越来越大。如何才能抓住机遇、成功应战？笔者认为，各级供销合作社必须审时度势，加强调查研究，进行理性思考，预测未来趋势，作出战略抉择，开辟一条既符合中国实际又富有时代特征的农民合作经济组织发展的新路子。

一、自 主 化

在社会主义市场经济条件下，微观经济主体的根本属性就是自主化，即自愿组织，自行管理，自主经营，自负盈亏，自我发展。这种自主化，实质是公民生存权和发展权的延伸和转化，是市场经济有效运行的基础和前提，是当代社会价值理念在经济领域的集中体现。供销合作社，作为农民自愿入股、自我服务的合作经济组织，更要充分考虑这一特点，充分尊重农民群众的意愿，保证农民群众或农民代表充分行使自主权、参与权、选择权、管理权和监督权，逐步改变供销合作社的微观经济基础和主体参与性质，从而增强自身可持续发展的后劲和动力。要适应社会主义市场经济发展的要求，大力推进供销合作社

---

* 本文曾发表在《中国供销合作经济》2001 年第 3 期。

的组织体制、产权体制、经营体制、分配体制、人事体制、管理体制等各项改革。改革要认真听取全体员工的意见和建议,切实保护他们在多年工作中难得积累下来的合法所得和实际利益,在自觉自愿的基础上搞好优化组合。要彻底改变计划经济体制时代所形成的那种官商作风和习气,做到政经剥离、政企分开,充分保证供销合作社的经营自主权和其他法律权利,坚决防止和克服官僚主义、瞎指挥、一平二调三挪用的错误做法。

二、效 益 化

效益是一切经济组织的生命,也是一切经济行为的目的。在社会主义市场经济条件下,一个经济组织只有不断提高效益,才能不断壮大经济实力和市场竞争力,才能增强自身的吸引力和凝聚力,才能提升全体员工的士气和斗志,激励他们奋发向上、艰苦创业。没有效益,一切都无从谈起。供销合作社首先是一个经济实体,要以效益为核心,牢固树立效益意识,把效益作为衡量各项工作和经营状况的最高标准。如果只讲投入、不讲产出,只讲服务、不讲回报,只讲管理、不讲经营,供销合作社就难以摆脱目前面临的种种矛盾和困扰,更难以开创改革和发展的新局面。效益,当然是综合效益,是合法收入,是在发展农业生产、繁荣农村经济、增加农民收入过程中获得的,是在建设有中国特色社会主义现代化新农村过程中获得的,而决不是指采取其他非正当手段而取得的利益。要与农民结成利益共同体,通过提供优质服务和产品,通过依法经营、等价交换,给农民带来实实在在的利益和实惠,赢得广大农民群众的信赖、支持和参与。

三、市 场 化

市场经济,顾名思义,是以效益为导向、以市场为纽带的经济发展模式、经济运行体制。市场是人们在生产生活过程中形成的有效需求和有效购买力,是社会生产、流通、消费、分配相互连接、相互作用的中介。在市场经济条件下,如果离开市场需求,离开市场环节,经济过程就没有可能完整,经济效益就没有可能实现。供销合作社作为城乡商品交换的重要渠道,尤其是以市场为行为对象和活动空间的经济实体，在我国农产品相对平衡的情况下，如何了解市场、抢占市场、赢得市场，已经成为供销合作社改革和发展成败的关键环节。供销合作社的市场潜力在于农民群众增加经济收入的强烈渴望，在于加快农业产业化进程的迫切需要，在于农业和农村经济结构战略性调整的政策机遇，在于一家一户农民与国内国际两个市场相互衔接的必要性、重要性和紧迫性。要认真研究现阶段农业和农村经济发展的新变化、新特点，研究农民群众生产生活遇到的新问题、新要求，研究国际国内农产品产供销的新信息、新动向，为最终熟悉市场、开发市场、利用市场和占领市场提供坚实可靠的客观依据。

四、信 息 化

信息化是当今世界经济与社会发展的大趋势，是国民经济现代化的重要标志，是推动和促进各产业优化升级的重要途径。在现代经济生活中，信息事实上已经成为重要的时代特征，成为重要的生产要素和有效资源，成为经济决策和管理的必要前提。谁占有和掌握信息特别是市场信息及其现代化科学技术手段，谁就能够在错综复杂的经济形势面前作出正确判断和科学决策，谁就能够以最小的投入产生最大的效益，谁就能够在激烈的市场竞争中赢得主动和胜利。各级供销合作社要充分认识信息在生产经营中的重要地位和作用，增强信息意识，重视信息工作，开发信息资源，利用信息优势，把收集、整理、分析和传送市场信息的软件和硬件建设作为今后改革发展的一项十分重要的基础性工程切实抓紧抓好。

五、创 新 化

江泽民指出："创新是一个民族进步的灵魂，是一个国家兴旺发达的不竭动力"。目前，供销合作社还存在企业机制转换慢、企业综合素质与市场竞争不相适应、市场反应能力不强、经济效益仍不够理想等一系列困难和矛盾，改革和发展的任务仍然任重而道远。伟大的事业需要崇高的精神，崇高的精神支撑和推动伟大的事业。各级供销合作社要树雄心、立壮志，克服困难，大胆探索，研究新情况，解决新问题，总结新经验，开创新局面。要在思想观念、经济体制、运营管理、技术手段等各方面积极创新。创新最重要的是观念创新。没有观念上的创新,谈不上其他方面的创新。供销合作社的创新主要包括以下几方面内容:一是由计划经济观念向市场经济观念转变;二是由单一经营体制向多元化经营体制转变;三是由消极被动服务向积极主动服务转变;四是由外延型发展向集约型发展转变;五是由经验管理向科学管理转变。

我国哲学社会科学研究的一些动向[*]

全国哲学社会科学 1994 年一般项目和青年项目,从各地报来的 6000 项中选了 1600 项,上月开会评出 400 项,不好再变了。这份课题目录力争在上半年编印出来。1995 年一般项目和青年项目还会搞,但什么时间、以怎样方式来搞还在酝酿之中。国家"九五"哲学社会科学规划也在筹划之中,总的精神是新增国家社科基金向重大项目和重点项目倾斜。初步设想,拟从 1994 年开始每年设立十项左右的委托研究的重大项目。国家行政学院应关心、参与国家社科规划与基金项目申报工作。

这些年我国哲学社会科学研究的发展势头很好。对真理标准、社会主义初级阶段、社会主义商品经济—市场经济、社会主义精神文明等重大的现实问题,都从理论上作出了回答;为党政领导机关的重要决策组织对策研究、提供咨询服务,做了大量工作;重建了政治学、社会学等学科,开拓了民族学、宗教学、新闻学等新兴学科和领域;对外交流、队伍建设等都有新的发展。对于哲学社会科学研究围绕党的基本路线、社会主义精神文明建设、人口素质提高和人才培养等方面提供的智力支持,不可低估。当然,转型时期在价值观念上的碰撞多,分歧也大,如果再稳定地发展十年八年,相信会有更多的共识。应该看到,到本世纪末,"文革"前的大学毕业生将陆续退下来,需要新人接班。老一代学人功底好,孜孜不倦地做学问,带出一批新人,是国家和社科界的宝贵财富。当然,面对现实问题,提出新视角,开创新领域,中青年学者有着自己的优势和特点。

哲学。从思辨性研究转向应用性研究,从物质、精神、逻辑等远离社会发

---

* 本文系 1995 年 1 月 6 日前国家行政学院教育长方克定走访全国社科规划办时的交谈要点。

展的演绎问题转向经济发展与社会进步及人口、粮食、环境等人类面临的全球性问题,这些都是各国现代化进程中不可逾越的共同性问题。马克思用卡夫丁峡谷所比喻的社会发展理论,发展中国家正处于经历过程中。哲学是前沿学科,它要求学者不拘泥于中国传统文化做国粹式的研究,也不能照搬外国的一套搞"全盘西化",而要把国情和时代这两方面结合起来,作中西融合的综合性研究。资本主义发展到帝国主义阶段,在哲学上可以说从绝对理性主义进入相对理性主义。它的理论很简单,不像古典哲学那样深奥、繁琐。美国哲学总的是实用主义,它既是世界观,也是方法论,这样才有 30 年代罗斯福的"新政",既奉行凯恩斯主义,又不是国家绝对的干预,政治、经济既彼此分离,又互相渗透,从总体上构成一种复杂的多样化的社会角色现象。从这个角度看,杜威的经验论和"从做中学"的教育原理,固然存在着消极的一面,但对培育人们的务实精神还是有着积极作用的。当代社会层面愈来愈分化,结构愈来愈复杂,纯粹理性不可能解决现实问题,要跟上时代的节拍。在社会发展中,创造现实财富毕竟是第一位的。理想主义、英雄主义的时代已成为过去,绝对的个人主义也在破灭。像中国古代士大夫那种"忧国忧民"、"大家风范"、"非我莫属"意识,百家定于一尊的"传世之作",像黑格尔、费尔巴哈、马克斯·韦伯那样集大成的追求完美的终结性思维框架都不可能占主导地位了。现代人的实践和价值都处在相对的社会效应中,只能产生一定范围的影响,而不能包揽一切,包打天下。其实,眼前这种学问更难做,要求视角更开阔,思考更客观,特别是要求社科专家、学者深入实际,研究实际,而且必须博古通今,洋为中用。中青年学者只有站在老一代的肩上才能登高望远,而 60 多岁的人由于自然规律的作用,确实是很难同 30—40 岁的人竞争。

政治学(含行政学)。现在不仅研究政治结构、政治权力、宪政或宪法,而且触及政治素质、政治心理等更深的层面;不仅研究过去和现在,而且围绕"面向 21 世纪的中国政治文明的构造"开展预测性、展望性研究。吉林大学政治学系的王彩波(女)研究"社会主义市场经济条件下的政府行为理论"(青年项目,1993 年立项,1996 年出专著),就是一例。如果把前者看做"硬件",那么后者就是"软件",对"软件"的争议更多一些。至于行政学,好像看不出什么大的突破。

经济学。这几年应该说作出很大贡献,也十分活跃。它的最大特点是面向我国现代化建设和改革开放中的实际问题和理论问题,进行较为深入的学术研究和对策研究。一批从事实际工作的领导干部具有科学意识,带头从事科学研究,成为学者与官员一体化的角色。近年来每年国家社科基金资助课题中经济学课题约占四分之一。

社会学。在基本理论上同历史唯物主义有些重叠,所以大多研究人口、代沟、社会稳定机制和协调机制、农村剩余劳动力转移等具体问题,内容比较杂,也比较具体。

文化研究。老一代学者比较注重中国古代文化,着眼于整理和弘扬,把传统文化教育同爱国主义教育结合起来。中青年学者则更多地从中西结合的方向上塑造中华文化的生长点。北大、清华和社科院的一部分学者致力于国学研究,张岱年老先生计划出版的《中国儒学史》(七卷本)称得上是集大成的代表作。他们有分析地肯定传统文化的合理内核,并不是简单地恢复和弘扬。而社科院哲学所的一部分专家、学者则放眼全球,力图从高层次上把握东西方哲学比较研究,更有一番新意。这两方面的差异或分歧不在文化内涵的肯定或否定,而在视角的变换。如现代人和古代人一样都要修身养性,这已成为共识,不同在于这种修身养性是时代性的还是怀古式的? 现在不能也不应再用二值逻辑去评判问题的对错和是非,而要突出文化现象和学术研究的多样性。

依我看,国家行政学院对高、中级公务员的培训,不应限于政治、行政管理课程,而应涉及整个国家发展战略的设计,包括经济管理、社会管理、民主与法制建设等。今后公务员的学历愈来愈高,参训对象愈来愈有研究能力,行政学院要有国家级、世界级的学识、能力都强的学者才好。这个层级的培训,既不同于一般的学术研讨,也不同于政府的实际工作研究,而要为高层决策提供咨询,为国家跨世纪的改革、发展和稳定提供大思路、大战略,并铸造新时代的行政家、管理家。行政学院不仅是教学中心,也是研究中心和咨询中心。培养跨世纪人才尤其重要,法国、英国都有一整套办法,不是按一个台阶—一个台阶地上。日本政府 40 岁不被提升的处长就另谋出路,50 岁的除当上次长的以外大都退出公务员序列。好在非政府的路子很宽,社会期望、自我期望都是如此。这是现代社会进步的节奏所要求的。

后　记

　　整个人类社会已经进入思想领航、设计先行的崭新时代。价值导向、思想方法、道德力量等精神因素，从来没有像今天这样发挥着巨大的威力和作用。我国正处于并将长期处于社会主义初级阶段，这是一个机遇与挑战并存、和谐与矛盾共生、发展与问题同在的历史过程和转型时期。关键在于我们选择什么，如何实现。因此，自己将书名定为"冲突与抉择"。

　　科学，不能像画圆圈那样，从任意一点开始。理性思维，应该从现实是怎么样的出发，针对实际存在的矛盾和问题，探索解决的路径和办法，而不是从理想出发，抽象地描绘美好未来和最佳境界。人是社会关系的总和。人与人、人与社会、人与自然存在着错综复杂的关系和联系。关系和联系就是矛盾，就是对立面的统一。无视现实，回避矛盾，绕开问题，孤芳自赏，不是马克思主义的态度和选择。因此，书中收入的文章基本上是按照问题—对策、需要—满足的逻辑框架构思的。

　　人类的思维是无限的，个人的认识是有限的。没人能够全知全能，没人能够包打天下。自命不凡、自以为是、唯我独尊的时代已经一去不复返了。现在是一元化的多样性或者说多样性的一元化，这是一种过程的统一、动态的统一、辩证的统一、多样化的统一。一个人如果能够为真理的长河投一滴滴水，为人类的发展献一丝丝情，为社会的前进出一点点力，那就是莫大的幸福和成功。因此，出版本书是试图表明自己为此作过一些努力。

作者记于二〇〇五年七月

责任编辑:张双子

封面设计:徐　晖

图书在版编目(CIP)数据

冲突与抉择/董俊山 著. -北京:人民出版社,2013.2

ISBN 978-7-01-011597-9

Ⅰ.①冲⋯　Ⅱ.①董⋯　Ⅲ.①政治稳定-研究　Ⅳ.①D0

中国版本图书馆 CIP 数据核字(2012)第 311900 号

冲突与抉择

CHONGTU YU JUEZE

董俊山　著

人民出版社 出版发行

(100706　北京市东城区隆福寺街99号)

北京市文林印务有限公司印刷　新华书店经销

2013 年 2 月第 1 版　2013 年 2 月北京第 1 次印刷

开本:710 毫米×1000 毫米 1/16　印张:29.5

字数:470 千字

ISBN 978-7-01-011597-9　定价:69.00 元

邮购地址 100706　北京市东城区隆福寺街 99 号

人民东方图书销售中心　电话 (010)65250042　65289539